Wissenschaftliche Untersuchungen
zum Neuen Testament

Begründet von Joachim Jeremias und Otto Michel
Herausgegeben von
Martin Hengel und Otfried Hofius

74

Pseudo-Philo und Lukas

Studien zum Liber Antiquitatum Biblicarum
und seiner Bedeutung für die Interpretation
des lukanischen Doppelwerks

von

Eckart Reinmuth

J.C.B. Mohr (Paul Siebeck) Tübingen

Die Deutsche Bibliothek – CIP-Einheitsaufnahme

Reinmuth, Eckart:
Pseudo-Philo und Lukas : Studien zum Liber Antiquitatum Biblicarum und
seiner Bedeutung für die Interpretation des lukanischen Doppelwerks /
von Eckart Reinmuth. – Tübingen : Mohr, 1994
  (Wissenschaftliche Untersuchungen zum Neuen Testament ; 74)
  Zugl.: Jena, Univ., Habil.-Schr., 1993
  ISBN 3-16-146174-6
NE: GT

© 1994   J.C.B. Mohr (Paul Siebeck) Tübingen.

Das Buch wurde von Computersatz Staiger in Pfäffingen aus der Times Antiqua belichtet, von
Gulde-Druck in Tübingen auf alterungsbeständiges Werkdruckpapier der Papierfabrik Buhl
in Ettlingen gedruckt und von der Großbuchbinderei Heinr. Koch in Tübingen gebunden.

ISSN 0512-1604

Für Christine

Vorwort

Die vorliegende Studie wurde im Wintersemester 1992/93 von der Theologischen Fakultät der Friedrich-Schiller-Universität Jena als Habilitationsschrift angenommen. Sie wurde für den Druck um einige wenige Literaturhinweise erweitert.

Die Erstellung dieser Arbeit war nur möglich, weil das Kuratorium der Kirchlichen Hochschule Naumburg mich für das Sommersemester 1991 und das Wintersemester 1991/92 von allen Lehrverpflichtungen entband. Ihm und dem Naumburger Kollegium, dessen freundschaftliche Entlastung für diese Studienzeit unentbehrlich war, habe ich vielmals zu danken, ebenso den Mitarbeiterinnen unserer Bibliothek, die mit großem Engagement für die Bereitstellung der nicht immer leicht zu beschaffenden Literatur sorgten.

Die Gutachten für die Habilitationsschrift wurden durch die Herren Kollegen Nikolaus Walter/Jena, Berndt Schaller/Göttingen und Günther Baumbach/Berlin erstellt. Ich habe ihnen für manchen Hinweis zu danken.

Mein Dank gilt ebenso den Herren Kollegen Martin Hengel und Otfried Hofius, die als Herausgeber die Aufnahme dieser Studie in die ›Wissenschaftlichen Untersuchungen zum Neuen Testament‹ befürworteten, sowie Herrn Georg Siebeck und den Mitarbeiterinnen und Mitarbeitern seines Verlages für die Mühen der Drucklegung.

Herr wiss. Ass. Michael Greßler half engagiert beim Lesen der Korrekturen und erarbeitete das Stellenregister; ihm sei auch an dieser Stelle herzlich gedankt.

Dieses Buch ist meiner Frau gewidmet, der ich mehr zu danken habe, als kurze Worte es sagen können.

Naumburg, im Oktober 1993   Eckart Reinmuth

Inhalt

Teil I

Der Liber Antiquitatum Biblicarum als Erzählwerk

1. Einleitung 3

1.1. Die Aufgabe.. 3
1.2. Methodologische Annäherung 4
1.3. Der LAB als Midrasch? 14
1.4. Zur Datierung 17

2. Erzähltextanalytische Beobachtungen 27

2.1. Gesichtspunkte aus der Gliederung des LAB 27
2.2. Beobachtungen am Erzähltext des LAB................. 33
2.3. Beobachtungen zum Rückgriff auf Nichterzähltes 93
2.3.1. Das Erzählte entspricht einer vorangehend
        nicht erzählten Weisung Gottes 94
2.3.2. Der Rückbezug auf Nichterzähltes in primär narrativer Funktion . 97
2.3.3. Bezugnahmen auf Nichterzähltes zur Herstellung von Analogien . 100
2.3.4. Biblischer Querverweis.............................. 108
2.4. Strukturen und Strukturelemente 111
2.4.1. Die A-B-A'-Struktur (Exposition – Mittelteil – Coda) 111
2.4.2. Zum summierenden Charakter der Expositionen.............. 113
2.4.3. Weitere Beobachtungen 114
2.4.4. Schließungssignale 116
2.5. Talio- und Korrelationsprinzip als narrative
        und theologische Interpretationsmittel 118
2.5.1. Zur Bedeutung des Talioprinzips im LAB 119
2.5.2. Zur Bedeutung des Korrelationsprinzips im LAB 123

Teil II

Lukas und Pseudo-Philo

1.   Einleitung 131

1.1.   Israel und die Völker................................ 132
1.2.   Die Erkenntnisformel und ihre Derivate 137

2.   Vergleichende Beobachtungen zu Kompositionsprinzipien
        und literarischer Gestaltung bei Lukas und im LAB 143

2.1.   Basisschilderungen und Basisnotizen 143
2.2.   Beobachtungen zu den Basisnotizen 150
2.3.   Nichterzähltes 152

3.   Beobachtungen zu sprachlichen und motivischen Analogien
        im LAB und im lukanischen Doppelwerk 155

3.1.   Die Kindheitsgeschichten 155
3.2.   Die Berufung des Petrus 167
3.3.   Die schlafenden Jünger 170
3.4.   Emmaus 176
3.5.   Motive der Geistbegabung und Nachfolge................. 179
3.6.   Motive der Basisschilderung Act 1,12–14 184
3.7.   Motive des Judasgeschicks Act 1,15–20 185
3.8.   Motive der Nachwahl des Matthias Act 1,21–26............ 188
3.9.   Motive der Stephanusrede Act 7......................... 193
3.9.1. Sprachliche Übereinstimmungen 193
3.9.2. Das Geschick des Mosekindes 196
3.9.3. Horeb – Sinai: Act 7,30.38 199
3.10.   Motive der Abschiedsrede des Paulus Act 20 203

4.   Zum Schriftbezug im LAB und bei Lukas 211

4.1.   Einführende Überlegungen 211
4.2.   Erfüllte Schrift – erfüllte Zeit...................... 221
4.2.1. *complere* als Worterfüllung im LAB 221
        4.2.1.1. Implizite Erfüllungszitate 222
        4.2.1.2. Vorausblickende Erfüllungszitate............. 224
        4.2.1.3. Kommentierende Erfüllungszitate 225
4.2.2. *complere* als Zeiterfüllung 229
        4.2.2.1. Eschatologische Zeiterfüllung............... 229
        4.2.2.2. Geschichtliche Zeiterfüllung............... 230

4.2.3. Gottes Wort und Zeit bei Lukas 232
4.3. Beobachtungen zum Zeugenbegriff 237

5. Abschluß 245

Literaturangaben 251
Stellenregister 261
Sachregister 280
Ausgewählte lateinische Worte 283

Teil I

Der Liber Antiquitatum Biblicarum als Erzählwerk

1. Einleitung

1.1. Die Aufgabe

Der Liber Antiquitatum Biblicarum Pseudo-Philos führte bisher, zumal in der deutschsprachigen Forschung, ein Schattendasein, das seiner Bedeutung nicht entspricht[1]. Obwohl seine Datierung ins erste Jahrhundert nach Chr. als communis opinio gelten kann[2], wurden – von unveröffentlichten Dissertationen[3] und den knappen Kommentierungen durch Feldman[4] und Perrot[5] abgesehen – nur vereinzelte und begrenzte Untersuchungen zum LAB[6] und seiner Bedeutung angestellt[7]. Auch die vorliegende Studie kann zur Erforschung dieses umfangreichen und verwirrenden Textes nur einen bescheidenen Beitrag leisten. Dabei erachte ich es als ein dringendes Desiderat, zunächst die Kompositionsweise und die hermeneutischen Voraussetzungen des LAB genauer zu erforschen. Das Fehlen eines handhabbaren und sachgemäßen Text-

---

[1] HARRINGTON begann 1969 seine Dissertation mit der Feststellung: »It is odd that Pseudo-Philo's Liber Antiquitatum Biblicarum, which is approximately as long as the Four Gospels taken together and was presumably composed near the time in which the New Testament was being written, has not received more attention.« (aaO. 1). Im ganzen gilt diese Feststellung noch immer, obwohl die wissenschaftliche Arbeit am LAB durch die textkritische Edition in den Sources Chrétiennes 1976 auf eine neue Grundlage gestellt wurde.

[2] S. dazu u. S. 17 ff.

[3] Vgl. DIETZFELBINGER, Dissertation Göttingen 1964; HARRINGTON, Dissertation Harvard 1969; WADSWORTH, Dissertation Oxford 1976.

[4] Prolegomenon VII–CLXIX.

[5] SC 230.

[6] Ich schließe mich der meist gebräuchlichen Abkürzung für den Liber Antiquitatum Biblicarum an und bezeichne seinen unbekannten Autor – gleichfalls im Anschluß an die Sekundärliteratur – als ›Pseudo-Philo‹, obwohl bekanntlich andere pseudo-philonische Werke nicht auf den Autor des LAB zurückgehen. Hinweise auf die Paragraphen des LAB-Textes sind teilweise mit den lateinischen Abkürzungen ›in‹, ›med‹ oder ›fin‹ versehen, um für die zitierte Textstelle ein bequemes Auffinden am Anfang, in der Mitte oder am Ende eines Paragraphen zu gewährleisten.

[7] Vgl. HARRINGTON, Decade passim; Bibliographie 9–12. Bibliographische Zusammenstellungen älterer Arbeiten bei PERROT II 247–256; FELDMAN, Prolegomenon CLVI–CLXI; DIETZFELBINGER, Übersetzung 99–101. Seit der Veröffentlichung des Forschungsberichtes von HARRINGTON (Decade 1988) erschienene Aufsätze: DIÉTERLÉ, livre; V.D.HORST, Women, Deborah; JACOBSON, Quotation; MURPHY, God, Idolatry, Covenant; OLYAN, Options; REINMUTH, Ps.-Philo, Beobachtungen, ›Nicht vergeblich‹; HAYWARD, Figure; SMITS, Contribution.

modells muß m.E. jede konstruktive Weiterarbeit am LAB, insbesondere im Hinblick auf die Frage nach seiner Bedeutung für das Neue Testament, einschränken. Die vorliegende Studie versucht, in dieser Richtung Schritte zu gehen.

Teil I stellt die Frage nach der Organisation und Konstitution der Textoberfläche des LAB. Es wird versucht, die Eigenart des LAB als eines geschichtlichen Erzählwerks zu erfassen und zu untersuchen, wie – u.d.h. nach welchen narrativen bzw. theologischen Parametern – der biblische bzw. außerbiblische Erzählinhalt bearbeitet und gestaltet worden ist. Wenn sich entsprechende Gesichtspunkte aufweisen lassen, ist eine unumgängliche Vorarbeit sowohl im Hinblick auf die Frage nach der Eigenaussage des LAB als auch im Hinblick auf seine Bedeutung für die Interpretation des NT geleistet. Dieser wird im Teil II nachgegangen, indem exemplarisch nach der Bedeutung des LAB für die Interpretation der Apostelgeschichte bzw. des lukanischen Doppelwerks[8] gefragt wird. Damit wird einerseits gezeigt, daß die weitere Erarbeitung des LAB und seiner Bezüge zum Neuen Testament dringend gefordert ist, zum anderen wird deutlich, daß der – durch den LAB exemplarisch repräsentierte – frühjüdische Hintergrund des lukanischen Doppelwerks neues Licht auf seine Interpretation zu werfen vermag.

1.2. Methodologische Annäherung

Wer sich dem Liber Antiquitatum Biblicarum Pseudo-Philos nähert, wendet sich einer frühjüdischen Geschichtserzählung zu. Der Umfang der dargestellten Geschichte umfaßt den Zeitraum von der Weltschöpfung bis zum Tode Sauls, erzählt von einem uns unbekannten Autor[9], der den grundlegenden Teil der Geschichte Israels, nämlich von seinen Anfängen bis an die Schwelle des Königtums Davids, als fiktionalen Erzähltext darbietet.

Jede Darstellung von Geschichte ist auf das Moment der Fiktion angewiesen; es handelt sich dabei um eine Grundeinsicht, die in der neueren Ge-

---

[8] Bewußt ausgeklammert wird die Frage nach der Gattung der Apostelgeschichte bzw. des lukanischen Doppelwerkes. Die darüber verstärkt im Gang befindliche Diskussion ist nicht abgeschlossen und unbefriedigend, weil von ganz unterschiedlichen Perspektiven und Voraussetzungen her geführt, so daß von einer Umbruchsituation gesprochen werden kann; vgl. dazu jetzt die wichtigen Beiträge von THORNTON und STERLING. Der vorliegenden Arbeit kann es nicht um eine Gesamtschau unter der Gattungsfrage gehen, sondern allenfalls um Indizien, die auch in der Gattungsdiskussion nicht übersehen werden sollten.

[9] Als fiktiver Autor (vgl. dazu KAHRMANN / REISS / SCHLUCHTER, Erzähltextanalyse I 136; LINK, Rezeptionsforschung 16 ff. 40 f) äußert sich Pseudo-Philo explizit nur gleichsam zufällig in der unter Aufnahme von Ex 15,8 gestalteten Schilderung 10,5 fin: *denudata sunt fundamenta habitationis ... ab inspiratione ire Domini mei.* Indessen mag *mei* aus *Dei* verlesen sein; vgl. I 116 App.

schichtsphilosophie Bedeutung erlangt hat[10]. Bereits 1954 hat Henri-Irénée Marrou in seinem großen Essay, der 1973 in deutscher Übersetzung unter dem Titel »Über die historische Erkenntnis« erschien[11], auf die Bedeutung der Subjekt-Objekt-Beziehung in der Darstellung von Geschichte hingewiesen[12]. Für jede historische Aussage ist der zeitliche Abstand konstitutiv, weil erst aus der Perspektive der Gegenwart eines Historikers sich Aussagen über die Bedeutung vergangener Geschehnisse machen lassen[13]. Das bedeutet zugleich, daß das Vergangene als Geschichte eine völlig neue Qualität erhält[14]. In diesem Zusammenhang ist das sich notwenig ergebende Zusammenspiel von Vorstellung und Tatsache zu beachten, das zur Voraussetzung jeder geschichtlichen Darstellung gehört. Ein historischer Tatbestand ist nicht in der Weise rein und objektiv zu gewinnen, daß er losgelöst von jeder Perspektivierung, Akzentuierung, aneignenden Vorstellung darstellbar wäre.

H. R. Jauss hat in einem grundlegenden Beitrag diese Zusammenhänge für die Analyse von Geschichtsdarstellungen fruchtbar gemacht[15], indem er auf das in jeder historischen Darstellung konstitutive Zusammenspiel von res fictae und res factae hinwies. Jauss betonte, daß das Moment der Fiktion in der Geschichtsdarstellung keineswegs nur erzählpragmatische Gründe hat; es ist vielmehr ein grundsätzliches Erfordernis, das mit der Darstellung von Geschichte selber verbunden ist[16].

---

[10] Vgl. etwa grundlegend Arthur C. DANTO, Analytical Philosophy of History, Cambridge 1968.

[11] Das Werk trägt den Untertitel: Welches ist der richtige Gebrauch der Vernunft, wenn sie sich historisch betätigt? Der Originaltitel lautet: De la Connaissance Historique, Paris 1954.

[12] Vgl. etwa MARROU, Erkenntnis 48: »Wir können nicht – es sei denn durch eine formale Unterscheidung – auf der einen Seite ein Objekt, die Vergangenheit, auf der anderen Seite ein Subjekt, den Historiker, isolieren.«

[13] Vgl. MARROU 58 f: »Schließlich war diese Vergangenheit, als sie Gegenwart war, wie die Gegenwart, die wir in diesem Augenblick durchleben, etwas Pulverförmiges, Konfuses, Vielgestaltiges, Unverständliches, ein wirres Netz von Ursachen und Wirkungen, ein unendlich komplexes Kraftfeld, das in seiner authentischen Wirklichkeit zu verstehen das Bewußtsein des Menschen, sei er nun Handelnder oder Zeuge, sich notwendigerweise als unfähig erweist (es gibt keinen bevorzugten Beobachtungsposten – wenigstens nicht auf dieser Erde).«

[14] Vgl. MARROU 73: »Die Geschichte ist das, was der Historiker von der Vergangenheit zu greifen vermag, aber wenn sie das Instrumentarium seiner Erkenntnis passiert hat, ist diese Vergangenheit so wiedererarbeitet, wiederbearbeitet, daß sie dadurch gänzlich erneuert, ontologisch etwas völlig anderes geworden ist.«

[15] JAUSS, Gebrauch passim.

[16] Vgl. JAUSS 421: »Der Gebrauch fiktionaler Mittel dient der Geschichtsschreibung also nicht allein dazu, Ergebnisse gegenwärtiger wissenschaftlicher Forschung einem Adressaten, ›dem Leser auf der anderen Seite‹, zu vermitteln. Er schlägt auch eine Brücke zwischen Gegenwart und Vergangenheit, die am ehesten erlaubt, die Alterität fern und fremd gewordener historischer Welten dank der erschließenden Kraft der Fiktion – oder in einer (mehr beiläufigen) Formulierung Droysens: durch ›Analogie der historischen Erfahrung‹ –

Jauss unterscheidet drei wesentliche Funktionen des Fiktiven in der Darstellung von Geschichte. Es geht bei diesen Funktionen um Vorentscheidungen, die die Wiedergabe geschichtlicher Entwicklungen, Sachverhalte oder
anderer Ausschnitte allererst ermöglichen. Wir referieren im folgenden diese
drei Grundfunktionen im engen Anschluß an Jauss, weil uns damit die Möglichkeit gegeben scheint, erste Schritte zu einer Arbeitshypothese im Blick
auf ein Textmodell des LAB zu formulieren.

1. Jede Geschichtsdarstellung muß tendenziell »die Illusion des vollständigen Verlaufs« erwecken[17]. Dabei geht es darum, »eine fiktive Konsistenz zu
bilden, um faktische Lücken im erzählten Vorgang, aber auch überschüssiges
Detail zu tilgen«[18]. »Auf diese primäre Fiktionalisierung bleibt die Geschichtsschreibung immer angewiesen, wenn der Historiker geschichtliche
Erfahrung zusammenhängend darstellen will; eingestandene Lücken verweisen gleichwohl auf einen die Fakten übergreifenden Bedeutungszusammenhang, der keinen Abbruch erleiden darf – es sei denn von der Schwelle der
Zukunft, die den Standpunkt des Historikers unweigerlich begrenzt.«[19]

2. Anfang und Ende sind in historischen Darstellungen »immer eine fiktive
Setzung«[20]; wir können also von der notwendigen Fiktion »des ersten Anfangs und definiten Endes« sprechen. Sie ist »notwendig, weil Anfang und
Ende hermeneutisch allererst die Bedeutung eines Ereignisses erkennbar machen und weil der anders gesetzte und bewertete Anfang im Blick auf das
dann sich ergebende Ende noch eine andere Bedeutung desselben Ereignisses
erschließen können.«

3. Darstellungen von Geschichte sind darauf angewiesen, die Fiktion eines
»objektiven Bildes der Vergangenheit« zu vermitteln. »Der Zeitenabstand nötigt den Historiker nicht nur, eine vergangene Wirklichkeit zu fingieren; er
ermöglicht ihm auch, sich fiktionaler Mittel zu bedienen, um die faktisch ins
Unübersehbare anwachsende Fülle des Vergangenen zu perspektivieren, d.h.
verkürzend und damit verjüngend, aber auch wieder im Detail ausmalend und
damit Bedeutung akzentuierend, darzustellen.«[21].

Zusammenfassend stellt Jauss fest, daß die Wirklichkeit des Vergangenen
»nicht ohne die notwendigen Fiktionen der Konsistenz des erzählten Verlaufs,

---

verstehbar und damit kommunizierbar zu machen.« Vgl. auch aaO. 448: »Da alle Beschreibung erst durch Perspektivierung (hermeneutisch: durch das Woraufhin einer leitenden Frage) Bedeutung erschließen kann, muß auch der Historiker notwendig fingieren, wenn er ein
historisches Faktum wieder situationshaft erfassen will.« JAUSS referiert die Polemik
DROYSENS an der Erzählform der Historischen Schule und eruiert an ihr ex negativo, welche
Funktionen des Fiktiven für alle erzählende Historiographie konstitutiv sind.

[17] AaO. 422.
[18] Ebd.
[19] Ebd.
[20] AaO. 423.
[21] AaO. 425.

der Zuordnung von Anfang und Ende und der Perspektivierung des Faktischen wiedererfahrbar und dargestellt werden kann.«[22]. Gerade ihr unreflektierter Gebrauch birgt größte Gefahren; ihre Leugnung freilich wäre Illusion.

Wir haben diese Überlegungen referiert, um eine erste Grundlage für eine Annäherung an den Text des LAB zu erhalten. Das Thema Pseudo-Philos ist Geschichte – ein Ausschnitt aus der Geschichte des erwählten Volkes, die in der Schöpfung Gottes gründet. Es ist offenkundig die Absicht des Autors, seinen Adressaten diesen Erzählgegenstand nahezubringen, um Probleme in der eigenen Gegenwart zu bearbeiten. Es läßt sich bereits bei einer ersten Lektüre des Textes feststellen, daß die von Jauss hervorgehobenen Gesichtspunkte auch für die Geschichtsdarstellung Pseudo-Philos zutreffen: Der Erzählgegenstand wird perspektivisch dargestellt, das Moment des Fiktiven spielt eine konstitutive Rolle. Wie im einzelnen zu zeigen sein wird, vermittelt der Autor eine fiktive Konsistenz des erzählten Verlaufs. Sein Einsatzpunkt ist mit der Weltschöpfung deutlich akzentuiert[23]; ebenso sind Anfangs- und Endpunkte der erzählten Teilgeschehen erkennbar markiert. Sie sind dem übergreifenden erzählten Geschehen zugeordnet und manifestieren dessen Progreß. Die Perspektivierung des erzählten Geschehens wird mit verschiedenen Mitteln erreicht; einem überwiegend kurzen, summierenden Erzählduktus stehen ausführliche Redeteile bzw. detaillierte Erzählteile gegenüber, in denen regelmäßig die Darstellungsabsicht des Autors in besonderer Weise greifbar wird.

Das Moment der Fiktion als Konstituens auch der alttestamentlichen Geschichtsschreibung wurde durch Manfred Oeming hervorgehoben[24]. Sein Fiktionsbegriff ist freilich eingeschränkter als der hier vorausgesetzte, insofern Oeming seiner Definition das Kriterium der Falsifizierbarkeit im Blick auf die historischen Tatsachen integriert. Unter Fiktion versteht Oeming »eine Art von *Geschichtsdarstellung, die zwar historisch Unzutreffendes erzählt, die aber dennoch auf Historie bezogen ist, indem sie eine Wahrheit am Gewesenen aufdecken will, die in der bloßen Beschreibung nicht aufgeht.*«[25] Unter literaturwissenschaftlichem Gesichtspunkt ist es freilich primär die Perspektive, unter der vergangenes Geschehen erzählt wird, und damit der Kommunikations- und Rezeptionsvorgang, in den ein Erzähltext gestellt ist, von dem der Begriff der Fiktion seine Parameter erhält[26]. Oeming stellt mehrere theo-

[22] Ebd.
[23] Zur offenen Frage des Endes des LAB s. u. S. 92 f.
[24] OEMING, Bedeutung passim; Literaturhinweise 262 A 36.
[25] OEMING, Bedeutung 262; im Original gesperrt.
[26] Vgl. BRACKERT / LÄMMERT, Literatur 188–209, bes. 199: »Die Klasse fiktionaler Texte bildet einen Teilbereich der Klasse autoreferentieller Texte. Autoreferentielle Texte sind Texte, die unsere Aufmerksamkeit auf das Verhältnis zwischen den in ihnen artikulierten Sachlagen und den diesen Sachlagen zugrunde liegenden Schemata lenken ... Man nennt all jene autoreferentiellen Texte fiktionale Texte, die es dem Rezipienten ... nahelegen, ver-

8 *Einleitung*

logisch wichtige Bedeutungen des Fiktiven in der alttestamentlichen Geschichtsschreibung zusammen[27]; die für unseren Zusammenhang wichtigsten
werden hier kurz referiert. Er stellt es als »wohl wichtigste Funktion« des Fiktiven heraus, »die *verborgene oder* mit anderen Ursachen *verwechselbare
Gegenwart und Wirksamkeit Gottes* im erzählten Geschehen aufzudecken, die
einem ›Tatsachenbericht‹ verdeckt bleibt.«[28]. »Ist der historische Bericht
gleichsam gebunden und idealtypisch absichtslos, so ist das ›Fiktive‹ der Ort,
an dem sich theologische Konzeptionen ungehindert aussprechen können und
müssen. Das Gott-, Welt- und Menschenverständnis kann im ›Fiktiven‹
narrativ durchdacht werden.« (263). Ebenfalls wichtig – auch im Hinblick auf
das Verständnis des LAB – ist der Hinweis Oemings auf den »Zug der biblischen Geschichtsschreibung, das Gewesene so zu erzählen, daß es wie ein
gegenwärtiges für die jeweilige Jetztzeit des Erzählers bedeutsam wird.
Durch Anspielungen und sprachliche Aktualisierungen, aber auch durch ausführliche theologische Konzeptionen trägt das ›Fiktive‹ zum *applikativen
Charakter* von Geschichte bei. Die Historie wird zur *magistra vitae.* Die stän-
dig neu interpretierende Aktualisierung des Geschehenen ist ein Movens der
gesamten alttestamentlichen Traditionsbildung.«[29]. Oeming formuliert zusammenfassend: »Eine Analyse der zahlreichen charakteristischen Leistun-
gen von ›Fiktionen‹ in den biblischen Geschichtserzählungen läßt sie, wenn
man sich von einer historistischen hermeneutischen Fixierung löst, als wesentlich und unersetzbar erkennen, als Kerygma und Bekenntnis, das der ver-
meintlich realen Situation die wahre Lage vor Gott kritisch entgegenhält, als
Ort, an dem sich hochreflektierte theologische Konzeptionen artikulieren
können, als Ort des Normativen, als idealtypisch zuspitzende, menschliche

---

schiedene Beziehungen zwischen ihren Sachlagen und wirklichen Sachverhalten durchzu-
spielen ... Aus den beiden ersten Bestimmungskriterien können wir den Schluß ziehen, daß
es unangemessen ist, wenn wir wirkliche Sachverhalte hinter den in fiktionalen Texten
konstituierten Sachlagen suchen.« Die Formulierungen zielen darauf ab, die Meinung zu
korrigieren, »fiktionale Texte seien all jene, die von einer nicht-existenten Welt handeln.«
(ebd.). Vgl. ferner den Art. ›Erzähltextanalyse‹ in STAMMERJOHANN, Handbuch 112–116,
in dem die Differenz zwischen fiktionalen und nichtfiktionalen Texten v.a. durch den Hinweis deutlich gemacht wird, »daß beide in verschiedener Weise rezipiert werden. Die
Textkonstituenten in fiktionalen Texten sind polyfunktional vertextet und können daher
vom Rezipienten nicht in derselben Weise als direkte Handlungsanweisungen verstanden
werden wie in nicht-fiktionalen Texten.« (aaO. 115). Auch STIERLE, Gebrauch passim weist
auf die Verschiedenheit der Kommunikationssituation als Grundkriterium zur Unterscheidung fiktionaler und nichtfiktionaler Texte hin; vgl. zuletzt LUX, König 332 ff mit wichtigen Literaturhinweisen Anm. 1.6–8.
[27] AaO. 263–265.
[28] AaO. 263; Sperrung im Original.
[29] AaO. 264 f; Sperrung im Original.

Existenz paradigmatisch auslegende, auf das Wesentliche verdichtende, auf gegenwärtige Applizierbarkeit ausgerichtete Erzählwelt.«[30]

Funktionen des Fiktiven wie die soeben referierten gehören zur Grundkonstitution des LAB. Dabei ist zu beachten, daß es sich bei diesem Werk um die Deutung bereits erzählter Geschichte[31] in einem neuen Erzähltext handelt, mithin um eine, von der vorausgesetzten Interpretation vergangener Geschichte in den biblischen Büchern abgeleitete, wiederum narrative Interpretation. Wenn wir den LAB als fiktionalen Erzähltext definieren, schließt das unter diesem Gesichtspunkt ein, daß dieser Text – und mithin die Erzählabsicht Pseudo-Philos – sich grundsätzlich einer komplexen theologischen Aussageabsicht verpflichtet weiß. Der Autor ist nicht nur auf Grundfunktionen der Fiktion angewiesen, weil er vergangene Geschichte darstellen will; er produziert darüberhinaus deshalb einen fiktionalen Text, weil er vergangene Geschichte deuten und damit gegenüber dem Adressatenkollektiv zu einer theologisch verantworteten Identitätsfindung beitragen und diese bearbeiten will.

Um genauer zu untersuchen, wie das geschieht, werden wir zunächst Beobachtungen zum LAB unter erzähltextanalytischen Gesichtspunkten zusammenstellen. Zu diesem Zweck werden im folgenden vorab einige Begriffe und Zusammenhänge benannt.

Christof Hardmeier hat jüngst erzähltextanalytische Voraussetzungen umfassend dargestellt und auf ein Teilgebiet der alttestamentlichen Forschung angewendet[32]. Er geht von der grundsätzlichen Erkenntnis aus, daß schriftliche Erzähltexte als Teile kommunikativer Handlungen erfaßbar sind. Hardmeier stellt mit Blick auf die empirische Erzählforschung fest, »daß auch in schriftlichen Erzähltexten mit Leserrücksichten sowie mit rhetorischpersuasiven Momenten zu rechnen ist, die sich möglicherweise an der Textstruktur festmachen lassen. Insbesondere diese Momente erlauben Rückschlüsse auf die Adressatenhypothese des Autors und lassen in besonderer Weise seine Erzählabsicht erkennen. Bei diesem Theorie- und Forschungsansatz interessieren Erzähltexte nicht in erster Linie als fertige Produkte mit ihren Inhalten und ihrer statischen Struktur, sondern als Medium und Resultat in einem interaktiven Prozeß der Erzählkommunikation, der sich auch in der Erzählgestalt niederschlägt und seine Struktur sogar primär bestimmt.«[33] Mit diesen Feststellungen ist auch für die Beschäftigung mit dem LAB eine bestimmte Fragerichtung involviert. Um die kommunikative Erzählabsicht dieses Textes zu erfassen, genügt nicht die Darstellung bzw. der religions-

---

[30] AaO. 265 f.
[31] Die biblischen Leittexte sind über die Bücher Genesis – 2 Samuel 1 verteilt.
[32] HARDMEIER, Prophetie; vgl. bes. Kap. II: Erzähltextanalytische Grundlagen, 23–86.
[33] AaO. 26.

geschichtliche Vergleich seiner Inhalte. Es ist vielmehr mit Hardmeier zu fragen, »ob und wie sich aus der spezifischen Struktur eines erzählten Ereigniszusammenhangs Rückschlüsse ziehen lassen auf die zugrunde liegende aktuelle Erzählsituation und die in ihr virulenten Problemkonstellationen sowie Deutungs- und Bewältigungsbedürfnisse.«[34] Damit ist die erzähltextanalytische Voraussetzung getroffen, »Erzählsituation und erzählte Situation« methodisch strikt zu unterscheiden und in ihrer impliziten Aufeinanderbezogenheit zu beachten. Auch die Auswahl des Erzählinhalts dient natürlich der Aussageabsicht eines Autors[35]. Denn nur die je aktuelle Relevanz des Erzählinhalts bietet die Gewähr dafür, daß Erzähltexte die ihnen zugedachte kommunikative Wirkung entfalten können. »Der eigentliche Motor dafür, daß eine Geschichte in der mündlichen Überlieferung überhaupt wieder- und weitererzählt wird, ist die wie immer geartete Relevanz, die sie in je neuer Weise in veränderter Situation zu gewinnen vermag.«[36]. Diese Feststellung ist grundsätzlich auch auf die »aktive literarische Weiterüberlieferung von Schrifttexten«[37] zu beziehen. Bereits innerhalb des Alten Testaments läßt sich zeigen[38], daß das Wiedererzählen alter Erzählinhalte mit dem Signalisieren neuer Gegenwartsrelevanz verbunden war. Für den LAB ist folgerichtig zu fragen, mit welchen Signalen eine solche Gegenwartsrelevanz des Erzählinhalts vermittelt werden soll. Erst dann, wenn der LAB erzähltextanalytisch als Teil schriftlicher Kommunikation erfaßt wird, kann nach Theologie und Absicht seines Autors gefragt werden.

Grundsätzlich stellt Hardmeier zu Recht fest: »Methodisch betrachtet, ist deshalb die Texterzeugungssituation des Autors und seine Perspektive der archimedische Punkt, auf dessen Aufhellung und Rekonstruktion sich historisch-exegetische Bemühungen zuerst zu richten haben.«[39] Auf diese Weise kann der Text als Ausdruck einer bestimmten Autorabsicht erfaßt werden. Er ist »immer und am unmittelbarsten ein Datum seiner Erzeugungssituation und erst in zweiter, davon abgeleiteter Linie Zeuge der in diesem Text verhandelten Sachverhalte.«[40]

Es erhebt sich die Frage, wie die angezeigte Arbeitshypothese praktisch zu lösen ist, wenn doch Erzähltexte meist nur mittelbar über die ihnen zugedachte Funktion und die Situation ihres Autors Auskunft geben. Es gehört ja gerade zum Wesen solcher Texte, eben diese Botschaft nur über das

---

[34] AaO. 27.
[35] Vgl. ebd.
[36] AaO. 28.
[37] AaO. 29.
[38] Entsprechende Hinweise ebd.
[39] Ebd.
[40] AaO. 30. Ebd. folgert Hardmeier, daß damit auch eine neue Zuordnung traditioneller exegetischer Methoden gefordert ist.

Medium der bewußt gestalteten Erzählung zu vermitteln. Folglich kann diese Frage nur beantwortet werden, wenn die Gestaltung der Erzählung selbst analysiert wird.

An dieser Stelle muß zwischen »kognitiven Strukturen und erzählerischen Gestaltungsverfahren« differenziert werden[41]. Als kognitive Strukturen lassen sich im wesentlichen die inhaltlichen Elemente einer Erzählung bezeichnen[42]. Eben sie aber geben Auskunft über das aktuelle Wissen, die gedankliche Welt eines Autors. »Dieses Wissen hat nun aber stets und unabdingbar den Charakter eines Konstrukts, ist Bestandteil und aktueller Ausschnitt zunächst des Autorwissens, dann aber auch mittelbar des gesellschaftlichen Wissens von diesen Verhältnissen, das in und mit dem Erzählvorgang im Austausch von Autor und Leser bzw. Erzähler und Hörer entweder wiederholt oder aber verändert und neu bestimmt wird. In jedem Falle aber wird es aktuell erzählend *re-konstruiert*.«[43] So hat Olyan im Blick auf den LAB jüngst gefragt, welchen Aufschluß die drei differierenden Optionen der Israeliten in der bedrängten Lage vor dem Meerdurchzug (LAB 10,3) im Blick auf die zeitgenössische Situation ermöglichen[44]. Die erzählte Welt des LAB gibt indirekt Auskunft über die Enzyklopädie ihres Autors.

Die inhaltlichen Elemente einer Erzählung sind an eine bestimmte Verlaufsstruktur gebunden; sie kann als kognitive Teilstruktur erfaßt werden[45]. Die Verlaufsstruktur bedarf einer eigenen Betrachtung. Allgemein läßt sich die Verlaufskurve von Erzählungen als »Abfolge von Orientierung, Komplikation und Auflösung« beschreiben, wobei zumeist eine Coda angehängt ist, mit der »der Übergang aus der erzählten Welt in die Welt der Hörer bzw. der Adressaten bewerkstelligt« wird[46]. Wichtig scheint mir der Hinweis, daß v.a. im Zusammenhang des Schlußteils von Erzählungen ausdrückliche Bewertungen des Erzählten auftreten können, »Evaluationen«, »die das *tua res agitur* hervorheben, das jeder Erzählung implizit als Wirkabsicht des Autors innewohnt«[47]. Freilich gehören explizite Evaluationen zu den Ausnahmen

---

[41] AaO. 35.

[42] E. GÜLICH, Muster 339 formuliert bündig: »Sachverhaltsschemata haben ... relativ stabile Binnenstrukturen oder ›kognitive Strukturen‹. Insbesondere vier kognitive Strukturen sind konstitutiv für das Erzählschema: Ereignisträger, Ereigniskette, Situation und thematische Geschichte.«

[43] HARDMEIER, aaO. 37.

[44] Vgl. OLYAN passim; s. dazu u. S. 24 f.

[45] AaO. 38.

[46] AaO. 39.

[47] Ebd. Zu unterscheiden sind explizite und implizite Evaluationen; die expliziten erscheinen oft in meta-narrativer Form.

E. GÜLICH, Ansätze 253 geht bei ihrem Evaluationsbegriff davon aus, »daß die ›Evaluation‹ nicht implizit erfolgt durch die Art, wie ein Handlungsablauf erzählt wird, sondern explizit, nämlich in meta-narrativen Sätzen oder Texten, also dann, wenn der Erzähltext Ge-

und konstituieren nicht notwendig die Integrität einer Erzählung. Um so wichtiger ist die Frage nach der impliziten Bewertung des Erzählten, die durch die Art der Gestaltung erreicht wird[48]. Analog läßt sich für den Orientierungsteil einer Erzählung sagen, daß er »ein pragmatisches, situations- und adressatenbezogenes Erzählelement« bildet[49]. Seine Gestaltung ist vom Wissen der intendierten Adressaten abhängig. Orientierende Äußerungen in einem Erzähltext sind folglich adressatenbezogene Indizien dafür, welche Wissensveränderungen der Autor intendiert. Sowohl orientierende wie evaluative Elemente eines Erzähltextes sind nicht als Teile seiner eigentlichen Verlaufsstruktur zu bewerten[50]. Es handelt sich hierbei »um primär pragmatische, an der Situation und an den Adressaten orientierte Erzählelemente. Sofern sie auch textlich abgrenzbar in Erscheinung treten, ist ihre Gliederungsfunktion im Erzählganzen von besonderer Bedeutung.«[51]

Neben den kognitiven Strukturen ist auf die Gestaltungsverfahren von Erzähltexten zu achten. Sie realisieren sich unter Bezug auf einen »dreifachen narrativen Zugzwang«[52]. Damit sind Mechanismen gemeint, die bei der Gestaltwerdung von Erzähltexten regelmäßig wirksam werden. Es geht im einzelnen um den Detaillierungszwang, den Gestaltschließungszwang und den Kondensierungszwang. Mit dem Detaillierungszwang sind die Erfordernisse der Konkretisierung eines Erzählablaufs gemeint, durch die die Erzählung hinreichend anschaulich, aber auch verständlich gemacht wird. Art und Weise der Detaillierung gibt folglich zugleich Auskunft über die Vorstellung des Autors von seinen Adressaten[53]. Der Gestaltschließungszwang besteht darin, daß jeder Erzähler die kognitiven Strukturen seiner Erzählung, die er eröffnet hat, auch wieder schließen muß, ja, daß er auch Rückfragen, die er bei den Adressaten im Blick auf seine Erzählung hervorgerufen hat bzw. voraussetzen kann, präventiv beantwortet.

Es geht also darum, eine für Adressaten und Erzähler hinreichende und plausible Geschlossenheit einer Erzählung zu erreichen. Selbstverständlich gilt das auch für kleinere Erzähleinheiten innerhalb eines größeren Zusammenhangs, für die Teiltexte bzw. das erzählte Teilgeschehen[54]. So ist für den

---

genstand der Kommunikation ist. Meta-narrative Sätze und Substitution auf Meta-Ebene können also außer der Gliederungs- auch eine Evaluationsfunktion haben.«

[48] HARDMEIER, aaO. 39 f.

[49] AaO. 40.

[50] Also etwa metanarrative Sätze, Beschreibungen, Hintergrunderzählungen usw., vgl. aaO. 44.

[51] AaO. 44.

[52] AaO. 45 ff.

[53] Vgl. aaO. 46.

[54] Vgl. zum Zusammenhang Geschehen – Teilgeschehen KAHRMANN / REISS / SCHLUCHTER, Erzähltextanalyse I 139. »Geschehen als Zusammenhang ist konstituiert als Menge von

LAB zu fragen, wie größere Erzählsequenzen verbunden und kleinere Einheiten zu relativen Abschlüssen gebracht werden; auch wird zu fragen sein, ob es etwa theologisch motivierte »Überstände« in einzelnen Erzählabschnitten gibt, die auf einen größeren, übergreifenden Spannungsbogen für den LAB und seine Einzelelemente hindeuten.

An dritter Stelle nennt Hardmeier den Kondensierungszwang[55]. Er ist als Gegenbewegung dialektisch auf den Detaillierungszwang bezogen und trägt dem erzähltechnischen Erfordernis Rechnung, daß alles Erzählen Wichtiges von Unwichtigem unterscheiden und im Interesse einer ökonomischen Erzählstrategie und einer zugleich stets hinreichend erkennbar gemachten Relevanz des Erzählten straffen muß. Dieses Element ist auch für den LAB von besonderer Wichtigkeit, weil hier regelmäßig biblische Erzählstränge gerafft oder übersprungen werden.

Diese aus der empirischen Erzählforschung gewonnenen Erkenntnismomente können dazu verhelfen, Erzähltexte als kommunikative Handlungen ernst zu nehmen. »Insgesamt sind damit Erzähltexte nicht nur als erzählerische Darstellungen einer Geschichte rein auf der Sachverhaltsebene zu begreifen, sondern zugleich als Resultat einer intentionsgerechten sowie situations- und adressatenspezifischen Umsetzung dieser drei Gestaltungsprinzipien.«[56] Es kommt also darauf an zu prüfen, wie der Autor diese drei Gestaltungsmittel zum Einsatz bringt – natürlich unter strengem Bezug auf seine Erzählinhalte. Auf diese Weise, so ist zu erwarten, kann sichtbar werden, welche Mitteilungsabsicht ihn bei der Gestaltwerdung seiner Erzählung leitete.

Damit sind einige Voraussetzungen benannt, die mir für eine Annäherung an das Textganze des LAB und als Komponenten eines sachgerechten Umgangs mit diesem Erzählwerk geeignet erscheinen. Freilich wird die vorliegende Arbeit nur einen kleinen Schritt in der angesprochenen Richtung gehen. Sie versteht sich im Blick auf das Ziel, den Autor Pseudo-Philo in seinen theologischen Voraussetzungen, seiner Erzählabsicht und Kommunikationssituation zu erfassen, ausdrücklich als eine Vorarbeit.

Teilgeschehen. Bestimmungskriterien für Teilgeschehen sind: – Abgeschlossenheit; – Beziehung zwischen Anfang und Ende; – Initiiertheit durch Figurenbeziehung; – Beziehbarkeit auf andere Teilgeschehen.« (ebd.).

[55] AaO. 47.
[56] AaO. 48.

1.3. Der LAB als Midrasch?

Sollen erzähltextanalytische Gesichtspunkte bei der Interpretation des LAB zur Anwendung kommen, ist es unerläßlich, den literarischen Charakter dieser Schrift vorab zu umreißen. Der LAB wurde mehrfach als Midrasch bezeichnet; dabei wurde eine weite Definition von ›Midrasch‹ vorausgesetzt[57].

M. Wadsworth geht in seiner Dissertation von 1976 davon aus, mit dem LAB »a Jewish midrash« vor sich zu haben[58]. Im Abschnitt »The exegetical method of LAB«[59] wird unter Hinweis auf die Ergebnisse der Einzeluntersuchungen der Nachweis geführt, daß die exegetische Methodik des LAB als midraschisch zu bezeichnen ist. Ps.-Philo füllt die biblische Geschichte mit Details aus, wo diese im biblischen Stoff nicht enthalten sind; er nennt Gründe für Ereignisse, wo solche Gründe nicht genannt werden oder inakzeptabel erscheinen; er gleicht scheinbare Widersprüche des biblischen Stoffes aus; er nennt konkrete Namen und Zahlen, wo diese im biblischen Vorbild nicht geboten werden; er identifiziert anonyme biblische Figuren mit bekannten; er stellt narrative Verbindungen zwischen aufeinander folgenden biblischen Abschnitten her, die an sich nicht miteinander verbunden sind; er macht Gebrauch von der Gezera-schawa-Regel. Unter Hinweis auf diese zutreffenden Beobachtungen klassifiziert Wadsworth das Werk als »haggadic midrash«[60]. Wadsworth geht von einer sehr weiten Definition von ›Midrasch‹ aus[61]. Er erfaßt ›Midrasch‹ als den Auslegungsprozeß, der jüdischer Bibelauslegung wesentlich involviert ist – ein Prozeß, der bereits innerhalb des Alten Testaments wirksam war. »This midrash technique and process, this mode of Jewish interpretation, plays such a vital part in the making of Scripture, that we can understand it against the background of the power at work in the putting together of a biblical text, in the transmission of that text, and in subsequent post-canonical interpretations of that text.«[62]

Auch Bauckham will den Midrasch-Begriff in weitem Sinne verstanden wissen: »I am using the word ›midrash‹ in the extended sense now common, referring to Jewish exegesis of the NT period, in contrast to those writers who restrict the word to the rabbinic midrashim.«[63]. Einer Definition des LAB als

---

[57] Für eine bibliographische Einführung vgl. MILLER, Targum, bes. 43–64; 43–45: »The definition of midrash«; vgl. ferner NEUSNER, Judaism 25–53; PORTON, Midrash; STEMBERGER, Midrasch.

[58] Vgl. den Untertitel seiner Dissertation.

[59] Dissertation 2 327–334.

[60] AaO. 333 f.

[61] Vgl. DERS., Making passim.

[62] WADSWORTH, Making 8.

[63] BAUCKHAM, Liber 68 A 1. Eine ähnliche, in Auseinandersetzung mit der Diskussion der 60er Jahre (R. BLOCH; A. G. WRIGHT; R. LE DÉAUT) formulierte Auffassung vertritt

Midrasch gegenüber bleibt Bauckham gleichwohl zurückhaltend[64]. Er stellt grundsätzlich fest: »Thus, although Pseudo-Philo's work is not written in the form of text and commentary, and although he is not interested in making plain the exegetical work by means of which his material has been derived from the biblical text, LAB must be regarded as a kind of commentary on the biblical text.«[65]. Bauckham führt ausführlich einige midraschartige Elemente im LAB vor[66].

Porton geht ebenfalls von einer offenen Midrasch-Definition aus: »For our purpose, midrash is a type of literature, oral or written, which has its starting point in a fixed, canonical text, considered the revealed word of God by the midrashist and his audience, and in which this original verse is explicitly cited or clearly alluded to.«[67]. Entsprechend stellt Porton[68] fest: »LAB is one of the oldest midrashic works in our possession..« Damit entspricht Porton der Bewertung Feldmans, der den LAB als »our oldest substantive midrashic work« bezeichnet[69].

Freilich hat die Definition des LAB als Midrasch berechtigte Kritik erfahren. G. Stemberger[70] weist darauf hin, daß der LAB sich primär vom rabbinischen Midrasch durch »die völlige Verschmelzung von Bibeltext und eigener Aussage« unterscheidet. Der LAB repräsentiere damit einen Texttypus, der erst in viel späterer, nämlich vorislamischer Zeit im Bereich der rabbinischen Midraschim sichtbar werde[71].

PATTE, Hermeneutic 117 ff. Er verteidigt den Midraschbegriff als »the *attitude* toward Scripture which is found indeed in the midrashim, but also in the homilies, targumim, and halakic teachings« und fährt fort: »it is not legitimate to reduce the significance of the term *midrash* to that of a literary genre. It has a broader sense, namely in the period we are considering. Therefore we cannot use Wright's definition of the term, which is a projection upon the past of the latter literary genre. We use the term to express an attitude toward Scripture.« (aaO. 117 Anm. 1).

[64] Vgl. aaO. 33; hier wird der LAB als »example of the genre of ›midrashic‹ writings which is sometimes called the ›rewritten Bible‹« bezeichnet.

[65] AaO. 34.

[66] AaO. 35–57.

[67] PORTON, Midrash 112.

[68] AaO. 122.

[69] Prolegomenon IX; vgl. ferner die Diskussion der Beziehungen zu den Midraschim aaO. LXVIII–LXX.

[70] Midrasch 17; speziell zum LAB 16 f.

[71] Vgl. aaO. 18. Zur Definition des Midrasch vgl. aaO. 22–26. STEMBERGER stellt fest: »Eine genauere Begriffsbestimmung oder zumindest Beschreibung von Midrasch muß von den klassischen Texten der rabbinischen Midrasch-Literatur selbst ausgehen. Dabei ist einmal auf die literarische Form zu achten, andererseits auf die geistigen Voraussetzungen und die Methoden der Auslegung, die Technik im Umgang mit den Texten.« (22). Das bedeute eine »klare Trennung von geoffenbartem Bibeltext und Auslegung. Bibeltexte sind explizit zitiert und stehen als Basis der Auslegung klar abgegrenzt von dieser; innerhalb der Auslegung sind sie durch Einleitungsformeln klar als Bibeltexte bezeichnet. Diese simple Tatsache unterscheidet die klassischen Midraschim von den meisten vorrabbinischen Schriften,

Harrington verweist auf den von G. Vermes[72] bereits 1961 verwendeten Terminus der ›rewritten Bible‹, unter dem der LAB zusammen mit Jub, GenAp, Jos ant und weiteren Schriften zusammenzufassen sei[73]. Er warnt ausdrücklich vor einer vorschnellen Klassifizierung des LAB als Midrasch (oder Targum): »if we understand the term ›targum‹ to describe a more or less paraphrastic translation of the Bible and if we understand the term ›midrash‹ to mean a body of literature that takes the biblical text itself as the focus of attention, then these books are not correctly called targum or midrash in the narrow or traditional senses of those terms. Using the framework of scripture, these documents include elements from the biblical narrative but freely omit words and whole incidents and add material without any foundation in the text.«[74]

Es ist folglich unsachgemäß, den LAB im ganzen als Midrasch zu charakterisieren. Die Gattungsbezeichnung ›Midrasch‹ kann den Blick für die originäre Aussageabsicht dieser Schrift einschränken. Es geht ihr nicht primär um ein gesteigertes Verständnis des Bibeltextes, sondern um interpretierende Nacherzählung der Erwählungsgeschichte auf die zu bewältigende Gegenwart hin. Diese Nacherzählung wird bestimmt durch theologische Überzeu-

---

die man gern als Midrasch bezeichnet, aber auch von vielen biblischen Schriften des Mittelalters, die als Bibelerzählungen die literarische Form von Büchern wie den Biblischen Altertümers Pseudo-Philos wieder aufnehmen.« (22 f). Diese Trennung habe zwar auch der Pescher Qumrans, aber zugleich den Anspruch, daß dem Kommentar Offenbarungsqualität eigne. Der rabbinische Midrasch geht indessen grundsätzlich von der Voraussetzung aus, daß der Bibeltext mehrere Deutungen habe (vgl. Sanhedrin 34 a) – folglich werden im Midrasch verschiedene Deutungen aneinandergereiht und Rabbinennamen genannt. Auch nennt der Midrasch (im Gegensatz zu frühen jüdischen Auslegungsschriften) »oft die Regeln, nach denen eine bestimmte Auslegung abgeleitet wird.« (24).

[72] Scripture passim, bes. 95. Vgl. auch DERS., Bible and Midrash: Early Old Testament Exegesis (zuerst erschienen in der Cambridge History of the Bible 1 1970, Hg. P. R. ACKROYD, C. F. EVANS, 199–231; vgl. dazu die Kritik J. NEUSNERS, Judaism 33–36).

[73] HARRINGTON, Adaptions passim.

[74] AaO. 240; vgl. auch 242 f: An dieser Stelle diskutiert HARRINGTON den literarischen Charakter auch des LAB. »In some respects this discussion is really a quarrel over words.. The use of the terms ›targum‹ and ›midrash‹ in connection with these books brings more confusion than illumination. Nevertheless, establishing that these books are not appropiately described as targums or midrashim is not the same as proving that they all represent a distinctive literary genre called the ›rewritten bible‹. In fact, it seems better to view rewriting the Bible as a kind of activity or process than to see it as a distinctive literary genre of Palestinian Judaism.« Es ist folglich in der Sache geraten, den Midrasch-Begriff nicht auf den LAB anzuwenden, zugleich aber unumgänglich, die Arbeitsweise Pseudo-Philos als midraschartig zu bezeichnen. Man darf in diesem Zusammenhang durchaus an den Vorschlag von ELLIS erinnern, der den Begriff »implicit midrash« einführte (vgl. DERS., Midrash 62 f; MILLER, Use 57). Auch der Sachgehalt dessen, worauf PERROT II 22–28 mit der Unterscheidung von texte expliqué und texte continué hinweist, ist hier einzuordnen. Ein tragfähiger Gattungsbegriff, der die literarische Eigenart des LAB hinreichend kennzeichnet (und nicht mit den übrigen, unter der Hilfsbezeichnung ›rewritten Bible‹ subsumierten Schriften nivelliert), bleibt weiter ein Desiderat.

gungen, die es zu erfassen gilt. Sie sind für den Autor der tragende Pfeiler, der den Bibeltext für die intendierten Rezipienten aktualisierbar macht. Es geht beim Erfassen dieser Überzeugungen um die theologischen Grundkoordinaten, von denen her in den biblischen Schriften Stringenz und Aussagekraft für die Gegenwart gesehen werden. Das Erfassen dieser Parameter bedeutet zugleich, ein Beispiel aktueller Theologie aus der Umwelt des NT zu erkennen.

Daß der Autor bzw. die ihm verfügbaren Traditionen sich einer midraschartigen Arbeitsweise bedient, wurde hinlänglich aufgewiesen. Es geht darum, den Stellenwert dieser Arbeitsweise im Gesamt der Textkonstruktion zu verorten. Methodisch ergibt sich, daß eine Analyse der Textoberfläche des LAB ohne Berücksichtigung des midraschischen Elements nicht sachgemäß sein kann. Vielmehr muß die Oberflächenstruktur des Textes daraufhin befragt werden, wie ihre Elemente möglich und sinnvoll wurden. Nur so ist es möglich, das theologische Gerüst und damit die Aussageabsicht des LAB zu erkennen, und nur so sind aussagekräftige Relationen im Blick auf das Neue Testament auszumachen.

1.4. Zur Datierung

Zu den einleitungswissenschaftlichen Voraussetzungen der vorliegenden Studie gehört die Datierung in das erste Jahrhundert n. Chr.

Die früheste sichere Bezeugung dieses Werkes findet sich bei Hrabanus Maurus[75]. Die ältesten Handschriften des LAB stammen aus dem 11. Jahrhundert[76]; das verwendete Latein ist freilich in sprachlicher und stilistischer

---

[75] Vgl. B. SCHALLER, Überlieferungsgeschichte. SCHALLER teilt zwei Textfunde im Werk des Rupert von Deutz und des Hrabanus Maurus mit, die zweifellos eine Kenntnis des LAB voraussetzen. Das Textzeugnis des Hrabanus Maurus findet sich in seinem Kommentar zu den Chronikbüchern; es wird auf das Jahr 834 datiert. Damit »ist die zu Recht beklagte Kluft zwischen der mutmaßlichen Abfassungszeit der lateinischen Fassung des LAB und dem Datum ihrer ältesten Urkunde um gut 200 Jahre kleiner geworden.« (71). Vgl. zur Bezeugung des LAB im Mittelalter jetzt auch SMITS, Contribution. FELDMAN diskutiert die Reihe möglicher Anspielungen auf den LAB (Prolegomenon XI–XV; vgl. JAMES 9–12; KISCH 18–22; BOGAERT II 66 Anm. 1) von Clemens Alexandrinus bis Azariah dei Rossi (16. Jahrhundert) – mit dem Ergebnis, daß bei den Kirchenvätern keine eindeutigen Bezugnahmen auf den LAB nachzuweisen sind (Prolegomenon XIII; vgl. BOGAERT II 66 Anm. 1. In der jüdischen Tradition gibt es keine bekannten Hinweise auf den LAB bis zum 19. Jahrhundert – freilich mit der wichtigen Ausnahme des Azariah dei Rossi {1513–1578}, der das Werk mit einer kritischen Kennzeichnung erwähnt.).

[76] Vgl. SCHALLER 65 (vgl. HARRINGTON, Dissertation 19 ff; DERS., I 15 ff). »In der erhaltenen handschriftlichen Überlieferung steht der LAB stets in einem Schriftenkonvolut, dessen Inhalt und Reihenfolge weitgehend übereinstimmen. Den Anfang macht Hieronymus' *De Philone*, ihm folgt der LAB, den Abschluß bildet gewöhnlich Philo's *Quaestiones et Solutiones in Genesin*. « (SCHALLER 72). Das ist wahrscheinlich der Bestand an Schriften, »die dem lateinischen Abendland bis ins 15. Jh. hinein unter dem Namen Philos bekannt

Hinsicht auf das vierte Jahrhundert zu datieren[77]. Es ist bekannt und hinreichend begründet worden, daß der lateinischen Textform eine griechische Übersetzung zugrunde lag, die ihrerseits auf ein hebräisches Original zurückging[78].

Allgemein wird vorausgesetzt, daß der LAB im ersten nachchristlichen Jahrhundert in Palästina verfaßt worden ist[79]. Für diese Datierung spricht seine Nähe zu syrBar und 4 Esra[80]. Harringtons Untersuchungen führten zu dem Ergebnis, daß der LAB älter als beide Schriften ist und beide ihn unabhängig voneinander benutzen[81]. Als wichtigstes Argument macht Harrington den ›palästinischen Typus‹ des hebräischen Bibeltextes geltend, der dem Verfasser vorgelegen haben muß, und der nach 100 nicht mehr toleriert wurde[82]. Ein weiteres Indiz ist die Übernahme der Schrift durch die christliche Kirche, die nach 100 nicht mehr wahrscheinlich zu machen ist[83].

Die nähere, um das Stichdatum des Jahres 70 kreisende Diskussion um die Datierung des LAB basiert auf verschiedenen Erwägungen, unter denen lange[84] die Interpretation von 19,7 die erste Stelle einnahm. Inzwischen ist deutlich geworden, daß die änigmatische Terminangabe dieser Stelle nicht mehr als selbständiges Argument verwendet werden kann[85].

---

waren und aus denen es sein Bild Philos bezog.« (ebd.) SCHALLER weist nach, daß bereits der LAB des Hrabanus Maurus »im Rahmen eines solchen Philokonvoluts überliefert worden ist.« (ebd; vgl. zur Tradition der lateinischen Version der Quaestiones et Solutiones in Genesin PETIT 7 ff, bes. 7 Anm. 6)

[77] Vgl. SCHALLER ebd.; SCHÜRER III/1 329; HARRINGTON, Dissertation 68 ff. HARRINGTON folgert aus dem eingehenden Vergleich der Sprache des LAB mit den altlateinischen Bibelversionen, »that the Latin translation of LAB antedates the Vulgate, and that 400 A.D. is the terminus ad quem for the Latin LAB.« (aaO. 69).

[78] Vgl. die ausführlichen Untersuchungen von HARRINGTON, Dissertation 63–89.

[79] Vgl. SCHÜRER III/1 329. Der abweichende Datierungsversuch von A. ZERON, Quellen, konnte das Ensemble der beigebrachten Argumente nicht entkräften. Er selbst geht in Swansong (ebenfalls 1980 erschienen) von einer Datierung der Schrift ins erste Jahrhundert aus (Swansong 190). SPIRO, Samaritans passim datierte hingegen auf die Zeit um 150 vor Chr. Auch dieser Datierungsvorschlag ist in der internationalen Diskussion nicht zustimmend aufgenommen worden (vgl. ferner zur Datierungshypothese von GRY DIETZFELBINGER, Dissertation 320 Anm. 91; FELDMAN, Prolegomenon CV).

[80] Vgl. HARRINGTON, Dissertation 174 ff; DERS., Translation 299. BOGAERT II 72 macht darauf aufmerksam, daß mit dieser Beobachtung noch keine Vorentscheidung über eine Datierung *nach 70* getroffen sein kann (»... la ›frontière‹ de 70 n'a pas interrompu l'histoire du mouvement pharisien«).

[81] Wobei syrBar als gegenüber 4 Esra sekundär anzusehen ist: syrBar setzt 4 Esra voraus; vgl. HARRINGTON, Dissertation 178 f. Zum LAB als Quelle für syrBar vgl. auch DENIS, Introduction 186; zum Verhältnis zwischen syrBar und 4 Esra aaO. 199.

[82] Vgl. HARRINGTON, Dissertation 109–166; ferner BOGAERT II 72.

[83] Vgl. VERMES, Scripture 6.

[84] U.zw. seit dem grundlegenden Aufsatz von LEOPOLD COHN, An Apocryphal Work Ascribed to Philo of Alexandria von 1897/98.

[85] Vgl. HARRINGTON, Dissertation 173 f.

Immerhin soll hier die mit 19,7 (Gottesrede an Mose) gegebene Problemlage wenigstens skizziert werden. Der Text lautet: *Demonstrabo tibi locum, in quo mihi servient annos DCCXL*[86]. *Et post hec tradetur in manus inimicorum suorum et demolientur eum, et circumdabunt*[87] *eum alienigene. Et erit in illa die secundum diem illum in quo contrivi tabulas testamenti quas disposui ad te in Oreb, et peccantibus illis evolavit ex eis quod erat scriptum. Dies autem erat septima decima mensis quarti.* Bereits Cohn[88] ging davon aus, daß nach 19,7 am 17. Tammuz sowohl die Gesetzestafeln durch Mose zerbrochen worden seien als auch der Untergang Jerusalems geschehen sei. Da aber die Einnahme Jerusalems durch die Babylonier nach Jer 52,6; 2 Kön 25,3 auf den 9. Tammuz zu datieren ist, könne das LAB 19,7 angegebene Datum sich nur auf die Zerstörung des zweiten Tempels beziehen. Der talmudische Belegtext für diese Interpretation ist Taanit 4,6[89] (Einnahme Jerusalems durch Titus und Zerbrechen der Tafeln des Gesetzes durch Mose am 17. Tammuz).

James[90] bestätigte im wesentlichen die Interpretation Cohns, machte jedoch auf die Unstimmigkeit aufmerksam, daß Cohn zwischen Tempelzerstörung und Einnahme Jerusalems nicht deutlich unterschieden hatte. Nach James ist das Datum des 17. Tammuz auf die Einnahme Jerusalems zu beziehen[91]. Dietzfelbinger schloß sich dieser Position an und bereicherte sie durch weitere Überlegungen[92]. Er stellte unter Hinweis auf den Wortlaut von Taanit 4,6 die Frage, auf »welches Ereignis bei der vielschichtigen Katastro-

---

[86] Die Bedeutung der Zahl der 740 Jahre bleibt dunkel. Eine Emendation nach Seder Olam Rabbah 11, wie COHN 327 und JAMES 127 vorschlugen (: 850 Jahre, 440 Jahre vom Tod des Mose bis zum Bau des Tempels, 410 Jahre bis zur Tempelzerstörung), bleibt ohne Anhalt am Text. Josephus gibt dieses Intervall mit 1062 an (592 + 470): ant 7,68; 8,61; 10,147. Eine Korrektur des Textes ist nicht angebracht (vgl. PERROT II 130).

[87] In dem hap.leg. *circumdare* kann kaum eine Anspielung auf die realen Ereignisse im Jahre 70 gesehen werden (etwa analog Lk 19,43 f; 21,20.24); vielmehr spiegeln beide Verwendungen (also auch das im Kontext des vaticinium ex eventu Lk 19,43 gebrauchte περικυκλόω, vgl. das Simplex 21,20) den biblischen Gebrauch des Wortes bzw. seiner Äquivalente wieder (vgl. etwa Jos 7,9; Ri 20,43; 2 Kön 3,25; 8,21; anders 2 Makk 12,13).

[88] Work 326 f.

[89] Die Übersetzung ist leicht zugänglich bei BILLERBECK I 945.

[90] Antiquities 29 ff.

[91] »It must be have in mind that the capture of Jerusalem, and not the destruction of the Temple, is the event of which the date is important.« (aaO. 30 f).

[92] Wichtig ist sein Hinweis (Dissertation 190), daß eine Analogie zwischen dem Zerbrechen der Gesetzestafeln und der Zerstörung des ersten Tempels in der jüdischen Tradition nie hergestellt wurde. Freilich führt sein Versuch, das im Text 19,7 gebotene Intervall von 740 Jahren auf die Zeit seit dem ersten Tempelbau zu beziehen (in jüdischer Tradition 832 v. Chr.), auf das Jahr 92 v. Chr., also zu keinem weiterführenden Ergebnis; vgl. dazu DIETZFELBINGER ebd.: »Diese notwendigerweise nur vage Berechnung läßt aber immerhin erkennen, daß Ps-Philo in 19,7 wahrscheinlich an das Geschehen von 70 nach Chr. und kaum an das von 586 vor Chr. denkt.« Zutreffend urteilt HARRINGTON, Dissertation 172: »But the fact is that God was not served in Jerusalem for 740 or 850 years before the first destruction (nor did the breach of the City occur on the seventeenth day of the fourth month

phe des Jahres 70 nach Chr.« sich die Datumsangabe 19,7 beziehen soll[93]. Taanit 4,6 nennt immerhin den 17. Tammuz und den 9. Ab und bezieht die Tempelzerstörung auf das letzte Datum. »Entschließt man sich nun zu der Annahme, daß 19,7 im Gegensatz zu 12,4 nicht die Zerstörung des Tempels, sondern den Einbruch in die Stadt und die Eroberung der Antonia im Auge hat – und es bleibt kaum eine andere Möglichkeit –, so steht Cohns Interpretation von 19,7 nichts mehr im Weg. Ps-Philo folgt also in 19,7 einer Tradition, die das ›Erbrechen der Stadt‹ auf den 17. Tammuz legt und dieses Geschehen mit dem Zerbrechen der ersten Gesetzestafeln, das ebenfalls am 17. Tammuz sich ereignet haben soll, parallelisiert. Eine solche Tradition kann erst nach 70 nach Chr. entstanden sein. Ps-Philo ist wohl ihr frühester Zeuge.«[94] Der Interpretationsvorschlag Dietzfelbingers sieht 19,7 als vaticinium ex eventu auf die Einnahme der Antonia und der Bresche in die Stadtmauer im Jahre 70. Er setzt damit voraus, daß *locus* sich auf Jerusalem (und nicht den Tempel) bezieht, und daß es im Interesse Pseudo-Philos lag, diese beiden wichtigen Ereignisse im Verlauf des Untergangs Jerusalems und des Tempels mit dem Zerbrechen der Gesetzestafeln durch Mose zu parallelisieren.

Unter den Taanit 4,6 aufgezählten Ereignissen bleibt freilich als dritte Möglichkeit das Aufhören des täglichen Opfers am 17. Tammuz. Wadsworth hat in seiner Dissertation den Nachweis versucht, daß die von Pseudo-Philo intendierte Analogie sich auf dieses Ereignis bezieht: das Aufhören des Tamid entspreche dem Zerbrechen der Gesetzestafeln[95]. Besondere Bedeutung hat für Wadsworth die Tatsache, daß der differenzierte Bericht des Josephus das Aufhören des Tamid ebenfalls auf den 17. Tammuz datiert[96]. »It was an important date for Josephus because of the cessation of the daily offerings in that day, a detail preserved in the mishnaic passage relating to the 17th Tammuz along with the four other woes. Indeed, in the absence of any reference to siege activities on 17th Tammuz in Josephus, it is probable that the ending of the ›tamid‹ in Jerusalem was the sole reason why this date became such an important feast day in the Jewish calendar, and why it became adopted by the tradition as the date on which the wall were breached during the second siege.«[97] Mit dieser Interpretation bestätigt Wadsworth einerseits

in 70 A.D. according to Josephus).« HARRINGTONS eigene Berechnung führt ihn zu den Ereignissen unter Antiochus Epiphanes, s.u.

[93] Dissertation 191.

[94] Ebd.

[95] *locus* bezeichnet nach WADSWORTH, Dissertation 2 324 f also weder die Stadt noch das Land, sondern den Tempel.

[96] bell 6,94. »This last event is one of the five woes recorded in the mishnaic passage as occurring on the 17th Tammuz, but there is no mention in Josephus of any assault upon the city on that date.« (WADSWORTH 2 320).

[97] Dissertation 2 321.

den Ausgangspunkt von Cohn und James, daß 19,7 als Hinweis für eine
Datierung des Buches nach 70 zu bewerten ist, andererseits bezieht er dieses
vaticinium ex eventu anders als die bisherigen Versuche auf *das* Ereignis, in
dessen Datierung Josephus und Mischna übereinstimmen. LAB 19,7 spricht
nach Wadsworth folglich im ganzen vom Sieg über Jerusalem, konkretisiert
das Gesamtgeschehen freilich auf das für Pseudo-Philo wichtigste Ereignis
und parallelisiert es mit dem Zerbrechen der Gesetzestafeln[98]. Daß dies nicht
explizit, sondern in prophetischer Andeutung geschieht, ist nach Wadsworth
mit dem Wesen des vaticinium ex eventu begründet[99]. Es ist durchaus naheliegend, daß die tatsächliche Einstellung des Tamid am 17. Tammuz der eigentliche Grund dafür war, daß dieses Datum in der jüdischen Tradition zu
einem der beiden Unglückstage Israels wurde[100].

Wie wird 19,7 von den Vertretern einer Datierung vor 70 interpretiert?

Bogaert[101] kritisiert aufgrund der Darstellung des Josephus (bell 6,94) die
Position Cohns, am 17. Tammuz sei tatsächlich der Tempel zerstört worden,
und weist auf die Parallele zwischen Taanit 4,6; Hieronymus (Comm in Sach
8,19) und LAB 19,7 hin. Ein Vergleich dieser drei Texte führt Bogaert zu vier
Schlußfolgerungen[102]:

1. Die Erwähnung der vier Fastentage (ohne Präzisierung des jeweiligen
Tages) bei Sach 8,19 ist Ursprungstext für Mischna Taanit 4,6 und den Hiero-
nymus-Kommentar. Beide Texte kommentieren Sach 8,19 und wenden das
Datum des 17. Tammuz bereits für Sach 8,19 als Datum für die *erste* Zerstörung an, welches dann mit dem Zerbechen der Tafeln verbunden wurde.

2. Es ist nach Bogaert nicht überraschend, daß die Mischna (redigiert um
200) dieselben Ereignisse erwähnt und mit ihnen dasselbe Datum verbindet.

---

[98] Vgl. WADSWORTH, Dissertation 2 326: »Having established that the city will ulti-
mately be destroyed, therefore, the author's intention is clearly to highlight something
which happened during the siege. God is thus warning Moses that, at a time when enemies
are camped around Jerusalem, an event will occur comparable in calamitous significance to
the breaking of the tablets of the Law, which took place on the 17th Tammuz. In the list of
the five woes recorded in the mishnaic passage as having occurred on this date only one, the
cessation of the ›tamid‹, agrees with the details of the account by Josephus of the siege in
A.D. 70. For, as we have seen, the date of the cessation of the daily offering in Jerusalem is
irrevocably fixed as the 17th Tammuz, A.D. 70, whereas disputes and controversies
surround the dates of any destructive military action before the walls of Jerusalem upon that
date and in that year.«

[99] WADSWORTH ebd. Vgl. DERS., A New Pseudo-Philo 191 mit der weitreichenden
Schlußfolgerung: »We may reasonably suggest, therefore, that to Pseudo-Philo the day
upon which the Temple sacrifices ceased to be offerred, the demise of the supreme cultic
activity of the covenant people, was a more important date than that of the destruction of the
Temple itself.«

[100] Vgl. WADSWORTH, Dissertation 2 328.

[101] II 66–74 (La datation).

[102] II 69 f.

Soweit es das Aufhören des Tamid betrifft, trifft es sich exakt mit Jos bell
6,94.

3. Die Bibel erwähnt den 17. Tammuz nicht als Datum für die erste Zerstörung von Tempel oder Stadt, sondern den 9. Tammuz. Diese Inkonsequenz
erklärt der babylonische Talmud (T.b. Taanit 28b), indem er das Datum auf
den zweiten Tempel bezieht[103]. Diese Lösung ist freilich singulär; der Jerusalemer Talmud, mit demselben Problem konfrontiert, bezweifelt gar nicht, daß
es sich um den ersten Tempel handelt[104].

4. Die exegetische Tradition von Sach 8,19 unterstützt folglich nicht eine
Bindung Pseudo-Philos an das Datum 70 n. Chr. Sie mag sehr viel älter sein,
da sie ja weder Motiv noch Datum des Fastens expliziert. Mit dieser Tradition
ist nach Bogaert folglich kein hinreichender Grund gegeben, den LAB nach
70 zu datieren; vielmehr liege hierin ein Indiz für ein höheres Alter[105].

Harrington macht seinerseits auf die Unstimmigkeiten in der auf dem Ent-
wurf Cohns basierenden Interpretation von 19,7 aufmerksam[106]. Seine eigene
Berechnung geht vom tatsächlichen Datum der Fertigstellung des ersten Tempels aus, so daß die Ereignisse unter Antiochus Epiphanes in den Blick geraten
(vgl. 1 Makk 1, bes. die VV.31.45.54.56: Zerstörung der Tora-Kopien). Die Ereignisse der Zerstörung der Tora durch Mose und unter Antiochus Epiphanes
wären dann von den Weisen, deren Tradition sich der LAB verdankt,
parallelisiert worden. Harrington zieht die Schlußfolgerung: »We have seen
that all the other activities mentioned in _M. Ta'anit_ 4.6 could be ascribed to
Antiochus and that these are all listed as occurring on the seventeenth of the
fourth month. Perhaps we can postulate the existence of a tradition similar to
that of the Mishnah which referred to Antiochus. This tradition, cited in LAB
and the Mishnah, was then misinterpreted by the _baraitha_ and the Tosephta
which connected the seventeenth of Tammuz with the destruction in 70
A.D.«[107] Um 200 n. Chr. gibt es dann die Tradition, Jerusalem sei am 17. Tammuz gefallen. Gegen die Annahme der Richtigkeit dieser Angabe steht das bereits mehrfach erwähnte Zeugnis des Josephus. Eher könnte man nach Harrington sagen, daß auf der Basis von Ex 19,1; 24,16.18 der 17. Tammuz als
Unglückstag galt – Pseudo-Philo könnte das auf die erste Tempelzerstörung
bezogen haben. Als Fazit dieser wenig ertragreichen und verwirrenden Dis-

---

[103] Ein Bezug von Taanit 4,6 auf den zweiten Tempel ist von sich aus also zunächst nicht
gegeben.

[104] Vgl. JAMES 31.

[105] Vgl. II 70: »Rien n'autorise à partir de cette tradition pour fixer les _Antiquités
Bibliques_ après 70. Au contraire, il y a là un indice – et presque une preuve – qu'elles sont
antérieures: comment l'auteur pourrait-il faire prophétiser seulement la première destruction et non les deux?«

[106] Dissertation 167 ff.

[107] AaO. 173.

kussion[108] stellt Harrington fest, daß 19,7 für eine Datierung des LAB in keinem Fall als selbständiges Argument dienen kann[109]. Damit treten zugleich weitere, im Text des LAB enthaltene Indizien in den Vordergrund[110].

---

[108] Als ähnlich unergiebig ist die Diskussion über 19,15 *quatuor enim semis transierunt, et duo semis supersunt* als mögliches Indiz für eine Datierung des LAB zu bezeichnen. FELDMAN, Prolegomenon CV schlägt vor, die Zahlen *quatuor* und *duo* für vertauscht zu halten, so daß zu lesen wäre: »For 2 1/2 have passed by, and 4 1/2 remain.« Damit wäre Übereinstimmung erreicht mit AssMos 1,2, »which places Moses' death in the year 2500«, sowie zu Jub (50,4: Mosetod ein Jubiläum früher: 2450) und Jos ant 8,61f (ein Jubiläum später: 2550; indem 3102, das Datum des Salomo-Tempels minus 592 Jahre zwischen Exodus und Tempel plus 40 Wüstenjahre gerechnet werden. Ein ähnliches Datum ist Jos ant 7,68 impliziert; vgl. ant 20,230; Ap 2,19: 2530). Jos ant 4,303 erwähnt, Mose habe dem Tempel ein Buch vermacht, wo eine Beschreibung der zukünftigen Ereignisse in bezug zu allem, was bereits geschehen sei und noch geschehen solle, enthalten sei. Der Vorschlag FELDMANs beruht indessen auf einer Emendation ohne handschriftlicher Grundlage. Eine befriedigende Lösung ist aber auch deshalb nicht erreicht, weil die vorgeschlagene Umgewichtung zwischen abgelaufener und ausstehender Zeit dem Kontext des LAB kaum angemessen ist; vgl. besonders § 13, wo die Zeit als auf ihr Ende hineilend beschrieben wird (vgl. als weiteren Kontext auch 4 Esr 4,44–50; vgl. ähnlich PERROT II 134). PERROT weist demgegenüber auf 28,8 hin (II 135): Nach der dort vorzuziehenden π-Lesart (gegenüber A: ›7000‹) beträgt die Gesamtzeit der Geschichte 4000 Jahre, und eine 19,15 folgende Division würde 2571,5 + 1428,5 Jahre ergeben (PERROT bemerkt zugleich ebd. einschränkend:»Gardons-nous cependant de donner trop d'importance à ce dernier calcul: LAB ne donner qu'un ordre de grandeur.«). Immerhin könne dann aber gefragt werden, ob diese Zahl von 2571 Jahren nicht grob mit den 2550 (Jos ant 8,61f); 2500 (AssMos 1,2) bzw. 2450 (Jub) übereinstimme. Bei 1428 ausstehenden Jahren und Berücksichtigung der 740 Jahre aus 19,7 ergebe sich für die Zeit zwischen Tempelzerstörung und Ende eine Spanne von 688 Jahren. Jedenfalls müßte dann der LAB vor 101 n. Chr. verfaßt worden sein.

WADSWORTH, Dissertation 2 272 (vgl. DERS., Moses' Death, 14 f): Die Gesamtsumme stimmt mit 7000 (28,8) überein (keine textkritische Diskussion); die Zahlen sind zu vertauschen (wie FELDMAN: 2 1/2 + 4 1/2); damit ergibt sich auch für WADSWORTH exakte Übereinstimmung mit AssMos 10,11 (2500; ferner Jub 50,4: 2.450; Jos ant 8,61 f: 2.550; ant 20,230 sowie cAp 2,19: 2530).

Als Fazit zu 19,15 bleibt: es ergibt sich keine hinreichend gesicherte Auswertbarkeit für die vorauszusetzende Zeitgeschichte. Vgl. HARRINGTON, Outside 16 zu 19,15 »two and a half remain: it is not clear what system of calculation is being used. But since more than half of the time had passed before Moses' death, by the time of Ps-Philo the end must be considered very near. According to Dan 12:7 three and a half times (›a time, two times and half a time‹) remained before the end; perhaps Ps-Philo was suggesting that now the end is even nearer than it was in the time when Daniel was composed.«

Pseudo-Philo will deutlich machen, daß Mose das Ganze der Geschichte offenbart wurde – dieses aber wird nicht dem Rezipienten anvertraut. Mose bildet das Scharnier zwischen Gesetz und Geschichte. Im Gesetz ist die Geschichte beschlossen. Darum muß Mose eingeweiht sein in ihr Ganzes.

[109] AaO. 173 f. Vgl. dazu den Nachtrag zur Datierungsdiskussion bei FELDMAN, Epilegomenon 305 f, sowie ihre Bewertung durch WADSWORTH in seiner Rezension der Edition des LAB in den Sources Chrétiennes (DERS., A New Pseudo-Philo, bes. 188–191). WADSWORTH erneuert an dieser Stelle seine Sicht, daß der LAB v.a. durch seine Nähe zu den Lehrern von Jamnia, insbesondere zu Jochanan ben Zakkai, gekennzeichnet sei (aaO. 189; vgl. DERS., Dissertation 2 341–349).

[110] Vgl. BOGAERT II 70–73.

Die Diskussion der Frage, ob der LAB auf die Zeit vor oder nach 70 n. Chr. zu datieren ist, kann nicht als abgeschlossen bezeichnet werden[111]. Auch da, wo aus möglichen zeitgeschichtlichen Anspielungen oder der vorausgesetzten Situation Aufschlüsse für die Entscheidung dieser Frage behauptet wurden, ist ein befriedigender Abschluß der Diskussion nicht erreicht. Als wichtigste Argumente – von der Interpretation 19,7 abgesehen – für eine Datierung nach 70 wurden folgende genannt: mangelndes Interesse an Tempel und Opfern[112], Zurücktreten des Passafestes[113], Priesterpolemik[114], Ersetzung des Kultes durch das Gesetz[115].

Als Hauptargumente für eine Datierung vor 70 gelten: Das theologische Interesse des Autors[116], der Hinweis auf LAB 22,8[117], der negative Bezug auf solche Führer, die Gott nicht erwählt hat[118], das Schweigen über die Tempelzerstörung[119], der freie Bezug zum biblischen Text, der in der Zeit nach 70 in dieser Weise nicht mehr gegeben war[120].

Zuletzt hat S. M. Olyan aufgrund seiner Analyse von 10,3 dafür plädiert, die Abfassung des LAB auf die Zeit des Jüdischen Krieges vor der Zerstörung des Tempels zu datieren. »Since the value of our major source for reconstructing the Jewish War is open to question on a number of accounts, it is rather

---

[111] Vgl. SCHÜRER III/1 329.

[112] JAMES 32.

[113] DIETZFELBINGER, Dissertation 192.

[114] Dieser Topos ist nach DIETZFELBINGER ebd. in der frühjüdischen Literatur seit der Makkabäerzeit nachweisbar. »Ps-Philo zeichnet sich vor jenen früheren Äußerungen dadurch aus, daß es mit einem bereits geschlagenen und depossedierten Priestertum zu tun hat; denn 52,3 f; 53,10 sind, da sie sich auf das Priestertum in Israel überhaupt beziehen, nur als vaticinia ex eventu sinnvoll. So erhärtet die Priesterpolemik in L.a. das Jahr 70 als terminus a quo des Buches.« (192).

[115] Vgl. DIETZFELBINGER, Dissertation 193: »Ps-Philo läßt den Kultus und die Opfer zurücktreten und schiebt das Gesetz als das schlechthin entscheidende Moment der Geschichte Israels und der Zukunft Israels in den Vordergrund.«

[116] »the temple, rules of sacrifice, covenant and law, eschatology, angelology, geography«; so HARRINGTON, Adaptions 245. Bereits in dieser fundamentalen Frage der Bewertung von Tempel und Opfern laufen also die Meinungen konträr (vgl. JAMES 32; DIETZFELBINGER, Dissertation 192); vgl. auch BOGAERT II 71.

[117] Die Stelle suggeriert nach HARRINGTON, Translation 299, daß der Tempel noch steht; vgl. FELDMAN, Prolegomenon XXVIII. BOGAERT II 72 macht freilich darauf aufmerksam, daß damit lediglich die Verfasserzeit des ersten Tempels fingiert wird; vgl. den Kommentar zu 26,15.

[118] Nach HARRINGTON, Translation 299 äußert sich darin möglicherweise anti-herodianische Polemik; jedenfalls habe eben dieses Moment nach 70 keinen realen Bezug mehr.

[119] HARRINGTON ebd.

[120] HARRINGTON ebd.; vgl. sein Fazit ebd.: »A date around the time of Jesus seems most likely.« In seinem Aufsatz Birth narratives faßt er freilich die Argumente in dem Fazit zusammen (317): »Whichever dating is accepted, it is clear that ps.-Philo's Biblical Antiquities was composed at roughly the same period when the Gospels of Matthew or Luke were written.«

difficult to take a firm position on the value of LAB 10:3 for establishing the date and provenance of Pseudo-Philo's work. But if we accept Josephus' broad picture, it appears that Pseudo-Philo may well have given the Reed Sea tradition as distinctly polemical shape evoking the issues and conflicts of the Jewish War. Pseudo-Philo looks very much like a revolt sympathizer, perhaps connected to one of the war factions. The evidence suggests that he expanded on the narrative of Exodus 14 to do so; his version of the debate may have addressed directly the beleaguered and divided community during the Jewish War.«[121] Der Textbefund, den Olyan seiner These zugrunde legt[122], ist zutreffend erhoben; freilich bleibt die Frage offen, ob damit die Grundlage für eine Datierung hinreichend gesichert ist. Kaum anzunehmen ist, daß Pseudo-Philo mit seinem Werk während des Jüdischen Krieges aktuell Partei ergreifen wollte; es geht vielmehr darum, Haltungen, die in der geschichtlichen Realität eingenommen wurden, theologisch zu bewerten.

Insgesamt ist gegenüber einer Datierung des LAB vor 70 die Frage legitim, ob die Indizien, die auf die Situation vor 70 hindeuten, nicht als ein Niederschlag der konkreten Erinnerung und Reflexion über die – in der Perspektive Pseudo-Philos theologischen – Ursachen dieser Katastrophe eingeordnet werden können. Für sich genommen reichen die Argumente für die Entscheidung der Frage, ob der LAB vor oder nach 70 geschrieben wurde, nicht aus[123]; sie

---

BOGAERT, der die Form des LAB als Midrasch, freilich nicht der späteren Form des ›texte expliqué‹, sondern des ›texte continué‹ (vgl. II 26) bezeichnet, stellt fest (II 71): »Ce type de commentaire libre de l'histoire biblique tend à disparaître après 70 de notre ère, s'il n'a pas déjà dispara; il suppose une liberté avec le mot à mot scripuaire, peu concevable à une époque tardive.«

[121] OLYAN, Options 91.

[122] Vgl. dazu bes. aaO. 85 f und passim.

[123] Diese Feststellung gilt auch für die zu vermutenden zeitgeschichtlichen Anspielungen im Text des LAB; vgl. die Übersicht bei BOGAERT II 73 Anm. 6 mit dem zutreffenden Fazit: »Ces quelques allusions ne permettent pas toutefois d'asseoir avec une réelle sûreté la datation de l'œuvre.« G. W. E. NICKELSBURG stellte in seinem Referat auf der SNTS-Tagung Cambridge 1988 ›Reshaping Israel's History: Composition, Nuance, and Purpose in Pseudo-Philo‹ (maschinenschriftliches Kongreßpapier) Indizien für den ›Sitz im Leben‹ des LAB zusammen (S. 12): »1. The Jews are subjugated to a foreign power. 2. The situation has raised serious questions in the Jewish community as to wether or not the Abrahamic covenant still stands. 3. There appear also to be serious questions about the quality of leadership, and especially religious leadership in the community. 4. Participation in idolatrous practice and other kinds of association with gentiles is perceived as a serious danger.« Vgl. ähnlich die Überlegungen von NICKELSBURG, leaders 63 f. »At the same time, the situation described in the Antiquities, its references to bad leaders, and its repeated description of the appearance of good leaders would fit rather well into the circumstances of the Jewish War with its proliferation of would-be Messiahs, prophets, and demagogues.« (63). Die Botschaft und Absicht des Buches wird vorsichtig so definiert: »In the midst of oppression, disillusion, dissolution, and despair spawned by the events of 70, this author preaches a message of hope, appealing, to God's promises to Abraham and Israel's status – even now – as God's chosen people. The day of Deborah stands as a promise (32:14). In

sind einzuordnen in eine Gesamtinterpretation des Werkes[124], die in der gegenwärtigen Forschungslage freilich nicht vorhanden ist.

God's right time, a ruler like Cenez will arise to deliver his people. The secret sins of the
people will be found out, the nation will be purged, and the precious stones of the twelve
tribes will shine in the new Jerusalem (26: 12–15).« (63). Wichtige Beobachtungen zur
Datierungsfrage steuert auch MURPHY, Idolatry 284–287, bei. Sein Fazit lautet: »Leadership was an urgent issue in the first century and became critical during the war against
Rome. He (sc. Pseudo-Philo) looks for a leader who would act decisively against those
within the Jewish community who have been unfaithful to it through compromise with the
Gentiles. Liberation will take place under a leader whose first task will be to clean Israel's
own house, thus removing the root cause of Israel's weakness.«

[124] Vorauszusetzen sind dafür redaktions- und traditionsgeschichtliche Analysen, die die
differenzierte geschichtliche Verortung von Teiltexten bzw. -Traditionen von der Entstehung des LAB als ganzem zu abstrahieren vermögen.

2. Erzähltextanalytische Beobachtungen

2.1. Gesichtspunkte aus der Gliederung des LAB

Der Text der 65 Kapitel des LAB[1] ist unter inhaltlichem Gesichtspunkt[2] in fünf Komplexe zu gliedern[3]. Für eine bessere Übersicht bei den weiteren Arbeitsschritten wird nachfolgend überschriftartig der Inhalt der Kapitel angegeben:

Kap. 1–8: Vorgeschichte – Abraham

Kap. 1: Genealogien von Adam bis Noa
Kap. 2: Genealogien von Kain bis Lamech
Kap. 3: Engel und Menschentöchter; Flutgeschichte und Noa-Bund
Kap. 4: Die Nachkommen der Noa-Söhne Sem, Ham und Japhet
Kap. 5: Die Musterung der noachidischen Menschheit
Kap. 6: Der Beginn der Turmbaugeschichte in Verbindung mit Abrahams Rettung aus dem Feuerofen
Kap. 7: Die Turmbaugeschichte
Kap. 8: Von Abrahams Aufenthalt in Kanaan bis zum Aufenthalt Israels in Ägypten

---

[1] Die Einteilung des Textes in Kapitel und Paragraphen geht auf M. R. JAMES zurück; vgl. JAMES 66, dazu DIETZFELBINGER Dissertation 169 mit Anm. 21–23. An der Einteilung von JAMES nahm G. KISCH (97) einige wenige Modifikationen vor (vgl. LAB 3,12; 25,1; 33,1; 64,1.9); dazu CAZEAUX I 61 Anm. 1. Die damit gegebene Untergliederung des Makrotextes in Teiltexte dient den nachfolgenden erzähltextanalytischen Beobachtungen als Augangsbasis.

[2] Vgl. JAMES 67–73: Synopsis of the Contents. Eine ausführliche Inhaltswiedergabe des LAB bei DIETZFELBINGER Dissertation 2–92; vgl. auch COHN 280–306. DIETZFELBINGER formuliert einleitend: »Eine planvolle Einteilung ist kaum festzustellen (…); doch läßt sich das Buch von dem gebotenen Stoff her gut gliedern.« (aaO. 2; vgl. ähnlich 169). DIETZFELBINGERS Gliederung (aaO. 169 f) umfaßt vier Komplexe: »A Die Menschheit vor der Konstituierung des Gottesvolkes c.1–8«, »B Der Bundesschluß und die Führung des Volkes durch Mose und Josua c.9–24« (DIETZFELBINGER begründet aaO. 327 Anm. 26 die Zusammenfassung beider Gestalten in einem Komplex mit der Absicht Pseudo-Philos, »Josua als Fortsetzer des Werkes Moses zu erweisen«), »C Die Zeit des Gehorsams und Ungehorsams unter den Richtern c.25–48«, »D Von Samuel bis David c.49–65«.

[3] Vgl. ähnlich JAMES 71.

Kap. 9–19: Mose

Kap. 9: Die Geburtsgeschichte des Mose
Kap. 10: Die Plagen in Ägypten; der Durchzug durchs Meer;
die Begleitung Gottes in der Wüste
Kap. 11: Die Dekalog-Gesetzgebung
Kap. 12: Das leuchtende Antlitz des Mose; das Goldene Kalb
Kap. 13: Die Anfertigung der Kultgeräte; der Festkalender
Kap. 14: Die Musterung des Volkes
Kap. 15: Die Rückkehr der Kundschafter
Kap. 16: Widerstand und Bestrafung Koras
Kap. 17: Die Auswahl des Priesterstammes
Kap. 18: Die Bileamgeschichte
Kap. 19: Abschied und Tod des Mose

Kap. 20–24: Josua

Kap. 20: Die Nachfolge des Josua (§ 6–7: Eroberung Jerichos;
§ 8: Aufhören des Manna; § 9: Amoriterkampf und Landverteilung;
§ 10: Landgabe an Kaleb)
Kap. 21: Das Gebet des Josua; Altarbau in Gilgal
Kap. 22: Der Altarbau der zweieinhalb Stämme
Kap. 23: Der Bundesschluß des Josua
Kap. 24: Josuas Abschied und Tod

Kap. 25–48: Richter

Kap. 25: Einsetzung des Kenas zum Führer;
Überführung und Schuldbekenntnis der Sünder
Kap. 26: Bestrafung der Sünder, Vernichtung ihrer Steine und Bücher;
die 12 Steine
Kap. 27: Kenas siegt allein mit Hilfe von Engeln über die Amoriter
Kap. 28: Abschied und Tod des Kenas
Kap. 29: Zebul; Landgabe an die Töchter des Kenas;
Einrichtung eines heiligen Schatzes
Kap. 30: Bedrückung durch Sisera; Deboras Rede
Kap. 31: Siseras Niederlage; sein Tod
Kap. 32: Deboras Lobgesang
Kap. 33: Deboras Abschied und Tod
Kap. 34: Die Zauberei des Aod
Kap. 35: Gideons Berufung
Kap. 36: Gideons Sieg über die Midianiter; sein Götzendienst und Tod
Kap. 37: Abimelech; die Baumfabel

Kap. 38: Der Götzendienst des Jair
Kap. 39: Jephtas Einsetzung zum Führer; sein Sieg über die Ammoniter
Kap. 40: Jephtas Tochter
Kap. 41: Die Richter Addo und Elon
Kap. 42: Manoa und Eluma; die Vorgeschichte des Simson
Kap. 43: Die Geschichte Simsons
Kap. 44: Der Götzendienst Michas und seiner Mutter
Kap. 45: Die Untat zu Noba
Kap. 46: Vergeblicher Kampf gegen die Benjaminiten
Kap. 47: Die Tierfabel; Sieg über Benjamin; Tod Michas und seiner Mutter
Kap. 48: Erhöhung des Pinehas; Frauenraub der Benjaminiten

Kap. 49–65: Samuel – Saul

Kap. 49: Erlosung des Elkana und Ankündigung des Samuel
Kap. 50: Hannas Kinderlosigkeit und Gebet
Kap. 51: Geburt Samuels; Lobgesang der Hanna
Kap. 52: Die Bosheit der Eli-Söhne
Kap. 53: Berufung Samuels; Strafankündigung an Eli
Kap. 54: Kampf mit den Philistern; Verlust der Lade;
    Tod Elis und seiner Söhne
Kap. 55: Rückkehr der Lade
Kap. 56: Königsbegehren des Volkes; Bestellung des Saul
Kap. 57: Präsentation und Investitur Sauls durch Samuel
Kap. 58: Krieg Sauls gegen die Amalekiter; Verschonung Agags;
    Strafankündigung gegen Saul
Kap. 59: Auffindung und Salbung Davids (§ 1–3); sein Psalm (§ 4);
    zeichenhafter Sieg über Löwe und Bärin (§ 5)
Kap. 60: Davids exorzistischer Psalm vor Saul
Kap. 61: Kampf gegen Goliat
Kap. 62: Bund Davids mit Jonatan
Kap. 63: Denunziation und Tötung Abimelechs;
    Strafankündigung gegen Saul
Kap. 64: Sauls Vorgehen gegen die Zauberer;
    Bedrohung durch die Philister; die Hexe von Endor
Kap. 65: Sauls Tod

Diese Einteilung in fünf Komplexe erscheint als Hilfe zur übersichtlichen
Grobgliederung des Stoffes auch unter dem Gesichtspunkt des Schriftbezuges
sachgemäß. Die biblischen Stoffe der Kapitel 1–8 entstammen der Genesis,
die der Kapitel 20–24 dem Buch Josua, die der Kapitel 25–48 dem Richterbuch und die der Kapitel 49–65 dem ersten Samuelbuch (sowie 2 Sam 1 in

Kap. 65). Die biblischen Inhalte des Mose-Komplexes Kap. 9–19 sind in LAB 9–13,1 aus Exodus, im übrigen Kap. 13 aus Levitikus, in Kap. 14–18 aus Num und in Kap. 19 aus Deuteronomium bezogen[4].

Überblickt man indessen die Schnittstellen zwischen den einzelnen Komplexen, so findet man die Erwartung regelmäßiger, durch tiefergehende Gliederungsmerkmale kenntlich gemachter Zäsuren nicht bestätigt.

Die Formulierung, mit der der Text des LAB einsetzt[5], lautet 1,1: *Initio mundi Adam genuit tres filios et unam filiam* ... Der Kontext des LAB setzt folglich die Weltschöpfung erzählerisch voraus, bezieht von ihr seinen Einsatzpunkt[6] und beginnt in einem zunächst genealogischen Verfahren[7] die Geschichte der Nachkommen Adams zu erzählen. Die beiden Worte *initio mundi* umreißen knapp die expositionelle Voraussetzung für die nachfolgend aufgebotenen Genealogien, an die der weitere Fortgang der Erzählung anknüpft.

Der erste Erzählkomplex wird in 8,14 mit der knappen Notiz vom Hinabzug Israels nach Ägypten und der Dauer des dortigen Aufenthaltes geschlossen: *Et descenderunt in Egiptum et habitaverunt ibi annos CCX.* Diese Formulierung schließt die Liste der Israeliten, die zu Joseph nach Ägypten ziehen (§ 11–14), ab und nimmt die Einleitung zu dieser Liste § 11 in *et hec sunt nomina filiorum Israel, qui descenderunt in Egiptum cum Iacob*, teilweise auf. Mit dieser Vollzugsnotiz[8] ist der vorlaufende Erzählfaden zu einem relativen Abschluß gebracht[9].

Der zweite Komplex (Kap. 9–19) beginnt in 9,1 mit einem deutlichen Rückbezug auf den vorlaufenden Kontext: *Et factum est post recessum Ioseph, multiplicati sunt filii Israel et creverunt valde. Et surrexit rex alius in Egipto qui non noverat Ioseph* ... Diese beiden expositionellen Angaben schildern die entscheidenden Elemente, die die neue Situation bestimmen, indem sie den Erzählinhalt aus Kap. 8 ausdrücklich voraussetzen. Wir können

---

[4] Vgl. ähnlich JAMES 72; vgl. ferner die Zusammenstellung bei NICKELSBURG, leaders 49 f. Für eine genauere Zuordnung der Erzählinhalte des LAB zu den biblischen Leittexten s. den nächsten Abschnitt.

[5] Zu der in einigen HSS überlieferten Formulierung *Incipit Genesis* o. ä. am Anfang des Textes vgl. DIETZFELBINGER, Übersetzung 102 Anm. a; einen Überblick über die Eingangsformulierungen bzw. Titulierungen der LAB-Manuskripte in den jeweiligen Überlieferungszusammenhängen bietet HARRINGTON I 16–19.

[6] Diese universale Eröffnung indiziert zugleich den lokalen Rahmen für den nachfolgenden Kontext; vgl. dazu u. S. 133.

[7] S. dazu u. S. 33 f.

[8] Ich bezeichne knappe narrative Formulierungen, die den Eintritt bzw. die Ausführung einer Ankündigung oder eines Auftrags vermerken, als Ausführungs- oder Vollzugsnotiz.

[9] Die Elemente der Ortsveränderung und die Zeitangabe der Dauer eines Zustandes, die diesen Schlußsatz formal kennzeichnen, werden im LAB mehrfach in Abschlußformulierungen gebraucht. Zu Orts- und Zeitbestimmungen als Gliederungsmerkmalen von Erzähltexten vgl. einführend HARDMEIER 66 ff (mit Literaturverweisen).

folglich von einer relativ[10] engen Verzahnung beider Komplexe sprechen. Dem Verfasser liegt offenbar nicht daran, die Ereigniskette durch einschneidende Zäsuren zu unterbrechen.

Der Mose-Komplex wird 19,16 mit dem Bericht vom Tod des Mose geschlossen. Es handelt sich um eine Kombination mehrerer narrativer Schliessungselemente[11], unter denen die besondere Kennzeichnung des Todestages[12] und die Abschlußformulierung[13] hervorragen. Der Mose-Komplex wird durch markante Gliederungssignale geschlossen. Der nachfolgende Josua-Komplex setzt freilich nicht mit entsprechend breiten Gliederungsmerkmalen ein, sondern ist unter ausdrücklichem Bezug auf den vorlaufenden Kontext eng angeschlossen; 20,1: *Et in tempore illo disposuit Deus testamentum suum cum Ihesu filio Nave, qui remansit de viris explorantium terram*[14]. Josua wird als neuer Handlungsträger unter ausdrücklichem Rückgriff auf die im Mose-Komplex bereits narrativ erstellte Voraussetzung eingeführt; die zeitliche Substitution *in tempore illo* verstärkt den Eindruck, daß ein nahtloser Anschluß des Josua-Komplexes an den Mose-Komplex erreicht werden soll.

Der Josua-Komplex endet 24,6 mit deutlichen Schließungsmerkmalen (Klagelied des Volkes in direkter Rede, Begräbnis- und Rückkehrnotiz): *et sepelierunt eum manibus suis in monte Effraim, et reversi sunt unusquisque in tabernaculum suum*. Der nachfolgende Satz *Et post mortem Ihesu requievit terra Israel* (25,1) muß als zum Josua-Komplex gehörig betrachtet werden[15]. Die traditionelle Formulierung dient auch im biblischen Kontext als Schließungsmerkmal[16].

Der vierte Komplex (Kap. 25–48) setzt 25,1 – ohne Einleitung durch eine temporale Substitution o.ä. – mit der expositionellen Formulierung[17] *Et querebant Allophili pugnare cum filiis Israel* ein. Erzählt werden in §§ 1–2 die Vorgänge, die zur Einsetzung des Kenas als Richter führen. Es läßt sich im Blick auf diese Nahtstelle wiederum beobachten, daß nach einer relativ markanten Schließung des Erzählfadens ein dichter Anschluß des nachlaufenden Kontextes angestrebt wird.

---

[10] Die erzähltextanalytische Durchsicht des LAB wird zeigen, daß eine Nahtstelle wie die zwischen Kap. 8 und 9 analogen Gliederungsmerkmalen in der Verbindung anderer Teiltexte entspricht.

[11] Vgl. die Einzelanalyse u. S. 62.

[12] Text: *nec fuit talis dies ex eo quo fecit Dominus hominem super terram nec erit talis adhuc in sempiternum ut humilietur pro hominibus hymnus angelorum*.

[13] Text: *et sepelevit eum per manus suas super excelsam terram et in lumine totius orbis*.

[14] Vgl. LAB 15.

[15] Vgl. die Textverteilung bei JAMES 145; ferner die Schließungswendungen 33,6 *Et post mortem eius quievit terra annis septem*; 55,10 *Et quievit terra septem annis*. Vgl. ferner Act 9,31.

[16] Vgl. etwa Jos 11,23b; 14,15b; Ri 3,11.30; 5,31b.

[17] Sie ist offensichtlich als stereotypes Element eingesetzt, um einen Anlaß für den nachfolgenden Erzählstoff zu bieten; vgl. die Analyse u. S. 65.

Der vierte Komplex endet 48,5 mit einem metanarrativen Gliederungsmerkmal: *Hec sunt mandata et iusticie et testimonia et manifestationes facte in diebus iudicum Israel, antequam regnaret in eis rex.* Mit dieser Substitution auf Meta-Ebene wird der Richter-Komplex in markanter Weise abgeschlossen. Es handelt sich um das stärkste Gliederungssignal im LAB[18].

Der fünfte Komplex setzt indessen wiederum mit einer eng angeschlossenen Exposition ein; 49,1: *Et in tempore illo ceperunt filii Israel requirere a Domino, et dixerunt: Sortiamur omnes nos ut videamus quis sit qui possit principari nobis sicut Cenez.* Die Absichtserklärung des Volkes ist unter ausdrücklichem Bezug auf den Kontext des vorhergehenden Komplexes (Kenas Kap. 25–28) formuliert. Auch der Begründungssatz *quia inconveniens est populum esse sine principe* § 1fin nimmt die Erfahrungen des vorlaufenden Kontextes auf[19]; vgl. insbesondere die evaluative Formulierung 48,4 (vgl. Ri 21,25): *dux non erat eis* (sc. den Söhnen Israels) *in diebus illis, et unusquisque faciebat quod placitum erat ante oculos eius.*

Auch der fünfte Komplex ist folglich dem vorhergehenden eng angeschlossen. Es wird die Absicht des Autors erkennbar, sogar[20] an den Nahtstellen, an denen tiefergreifende Zäsuren zu erwarten wären, seine Erzählinhalte als einen durchlaufenden, lückenlosen Erzählfaden zu präsentieren. Zugleich ist ein Mißverhältnis zwischen den markanten Schließungen der Erzählkomplexe II, III und IV und den unter Rückgriff auf und unmittelbarem Anschluß an den vorlaufenden Kontext gestalteten Eröffnungen der Komplexe II, III, IV und V zu beobachten[21]. Es ist anzunehmen, daß diese Gegenläufigkeit auf der Absicht Pseudo-Philos beruht, die Schlußteile der genannten Komplexe mit einem tendenziell metanarrativ orientierten, evaluativen Akzent zu versehen, zugleich aber mit dem unmittelbaren Anschluß der expositionellen Eröffnungsteile den Eindruck der Lückenlosigkeit, Geschlossenheit und Folgerichtigkeit der erzählten Geschichte zu bewirken[22].

---

[18] Für Einzelheiten und die Gliederungssignale des vorlaufenden Kontextes vgl. die Analyse u. S. 80.

[19] Vgl. etwa 39,1; 44,1 (vgl. Ri 17,6).

[20] Im Abschnitt 2.2. wird deutlich werden, daß analoge Anschlußverfahren auch innerhalb der Erzählkomplexe des LAB zu beobachten sind.

[21] Auch diese Beobachtung wird sich in den Beobachtungen am Erzähltext mehrfach bestätigen.

[22] Der Abschluß des fünften Komplexes entspricht dem erkannten Muster nicht in der Weise, daß er als der ursprüngliche Schluß des LAB erscheint; vgl. dazu u. S. 92 f.

2.2. Beobachtungen am Erzähltext des LAB

Kapitel 1

Biblischer Leittext für den Inhalt dieses Kapitels ist Gen 5. Die biblischen Angaben werden durch Zahl und Namen konkretisiert[23], angehängt an das jeweilige וילד בנים ובנות. So zitiert § 2 Gen 5,4 und konkretisiert die biblische Angabe (»Söhne und Töchter«) durch konkrete Zahlen (12 und 8); diese Zahlen werden in §§ 3 f durch vollständige Namenslisten weiter konkretisiert.

Auf diese Weise werden die Kinder Adams nach der Geburt des letzten der vier ersten Kinder (vgl. § 1) zusammen mit dem diesbezüglichen Lebensalter Adams erfaßt – unter genealogischem Aspekt ist damit zunächst im Blick auf Adam Vollständigkeit erreicht.

In §§ 5 f werden im selben Verfahren Angaben über Seth und seine Kinder geboten (vgl. Gen 5,6 f). Überblickt man den Text bis § 22, so kann ein stereotypes Vorgehen festgestellt werden. Ab § 5 (Seth) wird auf diese Weise die Erstgeborenenlinie bis zu Noa und seinen Söhnen verfolgt, die so zusammengefaßt werden kann:

Adam → Cain, Noaba, Abel, Seth (insgesamt 12 Söhne, 8 Töchter); Seth → Enos (sowie 3 Söhne, 2 Töchter); Enos → Cainan (sowie 2 Söhne, eine Tochter); Cainan → Malaleel (sowie 3 Söhne, 2 Töchter); Malaleel → Jareth (sowie 7 Söhne, 5 Töchter); Jareth → Enoch (sowie 4 Söhne, 2 Töchter); Enoch

---

[23] Der LAB erweitert Genealogien analog zu 1.2. Chr.; vgl. COHN 315; FELDMAN Prolegomenon XXXII. Es ist nicht zu bestimmen, ob – und gegebenenfalls woher – Pseudo-Philo die Namen, mit denen er die biblischen genealogischen Angaben auffüllt, aus anderen Quellen bezogen hat. In der uns bekannten Literatur sind sie nicht nachweisbar; vgl. die Liste bei FELDMAN, Prolegomenon LXX f. Wir haben es offensichtlich mit fiktiven Angaben zu tun. Mißverständlich kommentiert diesen Sachverhalt ALEXANDER, Retelling 119 Anm. 6: Viele der nicht-biblischen Namen seien »pure invention, and seem to have been introduced simply for artistic effect.« Unter einer solchen Voraussetzung wird es schwierig, den vom Autor intendierten Sinn der Genealogien freizulegen. Zweifellos füllt Pseudo-Philo mit den konkreten Angaben seiner Genealogien große Zeiträume. Eine angemessene Deutung muß davon ausgehen, daß die Genealogien Pseudo-Philos in ihrem Zusammenhang gleichsam erzählte Geschichte ersetzen; sie sind ein legitimes Mittel der (Vor-) Geschichtsdarstellung. Analog ist auf den Stammbaum Jesu bei Lukas hinzuweisen (Lk 3,23–28). JACOB JERVELL hat kürzlich gezeigt (Sohn 246–249), daß auch dieser Text sich gegen unser modernes Verständnis von Genealogien sperrt. »Jedenfalls soll der Stammbaum (sc. Jesu bei Lukas) viel mehr aufzeigen als die Davidssohnschaft Jesu. Das zeigen sowohl die Verwendung von Genealogien im Spätjudentum als auch der lukanische Kontext und die Ausführung des Stammbaums. Der Stammbaum des Lukas gibt uns nicht eine einzelne Familienlinie, auch nicht die eines Königs, sondern er scheint durch eine Aufreihung von Namen eine Geschichtsdarstellung Israels zu sein in Gestalt einer Ahnentafel. Nicht die davidische Familie im Verhältnis zu anderen Familien im Volke sehen wir hier, sondern die Geschichte des Volkes. In der Geschichtsschreibung kann die genealogische Form mit der narrativen wechseln.« (aaO. 247).

→ Matusalam (sowie 5 Söhne, 3 Töchter); Matusalam → Lamech (sowie 2 Söhne und 2 Töchter); Lamech → Noa → Sem, Ham, Japhet. Die nach dem jeweiligen Erstgeborenen zunächst nur summarisch genannten Nachkommen werden im jeweiligen Zusammenhang namentlich benannt.

§ 16 unterbricht die genealogischen Angaben durch die Wiedergabe von Gen 5,24, in die als temporale Substitution die Zeitangabe *in tempore illo* eingefügt ist (Notiz über das Wohlgefallen Gottes an Henoch sowie über die Entrückung Henochs[24]). Die Begründung für die Entrückung Henochs lautet *quoniam transtulit illum Deus.* Sie entspricht also dem כי־לקח אתו אלהים Gen 5,24b. Die Formulierung ist im Kontext des LAB als erklärender Kommentar zu bewerten.

§ 20 gibt den Spruch über Noa aus Gen 5,29 in abgewandelter Form wieder: *Hic requiem dabit[25] nobis et terre ab his qui[26] sunt in ea, in quibus visitabitur propter iniquitatem operum malorum.* Die Lamechprophetie über Noa bezieht sich vorausweisend auf den nachlaufenden Kontext. Damit ist ein erstes personenbezogenes antizipatorisches Signal im Blick auf den Erzählzusammenhang des LAB gesetzt.

Kapitel 2

Kap. 2 ist durch die Formulierung in § 1 relativ eng an den vorlaufenden Kontext angeschlossen: *Cain autem habitavit in terra tremens[27] secundum quod constituit ei Deus postquam interfecit Abel fratrem suum ...* Mit der detaillierenden Renominalisierung *Cain autem[28]* ist ein Rückbezug auf 1,1 gegeben; unter Verwendung von Gen 4,16 wird damit jetzt die Zeitebene der ersten Generation eingeführt, die Genealogien des ersten Kapitels also rückwärts übersprungen[29]. Das Erzählinteresse liegt zunächst bei der Nachkommenschaft Kains, der Zielpunkt dieses Teiltextes indessen beim Lamech-

---

[24] Vgl. dazu DIETZFELBINGER, Übersetzung 103 Anm. 16 a.

[25] Das biblische ינחמנו wird durch Pseudo-Philo offensichtlich von נוח (Hi: Ruhe verschaffen; Kal: sich niederlassen, ruhen, Ruhe haben) abgeleitet – im Gegensatz zum MT (נחם Pi: trösten).

[26] Mit A P; K p: *que*

[27] Vgl. dazu HARRINGTON, Geography 68 n. 22: »The statement in LAB 2:1 that Cain dwelt ›in the land, trembling‹ (in terra tremens) means that nôd (Nod) in Gen 4:16 has been taken as the participle nad (cf. Gen 4:12,14) and so as meaning ›trembling‹.«

[28] Wir sprechen auch dann von einer Renominalisierung, wenn seit der letzten Erwähnung des Namens keine Pronominalisierung erfolgte, das Erzählinteresse aber nicht diesem Handlungsträger zugewandt war.

[29] Kain wird unter Hinweis auf den Brudermord und Gottes Urteil als Handlungsträger eingeführt (vgl. Gen 4,1–6), die Formulierung *secundum quod constituit ei Deus postquam interfecit Abel fratrem suum* spielt auf den biblischen Bericht zusammenfassend an. Seine Kenntnis wird beim Rezipienten vorausgesetzt.

spruch § 10. Biblischer Leittext für den Inhalt des zweiten Kapitels ist Gen 4[30].
§§ 4 f sind analog zum genealogischen Vorgehen in Kap. 1 gestaltet. Der Text weist jedoch insgesamt eine gegenüber Kap. 1 größere Detaillierung auf[31]. Sein Erzählziel liegt im Lamechspruch § 10. Gen 4,23–24 erscheint hier in einer signifikant erweiterten Gestalt. An die Wiedergabe von Gen 4,23a (*... intendite in observationem meam*) ist die Formulierung *quia viros*[32] *corrupi pro me et lactentes de mamillis abstraxi, ut filiis meis ostenderem iniqua operari et habitantibus terram* angehängt[33]; verbunden durch *et nunc* folgt die Wiedergabe von Gen 4,24.

§ 8 bietet einen summarischen Bericht über das Aufkommen der Schlechtigkeit unter den Menschen. Der konjizierte[34] Text lautet: *In tempore illo cum iniciassent habitantes terram operari iniqua, unusquisque in uxores proximi sui, contaminantes eas et corrumpere terram, indignatus est Deus.* Die Basisschilderung[35] steht an einer wichtigen Stelle der Kain-Genealogie. Aus der Verbindung Kain-Themech entstand Henoch sowie drei Söhne und zwei Töchter; aus der Verbindung Henochs mit einer Tochter Seths entstanden Ciram, Cuut und Madab; die weitere Linie läuft über Ciram – Matusael – Lamech (§ 5). Beginnend mit *Lamech autem* erfolgt in §§ 6 f eine Detaillierung, die im Anschluß an Gen 4,19–21 von Lamechs zwei Frauen erzählt. Die summierende Formulierung § 8 beendet die Schilderung der Nachkommen Lamechs mit Ada. Analog wird die Schilderung der Nachkommen Lamechs mit Sella in § 9 mit der Formulierung *Et tunc ceperunt habitantes terram facere sculptilia et adorare ea* beendet. § 10 bietet im unmittelbaren Anschluß den Lamech-Spruch. Inhaltlich wird also die Nachkommenschaft Lamechs mit Ada mit dem Hinweis auf die Entstehung der Hurerei kommentiert, die Nachkommenschaft Lamechs mit Zilla indessen mit dem Hinweis

---

[30] In § 1 wird Gen 4,16 verwendet sowie rückblendenartig auf Gen 4,1–6 summarisch Bezug genommen. In § 2 wird Gen 4,17 verarbeitet. In § 3 werden die von Kain erbauten sieben Städte aufgelistet; nach Gen 4,17b erbaute Kain eine Stadt und nannte sie nach dem Namen seines Sohnes Henoch. LAB 2,3 läßt ihn sechs weitere Städte gründen, deren Namen nicht identifizierbar sind (vgl. HARRINGTON, Geography 69 n. 33).

[31] Vgl. etwa das *tunc* , mit dem § 5 eingeleitet wird, sowie die Einleitung § 8 *in tempore illo*. Die inhaltliche Widersprüchlichkeit zu den Informationen in Kap. 1 kann hier unbeachtet bleiben.

[32] Gen 4,23 bietet den Singular.

[33] Mit der Formulierung *viros corrupi pro me et lactentes de mamillis abstraxi* ist offensichtlich der Parallelismus aus Gen 4,23b in pluraler Form aufgenommen. ילד wird als »Säuglinge« wiedergegeben (diese Bedeutung etwa auch Ex 2,7; 1 Kön 3,25; vgl. GESENIUS s.v.); der Parallelismus »für meine Wunde, für meine Strieme« ist zusammengefaßt in dem *pro me*.

[34] Vgl. dazu DIETZFELBINGER, Übersetzung 104 Anm. 8 a; FELDMAN, Prolegomenon LXXXIV.

[35] Vgl. dazu u. S. 147 ff.

auf die Entstehung des Götzendienstes. § 10 bietet mit dem Lamechspruch einen abschließenden Gesamtkommentar, der freilich mit dem Topos ›Mord‹ eine eigene inhaltliche Akzentuierung aufweist. Die Wiedergabe von Gen 4,24 an seinem Abschluß wandelt die ursprünglich konditionale Aussage zur futurischen um (*vindicabitur*). Der im Bibeltext vorausgesetzte Bezug zum Gottesspruch 4,15 kommt im LAB-Kontext nicht zum Ausdruck, weil Gen 4,15 nicht wiedergegeben wird – möglicherweise, weil sein ursprünglicher Sinn, menschliches Vergeltungshandeln an Kain zu verhindern, nicht verstanden wurde. Der Sinn des Lamech-Spruches ist es folglich, überbietendes Vergeltungshandeln als Grundmuster des *iniqua operari* aufzuweisen. Am Ende der Kain-Lamech-Genealogie ist eine böse Menschheit im Blick, deren Bosheit inhaltlich dreifach akzentuiert erscheint: Unzucht, Götzendienst, Mord.

Am Ende der Seth-Noa-Genealogie steht hingegen die Hoffnung auf Schutz vor der Bosheit und der Ausblick auf Gottes richtendes Handeln (1,20). Damit wird deutlich, daß Kap. 1 und 2 expositionelle Funktion haben. Beide Kapitel enden mit direkten Reden Lamechs, deren Sinn freilich konträr und zugleich aufeinander bezogen ist: Die beiden wesentlichen und gegensätzlichen Parameter für die künftige Geschichte sind damit narrativ eingeführt, gleichsam genealogisch abgeleitet. Mit den beiden Lamech-Sprüchen sind jeweils die Zielpunkte in Kap. 1 und 2 erreicht. Die fiktiven genealogischen Angaben sind diesen Zielpunkten zugeordnet, um diese gleichsam nicht in narratives Niemandsland fallen zu lassen. Beim ersten Lamechspruch geht es um die Bedeutung Noas als Hoffnungsträger, beim zweiten allgemein um die Genese der menschlichen Bosheit. Es liegt nahe, in dieser Aussageabsicht den Grund für die umgekehrte Reihenfolge in der Rezeption von Gen 4 und 5 zu sehen: Die Rettungsgeschichte der Menschen hat ihr Datum vor der durch Bosheit korrumpierten Geschichte und eben deshalb sachliche Präferenz.

Kapitel 1 und 2 sind folglich als zusammengehörig zu betrachten. Beide Teiltexte verfolgen unterschiedliche Genealogien von einem gemeinsamen Ausgangspunkt aus bis zu den konträren Lamechsprüchen in 1,20 und 2,10. Auch der zweite Lamechspruch hat also antizipierende Funktion im Blick auf die im nachlaufenden Kontext zu erzählende Geschichte; Kap. 2 endet im Lamechspruch mit direkter Rede, die durch ihre Stellung am Schluß besonders akzentuiert ist.

Kapitel 3

Kap. 3 beginnt unter Verwendung von Gen 6,1–2 mit einer neuen expositionellen Angabe *Et factum est cum cepissent homines multiplicari super terram ...* Der Zielpunkt dieses Erzählelements liegt in dem Gottesspruch § 2 (erste Gottesrede im Kontext des LAB), der teilweise Gen 6,3 wiedergibt, aber doch mit *in quos posuit terminos seculi, et in manibus eorum scelera non extingue-bantur* einen charakteristischen Zusatz aufweist. Während also Gen 6,1–2 im wesentlichen zitiert werden, trägt die Wiedergabe von V.3 in § 2 einen eigenge-prägten theologischen Akzent[36].

Zugleich ist mit der Formulierung ein Anschluß an den nachlaufenden Kontext erreicht. Die Vorbereitung auf die Gottesrede (Ankündigung der Sintflut nach Gen 6,7) in § 3 greift auf die Feststellung in § 2 zurück: Die Umkehrmöglichkeit vor der Flut wurde nicht genutzt. § 3 gibt im wesentli-chen Gen 6,5.7 wieder; V. 6 ist offenbar in der Gottesrede *quoniam penitet me eo quod feci eum* (vgl. Gen 6,7b) aufgenommen.

Die eigentliche Noa-Geschichte beginnt § 4 mit einer detaillierenden Perspektivierung auf Noa: *Noe vero invenit gratiam …* (vgl. Gen 6,8). Das bedeutet, daß die Wiedergabe von Gen 6,1–2 in §§ 1–3 als Exposition zu be-werten ist, mit der die Ausgangsproblematik beschrieben wird. Die Noa-Ge-schichte, die zwar stärker detailliert als der vorlaufende Kontext, andererseits in engem Anschluß an den biblischen Leittext formuliert ist[37], endet in direk-ter Rede Gottes §§ 9–10. Es handelt sich um einen geschichtlichen und eschatologischen Ausblick. §§ 11–12 bilden eine Coda, die mit ihrer Bundes-schluß-Thematik in Beziehung zur Exposition §§ 1–3 steht. Sie wird mit *Et adiecit Dominus ad Noe et ad filius eius dicens …* eingeführt und § 12in mit *Et dixit Deus* unterbrochen. Ihr erster Teil kündigt den Bundesschluß mit Noa und seinen Nachkommen an: *Ecce ego disponam testamentum meum …* (vgl. Gen 9,9); sein Inhalt ist aus Gen 9,11.3–4.6–7.1 zusammengestellt. Es handelt sich also nicht um eine einfache Übernahme des zu erwartenden Textes Gen 9,10–11, sondern um eine gezielt gestaltete Komposition. In ihrem Zentrum steht begründend das Talio-Prinzip aus Gen 9,6.

Der zweite Teil der Gottesrede § 12 wird mit *Et dixit Deus …* eingeleitet; es handelt sich hier um eine Komposition aus Gen 9,12.14.16, die auf den Inhalt von § 11 mit den Worten *Hoc est testamentum quod disposui inter me et vos* zurückblickt. In seinem Zentrum steht der Hinweis auf den Bogen (*apparebit arcus meus in nube*) als künftiges Erinnerungszeichen dieses Bundes.

Die Coda §§ 11–12 enthält also eine das vorhergehend Erzählte bestätigen-de verbale Abschlußhandlung, die zusammen mit der Exposition § 1–3 (Gen 6,1–2) den Rahmen für die in §§ 4–10 erzählte Noa-Geschichte bildet. Sie ist von dieser erzählerisch abgesetzt durch die Bundes-Thematik[38], durch die verbal implizierte Handlung und durch ihre Anbindung mittels *adiecit*.

---

[36] Zum Textbestand und seinem Inhalt s. u. Bereits hier ist jedoch anzumerken, daß die Formulierung *in quos posuit terminos seculi* einen Autor-Kommentar zur Rede-Handlung Gottes darstellt.

[37] Ausnahmen bilden v. a. §§ 6.9.10.

[38] *testamentum* taucht hier, abgesehen von der Ankündigung 3,4 *et disponam testamen-tum meum ad te* aus Gen 6,18, zum ersten Mal im Kontext des LAB auf.

Überblickt man die Struktur des Kap. 3: Exposition §§ 1–3; Mittelteil §§ 4–10; Coda §§ 11–12, so stellt sich die Frage nach den Relationen dieser Textteile. Das Verhältnis der Rahmenteile Coda und Exposition wird durch den Inhalt des Mittelteils bestimmt; in ihm findet die Veränderung statt, die die neue, in der Coda vorausgesetzte Wirklichkeit entstehen ließ. Steht am Anfang die Bosheit aller Menschen und der Vernichtungsbeschluß Gottes, so steht am Ende der Bundesschluß Gottes mit Noa und seinen Nachkommen, weil die §§ 4–10 erzählte Geschichte stattfand. Ihr Ziel – und damit das vorläufige Ziel der bisher erzählten Geschichte[39] – ist die Gottesrede §§ 9–10; anhand seiner Urgeschichtserzählung konnte der Autor den grundlegenden, durch die Pole Schöpfung und Eschaton bezeichneten Rahmen für die zu erzählende Geschichte spannen.

Kapitel 4

Ähnlich wie in den beiden ersten Kapiteln wird der Inhalt dieses Kapitels v.a. durch genealogische Angaben konstituiert. Die knappe Einführung 4,1 *Et fuerunt filii Noe qui exierunt de arca: Sem, Cam et Iaphet* (vgl. Gen 9,18) dient der Gliederung der nachfolgenden Listen[40], die regelmäßig durch Basisschilderungen abgeschlossen werden[41]. Biblischer Leittext dieses Kapitels ist die Völkertafel Gen 10 im Anschluß an Gen 9,18 (vgl. § 10).

§ 11 wird durch eine Detaillierung eingeleitet; sie bezieht sich auf die auf Abraham hinführende genealogische Linie. Melcha prophezeit bei der Geburt Seruchs die spätere Geburt Abrahams in direkter Rede. Die Notiz in § 16 *Seruch autem et filii eius non ambulaverunt secundum eos* ist auf eben diese Abraham-Linie zu beziehen: Seruch und seine Nachkommen (unter denen sich nach § 15 Abraham[42] bereits befindet) beteiligten sich nicht am Götzendienst. Abrahams Abkunft läßt sich also im Blick auf den vorlaufenden Kontext des LAB bis zum Anfang der Welt zurückverfolgen und im Widerstand gegenüber Sünde und Götzendienst bestimmen.

---

[39] Vgl. insbesondere die Kontrapunktik der Lamechsprüche 1,20; 2,10; die Gottesrede in 3,9–10 ist in überbietender Beziehung zu beiden zu verstehen.

[40] §§ 2–5 (Japhet); 6–8 (Ham); 9–16 (Sem). Diese Reihenfolge gründet offenbar in der Hinführung auf die Abraham-Linie; vgl. §§ 11.15.16.

[41] Vgl. noch § 3 (Inselbewohner, Schiffbau, Teilung der Erde); zur Formulierung *et tunc divisa est pars tercia terre* vgl. HARRINGTON, Translation 308 mit Anm. q. Ein weiteres narratives Element ist die Hervorhebung Nimrods (vgl. Gen 10,8 f) in § 7: *Ipse initiavit esse superbus ante Dominum.* Es handelt sich hierbei um eine Einzelnotiz, ähnlich der in 1,16. Die Basisschilderungen in §§ 5.8.16 werden mit *(et) tunc ceperunt … eingeleitet. In § 5 ist die Mitteilung eingearbeitet, die die Bundesverheißung Gottes aus 3,12 (vgl. Gen 9, 12.14.16) narrativ bestätigt. Damit ist ein Bindeglied zwischen Völkertafel und Flutgeschichte geschaffen; vgl. DIETZFELBINGER, Übersetzung 109 Anm. 5 b.

[42] Vgl. zur Namensform DIETZFELBINGER, Übersetzung 111 Anm. 15 a.

§ 17 schließt das Kap. 4 mit der Wiedergabe von Gen 10,33 (vgl. V. 31) ab; es handelt sich dabei unter erzähltextanalytischem Aspekt um eine metanarrative Textmarkierung, die als abschließende Unterschrift des vorlaufenden Kontextes §§ 1–16 zu verstehen ist: *Et he sunt generationes Noe in terris secundum tribus et linguas eorum, ex quibus divise sunt gentes super terram post diluvium.*

Kapitel 5

5,1–3 dient der Exposition der großen Zählung der Noa-Nachkommen. Das Kapitel ist als Durchführung des *consilium* der drei Führer gestaltet (5,2), *ut inspicientes considerarent populum appropinquantium sibi*[43]. Der Einsatz von Kap. 5 ist mit *Tunc venientes filii Cam …* eng dem vorlaufenden Kontext angeschlossen.

Kap. 5 ist ohne biblischen Leittext gestaltet. Sein Hauptinhalt ist in §§ 4–6 Listenmaterial, dessen Herkunft unbekannt ist. Das Moment des friedlichen Zusammenwohnens aller Menschen in der Exposition § 2 findet sich analog in der Exposition 6,1; es gibt hier inhaltlich Gen 11,1 wieder. Offensichtlich wurde dieses Motiv in der Exposition 5,1 verwendet, um die eine Menschheit listenartig zu erfassen und ein Bindeglied zwischen Flut- und Turmbaugeschichte zu schaffen[44].

Die erzählerische Tendenz von Kap. 4 wird in § 17 mit der Wiedergabe von Gen 10,31 f deutlich; erfaßt wurde im vorlaufenden Kontext die nach der Sintflut über die Erde verteilte Menschheit. Die Exposition 5,1–3 macht diese Tendenz erzählerisch rückgängig und präsentiert in den Listen §§ 4–6 die eine, ungeteilte Menschheit.

Das bedeutet: Die Formulierung 6,1 *tunc hi omnes qui divisi erant habitantes terram, postea congregati habitaverunt simul,* impliziert die in Kap. 4 und 5 explizierten Inhalte.

Kap. 5 wird von dem Hinweis gerahmt,daß die Sichtung der einen Menschheit noch zu Lebzeiten Noas geschah; § 2: *Et hoc vivente adhuc Noe factum est*; § 8: *Et hi omnes considerati sunt adhuc vivente Noe* (angeschlossen ist Gen 9,28–29: Noas Lebenszeit und Tod). Damit wird einerseits die Abrahamgeschichte direkt an die Noageschichte gebunden; andererseits wird deutlich, daß Abrahams idolatrisches Gegenüber die noachidische Menschheit ist.

Das Kapitel endet mit einer doppelten Schließung in § 8: Zunächst erfolgt eine 4,17 analoge Textmarkierung *Et hi sunt generationes Noe, divise posite, quorum omnium numerus factus est in unum DCCCCXIIII milia centum;* anschließend wird mit der Wiedergabe von Gen 9,28 f, dem biblischen Schluß-

---

[43] In den §§ 4–6 werden die Ergebnisse der Inspektion listenartig dargestellt.
[44] Es hat in dieser Hinsicht für Kap. 6 expositionelle Funktion.

satz des Noa-Zyklus, der Noa-Komplex abgeschlossen: *Et vixit Noe post cataclismum annos CCCL. Et facti sunt omnes dies Noe anni DCCCC quinquaginta, et mortuus est.* Der Komplex der Kap. 3–5 ist folglich als zusammenhängende Sequenz zu erfassen.

Kapitel 6

6,1 eröffnet den Blick auf die eine Menschheit, indem vor das Zitat Gen 11,2[45] eine expositionelle Basisnotiz gestellt ist, die in ihrer inhaltlichen Tendenz Gen 11,1 entspricht, jedoch eigenständig und kontextbezogen formuliert ist: *Tunc hi omnes qui divisi erant habitantes terram, postea congregati habitaverunt simul.* In dieser Formulierung schafft *tunc* den zeitlichen Anschluß an den vorlaufenden Kontext; *hi omnes qui divisi erant habitantes terram* ist als Substitution aus dem vorlaufenden Kontext gebildet (vgl. 4,17[46]); *postea congregati habitaverunt simul* ist eine summierende Formulierung, die die Feststellung aus 5,2 *Et hoc vivente adhuc Noe factum est ut convenient omnes in unum et habitaverunt unanimes, et erat terra pacifica* gleichsam verdoppelt[47]. Das expositionelle Element 6,1 ist also streng auf den vorlaufenden Kontext bezogen. Zugleich eröffnet es einen neuen Erzählfaden, indem es – nach dem Tod Noas – nun zunächst die Menschheit als Handlungsträger perspektiviert und zugleich die Brücke schafft, über die die Handlungsträger der Exposition 5,1 f in 6,4, also zu Beginn der detaillierten Abrahamerzählung, als Handlungsträger renominalisiert werden können (s.u.)[48]. Das wird auch deutlich durch die Basisschilderung 4,5, indem berichtet wird, daß tatsächlich alle Menschen die gute Wirkung des Noa-Bogens erfahren konnten[49]: Der Noa-Bund gilt der einen noachidischen Menschheit.

Kap. 6 bildet eine – bis auf die kontextabhängige Exposition – geschlossene Erzählung. Sie ist detaillierter gestaltet als die vorlaufenden Teiltexte. Wir lernen mehrere Handlungsträger kennen, die differenziert gekennzeichnet werden[50].

---

[45] In ihm ist die Ortsangabe Schinear durch Babylon ersetzt. Vgl. dazu u. S. 215 Anm. 24.

[46] Die Anspielung auf die Teilung der Erdbewohner bezieht sich auf den Gesamtaufriß in Kap. 4, in dem in § 3 auf Gen 10,5 angespielt wird und in § 17 Gen 10,31 f zitiert wird: *divise sunt gentes super terram* ...

[47] DIETZFELBINGER, Übersetzung 114 Anm. 1 a erkennt ihren Sinn zutreffend in der Absicht, »den Widerspruch zwischen Gen 10 und 11,1 f.« zu beseitigen.

[48] Damit ist die inhaltliche Konsequenz vorbereitet, daß die Worte in 6,4, mit denen Abraham und seine elf Freunde die Mitarbeit ablehnen, als Ablehnung des Götzendienstes der Menschheit zu interpretieren sind; vgl. ähnlich MURPHY, Idolatry 276.

[49] DIETZFELBINGER, Übersetzung 109 Anm. 5 b: »Dieser Abschnitt verklammert die Völkertafel mit der Sintflutgeschichte.«

[50] Die Handlungsträger Abraham, Nahor und Lot, die durch ihren Widerstand gegen den Turmbau gekennzeichnet sind, wurden bereits im vorlaufenden Kontext als Nachkommen Sems eingeführt: 4,11.13.15. Zu Fenech, Nimrod und Jectam vgl. 5,1.

Die Exposition der Erzählung umfaßt §§ 1–3 (Absichtserklärung[51]; Komplikation; Liste der 12 Verweigerer). Im Mittelteil §§ 4–18 – geschlossen mit *renunciavit* (Subjekt Abraham) *eis omnia que contigerant illi* – wird die Geschichte Abrahams und der 11 Bekenner erzählt. Die Veränderung in der Konstellation der Handlungsträger wird § 4 durch Einführung der Bezeichnung *populus terre* für das Subjekt der Exposition (*hi omnes qui divisi erant habitantes terram*)[52] sowie Renominalisierung der *principes* (vgl. 5,1 f) signalisiert.

Eine weitergehende Analyse des Mittelteils §§ 4–18a kann an dieser Stelle unterbleiben; im folgenden wird lediglich eine Gliederungsübersicht geboten:

§ 4 Anklage, Vernehmung, Bekenntnis; drei direkte Reden

§ 5 Urteil der *duces*[53]

§ 6 Detaillierung: *Iectan, qui erat primus princeps ducum*[54]; direkte Rede mit dem Effekt des Aufschubs (Spannung wird durch Rettungsabsicht verstärkt)

§ 7 Arrest im königlichen Haus Jectams; direkte Rede an die 50 Männer (Anweisung zur Fluchtvorbereitung)

§ 8 Ausführungsbericht

§ 9 Ansprache an die 12 Bekenner (mit Aussagesatz *fortis est enim Deus in quo confiditis*; Fluchtplan; direkte Rede in direkter Rede)

§ 10 Zustimmung der elf; direkte Rede

§ 11 Ablehnung und Entschluß Abrahams (differenzierte theologische Begründung; vgl. mit Jectams Rede § 9); Dialog

§ 12 direkte Rede Jectams an die Begleitmannschaft; Aufbruch; Abraham wird wieder eingesperrt. Relative Schließung des Erzählfadens.

§ 13 Wiederaufnahme der Erzählung mit *Et transactis diebus septem*: Ablauf der Aufschubsfrist; direkte Rede des Volkes; (nur) Abraham wird gefunden

§ 14 Dialog Fenech, Nimrod, Jectam (vgl. 5,1)

§ 15 Strafvorhaben gegen Abraham

§ 16 Strafvorbereitung und Feuerstrafe für Abraham

§ 17 Rettung Abrahams durch Erdbeben; alle außer ihm werden verbrannt[55]

§ 18 Abschluß; Mitteilung des Geschehenen an die elf übrigen Bekenner

---

[51] Sie wird mit der Befürchtung eines eschatologischen Scheiterns motiviert und ist z.T. als vorwegnehmende Aussage des in 7,5 Eingetretenen gestaltet. Gen 11,4b wird also umgedreht und unterschiedlich akzentuiert. *Faciemus nobis nomen* wird interpretiert als *(faciemus) gloriam super terram*.

[52] Die hier § 1 getroffene Substitution wird also § 4 in durch Renominalisierung (vgl. 5,2) abgelöst.

[53] Sie traten bisher nur als Kollektiv ohne Namensnennung auf. § 6 nennt Jectam; § 14 nennt außer diesem Nimrod und Fenech.

[54] Er wurde bereits 5,1 als Fürst der Sem-Nachkommen eingeführt; vgl. 5,6. Die Identität wird 6,6 *quoniam de tribu eorum erat et Deo serviebat* bestätigt.

[55] Anwendung des Talionsprinzips.

Es ist bedeutungsvoll, daß die erste ausgeführte Erzählung des LAB davon berichtet, wie der Glaube an den einen Gott ins Martyrium führt. Freilich ist die eigentliche Intention der Erzählung darauf ausgerichtet, das Verhalten Abrahams als vorbildlich herauszustellen: sein Vertrauen ist ausschließlich auf Gott gerichtet[56] und führt so zur Rettung auch der übrigen Bekenner.

Der Erzähltext Kap. 6 ist an Gen 11,2–4 angeschlossen, sein Inhalt ist indessen ohne biblisches Pendant, sondern abgeleitet von אור Gen 15,7[57]. Von den uns bekannten frühjüdischen Texten bietet nur LAB 6 eine Verbindung dieser Abraham-Haggada mit der Turmbau-Geschichte. Es liegt offenbar im Interesse des Autors, die Bewährung des Glaubens Abrahams an den einen Gott im Gegenüber zum Götzendienst der noachidischen Menschheit zu erzählen und damit paradigmatisch die Grundpolarität, in der Israel lebt, in der Spannung zwischen dem Glauben Israels und dem Unglauben der Menschheit zu umreißen.

Darüber hinaus zeigt die Verlaufsstruktur, daß allein Abrahams Glaube sich bewährt: Im Gegensatz zu den 11 übrigen Bekennern (§ 10) schlägt er die angebotene Rettung aus und gibt sein Schicksal – eingeschlossen die Möglichkeit, für die eigenen Sünden zu sterben – in Gottes Hand (§ 11). Am Ende ist er es, der die Freunde aus dem Versteck befreit und ihnen die wunderhafte Rettung mitteilt (§ 18). Einzig Abrahams Glaube führte also zur Rettung – für sich und die übrigen Glaubenden[58].

Die Erzählung wird 6,18 mit deutlichen Signalen geschlossen: *Et descenderunt cum eo de montanis gaudentes in nomine Domini, et nemo eos obvians terruit die illa.* Es handelt sich um eine summierende Notiz über Rückkehr[59] und Freude der Handlungsträger, verstärkt durch eine flankierende Mitteilung, die das Ende ihrer Verfolgungszeit ausdrückt. § 18 endet mit der Formulierung *Et cognominaverunt locum illum nomine Abrae et lingue Chaldeorum Deli, quod interpretatur Deus.* Die Erzählung schließt also mit einer Notiz über die erfolgte Namengebung des Ortes, an dem der Feuerofen ge-

---

[56] Er stellt sich damit in partiellen Widerspruch zu Mitgliedern der eigenen Glaubensgemeinschaft (wie etwa Amram Kap. 9)

[57] Vgl. WADSWORTH Dissertation 1,1 56: »Therefore the Lord who brought Abraham out of Ur of the Chaldees is the Lord who brought him out of the furnace of the Chaldeans.« WADSWORTH stellt ebd. zutreffend fest, daß die Haggada unter Verwendung von Jes 29,22 und Dan 3 gebildet wurde, und folgert: »The haggadah of Abraham in the furnace, therefore, is not based on a mere pun on the word אור, but on one scriptural passage receiving interpretation from another.« Zugleich erklärt die Geschichte den Wegzug Abrahams aus Chaldäa, der im biblischen Kontext Gen 15 ohne Motivation erzählt wird; vgl. WADSWORTH, aaO. 57.

[58] Vgl. die analoge Botschaft in Kap. 9; s. u. S. 47 f.

[59] Rückkehr- und Weggangsnotizen als Elemente von Schließungen noch 8,14; 18,14; 50,8; 58,4; 62,11; 64,9.

standen hatte[60], und einem metanarrativen Element, das den Rezipienten die Bedeutung des Namens *Deli*[61] erklären soll. Diese Coda enthält implizit zwei Evaluationen: Die Ortsbenennung durch die 12 Geretteten stellt deutlich heraus, daß sie nicht mehr mit dem Martyrium bedroht sind, sondern diese sieghafte Symbolhandlung ausführen können. Der metanarrative Hinweis auf die Bedeutung des Namens (*quod interpretatur Deus*) erinnert an die implizite Sinnachse der gesamten Erzählung und die Motivation des Widerstands der in der Exposition aufgelisteten 12 Männer (vgl. § 4fin)[62]. Es handelt sich also mit der Coda um einen Schlußteil, der von der eigentlichen Erzählung abgesetzt ist und in innerer Beziehung zur Exposition §§ 1–3 steht. Das ergibt sich besonders deutlich aus der berichteten Namengebung, die zu der Absicht der Turmbauer § 2 *Accipiamus lapides et scribamus singuli quique nomina nostra in lapidibus* im Verhältnis der polaren Entsprechung steht. Enthielt die Exposition den Konflikt der Zwölf mit dem Götzendienst der Menschheit, so stellt die Coda eine veränderte Wirklichkeit fest: Die Geretteten geben dem Ort ihrer Rettung den Namen »Gott«. Der Mittelteil berichtet, wie diese Veränderung der erzählten Wirklichkeit geschah.

Das eigentliche Erzählziel Pseudo-Philos liegt offenbar in der Absicht, am Beispiel der Rettung Abrahams die Bewährung des Glaubens in auswegloser Situation aufzuweisen – und dies, ohne die Möglichkeit des Scheiterns aufgrund eigener Sünde auszublenden (vgl. § 11).

Kapitel 7

Biblischer Leittext für Kap. 7 ist Gen 11,1–9. Im Mittelpunkt steht die im Anschluß an die Wiedergabe von Gen 11,6 in § 2 gestaltete Gottesrede § 2–4. Sie enthält die Ankündigung der Verwerfung der Menschheit (§ 3) und der Erwählung Abrahams, von Landgabe, Bundesschluß und der Segnung seiner Nachkommen (§ 4). Während der Rahmen in §§ 1–2.5 eng am biblischen Leittext orientiert ist, liegt der eigentliche Akzent auf dem Inhalt der Gottesrede. Sie bestätigt, daß die Erwählung Israels vor allen Völkern die bisher erkennbare theologische Leitthematik des LAB ist[63]. Das wurde bisher deutlich

---

[60] Vgl. dazu WADSWORTH, Dissertation 1,1 58.

[61] Vgl. zu diesem HARRINGTON, Dissertation 85 f.

[62] Die Absicht, Namen auf die Steine zu schreiben, ist idolatrisch zu interpretieren; vgl. WADSWORTH, Dissertation 1,1 51 f (Zum »Namen« Michas und seiner Idolatrie vgl. WADSWORTH, aaO. 1,2 342 ff).

[63] Dabei ist zu beachten, daß die Verheißungen an Abraham um seines Widerstandes gegen den Götzendienst willen ergehen; vgl. 23,5 sowie MURPHY, Idolatry 276: »Pseudo-Philo thus presents a distinctive account of the beginning of the history of Israel. Israel begins with Abraham's rejection of idolatry and choice to serve God. Such service separates Israel from the rest of humanity. This alerts us to the converse, viz., mixing with the nations leads to disloyalty to God.«

in der Bewährung Abrahams (Kap. 6) im Gegensatz zum Götzendienst der Menschheit; in der Verankerung seiner Herkunft in *der* Familie, die allein am Götzendienst der Vorzeit nicht partizipierte (4,15.16fin; vgl. die Prophetie über Abraham 4,11). Darüberhinaus wird die Erwählungsgeschichte über Noa[64] in der Schöpfung datiert; das Widerspruchsverhältnis zwischen dem erwählten Israel und der Menschheit gründet erzählerisch in der Schöpfung.

Es bleibt freilich nicht bei der erzählerischen Bearbeitung dieser Leitthematik im Blick auf die Polarität Israel – Menschheit; vielmehr wird in steigendem Maße theologisch die Sünde Israels thematisiert.

Kap. 7 beginnt mit einer aus 6,1 gleichsam duplizierten Exposition: *Et factum est post hec verba, populus terre non conversus est a cogitationibus suis malignis, et convenerunt iterum ad duces et dixerunt: In secula non vincetur populus. Et nunc conveniemus et edificemus nobis civitatem et turrim que nunquam auferatur.* Es handelt sich um eine knappe summarische Formulierung (mit Absichtserklärung), mit deren Hilfe erneut (vgl. 6,1) die Menschheit als Handlungsträger erfaßt wird.

§ 1 bildet die narrative Exposition, der die ebenfalls narrativ gestaltete Coda § 5 entspricht. §§ 2–4 enthalten in der Gottesrede die Strafankündigung (und Abrahamverheißung; vgl. Kap. 8), die die in der Coda festgestellte veränderte Situation bewirkt. Das wird v.a. in den Formulierungen der Schilderung § 5 *divisit Deus linguas eorum, et mutavit eorum effigies, et non cognovit unusquisque fratrem suum, nec audiebant singuli quique linguam proximi sui* deutlich, mit denen die entsprechenden Strafankündigungen § 3 (vgl. Gen 11,7) aufgenommen werden. Die nachfolgenden Formulierungen § 5med schmücken die erzählten Tatbestände narrativ aus. § 5fin gibt Gen 11,8 f wieder. Damit wird deutlich der Inhalt des biblischen Leittextes als Erzählziel Pseudo-Philos erkennbar. In der Gottesrede leuchtet die Begründung des biblischen Sachverhaltes auf; sie trägt folglich das theologische Gewicht.

Die veränderte Situation, die die Coda gegenüber der Exposition beschreibt, gründet also in der Gottesrede §§ 2–4. Auf ihr liegt der Akzent in diesem Teiltext; die Coda stellt lediglich den geschehenen Vollzug des Strafbeschlusses Gottes fest. Sie knüpft mit der Einleitung § 5in *cum initiassent edificare turrim* ausdrücklich bei der Ausgangssituation § 2in *Et cum cepissent fabricare* an und schlägt damit deutlich eine Brücke zur Exposition.

Der Teiltext endet mit einer Wiedergabe von Gen 11,8 f. Damit ist die Turmbau-Geschichte inhaltlich beendet, nicht jedoch der Erzählzusammenhang, dessen Teil sie bildet:

---

[64] Vgl. das Widereinander der beiden Lamechsprüche am Ende von Kap. 1 und 2 sowie die Umkehrung der Reihenfolge in der Widergabe von Gen 4 und 5.

Kapitel 8

Kap. 8 beginnt übergangslos mit einer erneuten Perspektivierung Abrahams (*Abraham autem* ...; vgl. Gen 12,4 f). Dieser enge Anschluß verrät die Absicht, zwischen Kap. 7 und 8 einen nahtlosen Übergang zu schaffen und damit die enge Verbindung zwischen Abraham- und Turmbaugeschichte, die in Kap. 6 vorausgesetzt war, aufrecht zu erhalten – v.a. aber kann so die beginnende Verwirklichung der Abrahamverheißung aus 7,4 bestätigend erzählt werden. Unter inhaltlichem Gesichtspunkt stehen die erzählte Zerstreuung der Menschheit (7,5) und die Erwählungsgeschichte Abrahams im Verhältnis der polaren Entsprechung, insofern beide Erzählinhalte ihren Grund in Strafankündigung bzw. Verheißung Gottes 7,3 f haben.

Biblischer Leittext für Kap. 8 ist Gen 12–46. Erzählinhalt ist in äußerster Raffung die Geschichte von Abrahams Auszug aus Chaldäa bis zum Zug der Israeliten nach Ägypten[65]. Das Kapitel ist als Bindeglied zwischen Abrahamgeschichte und Mosegeschichte zu verstehen. Sein knapper Abschluß in § 14 enthält eine Notiz über den Wegzug nach Ägypten und die Dauer des dortigen Aufenthaltes: *Et descenderunt in Egiptum et habitaverunt ibi annos CCX.* Sie hat die Funktion, den Teiltext 8,1–14[66] zu schließen und 9,1 vorzubereiten.

Auch an dieser Stelle läßt sich feststellen: Das Grundthema des LAB ist die Erwählungsgeschichte. Die in der Schöpfung datierende Erwählungsgeschichte wird an Noa, Abraham, Mose verdeutlicht; wir sehen einen steigenden Detaillierungsgrad. Zugleich konkretisiert und verschärft sich das Widerspruchsverhältnis zwischen der Menschheit und dem erwählten Israel.

Kapitel 9

Kap. 9, wie Kap. 6 eine Erzählung ohne biblisches Pendant, ist ähnlich wie dieses eine – bis auf die Verbindungen zum vorlaufenden Kontext und die Vorverweise auf die Bedeutung des Mose – geschlossene Erzähleinheit. Sein Anfang nimmt mit *Et factum est post recessum Ioseph, multiplicati sunt filii Israel et creverunt valde. Et surrexit rex alius in Egipto qui non noverat Ioseph* ... (vgl. Ex 1,6 f) gleich mehrfach Bezug auf den vorlaufenden Kontext. Auch die zunächst perspektivierten Handlungsträger *filii Israel* entsprechen denen des vorlaufenden Kontextes (vgl. 8,11 und das implizite Subjekt des Schlußsatzes 8,14).

§ 1 bildet die Exposition für den ab § 2 gebotenen Erzählfaden, wobei offensichtlich Ex 1,22 durch eine zusätzliche direkte Rede interpretiert und in

---

[65] Narrative Detaillierungen finden sich in §§ 1–3.7.9–10; die übrigen Abschnitte enthalten genealogische Angaben, die teilweise nur Pseudo-Philo kennt.

[66] Vgl. besonders §§ 11 ff: *Et hec sunt nomina filiorum Israel, qui descenderunt in Egiptum cum Iacob* ...

direkter Evaluation bewertet wird. Die Evaluation *Et hoc est quod pessimum visum est coram Domino* § 1fin bezieht sich auf die dritte direkte Rede, mit der die Schlußformulierung der zweiten Rede *nam feminas eorum vivificate* (vgl. Ex 1,22) als Absicht interpretiert wird, die neugeborenen Mädchen ägyptischen Sklaven als Frauen zu geben, damit Israel geschlechtlich zu verunreinigen[67] und vollständig zu versklaven. Durch die Evaluation § 1fin wird die Absicht der Ägypter, die in der Minderung und Bedrückung Israels besteht, unmittelbar bewertet: Alles, was Israels Bestand mindert bzw. in Frage stellt, richtet sich gegen Gott selbst.

Der Mittelteil §§ 2–16in setzt mit zeitlicher Substitution und Einführung der Ältesten[68] als Handlungsträgern ein: *Tunc seniores populi congregaverunt populum ... dicentes ...* Ihnen wird in § 3 Amram[69] als Haupthandlungsträger in Kap. 9 entgegengestellt. Die Ältesten machen sich zu Handlangern der Feinde Gottes, weil ihre Konsequenz aus der Bedrohung ebenfalls Israels Bestand mindern würde. Sie machen ein Nichtwissen um die Absicht Gottes geltend – *donec sciamus quid faciat Dominus* –, das an der gegenwärtigen Bedrohung, nicht aber an den Verheißungen Gottes orientiert ist. Damit repräsentieren sie die Rolle potentiell bzw. objektiv kollaborierender ›Realisten‹, die vorgeblich Israels Bestand sichern wollen, ihn faktisch jedoch in Frage stellen[70].

Im folgenden wird eine knappe Gliederung der §§ 3–16 geboten:
§§ 3–6 Amramrede[71]; sie enthält Zitate direkter Reden Gottes (§ 3) und Tamars (§ 5)[72].

---

[67] Die Problematik der geschlechtlichen Vermischung mit Heiden spielt im LAB eine bedeutende Rolle; vgl. die Analyse zu Kap. 31 sowie 18,13 f; 21,1; 30,1; 44,7; 45,3; 47,1. Sie erweist die Schlüssigkeit der in der Amramrede zitierten Argumentation Tamars 9,5med *Melius est mihi socero meo commixta mori, quam gentibus commisceri.*

[68] πρεσβύτεροι, זקנים; sie treten hier erstmals im LAB-Erzählfaden auf, im Exodus-Kontext hingegen bereits Ex 3,16.18. Im Gegensatz zum biblischen Vorbild ist ihre Rolle aktiv; sie versammeln das Volk. Vgl. zur Rolle der Ältesten im Hexateuch J. Conrad, ThWAT II 648 »Eine selbständige Rolle spielen sie im jetzigen Kontext des Pentateuch freilich nirgends. Sie sind stumme Repräsentanten des Volkes, die von Mose zusammengerufen oder instruiert werden bzw. mit ihm zusammen auftreten, ohne irgend eine eigene Initiative zu entwickeln.« In rabbinischer Tradition wurde Amram als Vorsitzender des Synhedriums vorgestellt; vgl. Ginzberg V 394 Anm. 27.

[69] Amram wird im biblischen Kontext Ex 6,20 genannt.

[70] Vgl. das Verhalten der elf Freunde Abrahams in 6,10 ff. Es liegt nahe, an eine kritische Bewertung der Rolle der Sadduzäer in der Vorgeschichte des Untergangs Jerusalems zu denken.

[71] Amram taucht in der Erzählung auf, ohne eingeführt worden zu sein: *et respondit Amram et dixit.*

[72] Vgl. zur Gestalt Tamars in LAB 9,5 v. d. Horst, Women 112–114. Van der Horst macht darauf aufmerksam, daß für die in Analogie zu ›unser Vater Abraham‹ (vgl. Jos 24,3; dazu aaO. 112 Anm. 8) gestaltete Ehrenbezeichnung ›unsere Mutter Tamar‹ keine Parallele in biblischer und frühjüdischer Literatur bekannt ist – bis auf die analoge Formulierung

§§ 7–8 Gottesrede, eingeleitet durch Autor-Evaluation *placuit verbum ante conspectum Dei quod cogitavit Amram*.

§ 9 Summarium über das Handeln Amrams und die Vorbildwirkung; Rückblende: *Huic autem erat unus filius et una filia; et nomen eorum Aaron et Maria*.

§ 10 Marias Traum, als prophetisches[73] Interpretationswort nach dem Korrelationsprinzip formuliert: *Ecce quod nascetur de vobis in aquam proicietur, quomodo per eum aqua siccabitur*; direkte Rede mit Zitat der direkten Rede des Engels; Unglaube der Eltern

§ 11 Summarium, mit dem die Komplikation verstärkt wird (Bedrückung in Ägypten, vgl. Ex 1,13 f)

§ 12 Detaillierung *Iacobe autem*; Umstände der Geburt des Mose; Rückblende *quia rex Egipti preposuerat principes locorum ...*; Aussetzung des Mose

§ 13 rezipientenbezogener Kommentar (Rückblende) *Ipse autem puer natus est in testamento Dei et in testamento carnis eius*[74].

§ 14 Anknüpfen des Erzählfadens an § 12 *et factum est ut proicerent eum ...*; Vorwurf der Ältesten[75]

§ 15 Detaillierung *filia autem Pharaonis ...*; Auffindung des Mose

§ 16 Coda (abschließender Rückbezug auf Gottesrede § 10)

Die Erzählung zeigt eine symmetrische Struktur; Anfang und Ende spielen auf der Seite der Ägypter; vom Auftreten der Ältesten ist in § 2 und § 14 die Rede; den Mittelpunkt bildet die Gottesrede §§ 7–8.

Die erzählte Handlung schließt in § 16 mit der doppelten Namengebung durch die Tochter des Pharao und die Mutter des Mose ab. Die Coda ist als Basisschilderung des Aufwachsens des Mose gestaltet (vgl. Ex 2,9 f). Ihr Bezug zur Exposition ist mit der Formulierung *et liberavit per eum Deus filios Israel sicut dixerat* (vgl. § 10 *per eum ... salvabo populum meum*) deutlich gegeben, insofern diese ausdrücklich auf den Beschluß zur vollständigen Versklavung Israels hin zugespitzt worden war: *et erit qui natus fuerit ex eis servus et serviet nobis*.

Das aber bedeutet: Das erzählte Handeln Gottes (§ 2–16in) verwandelte die in der Exposition bekundete Absicht der Menschen in ihr genaues Gegenteil; wir haben eine Struktur der polaren Korrelation vor uns, wie wir sie besonders deutlich in Kap. 3.6 und 7 erblickten.

LAB 33,7 (Debora, Mutter Israels). Im Gegensatz zu anderen frühjüdischen Gestaltungen der Erzählung Gen 38 liegt im LAB der Akzent darauf, *Tamars* Verhalten als vorbildlich herauszustellen (aaO. 112 f). Tamar ist es auch, die das im LAB wichtige Verbot der Mischehe im Erzählkontext zuerst formuliert (aaO. 114).

[73] Nach Ex 15,20 ist Mirjam Prophetin.

[74] Vgl. dazu DELLING, Zeit 320.

[75] Vgl. das Element ihrer Rede hier (*melius est nobis sine filiis mori quam fructus ventris nostri in aquis proiciantur?*) und am Ende ihrer Rede in § 2 (*Melius est enim sine filiis mori, donec sciamus quid faciat Deus*)

Ähnlich wie Kap. 6 dient Kap. 9 v.a. dem paradigmatischen Aufweis vorbildlichen Glaubens, der sich in auswegloser Lage – und in Widerspruch zu
anderen Glaubenden[76] – allein auf Gottes Erwählungshandeln verläßt. Ähnlich wie in Kap. 6 dienen die umfangreichen direkten Reden dazu, den theologischen Bezug des Erzählten zu verdeutlichen.

Kap. 9 bildet wie Kap. 6 eine selbständige und umfangreiche Erzählung[77],
die eng an den vorlaufenden Kontext angeschlossen ist, am Ende jedoch mit
deutlichen Signalen abgeschlossen wird. Im Blick auf die erzählstrategische
Organisation des LAB ergibt sich der Eindruck, daß Pseudo-Philo an einer
Zäsur zwischen Abrahamzeit und Mosezeit gerade nicht gelegen ist, sondern
an einem lückenlosen Anschluß der Teiltexte an den jeweils vorlaufenden
Kontext[78].

Kapitel 10

Dieser Teiltext ist, ähnlich wie Kap. 8, in sehr geraffter Form gestaltet; er hat
offenbar Bindeglied-Funktion zwischen Kap. 9 und dem Komplex der
Kap. 11 ff. Biblische Leittexte sind in § 1 Ex 2,23–24; Ex 7,14–13,16 (die
zehn Plagen); in § 2 Ex 14,8–11; in § 5 Ex 14,15–16; in § 6 Ex 14,22; in § 7
sind Ex 14,23; 16,13–17,6; Ps 78,24; Num 21,16 f; Ex 13,21; Neh 9,12 kombiniert.

Das Kap. 10 stellt in geraffter Form wichtige Ereignisse des Exodus vor
der Gesetzgebung zusammen; in seinem Zentrum steht der Durchzug durch
das Rote Meer und damit die Erfüllung der Ankündigung 9,10[79]: *Ecce quod
nascetur de vobis in aquam proicietur, quomodo per eum aqua siccabitur.*
Diese Ankündigung des Handelns Gottes – es handelt sich um die nächtliche
Botschaft des Engels an Mirjam – ist nach der narrativen Logik des LAB der
Grund für die 10,2–6 erzählte Episode. Die Aussetzung des Mose im Wasser
findet ihre polare Entsprechung in dem 10,2–6 erzählten Vorgang. Ein Widerfahrnis in der Biographie des Handlungsträgers[80] wird zur zeichenhaften Ankündigung seines Geschicks oder Handelns. Die interpretatorische Leistung
liegt, jedenfalls im Blick auf das Verhältnis von 9,10 zu 10,2–6[81], in der ratio-

---

[76] Es handelt sich in diesem Falle um die Ältesten, in Kap. 6 um die übrigen 11 Bekenner.

[77] Sie hat in der Textausgabe der SC einen Umfang von 104 Zeilen; Kap. 6 umfaßt 122
Zeilen. Die erste ausführliche Erzählung LAB 3, die freilich durch ihren engen Anschluß an
den biblischen Leittext aus diesem Rahmen fällt, hat einen Umfang von 85 Zeilen.

[78] Diesem an der Textoberfläche gewonnenen Eindruck entsprechen die auf den nachlaufenden Kontext bezogenen Signale, die bisher beobachtet wurden: 1,20:Kap. 3; 3,12:4,5;
4,11.16:Kap. 6; 7,4:Kap. 8.

[79] Vgl. den Hinweis bei EISSFELDT, Kompositionstechnik 342.

[80] Es kann sich an anderen Stellen um seinen Namen (vgl. z.B. Seila LAB 40) oder seine
Herkunft (vgl. z.B. Abraham LAB 6) handeln.

[81] Vgl. auch 59,5: 61,2–8; s.u. S. 90 f.

nalisierenden Verbindung verschiedener biblischer Texte bzw. Erzählinhalte. Der Meerdurchzug wird in Kap. 10 freilich keineswegs in Entsprechung oder Anspielung im Blick auf 9,10 geschildert, sondern auf das aktuelle Gebet des Mose (§ 4) zurückgeführt[82]. Es handelt sich folglich um eine heteroreferentielle Analogie, die zumindest primär auf den biblischen Kontext verweist. Ihre Funktion ist die Deutung der Aussetzung des Mose.

Der Durchzug durch das Rote Meer wird in §§ 2–6 erzählt; er wird mit einer temporalen Substitution (*Et dum exissent inde ...*) eingeleitet und mit der Feststellung geschlossen, daß die Ägypter mit Pferden und Wagen überschwemmt wurden[83]. § 7 entspricht § 1 insofern, als nun nach den Wundern in Ägypten (10 Plagen, von denen neun aufgezählt werden) die Wunder in der Wüste summarisch zusammengefaßt werden; § 1med *Misit quoque Deus super eos decem plagas et percussit eos;* § 7 *Populum autem suum deduxit in heremum ...*

Kap. 10 schließt mit *Rege autem Egiptiorum mortuo* (vgl. Ex 2,23) an den vorlaufenden Kontext an und nimmt mit der Fortsetzung *levavit se alius rex* erneut Ex 1,8 auf (vgl. 9,1 *Et surrexit rex alius in Egipto*). Damit wird eine der ursprünglichen Situation 9,1 analoge Exposition erreicht, bereichert eben um die aus Ex 1,8 entnommene Aussage, daß jetzt ein anderer König in Ägypten herrscht.

In § 2 erscheint die erste direkte Rede des Volkes im LAB[84]. Sie gibt die Tendenz von Ex 14,11 f in völlig eigener Sprache wieder. Die Klage stellt die ausweglose Situation dar, und der Vorwurf wird in die Worte gekleidet: *ob hoc nos eduxit Deus, aut hec sunt testamenta que disposuit patribus nostris dicens: Semini vestro dabo terram quam vos habitatis, ut nunc quod placitum est ante conspectum suum faciat in nobis?* Die erste Frage – hat uns Gott deshalb herausgeführt – wird verschärft durch die Frage nach den Bundesschlüssen mit den Vätern, die unter teilweiser Wiedergabe von Gen 12,7 erinnert werden. Die ausweglose Lage vor Durchquerung des Roten Meeres wird also in Opposition zu den Väterverheißungen gesetzt. Hier liegt der Zielpunkt der ersten direkten Rede des Volkes und mithin der inhaltliche Bezug seines ›Murrens‹.

Die Väterverheißungen und -Bundesschlüsse werden an dieser Stelle bereits als theologischer Topos und fester Bezugspunkt der Exodusgeschichte vorausgesetzt. Unter erzählimmanentem Gesichtspunkt ist der Leser damit

---

[82] Vgl. § 5in: *Et dixit Deus: Quoniam exclamasti ad me, tolle virgam tuam et percute mare* (vgl. Ex 14,15 f) *et siccabitur.*

[83] Die Formulierung *et cooperuit Egiptios et currus et equites eorum* wird in π fortgesetzt mit *usque in hodiernum diem* – eine Formulierung, die, wenn ursprünglich, ein zusätzliches markantes Gliederungssignal bedeutete. Die Vorstellung, daß auch die gestorbenen Sünder in der Unterwelt dem Eschaton entgegengehen, steht auch hinter 16,4.

[84] Vgl. freilich bereits die Reden der Ältesten in 9,2.14.

auf die dargestellte Abraham-Geschichte verwiesen[85] . Das Volk erscheint in
einer ähnlichen Rolle wie die Ältesten in Kap. 9; das Murren des Volkes wird
als Zweifel an den Väterverheißungen interpretiert[86].

§ 3 schildert in direkter Rede die drei Optionen der Israeliten[87]. Die mittle-
re – *revertamus cum eis, et si voluerint nobis donare vitam, serviemus eis* –
gibt inhaltlich Ex 14,12 wieder. Die drei Optionen sind aus Ex 14,11–12 abgeleitet[88]: kollektiver Selbstmord, Rückkehr in Unterwerfung, Verteidigungs-
kampf[89]. Zielpunkt der Mose-Intervention ist indessen – nach der Erinnerung
an die eigene Sendung (vgl. Ex 3,13 f) – die Formulierung *tu Domine memor
esto nominis tui*. Diese Mahnung impliziert sachlich die Bitte um Gottes
Befreiungshandeln. Die drei geschilderten Optionen werden damit grundsätzlich überboten. §§5–6 schildern den Durchzug durchs Rote Meer und den
Untergang der Verfolger; es wird also Gottes überraschendes Befreiungshandeln geschildert[90]. Narrativ wird keiner der drei Optionen, sondern ausschließlich dem Vertrauen des Mose recht gegeben[91]. Es ergibt sich damit
eine strukturelle Übereinstimmung zu Kap. 9: Bedrohung – verzweifelte Reaktion des Erwählungskollektivs – Hoffnung des einzelnen allein auf Gott –
überraschende Rettung für alle durch Gott. Leicht modifiziert ist diese Struktur auch in Kap. 6 (Rettung Abrahams und der übrigen elf Bekenner) zu erkennen.

---

[85] Rückwärtsgehend also zunächst auf das Zitat in der Amram-Rede 9,3 (Bund und
Landverheißung; Zitat Gen 15,13); sodann auf die Gottesrede an Abraham 8,3 (Zitat Gen
13,15); ferner auf die Gottesrede 7,4.

[86] Der Schluß der Rede *ut nunc quod placitum est ante conspectum suum faciat in nobis*
ist also als Teil der zweifelnden Frage zu erfassen; vgl. HARRINGTON, Translation »that now
he might do with us whatever is pleasing in his sight?«; CAZEAUX I 115 »pour faire de nous
maintenant ce qui lui plait?«; anders DIETZFELBINGER Übersetzung 127.

[87] Vgl. dazu OLYAN, Options.

[88] Vgl. OLYAN 81 f.

[89] Die Möglichkeit liegt nahe, hierin eine Anspielung auf die drei zeitgenössischen Optionen des Verhaltens gegenüber der römischen Besatzung zu sehen; vgl. dazu OLYAN
passim und o.S.24 f.

[90] Die verfolgenden Ägypter wissen nach § 6 nicht, daß sie sich schon im Roten Meer
(vgl. zur Bezeichnung LAB 21,3; 23,10 sowie HARRINGTON, Geography 68 n.26) befinden.
Es handelt sich bei diesem Erzählmoment um die Illustration zu 10,2 *adhuc obduratum est
cor Egiptiorum, et apposuerunt persequi eos ...* (teilweise Wiedergabe von Ex 14,8 f). Die
Formulierung § 6 *Et Deus obduravit sensum eorum* gibt die Absichtserklärung Ex 14,17 als
vollzogen wieder und folgert daraus *et non scierunt quoniam in mare ingrederentur*. Damit
wird der Verfolgungsakt der Ägypter rationalisiert und auf das *obdurare* Gottes zurückgeführt, indem Gottes ›verhärten‹ als Einschränkung der Wahrnehmungsfähigkeit interpretiert
wird (*obdurare* begegnet außer an diesen beiden Stellen in 23,10; 33,6 im eher technischen
Sinne als ›verstopfen‹; das רחק aus Ex 14,8.17 findet seine äquivalente Verwendung also
nur 10,2.6).

[91] Ex 14,15 wird in § 5 nicht in Frageform, sondern begründend wiedergegeben. *Quoniam exclamasti ad me ...*

§ 7 schließt das Erzählte deutlich ab, indem in einem Summarium die Fürsorge Gottes in den 40 Wüstenjahren zusammengefaßt wird: *Populum autem suum deduxit in heremum, quadraginta annis, pluit illis de celo panem, et ortigometram adduxit eis de mari, et puteum aque consequentis eduxit eis. In columna autem nubis per diem deducebat eos, et in columna ignis per noctem lucebat eis.* Mit diesem Summarium ist ein grundsätzlicher Ausblick auf die gesamte Wüstenzeit gegeben; eine Beziehung zum nachlaufenden Kontext ist offensichtlich nicht intendiert.

Kapitel 11–13

Die Kapitel 11–13 sind als Sequenz zu betrachten, deren Inhalt die Gesetzgebung ist. Mit der Zeit- und Ortsangabe aus Ex 19,1[92] wird in 11,1 eine neue, auf den vorlaufenden Kontext (10,1) bezogene Eröffnung geboten, die mit einer Absichtserklärung Gottes zur Gesetzgebung verbunden ist: *et memoratus est Deus verborum suorum et dixit: Dabo lumen mundo, et illuminabo inhabitabilia, et disponam testamentum meum cum filiis hominum, et glorificabo populum meum super omnes gentes, in quem eiciam excelsa sempiterna, que eis erunt in lumine, impiis vero in punitionem.* Diese adressatenlose Absichtserklärung ist Teil der Exposition[93]. Die Worte *memoratus est Deus verborum suorum* implizieren einen Rückbezug auf 9,8 (Gottesrede an Amram). Einerseits ist also durch die überschriftartige Gestaltung der Absichtserklärung Gottes ein markantes Gliederungssignal gesetzt, andererseits ist die Exposition 11,1 deutlich auf den vorlaufenden Kontext bezogen. Durch diesen Rückbezug wird die Kontinuität des Gotteshandelns unterstrichen; die jetzt erzählte Gesetzgebung erfüllt die Verheißung von 9,8. Die Absichtserklärung Gottes für die Gesetzgebung in § 1b ist von besonderer Wichtigkeit, insofern die Gesetzgebung implizit als ein Grunddatum der Erwählungsgeschichte bezeichnet wird: *glorificabo populum meum super omnes gentes* ... Mit der Gottesrede § 1b wird der Sinn der Gesetzgebung vorausnehmend kommentiert.

§§ 2–3 schildern die Vorbereitung auf die Gesetzgebung, eingeleitet durch eine Detaillierung des Angeredeten (Mose). Inhaltlich handelt es sich um eine Aufforderung zur Vorbereitung auf die Gesetzgebung und eine erneute Kommentierung, wobei in § 2b nochmals die erleuchtende und richtende Funktion des Gesetzes sowie die unlösliche Zusammengehörigkeit Mose – Gesetz betont werden. § 3 ist mit einer Ausführungsnotiz (*et fecit Moyses ...*) eingeleitet.

---

[92] Biblischer Leittext für Kap. 11 ist Ex 19–20; für 12,1: Ex 34,29 ff; für 12,2–10: Ex 32; für 13,1 (Aufzählung der Kultgegenstände): Ex 35–40; für 13,2: Lev 1,1.10.14; für 13,3: Lev 14,2–6; für 13,4–7: Lev 23 (die Festtage).

[93] Die §§ 2 und 3 schildern die Vorbereitungen auf die Gesetzgebung.

§ 4 wird mit neuer, kontextbezogener Zeitangabe detaillierend eingeleitet (*et factum est in tertio die*) und gibt im Ganzen Ex 19,16 wieder. § 5 ist sichtbar ein vom biblischen Vorbild (vgl. § 4) abgeleiteter und ausschmückender Bericht. An dieser Stelle wird im besonderen Maße deutlich, wie sehr der Autor biblischen Text und eigene Formulierung verbunden hat. Von seiten des Rezipienten ist eine Unterscheidung zwischen dem Text Pseudo-Philos und dem Text der Bibel nicht ohne Kenntnis des Bibeltextes möglich.

§§ 6–13 bieten in direkter Gottesrede den Dekalog.

§ 14 detailliert erneut, u.zw. mit der Zeitangabe *et ut quievit Dominus loqui*; Handlungsträger ist jetzt das Volk. Die direkte Rede des Volkes gibt zunächst Ex 20,19 wieder, sodann Dt 5,24: *ecce enim hodie scimus*[94], *quoniam loquitur Deus homini os ad os*[95], *ut vivet homo*. Der Satz wird formal analog fortgesetzt durch die Formulierung *et nunc cognovimus vere, quoniam portavit terra vocem Dei cum tremore*. Dieser Satz ist ohne biblisches Vorbild; er faßt die kosmischen Erschütterungen zusammen, die nochmals im Anfang von § 14 als durch die Israeliten wahrgenommen notiert werden. Es ist anzunehmen, daß der zweite Satz aus dem ersten (und damit aus einem bestimmten Verständnis von Dt 5,24) heraus entwickelt worden ist. Inhaltlich geht es nicht nur um den Erkenntnis-Zugewinn, daß Gott gegenüber Mose die Regel, mit dem Menschen nicht von Mund zu Mund zu reden, durchbrochen hat, sondern auch darum, daß die Gesetzgebung an die Grundfesten der Erde rührte. § 14fin gibt Ex 20,20 wieder; § 15in ist Wiedergabe von Ex 20,21. Im Ganzen können §§ 14–15in als (midraschartige) Wiedergabe der Szene, die in Ex 20 auf die Verkündung des Dekalogs folgt, verstanden werden (VV. 18–21). Das bedeutet, daß der in § 15 mit *et tunc dixit ei* angehängte Abschnitt sich zusammenfassend auf den nachlaufenden Kontext Ex 20,22 ff, zunächst also näherhin auf das Bundesbuch bezieht (er umfaßt sämtliche Anschlüsse mit *et*). Der Abschnitt schließt mit der Beauftragung zum Tempelbau in direkter Rede (Aufnahme von Ex 25,8); es handelt sich hier um einen offenen Schluß.

12,1 schließt unmittelbar an das Vorhergehende an und schaltet die Episode Ex 34,29–35 vor die Erzählung vom Goldenen Kalb §§2–10.

§ 2 beginnt mit einer Rückblende: *et dum esset in monte …* Die Motivation des Volkes macht deutlich, daß es sein will wie andere Völker (*quemadmo-*

---

[94] Vgl. die entsprechende Formulierung im MT היום הזה ראינו und LXX ἐν τῇ ἡμέρᾳ ταύτῃ εἴδομεν ... Das *scimus* ergibt sich offensichtlich aus dem mißverstandenen LXX-Formulierung. Vgl. aber zu ראה D. VETTER, THAT II 693: »Aus der Hauptbedeutung hervorgegangen sind verschiedene übertragene Gebrauchsweisen: (1) geistige Wahrnehmung in den Bedeutungen ›feststellen, beobachten, merken‹ ..., ›erkennen, einsehen‹ ..., sehen und hören zusammen = ›zur Kenntnis nehmen, verstehend vernehmen‹« . Die Ableitung aus Dt 5,24 wird durch Pseudo-Philo auf eine Form der Erkenntnisformel gebracht, weiter u. S. 137 ff.

[95] Vgl. Num 12,8 (פה אל־פה); ferner Ex 33,11;Dt 34,10 (פנים אל־פנים).

dum habent et cetere gentes); es lehnt damit tathaft die Erwählung ab. Die Anfertigung des Goldenen Kalbes wird unter Verweis auf die Turmbaugeschichte gedeutet[96]. Gen 11,6 wird zur Prophezeiung, die Anfertigung des Goldenen Kalbes seine Erfüllung, die Schlimmeres bedeutet als der Turmbau. Die Identifikation Israel – Turmbaugeschlecht wird offensichtlich über das in Gen 11,6 (Gottesrede) erwähnte ›Volk‹ erreicht[97]; auf diese Weise wird jetzt der Eindruck erreicht, Israel habe den Turm bauen wollen. Wir haben also, verbunden mit dem Erfüllungszitat, eine Typologie vor uns: Die Turmbauer sind der Typos des untreuen Israel.

Auch die Gottesrede in § 4 zitiert vergangene Gottesrede[98]. Beide Gottesreden stehen in logischem Bezug, insofern beide von Schlimmerem reden: Das Goldene Kalb war schlimmer als der Turmbau; nach Eintritt ins Gelobte Land wird es Schlimmeres geben. Dieses Urteil basiert auf einem impliziten Kal-wa-chomer-Schluß: Wenn schon so Schlimmes vor Eintritt ins verheißene Land möglich ist, um wieviel Schlimmeres wird dann nach Eintritt in dieses Land geschehen? Diese Logik ist nicht ausgeglichen mit der des Vordersatzes: Was wäre geschehen, wenn die Landverheißung schon erfüllt wäre![99] Der Nachsatz gibt sich jedenfalls mit *ecce enim* als logische Entfaltung des Vordersatzes. Die Schlußfolgerung Gottes in § 4b – *et nunc* – wendet das Talio-Prinzip an: *reliquerunt me ... relinquam eos* . Die Strafe oder Zuwendung Gottes ist abhängig vom Verhalten seines Volkes. Der Schlußsatz, der auf Jes 40,15 anspielt, bezieht sich auf das *hominum genus* . Damit ist die Klammer zum Vorhergehenden insofern geschlossen, als das Sein-wollen wie die Völker und der Bezug zum Turmbauergeschlecht[100] warnend aufgenommen werden. Israels Alternative besteht im Ja zur Erwählung oder im Sein wie die Heiden, wie das *hominum genus* .

Kap. 12 endet mit der Barmherzigkeitsaussage Gottes und der Aufforderung zur erneuten Niederschrift des Gesetzes – *que erant in primiis* – (Zitat Ex 34,1). Die Kultgesetzgebung ist also Ausdruck der Barmherzigkeit Gottes[101].

Kap. 13 ist ebenfalls unmittelbar dem vorlaufenden Kontext mit der Ausführungsnotiz *Et festinavit Moyses, et fecit omnia que precepit ei Deus* angeschlossen, gefolgt von einer Aufzählung der von Mose verfertigten Kultgegenstände. Den Hauptteil von Kap. 13 bilden mehrere Gottesreden; eine

---

[96] Es handelt sich in § 3 um ein Erfüllungszitat: *ut compleretur verbum quod dictum est in tempore quo peccavit populus edificans turrim, cum dixit Deus: Et nunc nisi prohibeam eos, omne quod previderint sibi facere presument deterius* (vgl. Gen 11,6; vgl. LAB 7,2).

[97] Siehe, es ist *ein* Volk הן עם אחד

[98] Vgl. die Landverheißung Gen 12,3 in LAB 7,4; 8,3; 9,3; 10,2.

[99] Vgl. die Übersetzung HARRINGTONS »Are the promises that I promised to your fathers when I said to them ... – are they at an end?«.

[100] Bereits LAB 7,2 spielt im Gericht über die Turmbauer auf Jes 40,15 an.

[101] Vgl. REINMUTH, Beobachtungen 160–163.

Gottesrede steht in § 10 am Schluß. Sie endet mit einem eschatologischen Ausblick: *Ipsi enim scient in novissimus diebus quoniam pro peccatis eorum derelictum est semen eorum, quia fidelis sum in viis meis.* Israel ist um der Identität Gottes willen in der Gegenwart verlassen, freilich nicht auf ewig vergessen. Der Hinweis auf die Erwählungstreue Gottes impliziert, daß die (gegenwärtige) Verlassenheit Israels gerade nicht sein Ende und somit nicht das Scheitern der Erwählung bedeutet.

Kapitel 14

Kap. 14 schließt mit den Worten *Tunc dixit ad eum Deus* eng an den vorlaufenden Kontext an. Der Auftrag zur Musterung des Volkes dient dem Erweis, daß nur der 50. Teil Israels aus Ägypten auswandern konnte, die übrigen aber dort starben. Biblischer Leittext ist Num 1; § 1 bezieht seinen Einsatzpunkt aus Num 1,1–3. Die mit diesem Erzählinhalt verbundene Aussage besteht in dem Erweis, daß nur ein Fünfzigstel Israels Ägypten verlassen konnte. Diese Zahlenangabe basiert auf einer midraschischen Interpretation von Ex 13,18: ›vollbewaffnet (וחמשים) zogen die Israeliten aus Ägypten‹. Das hebräische Wort für ›vollbewaffnet‹ kann auch ›Fünfzigster‹ bedeuten[102].

§ 2 verbindet die Aufforderung zur Musterung mit der Zusage *donec adimpleam omnia que locutus sum patribus eorum, et donec constituam eos in terra sua confidenter.* Diese Musterung wird also als Teil des den Vätern Verheißenen, u.zw. konkret der Landverheißung begriffen[103]. Die Zitation von Gen 22,17 wird von dem Interpretationssatz flankiert: *In numero* werden sie einziehen, und binnen kurzem werden sie *sine numero* sein.

§ 3 bietet eine Anreicherung der Zahlenangabe aus Num 1,46–49.

§ 4 enthält eine nochmalige Gottesrede. Der Tod der 49 Fünfzigstel erfolgte um des Unglaubens willen. Offensichtlich transponiert Pseudo-Philo das Sterben in der Wüste nach Num 14,26 zurück in die Situation des Aufenthalts in Ägypten[104]. Mit dem Summarium über die Trauer der Israeliten wird dieser Abschnitt geschlossen.

Der Sinn von Kap. 14 ist also die implizite, an die Warnung 13,10 anschließende Paränese[105]. Der Census dient dem Erweis, daß wegen des Unglaubens

---

[102] Vgl. HARRINGTON, Translation 322 Anm. 14a; ausführlich WADSWORTH, Dissertation 1,1 142 (Quellenhinweise Anm. 182).

[103] Beachte das Zitat Gen 22,17 in § 1 (vgl. Dt 28,62).

[104] Vgl. DIETZFELBINGER Übersetzung, 140 Anm. 1g.

[105] Vgl. den eschatologischen Bezug hier und 1 Kor 10,11 im Zusammenhang der VV. 11–13; vgl. die begründende Aussage über die Treue Gottes V. 13 mit § 10fin *quia fidelis sum in viis meis.*

Israels nur ein Fünfzigstel des Volkes geheiligt und herausgeführt wurde. Freilich gilt eben dieser reduzierten Zahl die Verheißung von Gen 22,17[106]. Der Schluß von Kap. 14 enthält ein deutliches Gliederungselement, indem summarisch die Trauer des Volkes und seine Aufenthaltsdauer in der Wüste notiert werden: *Et ut descendit Moyses et annuntiavit plebi hec, ploraverunt et luxerunt, et habitaverunt circa heremum annis duobus.* Ein entsprechendes Gliederungssignal ist im vorlaufenden Kontext ab 11,1 nicht erkennbar geworden. Es ist also geraten, die Kap. 11–14 als Einheit zu betrachten.

Kapitel 15

Kap. 15 ist dem vorlaufenden Kontext unmittelbar angeschlossen: *Et misit Moyses exploratores explorare terram duodecim viros* (vgl. Num 13,1–3). *Sic enim ei preceptum erat.* Biblischer Leittext für dieses Kapitel ist Num 13,1–14,19. Der Erzählfaden ist an Num 13,1–2 angehängt[107]. Die Erzählung ist auf die Rückkunft der Kundschafter und die Reaktion des Volkes konzentriert. Die lange Gottesrede LAB 15,5 f entspricht Num 14,11 f; die Moserede LAB 15,7 entspricht Num 14,13–19.

Das Kapitel endet offen mit der Fürbitte des Mose in direkter Rede (§ 7); ähnlich wie in Kap. 14 wird eine paränetische Tendenz erkennbar.

Wir finden auch in diesem Kapitel das Gegeneinander von Glaube und Resignation. Die 12 Kundschafter bestreiten als Kollektiv ausdrücklich die Landverheißung[108]: *non poteritis hereditare terram* (vgl. Jos 14,8); Kaleb und Josua aus dieser Gruppe aber argumentieren über die Analogie ›Eisen – Sterne – Donner‹, daß die eisernen Riegel nicht dem Herrn standhalten können (Hinweis auf Sternleuchten und Donner auf ihrem Weg). Ihre Argumentation macht also die erfahrenen Realien (eiserne Riegel[109], Sternblitze, Donnerhall[110]) zum Parameter für gefordertes Handeln.

---

[106] Für Wadsworth, Dissertation 1,1 142 liegt der theologische Sinn, den Pseudo-Philo dem Census gibt – das biblische Vorbild nennt einen solchen nicht ausdrücklich –, in der erneuten, an die Väterverheißung gebundenen Landverheißung. »This use of Genesis 15:5–6 to interpret the meaning of the numbering, the reason for the census is unique in LAB.« (143).

[107] Eher als an Dt 1,22 f; vgl. WADSWORTH, Dissertation 1,1 146.

[108] Vgl. Jos 14,8 (Kaleb:) meine Brüder entmutigten das Volk, während ich Gottes Willen erfüllte.

[109] Es handelt sich um eine midraschische Interpretation zu Num 13,28; vgl. WADSWORTH, Dissertation 1,1 147. Auch WADSWORTH ebd. sieht, daß der metaphorische Gebrauch von ›Eisen‹ in der Rede der zwei Kundschafter sich des Berichtes der 10 Kundschafter bedient. Die Argumentation bezieht freilich auch Blitz und Donner ein.

[110] Dieser Erzählinhalt basiert möglicherweise auf Ri 5,20; vgl. WADSWORTH, aaO. 148–150.

Die Reaktion des Volkes entspricht der Skepsis der Kundschafter: vorwurfsvolle Zitation der Landverheißung[111] (Anspielung auf Ex 3,8); sodann vorwurfsvolle Frage unter Verwendung von Num 14,3.

Die §§ 5–6 enthalten die Gottesrede an Mose mit Strafankündigung und Redeankündigung an die Väter[112]. Im Selbstzitat der angekündigten Rede an die Väter wird Gen 15,13 f[113] wiedergegeben. Das hier Verheißene wird als erfüllt bezeichnet und narrativ begründet; die Aufzählung gipfelt in der – von Israel mit Abfall beantworteten – Aufforderung, ein Heiligtum zu bauen (›offene‹ Forderung wie 11,15fin). § 6 endet mit der Strafankündigung: *Et nunc ecce venient dies et faciam eis sicut voluerunt*[114], *et corpora eorum deiciam in heremo*. Damit ist inhaltlich vorausgesetzt, daß die in der Wüste Getöteten die Erwählung nicht gewollt haben.

Die Mose-Antwort § 7 insistiert auf die Barmherzigkeit Gottes[115]. Ohne sein Erbarmen ist menschliches Leben unmöglich (vgl. 19,9). Mit der Mose-Rede wird der Abschnitt beendet; es handelt sich also um einen offenen Schluß[116], der den narrativen Zielpunkt von Kap. 15 bildet.

Kapitel 16

Kap. 16 erscheint mit *In tempore illo precepit illi ...* ebenfalls angehängt. Die Komplikation ist der Exposition so integriert[117], daß der nachlaufende Kontext in der Gottesrede / Moserede (§ 2–3) bereits als Bearbeitung der Komplikation fungieren kann.

§ 7 beendet das Geschehen mit einer Absichtserklärung des Volkes zur Ortsveränderung: *non possumus manere in sinu*[118] *loci huius, unde glutitus est Chore et viri eius*. Diese Absichtserklärung gibt die Möglichkeit zur Antwort des Mose, mit der Num 16,26 f wiedergegeben wird. Eine Ausführungsnotiz *et fecerunt sic* schließt das Geschehen ab.

---

[111] Vgl. die formale Übereinstimmung 10,2; hier findet sich ebf. eine vorwurfsvolle Frage unter Zitation der Landverheißung.

[112] Die Mitteilung Gottes an die Väter erfolgt in deren postmortalem Wartezustand; vgl. 23,13.

[113] Eingeleitet mit *ecce hoc est semen cui locutus sum dicens ...*

[114] Vgl. den ausformulierten Talio-Lehrsatz 44,10fin ›was immer wir ausgedacht haben, empfingen wir auch‹: *quecumque adinvenimus hec et recipiemus*; vgl. dazu u. S. 119 f.

[115] Vgl. 12,8 f sowie die Intervention des Mose am Roten Meer 10,4. 10,4; 12,8 f; 15,7 ergeben eine sich steigernde theologische Linie.

[116] Vgl. DIETZFELBINGER Übersetzung 143 Anm. 7 b: »Die Fürbitte bleibt nur formal ohne Antwort; ihre Erhörung ist vorausgesetzt, entsprechend XII 8 f.«

[117] Es geht inhaltlich um das Quastengebot aus Num 15,37–40, das Kora als *lex insufferibilis* bezeichnet. Vgl. dazu WADSWORTH, Dissertation 1,1 156 »As this law precedes the episode of Korah's rebellion in the scriptural account, it is, therefore, represented as the reason for the rebellion in LAB.«

[118] Konj.; vgl. HARRINGTON I 146 App.

Es ergibt sich folgende Struktur: § 1 Exposition; §§ 2–6 Mittelteil; § 7 Coda. Die Coda enthält eine Renominalisierung des *populus* (vgl. das Objekt in § 4in) durch *synagoge autem plebis* und damit einen neuen Handlungsträger. Erzählt wird die Bitte, sich aus dem Bannkreis des geschehenen Strafgerichts entfernen zu dürfen; Mose stimmt dem in direkter Rede, die teilweise Num 16,26 f aufnimmt, zu. Die Coda endet mit der Ausführungsnotiz *Et fecerunt sic*. Der Mittelteil ist in eine Strafankündigung Gottes (§§ 2–3) und die Schilderung des Untergangs Koras und seiner Männer (§§ 4[119]–6) gegliedert. Diese Schilderung gibt also den Vollzug der angekündigten Strafe wieder. Als zusätzliche Handlungsträger werden die (sieben) Söhne Koras eingeführt[120], die in direkter Rede § 5[121] den Gehorsam gegenüber ihrem Vater verweigern[122] und in § 6 einen letzten Versuch machen, ihn umzustimmen.

Die Erzählung von der Rebellion Koras schließt sich organisch dem paränetischen Anliegen von Kap. 14–15 an. Sie bildet ein Beispiel für die midraschische Technik, vorhergehende Bibelabschnitte zur kausalen Begründung nachfolgender zu nutzen[123].

Kapitel 17

Kap. 17 ist mit *Tunc ostensum est genus sacerdotale in electione tribus* unmittelbar angeschlossen. Sein Inhalt ist zunächst unter teilweiser Verwendung von Num 17,17–23 formuliert (§§ 1–2); in § 3 wird eine Typologie zu Gen 30, 25–43 geboten, deren Schlußfolgerung als Abschluß dieses Teiltextes in § 4 formuliert wird. Kap. 17 ist folglich betont exegetisch intendiert; die einzige Formulierung, die neben *et dictum est Moysi* § 1 als Element der narrativen

---

[119] § 4in beginnt mit einer impliziten temporalen Substitution mit Renominalisierung des Mose (vgl. die Pronominalisierung § 1): *Et loquente Moyse omnia verba hec populo ...*

[120] Dieses Erzählmoment ist entwickelt aus Num 26,11: Die Söhne Koras kamen nicht mit ihm und seiner Rotte um; vgl. dazu WADSWORTH, Dissertation 1,1 161.

[121] Der Bildgehalt ihrer Rede *sicut imaginem non ostendit pictor per artem nisi ante doctus fuerit, ita non legem Fortissimi accipientes que docet nos vias eius non intravimus, nisi ut in eis ambulemus* verweist auf einen paradoxen Sachverhalt. Vergleichbare Texte bieten z.B. 30,5 *Si potest occidenda ovis responderi in conspectu occidentis eam, cum et qui occidit et qui occiditur taceat, cum aliquoties contristetur in eam?* (vgl. Jes 53,7); 53,13 *Si respondebit plasma ei qui eum plasmavit?* (vgl. Jes 29,16). Vergleichbare Bildworte finden sich z.B. in Q; vgl. Lk 6,39 // Mt 15,14; Lk 6,43 f // Mt 7,18.16 (12,33c); Lk 11,11 f // Mt 7,9 f bzw. Mk 2,19parr; Mt 5,14.36; Joh 3,4; 7,4. Im Hintergrund z.B. Jes 66,8 f (verbunden mit: ›wer hat etwas derartiges je gehört?‹); Jer 2,10 (vgl. V. 11); 18,13 (vgl. V. 14); 30,6 zu sehen; vgl. dazu I. LAUDE, Wendungen 116. Vgl. insgesamt BERGER, Exegese 20; Formgeschichte 46; VON LIPS, Weisheit 204 ff. sowie die Tabelle aaO. 198–203, aus der hervorgeht, wie unterschiedlich die gattungsspezifische Beurteilung durch BULTMANN, BERGER, SCHULZ, SATO, KLOPPENBORG, ZELLER, KÜCHLER, CROSSAN ausfällt.

[122] *Pater nos non genuit, sed Fortissimus nos plasmavit. Et nunc si ambulaverimus in viis eius* (sc. Gottes), *erimus filii sui ...*

[123] Vgl. o. Anm. 117.

Basis bezeichnet werden kann, ist § 2 *Et fecit sic Moyses, et posuit duodecim virgas. Et processit virga Aaron, et protulit florem, et fecit semen amigdali*, also die Ausführungsnotiz zu der in § 1 zitierten Anweisung aus Num 17,19 f und die Wiedergabe von Num 17,22 f.

Kap. 17 macht in besonderer Weise deutlich, daß nicht die narrative Gestaltung das Hauptinteresse des Verfassers besitzt, sondern die Deutung des Erzählinhalts, dessen Zentrum die Erwählungsgeschichte Israels ist. Das erklärt auch die Technik, mit der die einzelnen Teiltexte miteinander verbunden werden. Kap. 17 ist nicht nur durch seine Einleitung, sondern auch inhaltlich eng mit dem vorlaufenden Kontext verbunden, insofern der biblische Vorwurf Koras ja gerade die Sonderstellung des Priesterstamms betraf (vgl. Num 16,3 und passim). Es ist anzunehmen, daß der Text von Kap. 17 aus diesem Grund an die Kora-Erzählung angehängt wurde. Das Kapitel endet mit einem metanarrativen Element, indem in § 4 erläuternd die Schlußfolgerung aus der gebotenen Typologie gezogen wird.

Kapitel 18

In 18,1 wird ein umfangreiches[124], detailliert erzähltes Teilgeschehen eröffnet, indem mittels einer summarischen Formulierung (vgl. Num 21) die Exposition eingeleitet wird: *In illo tempore interfecit Moyses Seon et Og reges Amorreorum, et hereditavit omnem terram populo suo, et habitaverunt in ea.* § 2 dient zunächst der Einführung der beiden Haupthandlungsträger Balak und Bileam. Balak wird detaillierend mit *Balac autem ...* eingeführt; seine Furcht ist durch die Rückblende § 1 plausibel gemacht. Bileam wird als Sohn Beors und als ein Deuter von Träumen[125] bezeichnet. Die Botschaft Balaks an Bileam § 2 ergeht in direkter Rede (Zitatkombination Num 22,5 f.17[126]).

Die Exposition §§ 1–2 leistet also die Verbindung zum vorlaufenden Kontext (durch zeitliche Substitution und Identität des Handlungsträgers), bevor in § 3 die eigentliche Erzählebene perspektiviert wird. Der Schluß in § 14 enthält drei Elemente: Ortsveränderung des Haupthandlungsträgers *Et his dictis, avertit se Balaam et reversus est in locum suum* (vgl. Num 24,25); Vollzugsnotiz *Et post hec seductus est populus post filias Moab* (vgl. Num 25,1); rezipientenbezogene Erklärung *Fecit enim Balac omnia que ostendit Balaam.*

---

[124] Die Erzählung umfaßt 102 Zeilen.

[125] Dieses Attribut Bileams ist abgeleitet von dem Ortsnamen Pethor Num 22,5; vgl. dazu FELDMAN, Prolegomenon CI; WADSWORTH, Dissertation 1,2 165; vgl. aber auch Jos 13,22. HARRINGTON, Geography 69 n. 39 weist auf die analoge Interpretation bei Jos ant 4, 104 hin.

[126] Die Vorverlegung von V. 17 trägt sogleich deutend das Motiv der Bestechlichkeit ein.

Die Bileamerzählung Kap. 18 wird also durch deutliche Gliederungssignale eröffnet und geschlossen; ihre beiden Haupthandlungsträger treten nur in diesem Teiltext auf. Das in sich geschlossene Geschehen ist zugleich eng an den vorlaufenden Kontext gebunden.

Der Mittelteil ist folgendermaßen gegliedert:

§ 3 enthält die Antwort Bileams in direkter Rede. Die theologischen Aussagen in der direkten Rede Bileams § 3 vor dem Zitat Num 22,8 interpretieren vorgreifend das weitere Geschehen (Der Plan Gottes ist nicht wie der der Menschen, der Geist ist nur auf Zeit gegeben {bezogen offenbar auf die prophetische Tätigkeit Bileams; vgl. 18,10}, die Wege der Menschen sind nicht gerade, wenn Gott es nicht will).

§ 4 Gottesrede. Auf das Zitat Num 22,9 (direkte Gottesrede: *qui sunt viri …*) erfolgt die Entgegnung Bileams (sie enthält in komprimierter Form die theologische Problemanzeige, daß das Vorherwissen Gottes als des Schöpfers im Mißverhältnis zum Bestehen seiner aktuellen Prüfungen seitens des Menschen steht).

Gottesrede §§ 5 f: Verweis auf Erwählung (Gen 22,17); Erwähnung der Akeda (Erwählung um des Blutes Isaaks willen) und des Engelkampfes Jakobs (Segen für Jakob). Schlußfrage: Wenn du sie verfluchst, wer soll dich segnen? – *quod si maledixeris eos, quis erit qui benedicet te?*

§ 7 Weigerung Bileams, mit den Boten zu gehen; Sendung anderer Boten zu Bileam (vgl. Num 22,13–15). Erneute Nötigung: jetzt (gegenüber § 2) theologische Argumentation: Gott wird durch Brandopfer günstig gestimmt[127]; Lohnverheißung für Bileam.

§ 8 Antwort Bileams: theologischer Kommentar zum Anliegen Balaks; Zitat Num 12,19. Direkte Antwort Gottes; Aufforderung zum Mitgehen (Num 22,20); Strafandrohung für Bileam und Balak; Ausführungsnotiz (Num 22,21).

§ 9 Engelbegegnung. Direkte Rede des Engels (Aufforderung zur Eile; Verheißung des Eintreffens der Bileam-Prophetie).

§ 10 summarischer Bericht (vgl. Num 23): Bileam kommt nach Moab, baut einen Altar und bringt Opfer dar (immanenter Bezug zur Aufforderung Balaks § 7, Gott durch Opfer günstig zu stimmen). Autorkommentar: *Et cum vidisset partem populi, non permansit in eo spiritus Dei.* Zwei prophetische Worte, verbunden durch *et dixit illi.* Beide Worte beziehen sich auf die Unmöglichkeit, Israel zu verfluchen. Autorkommentar: *Et ipse nescivit quoniam ideo elatus est sensus eius, ut festinet perditio eius.*

§§ 11–12 große Weissagung Bileams, ohne Anspielungen an das biblische Vorbild gestaltet. Die Worte *ecce enim video* leiten den präsentischen Visionsbericht ein. Drohwort *et ecce dies venient* mit Begründung (Simonie) – statt-

---

[127] Offenbar argumentiert Balak mit dem Hinweis auf die Opfer, weil Bileam nach Num 23 tatsächlich opfert – vgl. im nachlaufenden Kontext § 10.

dessen hätte die Exodusgeschichte warnendes Beispiel sein müssen. Das Zentrum der Rede wird von den Formulierungen *Ecce vinea … ecce nunc video salutem liberationis que futura est contingens eis* gebildet. Zugleich erkennt Bileam die Einschränkung der eigenen prophetischen Fähigkeit (vgl. § 10). Die Aussagen in § 12 sind gleichsam als prophetischer Rest deklariert; das steigert ihren Wert. Strafandrohung gegen Moab, Erwartung eigener Strafe wegen Übertretung der Weisung Gottes (vgl. § 5). Schlußwort: *Et prophetia mea manifesta permanebit, et verba mea vivent. Et sapientes et intelligentes verba mea memorabuntur*[128], *quoniam ego cum maledixi perii, benedixi autem et non sum benedictus*[129]; Schweigenotiz[130]. Kommentar Balaks (Autor-Evaluation in direkter Rede eines Handlungsträgers): Betrogen hat dich dein Gott um meine Geschenke (vgl. Num 24,10–11). § 13 Bileams Rat zur Unterwerfung Israels: Unzucht[131] (Begründung: *quia aliter expugnare eos non potes*). § 14 Schluß: Rückkehrnotiz Bileams[132], Ausführungsnotiz seines Vorschlags. Autorkommentar: *Fecit enim Balac omnia que ostendit Balaam.*

Es ergibt sich folgende Struktur: §§ 1–2 Exposition; §§ 3–12 Mittelteil; §§ 13–14 Coda. Die Exposition enthält das orientierende Summarium § 1, die Einführung Balaks, die Feststellung seiner Furcht vor Israel und seine daraus resultierende Botschaft an Bileam, der gleichfalls eingeführt wird. Das Auftragswort besteht aus einer Rückblende (Bezug auf Nichterzähltes[133]) und dem Mischzitat aus Num 22,5–6.17b. Die Exposition führt zu diesem Bibelwort hin und macht seinen Hintergrund narrativ plausibel. Die Perspektive der Exposition ist auf die Konstellation Mose – Balak ausgerichtet; Bileam wird als Adressat von Balaks Botschaft eingeführt[134]: ein heidnischer Traumdeuter in Mesopotamien.

---

[128] Vgl. Ez 14,8 ›ich werde mein Antlitz gegen einen solchen Mann (es handelt sich nach V. 7 freilich um den idolatrischen Israeliten oder Fremdling, der Gott durch einen Propheten befragen läßt) richten und ihn zum Zeichen und Sprichwort machen …‹

[129] Vgl. die Schlußfrage Gottes § 6 *quod si maledixeris eos, quis erit qui benedicet te?*

[130] Vgl. dazu WADSWORTH, Dissertation 1,1 175: »For throughout his speech Balaam has testified to his gradual losing of the prophetic gift, and therefore his silence now has a greater and a deeper pathos. For this reason too Balak's laconic reply to his oracle in LAB has more than a hint of irony in it.« WADSWORTH sieht aaO. 176 völlig richtig, daß der Inhalt des Kommentars Balaks an dieser Stelle zum Ausdruck bringt, daß Bileam am Ende weder seine prophetische Gabe noch die Geschenke Balaks bleiben: »Balaam's God, therefore, has defrauded him (›fraudavit‹) of both kinds of gift.«

[131] Vgl. Num 31,15; bereits hier wird Num 25 kausal mit dem vorlaufenden Kontext verbunden.

[132] Auch die Rückkehrnotiz des biblischen Leittextes Num 24,25 hat schließende Funktion.

[133] S. dazu u. S. 97.

[134] In der Folge der Verben *misit … mandavit … dicens* ist die Sendung der Boten Num 22,5 impliziert; sie werden § 4 in der Frage Gottes vorausgesetzt (es handelt sich hier um die Wiedergabe von Num 22,9).

Der Mittelteil ab § 3 perspektiviert Bileam als zentralen Handlungsträger; die eigentliche Erzähleben ist jetzt erreicht. Die Handlungsträger dieser detaillierten Erzählsituation sind gleichsam um Bileam gruppiert; er ist der Mittelpunkt der Konstellation Gott (ab § 4); Boten (§ 7); Eselin (§ 9); Engel (§ 10); Balak (§§ 7.12fin). Alle Handlungsträger treten in ihrer Beziehung zu Bileam auf.

Der Schluß des Mittelteils ist mit dem denkwürdigen Schlußsatz der Bileamrede (Interpretationswort[135]), der Schweigenotiz und dem lakonischen Kommentar Balaks § 12fin *Fraudavit te Deus tuus multorum munerum meorum* gegeben. Dieser Kommentar stellt die in der Bileamrede §§ 11–12 getroffene Aussage, daß der Geist von Bileam jetzt genommen wird (§§ 11fin. 12in), als Tatsache fest.

Der in der Coda noch einmal – und nun erst wirklich im Sinne des Auftrags § 2fin – handelnde Bileam ist in dieser Hinsicht ein anderer[136] als der des Mittelteils; es ist wieder der des Anfangs[137], der für den Untergang Israels einen listigen Rat bereit hat und damit das Hilfeersuchen Balaks am Ende der Exposition glänzend erfüllt. Entscheidendes theologisches Gewicht trägt folglich der Prozeß, der im Mittelteil erzählt wird.

Die Bileamerzählung bildet eine geschlossene Episode im Erzählablauf des LAB. Sie schildert den tragisch-schuldhaften Weg Bileams, der – dazu genötigt, Israel zu verfluchen – am Ende den diabolischen Rat gibt, auf welche Weise Israel bezwungen werden kann. Israel fällt nicht durch Schwäche, sondern durch Schuld. Das narrative Gerüst ist sparsam; der Akzent liegt auf den direkten Reden. Als wichtiges Element der immanenten Evaluation fungieren die direkten und indirekten Kommentierungen, die sowohl vorausweisend wie rückblickend orientiert sind. Sie sind eng an die Erzählung gebunden, überwiegend durch Integration in die direkten Reden.

Inhalt und Aussageabsicht der Bileam-Episode des LAB weisen gegenüber dem biblischen Vorbild Num 22–24 weitgehende Unterschiede auf.

Das Lohnmotiv durchzieht die Erzählung von Anfang bis Ende; an ihm kommt Bileam zum Scheitern; bereits zu Beginn der Erzählung ist durch diese Akzentuierung die Botschaft Balaks und das Verhalten Bileams implizit beurteilt.

Das Kernwort zur Deutung des Geschicks Bileams, das zugleich ausdrücklich den paradigmatischen Charakter dieses Geschicks unterstreicht[138], ist am

---

[135] S. dazu u. S. 121.
[136] Vgl. WADSWORTH, Dissertation 1,1 176: »Balaam may have lost his gift of prophecy, but he has now become a man of guile.« – Eben der war er laut Exposition bereits vor den erzählten Geschehnissen; vgl. dazu WADSWORTH ebd. mit Anm. 330.
[137] Dies impliziert auch die Rückkehraussage § 14 *et reversus est in locum suum.*
[138] Vergleichbare Formulierungen bieten 32,3 *in me annunciabuntur generationes et per me intelligent populi, quoniam dignificavit Dominus animam hominis in sacrificium;* 32,17

Ende der Bileam-Rede §§ 11–12 formuliert: als ich verfluchte, ging ich zugrunde; ich segnete aber, und ich wurde nicht gesegnet. Offensichtlich haben wir damit das exegetische Konzentrat, gewonnen aus den entsprechenden biblischen Formulierungen[139], vor uns – und damit die stärkste, in ein Interpretationswort gekleidete Evaluation des Autors.

Kapitel 19

Kap. 19 wird, ähnlich wie 18,1, mit einer summarischen Formulierung eröffnet: *et in tempore illo occidit Moyses populos, et media spolia eorum divisit populo* (vgl. Num 31,27). Diese Formulierung hat keine wirklich narrative Funktion, sondern dient dazu, eine Exposition für den Abschied des Mose zu schaffen, näherhin für die Abschiedsrede an das Volk (§§ 2–5).

In § 16 wird mit Tod und Begräbnis des Mose die Erzählung vom Abschied des Mose und mit ihr der gesamte Mose-Komplex (Kap. 9–19) geschlossen. Biblischer Leittext ist Dt 34,5 f[140]; die Einmaligkeit des Sterbetages des Mose wird auf der metanarrativen Ebene herausgestellt: *nec fuit talis dies ex eo quo fecit Dominus hominem super terram nec erit talis adhuc in sempiternum ut humilietur pro hominibus hymnus angelorum, quoniam valde amavit eum...* Auch die universale Perspektivierung mittels der letzten Worte *et sepelevit eum ... super excelsam terram et in lumine totius orbis*[141] schließt den Erzählfaden in markanter Weise ab. Damit ist der Haupthandlungsträger, der mit Kap. 9 eingeführt wurde, aus dem Erzählzusammenhang entfernt.

Überblickt man den vorlaufenden Kontext, so kann man feststellen, daß eine entsprechende markante Schlußgestaltung bisher nicht aufgetreten ist[142]. Es bestätigt sich der beim Übergang von Kap. 8 zu 9 gewonnene Eindruck, daß Mose- und Abrahamgeschichte eng verbunden sind[143].

---

populus memor erit salvationis huius, et erit ei in testimonium; 40,4 *erit mors eius preciosa ante conspectum meum omni tempore;* 44,8 *erit autem eis in scandalum sempiternum in memoriam generationis generationum;* 53,4 *in te video hoc signum quod habebunt homines ab hodierna die usque in seculum ...* Die formale Analogie zu Mk 14,9par (vgl. bes. LAB 32,17) ist nicht zu übersehen.

[139] Vgl. Num 22,6 (wen du segnest, der ist gesegnet, und wen du verfluchst, der ist verflucht). 12; 23,8.11.

[140] *et sepelevit eum* wird zweimal wiedergegeben und dient gleichsam als Rahmen der Abschlußformulierungen.

[141] Vgl. die universale Perspektive in der Basisschilderung über das Mosekind 9,16 *et gloriosus factus est super omnes homines ...*

[142] Wir sahen freilich in 5,8 mit der Wiedergabe von Gen 9,28 f einen Abschluß des Noa-Zyklus.

[143] Der Tod des Abraham wird übrigens nicht erzählt.

Kapitel 20–24

Haupthandlungsträger der Kapitel 20–24 ist Josua. Der Komplex wird mit der Formulierung *Et in tempore illo disposuit Deus testamentum suum cum Ihesu filio Nave* eingeleitet; Josua wird anschließend mit Hilfe einer auf Kap. 15 bezogenen Rückblende eingeführt, die zugleich dort nicht Erzähltes nachträgt: *qui remansit de viris explorantium terram, quoniam sors exierat in eos ut non viderent terram eo quod male locuti fuerant de ea, et propter hoc defuncta est generatio illa.* Damit ist deutlich eine neue, auf den vorlaufenden Kontext bezogene Exposition (temporale Substitution, sachlicher Rückbezug auf Kap. 15) geschaffen und der neue Handlungsträger eingeführt.

Kap. 20 ist aus mehreren Teilgeschehen zusammengesetzt: Beauftragung Josuas (vgl. Dtn 31; Jos 1,1–9) und Rede an das Volk, Bestätigung durch das Volk in direkter Rede (§ 2–5); Erkundung und Einnahme Jerichos (§ 6–7; vgl. Jos 2[144].6); metanarrative Kommentierung von Jos 5,12.11 (§ 8); summarischer Bericht über die Amoriterkämpfe (vgl. Jos 12,7–24) und die Landverteilung (vgl. Jos 14,1 ff) Josuas (§ 9) sowie die Bitte Kalebs (vgl. Jos 14,6.8–9) in § 10. Das Kapitel endet mit der Wiedergabe von Jos 14,13 *et benedixit eum Ihesus* und einer Ausführungsnotiz *et fecit sic.*

Kap. 21 beginnt mit einer Wiedergabe von Jos 13,1; damit wird im Blick auf den vorlaufenden Kontext eine neue Exposition geschaffen: *Et cum senuisset et processior esset in diebus Ihesus, dixit ad eum Deus …* Der Auftrag Gottes wird aus der modifizierten Wiedergabe von Jos 13,16 gefolgert: *Ecce tu senescis et processior es dierum, et terra facta est multa valde, et non est qui sortiatur eam. Et erit post recessum tuum …* – es folgt die Warnung vor dem Abfall des Volkes unter ausdrücklichem Bezug auf die Gottesrede an Mose (teilweise Verwendung von Dt 31,16) und die entsprechende Beauftragung an Josua: *Sed tu testare eis antequam moriaris.* Damit ist der Erzählinhalt von Kap. 21 perspektiviert. Es folgen zwei Josua-Reden an Gott (§§ 2–6), der Altarbau in Gilgal (vgl. Jos 8,30–35), Lobgesang des Volkes und Segenswort Josuas §§ 7–10. Das Kapitel endet mit der direkten Rede Josuas.

22,1 bietet eine neue Exposition, die unter Verwendung einer Rückblende gestaltet und eng dem vorlaufenden Kontext angeschlossen ist: *Et factum est post hec cum audisset Ihesus et omnis Israel quod filii Ruben et filii Gad et dimidia tribus Manasse qui habitabant circa Iordanem edificassent ibi altare et immolarent sacrificia in eo et fecissent sacerdotes in sacrario, conturbati*

---

[144] Die beiden namenlosen Späher (Jos 2,1 ff) sind nach § 6 die beiden Kaleb-Söhne Kenas und Seenamias; vgl. dazu WADSWORTH, Dissertation 1,2 246 sowie 1 Chr 2,42 f. § 6fin enthält eine explizite Analogisierung der Situationen, die auch die Lebensverheißung umgreift.

sunt omnes populi valde et venerunt ad eos in Sylon (vgl. Jos 22,10–12)[145].
Erzählt wird die Auseinandersetzung Josuas und der Ältesten mit den zwei-
einhalb Stämmen in direkten Reden (§§ 2–6); Entsühnung, Zerstörung des
Altars (Wiedergabe des Gebetes der zweieinhalb Stämme in direkter Rede),
Verlegung des Heiligtums nach Silo (§§ 7–9).

Der Erzähltext wird mit einem starken Gliederungssignal §8fin geschlossen: *In sacrario autem novo quod erat in Galgalis*[146] *constituit Ihesus usque
in hodiernum diem que offerabantur a filiis Israel holocaustomata per singu-
los annos,* gefolgt in § 9 von einer rezipientenbezogenen Erklärung, die die
Rechtmäßigkeit des Kultortes vor dem Jerusalemer Tempel betont.

23,1 beginnt mit summarischen Formulierungen über Landverteilung und
Alter Josuas, der unter Anschluß an den vorlaufenden Kontext mit *Ihesus
autem filius Nave* erneut mittels Renominalisierung eingeführt wird. Inhaltlich greift diese Exposition Elemente des vorlaufenden Kontextes auf; vgl.
die Exposition 21,1 (vgl. Jos 13,1) sowie die Mitteilung über die Landverteilung 20,9.

Inhalt des nachfolgenden Textes ist laut Absichtserklärung Josuas § 1fin
der Bundesschluß (vgl. Jos 23): *et disponam vobis testamentum antequam
moriar.* Der Hauptakzent liegt auf einer umfangreichen Rede Josuas (§§ 4–
13), die er gemäß einer nächtlichen Offenbarung Gottes (§ 3) an das Volk
richtet; sie ist nicht am biblischen Leittext orientiert. Kap. 23 wird in § 14 mit
einer kurzen, aus Jos 24,24 bezogenen Antwort des Volkes und einer Basisnotiz (Motiv des feiernden Israel)[147] beendet.

Kap. 24 ist am biblischen Leittext Jos 24 orientiert; die auf den vorlaufenden Kontext bezogene Exposition lautet: *Et post dies illos adiecit
Ihesus filius Nave congregare omnes populos et dixit ad eos …* Erzählt wer-

---

[145] Der Altarbau der zweieinhalb Stämme dient entgegen Jos 22,23.26.28 f dem Opfern;
die Zusammenkunft wird in Silo statt in Gilead lokalisiert. Vgl. jedoch Jos 22,12, dazu
WADSWORTH, Dissertation 1,2 249 und die Folgerung 250: »… so the author of LAB merely
telescopes these two events, referring, in addition, to the possibility that war might break
out because of this heresy, (22:2).« Das bedeutet, daß bereits in LAB 22,2 der Krieg aus Jos
22,12 vorverlagert ist. Die – nur Pseudo-Philo eigene – Opferung der 1000 Widder (die Zahl
entspricht dem Dictum § 5) § 7 entspricht ebenfalls dem Opfertatbestand, wie auch die –
entgegen dem biblischen Leittext erzählte – Zerstörung des Altars § 6. – Vgl. aber LAB
22,3 (Jos 22,24 f). Das Opfern spielt indessen nur in der Exposition 22,1 eine Rolle, offenbar, damit es beantwortet werden kann durch § 5in ›Ist der König, der Herr nicht stärker als
1000 Opfer?‹. Die drei Elemente ›Opfern‹, Silo, 1000 Widder sind also aus dem Text und
seiner Bearbeitung (Gott stärker als 1000 Opfer) gefolgert. PERROT II 142 kommentiert: »le
culte spirituel – la méditation de la Torah – passe le culte sacrificiel, mais le dernier garde
toujours sa valeur entière dans l'unique Temple de Dieu. Mille sacrifices ne sont rien devant
Dieu, mais Josué offre mille béliers (XXII.7).«
[146] Zur mit diesem Namen verbundenen Problematik vgl. DIETZFELBINGER, Übersetzung 163 Anm. 8g.
[147] Vgl. dazu u. S. 117.

den Abschied vom Volk, Tod, Klage des Volkes und Begräbnis Josuas. Das Ende von Kap. 24 und der Anfang von Kap. 25 sind mit markanten Gliederungssignalen versehen. Nach der Wiedergabe der Klage des Volkes in direkter Rede 24,6 heißt es: *Et compleverunt planctum suum, et sepelierunt eum manibus suis in monte Effraim* (vgl. Jos 24,30), *et reversi sunt unusquisque in tabernaculum suum.* Es handelt sich um Schließungselemente (Abschluß des Trauergesangs, Begräbnis- und Rückkehrnotiz), zu denen auch 25,1in (*Et post mortem Ihesu requievit terra Israel*) gehört[148]. Damit ist der Josua-Komplex Kapitel 20–24 abgeschlossen.

Kapitel 25–26

Kap. 25 setzt mit einer neuen Exposition ein, mit der zunächst Israel als Handlungsträger perspektiviert wird: *Et querebant Allophili pugnare cum filiis Israel. Et illi ...*[149]. Erzählt wird zunächst die Erlosung des Kenas zum Führer (§§ 1–2), der von § 3 ab bis 28,10 als Haupthandlungsträger im Mittelpunkt steht. LAB 25–28 können also als Kenas-Komplex bezeichnet werden. Innerhalb dieses Komplexes gehören besonders eng Kap. 25 und 26 zusammen, da 26,1 unmittelbar an den vorlaufenden Kontext anschließt.

Erzählt werden im Anschluß an die Einsetzung des Kenas die Überführung der Sünder Israels durch das Los (§§ 3–4), die Vorbereitung ihrer Befragung (§§ 5–8) und die jeweiligen Sündenbekenntnisse (§§ 9–13)[150].

26,1 setzt den Erzählfaden fort, indem nach der Erwähnung von Niederschrift und Verlesung der Sünden vor Gott ein Auftragswort Gottes ergeht: *Accipe viros et ea que inventa sunt apud eos et omnia eorum, et pone in torrentum Fison, et combures ea igni ut pauset ira mea ab eis.* Der nachlaufende Kontext setzt voraus, daß neben den erwähnten Steinen auch Bücher zu dem gehören, was mit den Sündern vernichtet werden soll[151]. Damit wird eine neue, bisher nicht erzählte Realität vorausgesetzt[152].

---

[148] Vgl. o. S. 31 mit Anm. 15.

[149] Diese Einleitung ist offenbar im Anschluß an Ri 1,1 gestaltet (Verwendung der Motive ›nach dem Tod Josuas‹, Gottesbefragung). Im übrigen ist der Komplex Kap. 25–28 ohne biblischen Leittext geschaffen. Kenas wird Ri 3,11 als jüngerer Bruder Kalebs in seiner Eigenschaft als Vater Othniels erwähnt.

[150] An das Bekenntnis der Männer vom Stamm Asser (§ 10) sind eingehende rezipientenbezogene Informationen gehängt; § 11: *He sunt nimphe, ...*; § 12: *Et hi sunt lapides preciosi ...*

[151] § 2 *et cum homines sic disponas, lapides ponas in unam partem cum libris ...*

[152] Dieser Sachverhalt deutet auf einen aktualisierten zeitgeschichtlichen Bezug hin. Das Motiv des Verbrennens idolatrischer Bücher begegnet als Erzählinhalt Act 19,19. Vgl. die Paränese PsPhok 149; dazu VAN DER HORST, Pseudo-Phocylides 196; Ex 22,17; Lev 19, 26.31.

Erzählt wird die Gottesrede, in der auf die Frage des Kenas (§ 2in) hin die
vollständige Vernichtung der Sünder, Steine und Bücher[153] angeordnet sowie
die Ankündigung zwölf neuer Steine getroffen wird (§§ 2–4). §§ 5–9 erzählen
die Ausführung des Auftrags; §§ 10–11 schildern listenartig die zwölf neuen
Steine. §§ 12–13 sind als Auftrags- und Verheißungswort Gottes im Blick auf
den Verbleib und die künftige Wirkung bzw. Bedeutung der Steine gestaltet.
Die Coda §§ 14–15 enthält ein Schlußwort des Kenas (§ 14), in dem die Dimension von Schuld und Sünde des vorlaufenden Kontextes dem guten Handeln Gottes gegenübergestellt wird. § 15 schließt den Komplex Kap. 25–26
ab, indem die Ausführung des Auftrags durch Kenas notiert wird, verbunden
mit der Feststellung der Wirkung der Steine (universale Perspektive) und des
seither unveränderten Zustands: *Et his dictis, accepit lapides de loco ubi
erant positi. Et cum tolleret eos, velut lumine solis diffuso super illos splende-
bat terra de lumine eorum. Et posuit eos Cenez in arca testamenti Domini
cum tabulis, sicut preceptum fuerat ei, et sunt ibi usque in hodiernum diem.*
    Diese Schlußformulierungen beziehen sich nur auf die zwölf Steine und den
diesbezüglichen Auftrag Gottes (§ 12) und damit auf den letzten Teil der Erzählung ab § 8. Hier befindet sich mit der Formulierung *Et fecit Deus eadem
nocte sicuti dixit Cenez* die Verbindung zum vorlaufenden Kontext (vgl. die
Ankündigung Gottes § 4med). Der vorhergehende Teiltext wurde indessen mit
der Basisnotiz § 7 abgeschlossen. Diese Formulierung beendet den Abschnitt
ab 26,1. 26,1 signalisiert seinerseits mit der Notiz über die stattgehabte Niederschrift und Verlesung der Sünden das Ende des Abschnitts 25,5–13[154]. Der
Abschnitt 25,3–4 wird § 4fin mit der Formulierung *Et duxit eos omnes Cenez,
et inclusit eos in carcere, quousque sciretur quid fieret de eis*[155] geschlossen.
    Aufgrund dieser Durchsicht zeigt sich, daß die Exposition 25,1 mit dem
Ziel konstruiert wurde, die Überführung der Sünder und die Wahl eines Führers zu veranlassen[156]. Beides wiederum dient dem eigentlichen Erzählziel
des Doppelkapitels 25 f: der Ersetzung der häretischen Steine durch die zwölf
Israel symbolisierenden Steine[157].

---

[153] Die Bücher werden zuletzt mit diesen Steinen § 7 erwähnt.

[154] Einen Unterabschnitt bilden die metanarrativ intendierten §§ 11–12; abgeschlossen
durch *Quos inveniens Cenez, sequestrans deposuit eos donec sciret quid de eis fieret;* vgl.
die Teilparallele in § 10fin.

[155] Vgl. die parallele Formulierung § 12fin, s.vorige Anmerkung.

[156] Die Bedrohungssituation Israels wird gleichsam als stereotypes Muster eingeführt.
Die Philister tauchen im nachlaufenden Kontext zunächst (bis zum Kap. 43) nicht wieder
auf; vgl. besonders 27,1!

[157] Vgl. dazu WADSWORTH, Dissertation 1,2 260–263.

Kapitel 27

Kap. 27 setzt mit *Et post hec* kontextbezogen ein, notiert die Bewaffnung von 300.000 Israeliten und den Kampf unter Kenas gegen die Amoriter[158], wobei die Erfolge des ersten und zweiten Kampftages in Zahlen von Getöteten vermerkt werden. Der dritte Tag bringt mit einem Haderwort gegen Kenas die Komplikation[159], die Ausgangspunkt der nachfolgenden Erzählung ist. Die Exposition umfaßt die §§ 1–4 und wird durch die Absichtserklärung des Kenas § 4fin beendet: *Quando fecerit salutem Dominus populo suo in manibus meis, tunc puniam viros istos*[160].

Der Mittelteil §§ 5–14 ist in die Abschnitte §§ 5–10.11.12–14 zu gliedern. Der erste Abschnitt wird eingeleitet durch *Et his dictis*, gefolgt von einem detaillierten Auftragswort, das der Vorbereitung der nachfolgenden Handlungen dient. Sein Inhalt ist der Kampf des Kenas, unterstützt von zwei Engeln (§ 10[161]), gegen die Amoriter. Er wird § 10fin beendet durch die Zahlenangaben von Getöteten. In § 11 ist die Episode von der Lösung der Hand des Kenas vom Schwert eingeschaltet. Der Kontext nimmt auf sie keinen Bezug und wäre ohne sie bruchlos verständlich[162]. Der folgende Abschnitt §§ 12–14 handelt von der Begegnung des Kenas mit seinen schlafenden Knechten (§ 12) und ganz Israel (§§ 13 f); er wird beendet durch das kollektive Schlußwort § 14fin *Nunc scimus …*

§ 15 beinhaltet die Bestrafung der Sünder, die sich selbst als zu den in Kap. 25–26 überführten Sündern zugehörig entlarven. § 16 schließt mit einer Basisnotiz über die Richterzeit des Kenas.

Kap. 27 ist folglich mehrfach mit dem Doppelkapitel 25–26 verbunden: Kampf des Kenas gegen die Amoriter (vgl. o. Anm. 158)[163]; Identifikation der

---

[158] Die Amoriter spielen im vorlaufenden Kontext der Kap. 25–26 mehrfach eine Rolle: im Sündenbekenntnis der Stämme Dan, Naphtali (25,9) und Asser (§ 10), in der Erklärung (§§ 11 und 12) und in 26,4.

[159] WADSWORTH, Dissertation 1,2 264 weist auf die traditionelle Motivik hin, mit der das Verhalten des Feiglings beschrieben wird; vgl. etwa die Entgegnung Urias 2 Sam 11,11 ›Soll ich nach Hause gehen, essen und trinken, bei meiner Frau liegen?‹. Weitere inhaltliche Motive entsprechen der Gideongeschichte (vgl. WADSWORTH aaO. 264), so die 300 Männer für den Kampf (Ri 7,7–8), die Späher (Ri 7,11); die leeren Gefäße und Trompeten aus Ri 7,16 erscheinen LAB 27,6 in dem Motiv der Trompete des Kenas.

[160] Der damit erzeugte Spannungsbogen wird in § 15 geschlossen.

[161] Das Motiv von dem Engel, der die Arme des Kenas stützt, damit sie sich nicht senken, entstammt Ex 17,11 f; vgl. DIETZFELBINGER, Übersetzung 181 Anm. 10h. Es wird offenbar hier verwendet, weil sich im biblischen Leittext Ri 7,11 die Verheißung findet, daß Gott die Hand Gideons in der Schlacht stützen wird: תחזקנה ידיך.

[162] Das Motiv ist aus 2 Sam 23,10 gefolgert: ›(Eleasar V. 10) schlug auf die Philister ein, bis seine Hand ermattete und seine Hand am Schwert kleben blieb‹; vgl. den Hinweis bei WADSWORTH, Dissertation 1,2 266. Es ist zu beachten, daß die Episode § 11 nach dem Prinzip der Talio gestaltet ist.

[163] Die Nymphen werden 27,9 erwähnt; vgl. 25,10 f.

Aufrührer mit den in Kap. 25 überführten Sündern und gleiche Bestrafung (27,15). Das Gliederungssignal 27,16 schließt also nicht nur Kap. 27, sondern den Erzählfaden ab Kap. 25 ab. Kap. 27 erscheint in analoger Weise an den vorlaufenden, umfangreicheren und geschlossenen Kontext gehängt wie etwa Kap. 14 an Kap. 11–13.

Kapitel 28

Kap. 28 beinhaltet den Abschied und Tod des Kenas. Das Kapitel wird eröffnet durch *Et cum appropinquassent dies Cenez ut moreretur, misit et vocavit omnes* ... und geschlossen durch die Sterbe- und Trauernotiz § 10fin: *Et cum hec dixisset Cenez defunctus est et dormivit cum patribus suis. Et planxit eum populus triginta diebus.* Diese Formulierungen weisen den Teiltext als Abschiedsszene aus.

Die Exposition umfaßt die §§ 1–2: Absichtserklärung des Kenas zum Bundesschluß, *ut non derelinquatis Dominum Deum vestrum post discessum meum.* Im Mittelpunkt des Textes stehen mehrere direkte Reden: § 3 Rede des Propheten Pinehas[164], Ankündigung der Abschiedsrede seines Vaters; direkte Rede des Kenas und der Ältesten, Erlaubnis an Pinehas. Der Mittelteil setzt also nicht mit der zu erwartenden Abschiedsrede des Kenas ein bzw. setzt diese fort, sondern kündigt zunächst eine andere Offenbarung an. § 4 bietet die Rede des Pinehas, darin eingebettet die Rede des Eleasar, Vater des Pinehas. Sie enthält eine Abfallsprophetie[165]. § 5 enthält die Reaktion des Kenas, der Ältesten und des Volkes sowie ein Klagelied in direkter Rede. In §§ 6–9 wird die Prophetie des Kenas wiedergegeben; sie hat im Blick auf die zitierte Eleasar-Rede (§ 4) Antwortfunktion. § 10 bietet eine Coda, die das Ende der prophetischen Verzückung und die Unkenntnis des Kenas über das prophetisch Gesagte mitteilt (*Ipse autem nesciebat que locutus fuerat, neque que viderat*). Die letzte knappe Rede an das Volk, eingeführt mit *Hoc autem solum dixit populo* setzt voraus, daß auch das Volk die Kenas-Rede nicht hören konnte. Daraus ist zu schlußfolgern, daß diese Rede ausschließlich rezipientenbezogen zu verstehen ist. Coda und Exposition bilden die Rahmenteile dieser Abschiedsszene.

Der Kenas-Komplex Kap. 25–28 ist im ganzen ohne biblischen Leittext gestaltet[166]. Vergleicht man ihn mit dem Josua-Komplex, so werden Analogien, aber auch Überbietungen deutlich. Sein Textumfang überschreitet den des Josua-Komplexes um ca. 130 Zeilen (348:484).

---

[164] Zu seiner Identität vgl. WADSWORTH, Dissertation 1,2 267.

[165] Verwendung der Weinstockmetapher wie 12,8–9.

[166] Vgl. zur Kenas-Gestalt im LAB WADSWORTH, Dissertation 1,2 268–270, 269: »Cenez is ... a composite character, embodying in his own person the attributes of several of the

Kapitel 29

Kap. 29 ist dem Richter Zebul gewidmet[167]. Er wird § 1 mit den Worten eingeführt: *Et postea constituit super se populus ducem Zebul. Qui in illo tempore congregavit populos, et dixit ad eos* ... Das Kapitel wird mit Sterbe- und Begräbnisnotiz geschlossen; § 4: *Et obdormivit Zebul cum patribus suis, et sepultus est in sepulchro patris sui.* Der Teiltext ist also an seinem Anfang und Ende mit deutlichen Gliederungsmerkmalen versehen.

Er ist überdies deutlich gegliedert: §§ 1–2 berichten über die Versorgung der Töchter des Kenas durch Zebul[168]; § 3 erzählt, eingeleitet mit *In diebus vero illis*, von der Einrichtung eines Schatzes in Silo. Die Episode wird mit einer Angabe über den Erfolg der Sammlung geschlossen: *Et omne quod allatum est ponderatum, auri talenta XX et argenti talenta CCL.* § 4 schließt mit einer Notiz über die Dauer seines Wirkens, kurzer Abschiedsrede, Todes- und Begräbnisnotiz.

Das Zebul-Kapitel 29 bildet erzählstrategisch die Brücke vom Kenas- zum Debora-Komplex (Kap. 30–33), inhaltlich freilich eher einen Nachtrag zum Kenas-Komplex[169].

Kapitel 30–33

Die Kapitel 30–33 sind als zusammenhängender Komplex zu bewerten, der der Richterin Debora[170] gewidmet ist. Biblischer Leittext ist Ri 4–5[171]. 30,1–2 enthält die Exposition mit Bericht über die erneute Sünde Israels sowie Ankündigung von Strafe und vierzigjähriger Richterzeit Deboras[172] in direkter

---

heroes of Israel's past. All his exploits are unique, and found nowhere else outside of the LAB narrative.«

[167] Eine inhaltliche Verbindung mit Ri 9,28 ff besteht trotz der Namensgleichheit nicht; vgl. DIETZFELBINGER, Übersetzung 187 Anm. 1 a. Für die Erzählinhalte dieses Kapitels sind keine biblischen Leittexte vorauszusetzen.

[168] DIETZFELBINGER, Dissertation 37 f macht darauf aufmerksam, daß mit diesem Akt der Dankbarkeit Kap. 29 an die Kenasgeschichten herangerückt wird; dies geschieht ebenso durch die Sammlung § 3 (vgl. 26,2 *de anathemate*). Für den Erzählinhalt vgl. Num 27,1–11; 36,1–13; vgl. dazu v.D. HORST, Women 114.

[169] Vgl. DIETZFELBINGER, Dissertation 37: »c.29 dient weniger als Übergang zu den Deborageschichten denn als Anhang zur Kenaserzählung und kann als ihr Abgesang verstanden werden.«

[170] Vgl. zur Bedeutung der Debora im LAB v. D. HORST, Women 117: »Pseudo-Philo has reshaped this female biblical person into one of the central leader figures in Israel's history ... This has no parallel in any other Jewish writing.«

[171] Vgl. dazu WADSWORTH, Dissertation 1,2 272. Insbesondere Kap. 32 bietet einen ganz anderen Inhalt als das biblische Debora-Lied.

[172] HARRINGTON I 234 bietet den von JAMES 169 stillschweigend emendierten Text *Et principabitur ..., que illuminabit* gegenüber dem von K π gebotenen *principabatur, illuminavit* (vgl. App. zu Z.14 f); vgl. FELDMAN, Prolegomenon LXVI; WADSWORTH, Dissertation 1,2 499 Anm. 87. DIETZFELBINGER, Übersetzung 188 f hält sich an den über-

Gottes- / Engelrede. Der Komplex wird durch die Coda 32,18 abgeschlossen (Basisschilderung): Festnotiz mit individuellem Schlußwort, Rückkehrnotiz und Angabe der vierzigjährigen Richterzeit Deboras (*Et descendit Debbora inde et iudicavit Israel quadraginta annis*). Die Basisnotiz über das feiernde Israel steht zur Strafankündigung der Exposition im Verhältnis der polaren Entsprechung.

30,1 eröffnet die Erzählung mit einem Summarium über die richterlose Situation Isarels nach dem Tod des Zebul: *Tunc filii Israel non habuerunt quem constituerent sibi iudicem, et declinavit cor eorum, et obliti sunt sponsionem et transgressi sunt vias quas mandaverat eis Moyses et Ihesus ministri Domini, et seducti sunt post filias Amorreorum et servierunt diis eorum*[173]. In § 2 wird Tadel und Strafbeschluß Gottes in direkter Rede angeschlossen, gefolgt in § 3 von dem summarischen Bericht über die Bedrohung durch Jabel und Sisera (teilweise Verwendung von Ri 4,2–3)[174]. § 4 beinhaltet eine direkte Rede des Volkes, eingeleitet mit *Et cum humiliatus fuisset Israel valde, collecti sunt in montem Iuda omnes filii Israel unanimes et dixerunt ...* Debora wird in § 5 ohne zusätzliche Detaillierung eingeführt: *Et cum ieiunassent plebes septem diebus, in cilicio sedentes, misit eis Dominus septima die Debboram que dixit ad eos ...* Mit der direkten Rede Deboras (§§ 5–7)[175] endet das Kapitel (§ 7fin: *Deus vita est*); es dient im ganzen der Einführung Deboras. Die Bedrohung Israels ist Teil der Exposition ihrer Sendung (§ 5). Die Einführung Deboras entspricht in dieser Hinsicht der Einführung des Kenas.

---

lieferten Text, interpretiert den Satz jedoch als Bestandteil der direkten Rede; vgl. aaO. Anm. 2d: »Futurische Bedeutung scheint jedoch unerläßlich. Es ist nicht geholfen, wenn man den Satz aus der Gottesrede herausnimmt, wie Rießler das tut.« Vgl. zu dieser letzten Möglichkeit ähnlich FELDMAN, Prolegomenon LXVI: »If we wish to retain the text we must remove this sentence from God's speech; but this leaves the awkward ›after these things‹ (30.3) which *begins* the story of Deborah.« Mir scheint freilich diese Möglichkeit doch die gegebene zu sein. Abgesehen davon, daß das Kriterium der sachlichen Widerspruchsfreiheit im LAB gleichsam auf Schritt und Tritt durchbrochen wird, ist zu beachten, daß der fragliche Satz die Exposition abschließt. Seine Formulierung entspricht der metanarrativen Tendenz in diesen Rahmenteilen, in der Erzählinhalte in kondensierter Form wiedergegeben und zur Voraussetzung des Nachfolgenden gemacht werden. Wir können durchaus von einer vorausnehmenden Notiz sprechen, die freilich regelwidrig nicht Teil einer Absichtserklärung in direkter Rede ist. Vgl. das ähnlich widersprüchliche Expositionselement in 6,1; vgl. auch den Ausblick Lk 1,80, mit dem eine Verbindung zu Lk 3,1–6 (Exposition) hergestellt wird.

[173] Die Formulierung dieser stereotyp wirkenden Exposition entstand unter teilweiser Verwendung von Num 25,1 f; Ri 2,17.

[174] Die Gottesrede bereitet u.a. die Verwendung des biblischen Leittextes vor.

[175] V. D. HORST, Women 115 weist darauf hin, daß in dieser Rede die theologischen Hauptthemen des LAB zusammengestellt sind: »God's election of Israel, the giving of the law, the sin-punishment-redemption scheme, the eternal covenant and the consequential indestructibility of Israel.« In dieser Hinsicht ist die Debora-Rede 32,1–17 zu vergleichen; vgl. V. D. HORST 117.

Kap. 31 ist durch die Exposition §§ 1–2 und die Coda §§ 8–9 gerahmt. Die Exposition ist mit der Wiedergabe von Ri 4,6 unmittelbar dem vorlaufenden Kontext angeschlossen: *Et misit Debbora et vocavit Barach* ... Erzählt wird der Sieg Israels mit Hilfe der Sterne (§ 2) sowie im detaillierten Mittelteil die Tötung Siseras durch Jael (§§ 3–7; vgl. Ri 4,17 ff); die Coda §§ 8–9 erzählt von der Mutter Siseras und der Übersendung des Hauptes ihres Sohnes an sie.

Der Abschnitt §§ 3–7 ist als geschlossene Erzählung gestaltet und eng mit dem vorlaufenden Kontext verbunden[176]; zugleich wird Jael als neue Handlungsträgerin eingehend eingeführt (teilweise Verwendung von Ri 4,15–18): *Et cum Sisara sedens equo fuisset ut liberaret animam suam, Iahel uxor Cinei ornavit se ornamento suo, et exivit obviam ei, mulier autem erat bone speciei valde*[177].

Die Erzählung von der Tötung Siseras wird in § 7fin deutlich geschlossen: *Et faciens, accidit eum, et posuit corpus eius donec reverteretur Barach.*

Die Coda §§ 8–9 ist mit Hilfe der Einführung[178] bzw. Renominalisierung[179] neuer Handlungsträger gestaltet, spielt narrativ auf der ursprünglichen Handlungsebene und rahmt damit den Mittelteil. Durch die detaillierende Renominalisierung Baraks ist die anfängliche Polarität wieder als Erzählebene perspektiviert – ebenso wie die ursprüngliche Absicht Siseras, Israel geschlechtlich zu verunreinigen. Ein weiteres Schließungselement liegt in dem Lobspruch § 9 vor: *Benedictus Dominus, qui misit spiritum suum et dixit: In manum mulieris tradetur Sisara.* Vgl. dazu § 1fin *Et propter hoc locutus est de eo Dominus, ut brachium infirme mulieris expugnat eum, et spolia eius rapiant puelle, et in manus mulieris* (vgl. Ri 4,9) *incidat etiam ipse.* Die Erzählung wird mit der Wiedergabe des Botenspruchs Baraks an die Mutter des Sisera in direkter Rede abgeschlossen; dabei wird der inhaltliche Bezug zur Absichtserklärung § 1 hergestellt.

Biblischer Leittext für Kap. 31 ist Ri 4. Wir haben eine durchkomponierte Erzählung vor uns, zu deren wichtigstem Gestaltungsmittel das Talioprinzip

---

[176] Vgl. die Notiz § 2fin *Sisaram autem non dissipaverunt, quoniam sic preceptum fuerat eis.* Das Passivum Divinum rationalisiert die Ri 4,15 erzählte Flucht Siseras unter dem Blickwinkel der über ihn verhängten Strafe (vgl. Ri 4,9); vgl. ähnlich WADSWORTH, Dissertation 1,2 274.

[177] Zu den erotischen Motiven und dem Einfluß der Judit-Gestalt vgl. V. D. HORST, Women 116.

[178] § 8: *Mater autem Sisare dicebatur Themech ...;* sie wird durch ihre Erwartung negativ gekennzeichnet (direkte Rede: *et videbitis filias Hebreorum quas adducet filius meus sibi in concubinas;* vgl. dazu das Zitat Siseras in der Debora-Rede § 1med: *et speciosas mulieres accipiam mihi in concubinas.* In § 8 wird also deutlich die mit § 1 eröffnete Spannung geschlossen.

[179] *Barach autem reversus a persecutione Sisare contristatus est valde quod non invenisset eum* (sc. Sisera); er war als Handlungsträger zuletzt vor Beginn des Kampfes genannt worden; § 2in: *et ut descendit Debbora et populus et Barach in obviam inimicorum ...*

gehört. Es ist zu vermuten, daß die Sisera in den Mund gelegte Absichtserklärung § 1 *speciosas mulieres accipiam mihi in concubinas*[180] nach dem
Talioprinzip aus der anschließend zitierten Strafankündigung Gottes (Ri 4,9b)
gefolgert wurde[181] (s.o.). Mit *propter hoc locutus est … Dominus* wird also
auf den biblischen Leittext angespielt. Der Begründungszusammenhang ist
im Blick auf die Textkonstruktion gegenüber dem auf der Textoberfläche reziprok: Weil Sisera durch eine Frau getötet wurde, mußte seine Sünde in einem Vergehen gegen die Frauen Israels liegen[182]. Eben dieser Zusammenhang
wird in der Coda noch einmal betont (§§ 8–9): Die Erwartung der Mutter
Siseras (vgl. Ri 5,28) ist erzählerisch ausschließlich auf die Israelitinnen ausgerichtet, die Sisera als Konkubinen heimbringen würde (§ 8); der Lobspruch
Baraks indessen zitiert aus der Strafankündigung Gottes ausschließlich Ri
4,9b: *In manum mulieris tradetur* (pass.div.) *Sisara.*

Die Verlaufsachse von Kap. 31 ist damit als über das Talioprinzip aus dem
biblischen Leittext gefolgert erkannt.

Ein weiteres erzähltes Teilgeschehen verdankt sich ebenfalls dem biblischen Leittext: Bereits der Kampfauftrag Deboras § 1 beinhaltet (als Inhalt
der visionären Schauung Deboras[183]) den Kampf der Engel auf der Seite Israels (teilweise Verwendung von Ri 5,20): *video astra conturbari in disposi-
tione sua et parari in pugnam vobiscum. Video etiam et coruscationes
immobiles in cursu suo proficiscentes*[184]. § 2 bietet die narrative Ausführung
dieser Vision.

§ 5 beinhaltet das Gebet der Jael[185]. Sie zitiert eine Absichtserklärung
Siseras, die ohne biblisches Pendant formuliert, freilich ganz auf die Meta-

[180] Vgl. die Erwartung der Mutter Siseras § 8; diese Motivation des Handelns Siseras erfährt auf diese Weise eine starke Akzentuierung.
[181] Sie wird narrativ ausgeführt; nicht jedoch die vorhergehende, offenbar aus Ri 5,30
gefolgte Absichtserklärung § 1 *et spolia eorum dividam pueris meis* – vgl. ihre Entsprechung in der im Text sogleich zitierten Strafankündigung Gottes und im Schlußsatz
Baraks § 9fin *Accipe filium tuum quem sperabas venire cum spoliis.*
[182] Vgl. die – die beabsichtigte Sünde Siseras detaillierende – Absichtserklärung Siseras
§ 3fin *si liberabor … Iahel erit mihi mulier.* Sie ist ohne biblischen Anhalt formuliert und
als Verstärkung der Absicht Siseras zu verstehen (vgl. § 1). Möglicherweise wird auf sie
mit dem Satz des sterbenden Sisera § 7 *morior tamquam mulier* schließend angespielt.
Das Wort in der Todesstunde § 7 (direkte Rede Jaels) *vade gloriare apud patrem tuum in
infernis et dicito quoniam incideris in manus mulieris* zitiert Ri 4,9 ein weiteres Mal, u.zw.
in der Funktion, die eigentliche Jael-Sisera-Geschichte (§§ 3–7) abzuschließen. Der Gang
zum Vater in die Unterwelt entspricht reziprok dem beabsichtigten Verhalten Siseras § 3fin
ibo ad matrem meam … – eine Formulierung, die offenbar mit Blick auf Ri 5,28 getroffen
wurde.
[183] Vgl. dazu u. S. 206 Anm. 278. Der Inhalt des biblischen Leittextes erscheint narrativ
als Inhalt der erzählten Vision.
[184] Der erste *video*-Satz entstand unter Verwendung von Ri 5,20; der zweite ist selbständig formuliert. Vgl. zu dieser Technik z.B. 3,9 f; 11,4.5.
[185] Vgl. für das Motiv Jdt 13,4; Hinweis bei Dietzfelbinger, Übersetzung 192 Anm. 5 a.

phorik der Erwählungsthematik dieses Gebetes bezogen ist: *Vadam et puniam gregem Fortissimi*. Das hier und in weiteren Formulierungen des Gebetes verwendete Bildmaterial ist sichtlich aus Ri 4,19 bezogen; aus der Differenz zwischen der Bitte um Wasser und der Gewährung von Milch im biblischen Leittext konnte der Hinweis auf Israel als Herde Gottes gefolgert werden[186]: Der Gebetstext wird eingeleitet mit einem Hinweis aus die alleinige Erwählung Israels, gefolgt von der Frage *et non assimilasti eum* (sc. Israel) *animalibus nisi velut arietem precedentem et ducatorem gregis?* Nach der Wiedergabe der Absicht Siseras, eben diese Herde Gottes zu bestrafen, wird der Gebetstext fortgesetzt: *Et ecce ego accipiam de lacte pecorum istorum, quibus assimilasti populum tuum ...* Verwendet wird nur die Metaphorik, mit der Israel als Herde Gottes erfaßt wird; das Bild vom Widder, der vorausgeht und die Herde führt, schießt über den Kontext hinaus und beeinträchtigt seine Schlüssigkeit. Die Herden-Metaphorik dient indessen dazu, ein zweites Mal das Talioprinzip auf Sisera anzuwenden: Die Milch, die den Tod Siseras mitverursachen wird, entstammt eben der Herde, der Israel vor Gott gleicht. Folglich kann die (nochmals zitierte, vgl. § 4 und dann in § 6 in direkter Rede erzählte) Bitte um Wasser zum Zeichen werden, das Jael erbittet, und damit eben zu dem Zeichen, das zugleich den biblischen Leittext wiedergibt. Der Bibeltext wird zum Zeicheninhalt[187]: *Hoc autem signum erit quod facies mihi Domine ut, dormiente Sisara, cum ingressa fuero, si expergefactus petierit me continuo, dicens: Pota me aquo, scio quoniam exaudita est oratio mea.*

Ein weiteres Zeichen besteht für Jael (direkte Rede § 7: *Hoc signum si faciet mecum Dominus ...*) darin, daß Sisera nicht aufwacht, wenn sie ihn vom Bett stoßen wird (*Ecce iacto eum in terram de lecto in quo dormit*). Dieser Vorgang wird anschließend unter Verwendung von Jdt 13,9[188] erzählt. Wieder wird der Inhalt des biblischen Leittextes als Inhalt des von Gott erwarteten zeichenhaften Handelns verwendet.

Kap. 32 wird, angeschlossen mit *tunc*, mit der teilweisen Wiedergabe von Ri 5,1 eingeleitet; der nachlaufende Kontext (§§ 1–17) ist als *hymnus* gekennzeichnet. Ein Festsummarium mit einem kurzen Deutewort Deboras, einer Notiz über ihre Rückkehr und die Dauer ihrer Richterzeit schließen den Komplex der Kap. 30–32 ab.

---

[186] Die Metaphorik ›Israel als Herde‹ findet sich im LAB mehrfach; vgl. den nahen Kontext 30,5 *Et nunc vos nati estis in gregem in conspectu Domini nostri ...*; ferner 17,4; 23,12 sowie u. S. 103 mit Anm. 301.

[187] Vgl. ähnlich 59,5.

[188] Die Juditgeschichte diente der Gestaltung der Jaelgeschichte außerdem in § 3 (vgl. Jdt 12,15); § 5 (vgl. Jdt 13,4); vgl. o. Anm. 177.

Inhalt der Rede ist ein Geschichtsabriß (§§ 1–11) und ein die Bedeutung des Ereignisses besingender Teil (§§ 12–17)[189].

Kap. 33 erzählt von Abschied und Tod der Debora; dieser Text ist – wie das Ende des Kenas Kap. 28 – ohne biblischen Leittext gestaltet. § 1 notiert in summarischer Form die Exposition für die Abschiedsrede: *Et factum est dum appropinquarent dies mortis eius, misit et congregavit omnes populos, et dixit ...* Das Testament der Debora wird in §§ 1–3 in direkter Rede geboten; die §§ 4–5 enthalten ein Wechselgespräch Volk – Debora. § 6 ist mit mehreren Schließungssignalen versehen: Sterbe- und Begräbnisnotiz, Klagezeit mit Trauergesang in direkter Rede[190]. Der Schlußsatz lautet *Et post mortem eius quievit terra annis septem.*

Es fallen einige Übereinstimmungen mit dem Abschied des Kenas Kap. 28 auf: Beide Teiltexte sind ohne biblischen Leittext formuliert. Beide werden mit summarischen Formulierungen zur Exposition einer Abschiedssituation eröffnet. Beide werden mit summarischen Sterbe-, Begräbnis- und Trauernotizen geschlossen. Beide sprengen aber auch in eigentümlicher Weise den Rahmen der Abschiedsrede durch direkte Reden in Dialogform. Inhaltlich liegt hier in beiden Fällen der Akzent. Beide Teiltexte werden mit markanten Gliederungssignalen eröffnet bzw. geschlossen, nachdem der vorlaufende Kontext bereits mit hinreichenden Schließungselementen endete. Es hatte sich gezeigt, daß die LAB 23,1–24,6 zugrundeliegende narrative Struktur Jos 23 f entspricht[191]. Folglich ist anzunehmen, daß auch die Eröffnungs- und Schließungselemente der frei gestalteten Abschiedskapitel LAB 28 und 33 in Analogie zu den entsprechenden Elementen Jos 23 f gestaltet worden sind.

Kapitel 34

Kap. 34 bildet ein expositionelles Bindeglied zum nächsten Komplex (Gideon Kap. 35–36). Handlungsträger ist der Midianiter Aod[192], eingeführt in § 1 mit den Worten *Et in illo tempore ascendit quidam Aod de sacris Madian, et hic erat maleficus, et dixit ...* Die Erzählung von seiner erfolgreichen Verführung Israels endet in § 4 mit einem kollektiven Schlußwort der Israeliten: *Ecce quantum possunt dii Madianitum, et nos non sciebamus.* § 5 schildert abschließend die Strafe Gottes, die in der Unterwerfung Israels unter die Midianiter besteht (Strafankündigung und Ausführungsnotiz). Damit ist

---

[189] Vgl. dazu DIETZFELBINGER, Dissertation 41–43; WADSWORTH, Dissertation 1,2 276 f; DELLING, Weise 305–321.

[190] Der Trauergesang ist im Parallelismus membrorum gestaltet; vgl. EISSFELDT, Kompositionstechnik 348. Zum seinem Gehalt vgl. WADSWORTH, Dissertation 1,2 277 f.

[191] Vgl. o. S. 64 f.

[192] WADSWORTH, Dissertation 1,2 279 stellt fest: »This entire episode is unique and is found nowhere outside LAB.«

im Blick auf den nachlaufenden Kontext eine breite Exposition erreicht (Rückbezüge finden sich in 35,1.2.u.ö.), indem Ri 6,1[193] durch die Aod-Episode illustriert wird[194].

Kapitel 35–36

Kap. 35 beginnt unter unmittelbarem Anschluß mit der Einführung Gideons: *Gedeon autem erat filius Ioaz, vir fortissimus inter omnes fratres suos. Et dum esset tempus estivum, venit habens manipulos, ut excuteret eos et in monte abscondens se imminentes Madianitas effugeret.* Die Exposition schildert also gerafft die Voraussetzungen der Szene, in der die Begegnung mit dem Engel stattfindet. Erzählt wird ohne weitere Gliederungssignale, abgesehen von den wechselnden Redeeinführungen und der Exposition § 1med nach Einführung Gideons, die Sendung Gideons zum Kampf gegen die Midianiter und ihre zeichenhafte Bestätigung. Das Kapitel endet in der Coda mit einer Verallgemeinerung der in §§ 6–7 erzählten Zeichengewährung und einem biblischen Querverweis (§ 7fin): *Et hec videns Gedeon petiit alia signa, et data sunt ei. Nonne hec scripta sunt in libro Iudicum?*[195]. Die Coda enthält eine der Exposition analoge metanarrative Perspektive.

Kap. 36 schließt mit der teilweisen Wiedergabe von Ri 7,19 unmittelbar an: *Et accepit Gedeon CCC viros et abiens venit usque ad extrema castrorum*

---

[193] Ri 6,1 fungiert im biblischen Kontext als Exposition des Gideon-Abschnittes: ›Die Israeliten taten Böses vor Gott, und Gott gab sie in die Hand der Midianiter für 7 Jahre‹.

[194] Vgl. dazu WADSWORTH, Dissertation 2 189–196, bes. 191.
Zur Vorstellung, daß mit dem Namen der Midianiter per se Verführung zur Zauberei verbunden ist, vgl. WADSWORTH ebd.; ferner Num 22; 25, 6–18.31; Jos 13,21 f. Die Episode erweitert also den Beginn des biblischen Leittextes zu Gideon (Unterwerfung unter die Midianiter – die Midianiter als Zauberer) Ri 6,1 um die Geschichte von Aod, dem midianitischen Zauberer. WADSWORTH ebd. stellt zutreffend fest: »Here the evil which Israel does and for which God Israel punishes her with defeat at the hands of the Midianites is seen by the author of LAB to be something intimately with the Midianites, that is idolatry and magic, and so the Aodstory is inserted.«
Zusammenfassend leitet WADSWORTH aaO. 195 f die Aod-Episode im Blick auf ihre wichtigsten Parameter von den Worten über falsche Propheten Dt 13,1–6 (vgl. VV. 18–22) ab; vgl. v.a. VV. 1–3. Die Vergleichspunkte sind: Gewährung eines Zeichens; andern Göttern folgen (– die Israel noch nicht kannte: *quod non habeat lex vestra ...*); Erfolg des falschen Propheten als Prüfung durch Gott (§ 5 *Deus volens temptare Israel*); Ergebnis: Verführung (Dtn 13,6 להדיחך wird exakt wiedergegeben durch *implanatus est* in § 5; »direct translation«). »Aod is therefore an outstanding example of the false prophet of Deuteronomy 13, and his actions are an embodiment of the warning delivered in that chapter.« (WADSWORTH aaO. 196).
Zur Gleichsetzung von bösen Geistern und heidnischen Götzen vgl. WADSWORTH, aaO. 192; vgl. biblisch Dt 32,17 (MT und LXX); 1 Kor 10,20; Apc 9,20. Für den Inhalt der Aod-Zauberei vgl. v.a. äthHen 80,2 ff; dazu und zu weiteren frühjüdischen Belegen vgl. WADSWORTH aaO. 193 ff.

[195] Vgl. dazu u. S. 109. Biblischer Leittext für den Komplex der Kap. 35–36 ist Ri 6–8; sein Inhalt wird freilich verkürzt wiedergegeben (vgl. WADSWORTH, Dissertation 1,2 279).

Madian ... §§ 1–2 schildern den erfolgreichen Kampf[196]: das Teilgeschehen endet mit einer Zahlenangabe der getöteten Midianiter und der Notiz über die Flucht der übrigen. § 3 schildert die Vorbereitung zum Götzendienst Gideons. Sie wird durch die summarische Feststellung § 3fin *Et accepit ea* (sc. die goldenen Armbänder der Israeliten) *Gedeon, et fecit ex his idola et adorabat ea* geschlossen. § 4 enthält eine das gute Ende Gideons erklärende Gottesrede und endet mit Sterbe- und Begräbnisnotiz (vgl. Ri 8,32).

Kapitel 37

Kap. 37 beginnt mit der Einführung eines neuen Handlungsträgers ohne namentliche Nennung[197] unter sachlichem Rückbezug auf den vorlaufenden Kontext: *Et filium de concubina habens* ... Der neue Handlungsträger wird durch die Wiedergabe von Ri 9,5 *occidit fratres suos omnes* und die summarische Wiedergabe von Ri 9,2 *volens esse dux populi* eingeführt. Auf diese Weise wird in § 1 eine äußerst knappe Exposition für den nachlaufenden Kontext erreicht. Sie enthält als Komponenten lediglich die Notierung eines Tatbestandes und eine Absichtserklärung.

Der Mittelteil enthält eine Bewertung des bereits in der Exposition Mitgeteilten mit Strafankündigung (§ 4), also der Ankündigung eines gegenüber der Exposition neuen Zustands. In einer Coda wird in § 5 das tatsächliche Eintreffen des neuen Zustands notiert. Abgesehen von den quantitativen Relationen, die zwischen Exposition (zwei Zeilen) und Coda (drei Zeilen) sowie dem Mittelteil (30 Zeilen) bestehen, zeigt auch die äußerste Knappheit, zu der der biblische Erzählinhalt komprimiert wurde, daß dieser als Hintergrund für den Mittelteil fungiert – u.zw. als sein Anlaß (Exposition) und seine Bestätigung bzw. Bewahrheitung (Coda). Der Mittelteil ist der Wiedergabe der Jotamsfabel Ri 9,7 ff[198] und ihrer Deutung durch den Dornbusch im Anschluß an Ri 9,15 ff (§§ 2–4) gewidmet. Exposition und Coda stehen sichtlich in einem geradezu chiastischen Verhältnis der polaren Entsprechung (Talio-

---

[196] Dies geschieht in erheblicher Raffung des biblischen Leittextes; vgl. dazu WADSWORTH, Dissertation 1,2 281 f: »The author of LAB would assume that his readers knew the details of the scriptural account.«

[197] Es handelt sich um Abimelech; der Name wird nur von der HS P geboten. Als Subjekt von *filium ... habens* wird offenbar Jerubbaal (Ri 9,1 ff) vorausgesetzt.

[198] Möglicherweise ist am Anfang von Kap. 37 einiges ausgefallen. Dafür spricht nicht nur die unterlassene Namensnennung Abimelechs, dessen Name in § 2 bereits vorausgesetzt wird (*sic non accipiet Abimelech perseverantiam principatus sui*) und das unklare Subjekt zu *accidit* und *volens*, als das nach dem vorliegenden Textbestand Gideon gelten müßte (vgl. DIETZFELBINGER, Übersetzung 205 Anm. 1 b), sondern auch die fragwürdige Einführung der Jotamsfabel, die nach dem überlieferten Text zur Erzählbasis des LAB gehört. *Tunc convenerunt* entspricht indessen dem ויאספו aus Ri 9,6, so daß anzunehmen ist, daß ein dem Anfang von Ri 9 entsprechendes Textstück fehlt.

prinzip): ›erschlug Brüder – wollte Führer sein‹ – ›war Führer – von einer Frau erschlagen‹.

Kapitel 38

Auch der Übergang von Kap. 37 zu 38 ist möglicherweise unvollständig überliefert, insofern nach der Wiedergabe von Ri 9,53 *et mortuus est* (sc. Abimelech) *demittente muliere super eum medium fragmentum mole* (37,5fin) kein neues Subjekt eingeführt wird. Kap. 38 beginnt mit den Worten *edificavit sacrarium Baal*. § 2 setzt indessen Jair als Subjekt dieser Formulierung voraus[199]. Kap. 38 wird mit einer summarischen Notiz über seinen Altarbau, seine Verführung des Volkes und einer knappen Absichtserklärung in direkter Rede eröffnet, gefolgt von einer Liste der sieben Männer, die im Gegensatz zum Volk nicht am Opfer teilnahmen. Wir haben eine Exposition vor uns, die der in LAB 6,1–3 analog ist (Orientierung, Absichtserklärung in direkter Rede, Namensliste der Bekenner).

Erzählt wird der Widerstand der sieben Männer gegen Jairs Götzendienst in direkter Rede (§ 2), die Vorbereitung zu ihrer Bestrafung und die Bestrafung der Knechte Jairs nach dem Talioprinzip (§ 3) sowie eine Gottesrede in der Todesstunde Jairs und ein Summarium über den Vollzug der Strafe mit Angabe der Zahl von Getöteten (§ 4). Die Vollzugsnotiz § 4fin enthält die Coda: *Et postea incendit eum et venit usque ad columnam Baal, quam demoliens incendit Baal cum assistentibus populis, id est mille viris.* Coda und Exposition stehen im Verhältnis der polaren Entsprechung (Talio): Nicht jeder, der dem Baal nicht opfert (§ 1), sondern jeder, der ihm opferte, wird verbrannt (§ 4fin)[200].

Abgesehen von der unklaren Eröffnung ist Kap. 38 eine in sich geschlossene Erzählung. Einen Bezug zum vorlaufenden Kontext bietet § 2[201]; § 4 enthält in einer Rückblende in direkter Rede den Bezug auf Nichterzähltes[202].

Jair ist nach Ri 10,3–5 Richter; sein Begräbnisort wird V. 5 als Kamon קמון bezeichnet; haggadische Interpretation versteht diesen Ortsnamen als ›Ofen‹ (קמין, καμίνιον) und entwickelt daraus die Episode von seinem Baalsdienst und dem angedrohten Feuertod für die Verweigerer[203]. Dabei spielt der nach-

---

[199] Vgl. dazu DIETZFELBINGER, Übersetzung 206 Anm. 1 a.

[200] Die *columna Baal* entspricht offenbar dem *sacrarium Baal* (§ 1).

[201] *Debbora mater nostra*; vgl. 33,1 – *obaudite mihi quasi matri vestre*; vgl. 33,6 – *Ecce nunc mater morieris*; vgl. 33,6 – *Ecce periit mater ex Israel*; vgl. Ri 5,7b (diese Stelle bildet den biblischen Leittext für die Ehrenbezeichnung Deboras). Das Debora-Zitat gibt teilweise Jos 1,7–8 wieder; diese Stelle hatte im Debora-Komplex keine Rolle gespielt. Mit der Formulierung soll sichtlich die Mahnung Deboras sachgemäß zusammengefaßt werden.

[202] *Levavi te de terra et posui te ducem super populos meos.* Im vorlaufenden Kontext wurde nichts Entsprechendes erzählt.

[203] Vgl. WADSWORTH, Dissertation 1,2 293 mit Hinweis auf GINZBERG VI 202 Anm. 104.

laufende Kontext Ri 10,6 ff die entscheidende Rolle (Baals- und Astarten-
dienst, Unterdrückung durch Philister und Ammoniter)[204]. Es ist zu beachten,
daß die haggadische Entwicklung des Erzählinhaltes nach dem Talioprinzip
erfolgte.

Kapitel 39–40

Kap. 39 und 40 sind Jephta und seiner Tochter gewidmet. 39,1–2 bietet die
Exposition, indem die durch die Ammoniter bedrängte Lage Israels, die Ver-
sammlung in Mizpa und die Absichtserklärung des Volkes (direkte Rede) zur
Einsetzung eines Führers wiedergegeben werden; § 2 dient der Einführung
Jephtas. In §§ 3–5, eingeleitet durch temporale Substitution (*et factum est
cum ...*) wird im Dialog Jephta – Volk seine Gewinnung zur Führerschaft über
Israel geschildert. §§ 6–7 geben den Aufruf Jephtas und das entsprechende
Bittgebet des Volkes um Vergebung wieder. §§ 8–9 beinhalten den ergebnislosen Dialog mit dem Ammoniterkönig Getal; § 10 schildert die Vorbereitung
zum Kampf und gibt den Schwur Jephtas aus Ri 11,30 f wieder. Das Kapitel
schließt in § 11 mit Tadel[205] und Absichtserklärung Gottes. Kap. 39 ist also
auf den nachlaufenden Kontext hin geöffnet.

40,1 faßt zunächst unter teilweiser Verwendung von Ri 11,32 f den erfolgreichen Kampf Jephtas zusammen und schildert dann das Zusammentreffen
mit seiner Tochter, die hier den Namen Seila[206] trägt (direkte Rede Jephtas;
vgl. Ri 11,35). §§ 2–3 geben die Antwort Seilas und Entlassung durch ihren
Vater wieder (vgl. Ri 11,38). § 4 schildert ihren vergeblichen Besuch bei den
Weisen und einen Kommentar Gottes in direkter Rede, in dem das Talio-
prinzip auf die Weisen angewendet wird. Der Abschnitt §§ 5–8 gibt das
Trauerlied Seilas wieder[207]. § 8 notiert summarisch die Opferung Seilas, ihr
Begräbnis, die Klage um sie sowie die Einrichtung eines Gedenktages (vgl.
Ri 11,40). Die Coda § 9 schließt den Jephta-Seila-Komplex unter teilweiser
Verwendung von Ri 12,7 mit Notizen über die Dauer der Richterzeit, Tod und
Begräbnis Jephtas; sie schließt den Bericht über Jephta (vgl. die Exposition
39,2) und damit den Jephta-Seila-Komplex 39–40 ab.

---

[204] vgl. dazu WADSWORTH, aaO. 294.

[205] Anders als im biblischen Leittext Ri 11,29–31 ist Jephtas Schwur nicht durch den
Geist Gottes veranlaßt; vgl. dazu V. D. HORST, Women 118.

[206] Vgl. V. D. HORST, Women 117 »a name most probably to be explained as *She'ila*,
›she who asked for / requested / demanded‹ (sc. by God) or ›she who is the object of the
vow‹ (sc. by Jephta, in 39:10).«

[207] Vgl. dazu V. D. HORST, Women 119: »It is easily the most poetic, the most pathetic,
and the most moving part of LAB, in which the author dwells passionately on human
emotions.« Vgl. ebd. zu Einflüssen aus Sophokles (Antigone), Euripides (Iphigenie) und
Grabinschriften (119 f).

Kapitel 41

Kap. 41 ist zusammengesetzt aus der Basisschilderung über die Richter Addo § 1[208] und Elon § 2[209] sowie über die Idolatrie Israels und die vierzigjährige Auslieferung an die Philister § 3[210]. Offensichtlich dienen diese drei summarischen Formulierungen dazu, einen Übergang zwischen dem Jephta- und dem Simson-Komplex (Kap. 42–43) zu schaffen.

Kapitel 42–43

Der Simson-Komplex wird 42,1 mit der Einführung Manoas und seiner Frau Eluma eröffnet; zur Exposition gehört der Streit zwischen beiden über die Ursachen ihrer Kinderlosigkeit. Die Fortsetzung in § 2 verallgemeinert die Situation[211]: *Et cum altercarentur quotidie et contristarentur ambo valde*[212] – Nennung eines detaillierten Datums: *in nocte quadam ...* Damit wird die Episode §§ 2–3 eröffnet (Gebet Elumas und Antwort Gottes durch einen Engel). Sie wird geschlossen in § 3fin: *Et cum locutus fuisset angelus Domini verba hec, recessit ab ea.* §§ 4–9 schildern den Bericht Elumas (§ 4), Unglauben und Gebet Manoas (§ 5), erneutes Kommen des Engels mit Auftragswort (§ 6), Dialog Engel – Manoa (§§ 7–8) sowie das Opfer Manoas mit der Entfernung des Engels (§ 9; vgl. Ri 13,20). § 10 schließt das Kapitel mit einer Coda[213] und einer metanarrativen Information über den Namen des Engels ab.

Kap. 43 ist mit *Et factum est in tempore dierum ipsorum* dem vorlaufenden Kontext angeschlossen. Der Teiltext ist durch das Schließungssignal in § 4 (summarische Aufzählung der Taten Simsons und biblischer Querverweis) deutlich in zwei Abschnitte geteilt. §§ 1–3 enthalten in § 1 einen summarischen Bericht über Simson (vgl. Ri 13,24; 14,1 f; 15,6), an den mit *Et postea iratus est Samson in Azotum* in §§ 2–3 die Episode mit dem Stadttor von Gaza angeschlossen ist (sie wird beendet mit einer Zahlenangabe der Getöteten und der Notiz, daß Simson das Stadttor mit allem Zubehör zuletzt auf einem Berg niedergelegt habe).

---

[208] Vgl. Ri 12,13 f; dazu Dietzfelbinger, Übersetzung 214 Anm. 1 a.

[209] Vgl. Ri 12,11.

[210] Teilweise Verwendung von Ri 13,1.

[211] Vgl. ähnlich in der Konstellation Peninna – Hanna 50,2: *Et sic cum quotidie improperaret ei* – Passa; das Iterationsmerkmal wird durch ein detailliertes Datum abgelöst.

[212] Es handelt sich hier und in 50,2 (vgl. die vorige Anmerkung) um nachgeordnete Iterationsmerkmale (vgl. Gülich, Ansätze 243), mit denen die andauernden Wiederholungen der vorbezeichneten Handlungsabläufe ausgedrückt werden; das nachfolgende Episodenmerkmal (vgl. Gülich ebd.), nämlich ›Nacht‹ bzw. ›Passa‹ signalisiert eine neue Eröffnung. Bereits die erste direkte Rede § 1med ist durch ein Iterationsmerkmal *quotidie* gekennzeichnet.

[213] Sie entspricht in der Konstellation der Handlungsträger der Exposition § 1: Manoa und Eluma im Gespräch; vgl. im Mittelteil nur die detaillierte Situation § 4 (hier geht es indessen lediglich um eine direkte Rede Elumas an Manoa).

Der zweite Teil §§ 5–8 enthält die Geschichte von Simson und Dalila; er wird eingeleitet mit *tunc descendit Samson in Gerara* (Ortswechsel) und abgeschlossen mit einer Notiz über die Zahl der Getöteten. Der Simson-Komplex wird § 8fin mit der Wiedergabe von Ri 16,29–31 abgeschlossen (Begräbnis Simsons und Angabe der Dauer seiner Richterzeit).

Kapitel 44–48

Die Kapitel 44–48 müssen als zusammengehöriger Komplex betrachtet werden; das ergibt sich aus den expliziten Kontextbezügen und der deutlichen Rahmung in 44,1 und 48,5. Der Komplex wird 48,5 mit einer Substitution auf Metaebene geschlossen: *Hec sunt mandata et iusticie et testimonia et manifestationes facte in diebus iudicum Israel, antequam regnaret in eis rex.* Diese Formulierung erscheint als das stärkste Gliederungssignal im Kontext des LAB. In 48,4 wird die Sequenz der Richtererzählungen durch die Wiedergabe der Schlußformulierung des Richterbuches Ri 21,25 zum Abschluß gebracht, nachdem in § 3 die letzte Episode (Frauenraub der Benjaminiten) geschlossen wurde (*et ceperunt inhabitare ibi*). 44,1 (vgl. Ri 17,6) und 48,4 (vgl. Ri 21,25)[214] geben dieselbe Tendenz wieder: Die Anfälligkeit Israels gründet in dem Umstand, daß es keinen Führer gibt. Beide Formulierungen sind als Gliederungssignale aufzufassen, die den Komplex der Kap. 44–48 ein- und ausleiten. Es handelt sich dabei um Iterationsmerkmale, die die andauernde Allgemeinheit des führerlosen Zustands umreißen[215].

Es ist folglich geraten, die schließende Funktion der Formulierung 48,5 nicht lediglich auf den Abschnitt der Kap. 44–48 zu beziehen. Die Formulierung spricht von den Tagen der Richter Israels und summiert damit alles ab Kap. 25 – nämlich nach der starken narrativen Zäsur des Todes Josuas – Erzählte.

44,2 führt Micha als Haupthandlungsträger ein[216]; erzählt wird in starker Abwandlung gegenüber Ri 17[217] die Idolatrie[218] Michas und seiner Mutter. Die Geschichte endet erzählerisch bereits in § 5 mit der summierenden Feststellung *Et erat iniquitas eius multiformis, et irreligiositas eius astuta*. Ange-

---

[214] 44,1: *Et in diebus illis non erat dux in Israel, sed faciebat unusquisque que placita erant ante conspectum eorum*; 48,4: *Et quiescentibus interim filiis Israel dux non erat eis in diebus illis, et unusquisque faciebat quod placitum erat ante oculos eius.*

[215] Die Problematik der Führerlosigkeit Israels trat bereits 30,1; 34,5 (freilich ohne ausdrückliche Erwähnung fehlender Führerschaft); 39,1.6; 41,3 hervor.

[216] Auch der Name seiner Mutter, die im folgenden als Handlungsträger auftritt, wird genannt; vgl. zu ihrer Identität mit Dalila Dietzfelbinger, Übersetzung 220 Anm. 2 a sowie u. S. 185 f.

[217] Vgl. z.B. Murphy, Idolatry 276 Anm. 7: im Gegensatz zu Ri 18,19 hat Michas Sünde 44,5 volkszerstörerischen Charakter.

[218] Zu den Idolen des Micha vgl. Wadsworth, Dissertation 1,2 347–357.

schlossen ist eine lange Gottesrede §§ 6–10, die mit *Et tunc recedentibus filiis Israel a Domino, dixit Dominus ...*[219] eingeleitet wird. Sie trägt den Hauptakzent dieses Teiltextes.

Kap. 45 wird mit *Et factum est in tempore illo* angeschlossen; erzählt wird im lockeren Anschluß an Ri 19 die Schändung und Ermordung der Konkubine des Leviten Behel in Noba. Die Erzählung endet § 5 zunächst mit einem kollektiven Schlußwort der in Silo versammelten Israeliten: *Si facta est talis iniquitas in Israel, pausabit Israel.* Mit § 6 ist eine Coda angeschlossen, in der ein Kommentar Gottes mit Strafankündigung in direkter Rede wiedergegeben wird. Adressat dieser Rede ist der Satan (*anteciminus*), der nur an dieser Stelle im LAB genannt wird[220]. § 6 ist also auf einer metanarrativen Ebene plaziert. Diese Coda bezieht sich wertend auf die beiden in Kap. 44–45 erzählten Sachverhalte und folgert aus ihrer unterschiedlichen Wertigkeit und dem dieser Wertigkeit reziprok zugeordneten Verhalten Israels, das seine tatsächliche Sünde offenbart, das baldige unweigerliche Scheitern der erklärten Racheabsicht der Israeliten.

Kap. 45 ist inhaltlich in zwei Teile gegliedert. Der Abschnitt §§ 1–3 (§ 1 enthält die Exposition) endet mit einer metanarrativen Erklärung des Todes der Konkubine nach dem Talioprinzip in Form einer Rückblende; der Abschnitt §§ 4–5 – eingeleitet mit neuer Zeitangabe (*Et facto mane ...*) – erzählt den Sühneaufruf Behels und die Versammlung in Silo.

Kap. 46 ist mit einer erneuten, an 45,5 anknüpfenden Exposition eingeleitet: *Et ut factum est mane, conturbati sunt populi Israel, et dixerunt ...* (es folgt eine Absichtserklärung). Erzählt wird zunächst das Orakel vor dem Kampf, bei dem Pinehas zum ersten Mal – freilich ohne detaillierende Einführung – genannt wird[221], abgeschlossen mit einem metanarrativen Kommentar § 1fin *Ipse autem* (Subj. Gott) *seduxit eos, ut compleret verba sua.* § 2 schildert die Niederlage Israels gegen die Benjaminiten, abgeschlossen mit einer Angabe der Zahl der Gefallenen. § 3 schildert ein erneutes Orakel und die erneute Niederlage Israels, abgeschlossen mit einer Zahlenangabe der Getöteten. § 4 gibt nach einem summarischen Bericht über die Buße des Volkes die kommentierenden Fragen des Volkes und des Pinehas wieder.

Kap. 47 schließt mit den Worten *Et adiecit dicere Finees* unmittelbar an die Pinehas-Rede 46,4fin an (§§ 1–2). Die §§ 3–8 enthalten eine Gottesrede mit

---

[219] Die Gottesrede endet mit einem eschatologischen Ausblick und einer Wiedergabe der eschatologisch erfolgenden Erkenntnis der Sünder in direkter Rede; vgl. dazu u. S. 119.

[220] Vgl. DIETZFELBINGER, Übersetzung 225 Anm. 6 a.

[221] Auch andere Handlungsträger treten im LAB ohne detaillierende Einführung auf (vgl. etwa Amram 9,3; Nethez 49,3); eine Identität des Pinehas mit dem 28,1 eingeführten ist nicht intendiert.

einer Tierfabel (§§ 4–6)[222] und allegorischer Deutung (§§ 7–8), in der der Inhalt der Kap. 44 und 45 in Beziehung gesetzt ist. Die §§ 9–10 schildern den
nun erfolgreichen Kampf Israels gegen die Benjaminiten, abgeschlossen mit
einer Rückkehrnotiz § 10fin: *Et reversus est omnis populus in Sylon, et
Finees filius Eleazari sacerdoti cum eis.* § 11 bietet eine Liste der übriggebliebenen Benjaminiten; § 12 schließt mit einer summarischen Ausführungsnotiz den Gesamtkomplex Kap. 44–47 ab: *Et in illo tempore reddidit
Dominus Miche et matri eius omnia que locutus est. Et erat Micha dissolutus
igne, et mater eius marcescens, sicut locutus fuerat Dominus de eis.* 47,10–12
bieten also die Coda zu Kap. 44–47. Sie schließt die Auseinandersetzung mit
dem Stamm Benjamin bilanzierend ab, indem v.a. die übriggebliebenen
Benjaminiten aufgelistet werden, und notiert abschließend die Bestrafung
Michas und seiner Mutter.

Kap. 48 beginnt mit einer knappen Exposition für den Abschied des
Pinehas *Et in tempore eo Finees reclinavit se ut moreretur ...,* die mit einem
Auftragswort Gottes fortgesetzt wird. Dessen Ausführung ist § 2in notiert: *Et
ascendit Finees, et fecit omnia que precepit ei Dominus.* Damit ist der Erzählfaden über Pinehas zum Abschluß gebracht.

§§ 2fin–3 beinhalten angehängte Nachrichten. Der Satz § 2fin *In diebus
autem quibus constituit in sacerdotem, unxit eum in Sylon,* läßt Subjekt und
Objekt im unklaren. Da 50,3 indessen explizit nachträgt, daß der Priester Eli
durch Pinehas eingesetzt worden war[223], ist zu vermuten, daß 48,2fin ebenfalls als Nachtrag gleichen Inhalts (Objekt Eli) aufzufassen ist. § 3 ist erzählstrategisch als Schließung der im vorlaufenden Kontext eröffneten Feindschaft zwischen Israel und den Benjaminiten (vgl. 46,2 u.ö.) zu verstehen
(teilweise Verwendung von Ri 21,17–19.23).

Im Blick auf das Verhältnis von Kap. 48 zum vorlaufenden Kontext ist –
analog zu Kap. 28 in seinem Verhältnis zum Komplex der Kap. 25–27 bzw.

---

[222] WADSWORTH, Dissertation 1,2 376 sieht die Fabel in drei Akte gegliedert: erster Akt
§ 4, zweiter § 5, dritter § 6. Er verweist aaO. 378 auf vergleichbare Tierfabeln in
rabbinischer Literatur, zugleich aber auch auf den Umstand, daß sich die Tierfabel in LAB
47,4–6 von den konventionellen Fabeln unterscheidet: Der Löwe allein wird identifiziert,
und er wird – entgegen der landläufigen Charakterverteilung – als schlecht bezeichnet (§ 7).
Für die Motivik vgl. Ez 19,1–9; äthHen 85–90 (vgl. aaO. 379). In der Deutung erscheint der
Löwe als Israel, die anderen Tiere vom Feld als Micha und seine Mutter, das Junge als die
Konkubine; »but why should her master be characterised as a ›very evil beast‹ in our
fable?« (aaO. 380; vgl. § 5). WADSWORTH entwickelt die überzeugende Antwort (aaO. 381–
384), daß der Levit Behel in LAB 45 (vgl. Ri 19) mit dem Leviten aus Ri 17–18, der LAB
44 nicht genannt wird, als identisch vorausgesetzt werden soll. Sein Name *Behel* (Melk MS)
oder *Beel* (ed.princ.) »is also a possible indication of his idolatrous associations, as its
closeness to the traditionally hated name of ›Baal‹ suggests.« (aaO. 384).
[223] 50,3: *Heli ..., quem preposuerat Finees filius Eleazari sacerdotis, sicut preceptum ei
fuerat*; vgl. dazu u. Anm. 272.

von Kap. 33 in seinem Verhältnis zum Komplex der Kap. 30–32 – festzustellen, daß die jeweiligen Abschiedskapitel an einen bereits deutlich geschlossenen Erzählkomplex angegliedert sind.

Kapitel 49–55

Die Kap. 49–65 sind durch den Handlungsträger Samuel verbunden. Es sind folgende Komplexe erkennbar: 49–55 (Vorgeschichte und Kindheit Samuels bis zur Rückkehr der Lade); 56–65 (Aufstieg und Fall Sauls[224]).

Der Komplex der Kap. 49–55 wird dem vorlaufenden Kontext unmittelbar angeschlossen mit *Et in tempore illo ceperunt filii Israel requirere a Domino* ...; es folgt eine Absichtserklärung zur Erlosung eines Herrschers wie Kenas *qui possit principari nobis sicut Cenez*. 49,1 enthält also die Exposition. § 8fin bietet die Coda mit einem kollektiven Schlußwort und einer Basisnotiz. Der Chorschluß in § 8 (*Ecce nunc forsitan memor fuit nostri Deus, ut liberet nos de manu odientium*) entspricht der kollektiven Absichtserklärung in § 1 (*Forsitan enim inveniemus hominem qui liberet nos de pressura nostra* ...), insofern in beiden Rahmenteilen die Motive *forsitan* und *liberare* erscheinen.

Mit Kap. 49 wird der Samuel-Saul-David-Komplex eingeleitet. Sein Inhalt ist die in einem mehrfachen Losvorgang zunächst erfolglose Suche nach einem neuen Führer für Israel[225], die – nachdem Elkana gefunden ist, die Übernahme der Führerschaft aber ablehnt – in einer deutenden Gottesrede auf die künftige Geburt Samuels bezogen wird[226]. In § 8 wird eine Mißverständnistechnik angewendet; sie ist besonders auffallend, weil in §7fin bereits mit *filius eius qui nascetur ex eo ipse principabitur in vobis, et prophetabit* darauf hingewiesen wird, daß es sich um einen noch nicht geborenen Nachkommen Elkanas handelt. Zugleich macht die Formulierung deutlich, daß die Suche nach einem *princeps* mit der Verheißung eines Propheten beantwortet wird.

Die Episode ist nicht in Anlehnung an einen biblischen Leittext gestaltet. Sie ist der Wiedergabe von 1 Sam 1,1–18 in Kap. 50 vorgeschaltet und auf diese hin komponiert[227]. Als Ausgangspunkt dient die Absicht des Volkes, die prekäre Situation der Führerlosigkeit zu beheben.

---

[224] David tritt ab Kap. 59 als Handlungsträger hinzu.

[225] Das Volk zieht aus den ergebnislosen Losvorgängen die Schlußfolgerung: *Eligamus nobis ex ipsis, positi in necessitate. Scimus enim quoniam abhominavit Deus populum suum, et exhorruit nos anima eius.* In § 3 wird diese Schlußfolgerung durch die theologische Argumentation des Nethez (eingeführt durch *Et respondit quidam nomine Nethez et dixit populo*) zurückgewiesen. Sein Auftreten ähnelt dem des Amram 9,3.

[226] Der Name Samuel erscheint freilich erst 51,1. Der künftige Prophet wird nicht einer der 10 Söhne Elkanas von Peninna sein (vgl. § 8).

[227] Elkana wird bei seinem ersten Auftreten 49,5 nicht detailliert eingeführt.

Kap. 49 ist in zwei Abschnitte zu gliedern. Die §§ 1–5 schildern die Auswahl Elkanas und seine Ablehnung der Führerschaft; die §§ 6–8 beinhalten die Verheißung des Samuel. Das Kapitel wird mit einer Basisnotiz über das feiernde Israel geschlossen. Kap. 49 enthält keine Sätze auf der metanarrativen Kommentarebene. Aber die direkten Reden aller Handlungsträger sind reich an theologischen Reflexionen und Evaluationen, die zweifellos Hinweise auf die theologische Mitteilungsabsicht des Autors enthalten. Zu ihrer Bewertung ist die Beobachtung der Verlaufsstruktur unerläßlich. Vergegenwärtigt man sich das erzählte Geschehen, so geht die Verlaufskurve von dem führerlosen Zustand nach dem Tod des Pinehas aus, erzählt den zunächst fehlschlagenden Versuch des Volkes, einen neuen Führer durch das Los zu bestimmen, sowie die falsche Schlußfolgerung des Volkes aus diesem Fehlschlag. Die erste größere Rede in Kap. 49 ist die des sonst unbekannten und nur hier agierenden Nethez (§ 3). Ihre Funktion für den Erzählprogreß ist die begründete Zurückweisung einer selbstmächtigen Führerwahl durch das Volk[228] und die Aufforderung zum erneuten Losen. Die Nethez-Rede stellt zunächst fest, daß der Grund für die offenliegende Verlassenheit des Volkes durch Gott, die sich in den fehlgeschlagenen Loswürfen äußert, in der Schuld des Volkes liegt. Die Schlußfolgerung kann dann gerade nicht lauten, unter Verzicht auf das Los – also ohne die Entscheidung Gottes – einen Führer zu bestimmen, sondern das sich als Schuldverhältnis manifestierende Gottesverhältnis nicht zu verlassen – selbst dann nicht, wenn diese Schuld tödliche Konsequenz hätte: *Et ideo etiam morientes non relinquamus eum, sed ad eum fugiamus.* Die selbstmächtige Führerwahl wäre Fortsetzung dieses Schuldverhältnisses und zugleich ein Akt, mit dem das Volk sein – wenn auch schuldbelastetes – Gottesverhältnis verlassen würde; sie muß in die Vergeblichkeit führen. Im Parallelismus wird gegen diese Möglichkeit das Wissen gestellt (*scio enim quia ...*), daß die am fehlgeschlagenen Losvorgang erfahrene Verwerfung durch Gott nicht endgültig ist. Während dem *in vanum* endgültige Vergeblichkeit eignet, ist dem Verbleiben in dem durch Schuld gekennzeichneten Gottesverhältnis Hoffnung auf die Barmherzigkeit Gottes zugesagt. Diese Einsicht führt zu der Aufforderung, einen erneuten Loswurf zu wagen, und zu einem letzten, grundsätzlichen Begründungssatz, der durch Formulierung und Stellung[229] besondere Betonung trägt: *Si enim peccata nostra amplificata sunt, sed longanimitas eius non deficiet.*

---

[228] *Qui ambulantes in viis nostris iniquis non scivimus eum* (sc. Gott) *qui creavit nos, et propterea erit noster cogitatus in vano.* Der sündige Wandel des Volkes, der sich darin manifestierte, den Schöpfer nicht zu erkennen, macht die selbstmächtige Wahl eines Führers unmöglich.

[229] Vgl. z.B. BERGER, Exegese 21.

Von ebenfalls über den unmittelbaren Erzählzusammenhang hinausgehendem theologischem Gewicht ist die Rede des Elkana § 5. Er lehnt das Ansinnen des Volkes zur Übernahme der Führerschaft ab, weil er den wunderbaren Losvorgang[230] nur als Aufdeckung eigener Schuld verstehen kann[231]. Er kann deshalb weder Führer werden noch einen solchen nennen und folgert: *Sed si peccata mea comprehenderunt me ut supervolavit super me sors, ego me interficiam, ut non me contaminetis. Iustum est enim me pro peccatis meis tantummodo mori, quam sustinere pondus populi.* Elkana sieht den Suizid als legitime Möglichkeit, einer weiteren Steigerung seiner Schuld zu entgehen. Das Auf-ihn-Fliegen des Loses wird als zeichenhafter Vorgang für das Ergriffenwerden durch die eigenen Sünden verstanden. Eine Übernahme der Führung würde diese Sünde vertiefen; insofern sieht Elkana nur den (selbst herbeigeführten) Tod als Alternative zur Übernahme der Führung. Das *sustinere pondus populi* würde Sündlosigkeit voraussetzen; die offengelegte Sünde Elkanas aber läßt nur den Schluß zu, daß er für die eigene Sünde sterben müßte.

Die Haderrede bzw. Klage des Volkes § 6 ist aus Fragen und Vorwürfen an Gott zusammengesetzt. Nach der Ablehnung Elkanas sieht das Volk sich in der gleichen Situation wie zuvor; es zweifelt am Sinn des Handelns Gottes und interpretiert dieses wie in § 2 als Ausdruck seiner Abwendung (*neglexisti hereditatem tuam* § 6). Mit der Frage *quem adhuc postulabimus aut ad quem confugiamus, et ubi est locus pausationis et requietiones nostre* wird die Sachverhaltsebene (Suche nach einem Führer) theologisch überboten und in ihrer theologischen Dimension angesprochen (vgl. § 3 Nethez: *sed ad eum* {sc. Gott} *fugiamus*). Wenn Gott sich von seinem Volk abwendet, ist dessen Existenz vernichtet. Eine Schlußerwägung begründet die hadernde Frage unter Verweis auf die biblischen Verheißungen (Gen 49,10), die durch *et hoc scient* erweitert ist: Wenn diese Verheißungen[232], deren Kern mit *semen vestrum amplificabo* (Gen 49,10) erfaßt wird, wahr sind (und – so ist zu ergänzen – nun so die ihnen entsprechende Wirklichkeit aussieht), so wäre ein (damaliger) Vernichtungsbeschluß Gottes seiner (jetzigen) Abwendung vorzuziehen gewesen: *tunc profuerat nobis dicere: Abscido vestrum semen, quam negligas radicem nostram ...* Die Haderrede des Volkes intendiert also eine Präferenz des Nichtseins Israels vor dem Schuld-, Straf- und Abwendungsverhältnis Gottes. Das Nichtsein Israels erscheint als reale und

---

[230] *quia in eo supervolavit sors.* Vgl. DIETZFELBINGER, Übersetzung 233 Anm. 5 a: »Vermutlich hat man sich vorzustellen, daß das Los beim Schütteln des Losbehälters auf Elkana hinflog.«; vgl. JAMES 213; WADSWORTH, Dissertation 1,2 387 sowie u. S. 189 ff.

[231] Vgl. WADSWORTH ebd. WADSWORTH weist aaO. Anm. 449 auf die Überzeugung Pseudo-Philos hin, daß die vergangene Sünde eines Menschen »always find him out«: 6,11; 27,7.15; 42,2; 45,3.

[232] Sie werden hier bezeichnet als *dispositiones*, ›Anordnungen‹.

verlockende Alternative zum Elend der Erwählungsgeschichte, die sich als Schuld- und Strafgeschichte manifestiert.

Die Antwort Gottes (§ 7) rekurriert zunächst auf die Rechtlichkeit des Vergeltungsprinzips, nach welchem Gott sich in der Tat von seinem Volk abwenden muß. Indessen weiß er selber sich (über die Anwesenheit seines Namens) an sein Volk gebunden – es handelt sich dabei um eine Bindung, die gerade nicht hinreichend mit dem Talioprinzip beschrieben werden kann. Die Bindung Gottes an sein Volk wird hier nur angedeutet: *et quid faciam* (Subjekt Gott)*, quoniam veniet nomen meum ut invocetur in vos?*

Kap. 50 führt in § 1 die beiden Frauen Elkanas ein und schildert die Schmähung Hannas durch Peninna in direkter Rede. § 2 enthält ein Iterationsmerkmal und eine zeitliche Detaillierung des eigentlichen Erzählfadens[233]. Dieser reicht zunächst bis § 3fin (Ankunft in Silo[234]; Einführung des Priesters Eli). § 4 enthält das Gebet, § 5 die innere Rede der Hanna. Die §§ 6–7 geben den Dialog Hanna – Eli wieder; er endet mit der Zusage der Gebetserhörung durch Eli. § 8 enthält einen Kommentar auf metanarrativer Ebene sowie eine Rückkehrnotiz, verbunden mit den beiden Fetstellungen *et mitificata est a dolore suo*[235]*, nulli renuncians hoc quod orasset*[236]. Es wird deutlich: Die Rahmenteile werden durch §§ 1.2in und § 8 gebildet; im Mittelteil §§ 2med–7 wird detailliert erzählt, *wie* aus der Hanna der Exposition die Hanna der Coda wurde (vgl. § 2in: *Anna contristaretur valde*; §8 fin: *mitificata est a dolore suo …*).

Kap. 51 wird expositionell mit einem Summarium über Geburt und Aufwachsen des Samuel eröffnet. § 2 enthält einen Dialog zwischen Hanna und Eli, der den Lobgesang Hannas §§ 3–6 vorbereitet. Die Coda § 7 schließt die Sequenz Kap. 50–51 mit mehreren summarischen Formulierungen ab. Die erste enthält eine Weggangsnotiz, deren plurale Formulierung das Volk, das im Lobgesang der Hanna gleichsam stereotyp als Adressat vorausgesetzt wird (vgl. § 6fin *fiat lumen genti huic*), als gedankliches Subjekt vermuten läßt. Der anschließende Text in § 7 enthält die Darbringung und Salbung Samuels

---

[233] Das Iterationsmerkmal verallgemeinert die Situation aus § 1, die temporale Detaillierung signalisiert eine detaillierte Situation, in der eine Entscheidung bzw. Konfliktlösung zu erwarten ist. Damit ist der Übergang von Exposition zu Mittelteil signalisiert.

[234] Elkana spricht in § 3 mit Hanna, obwohl er nach 1 Sam 1,3 in Silo sein müßte; das Problem wird gesehen bei FELDMAN, Prolegomenon LXXV, DIETZFELBINGER, Übersetzung 235 Anm. 3 d; WADSWORTH, Dissertation 1,2 397 macht zu recht darauf aufmerksam, daß § 2 eine Ortsangabe gerade nicht enthält – textintern besteht also kein Widerspruch. Die Nachricht aus 1 Sam 1,3 ›Silo‹, wo die beiden Elisöhne Hophni und Pinchas Priester waren‹ wird in diesem Teiltext gänzlich übergangen, hingegen in Kap. 52 vorausgesetzt. Vgl. dazu WADSWORTH ebd.: »Indeed, he (sc. Pseudo-Philo) alters the detail given in 1 Sam 1:3, as he wishes to give prominence to Eli as the successor of Pinehas, rather than to mention his degenerate sons, whose misdeeds form the subject of chapter 52.«

[235] Sie hat schließende Funktion im Blick auf den Erzählfaden ab § 1.

[236] Diese Formulierung hat eröffnende Funktion im Blick auf den nachlaufenden Kontext.

durch das Volk in Silo; § 7 endet mit einem kollektiven Schlußwort über Samuel. Diese Coda steht in sachlicher Spannung zum vorlaufenden Kontext. Vielleicht ist die Vorstellung vorausgesetzt, das Volk habe Samuel ein zweites Mal dargebracht und gesalbt. Der Sinn dieser Coda wird v.a. darin zu sehen sein, daß mit der Huldigung durch das Volk der Rückbezug zu Kap. 49 hergestellt wird: Enthielt das dortige kollektive Schlußwort die in ein *forsitan* gekleidete Hoffnung des Volkes (49,8fin: *ecce nunc forsitan memor fuit nostre Deus ...*), so ist der damit eröffnete Spannungsbogen 51,7 geschlossen. Das kollektive Schlußwort nimmt die Schlußformulierung der Hanna-Rede auf (§ 6fin: *fiat lumen genti huic*): *sit lumen genti huic* (§ 7fin).

Die Exposition Kap. 52 beginnt mit einer Renominalisierung Samuels (§ 1 *Samuel autem*), um mit der Zeit seines Tempeldienstes die Geschichte von den bösen Eli-Söhnen verbinden zu können (vgl. 1 Sam 2,11.12 ff). Sie werden mit einer summierenden Formulierung eingeführt (§ 1 *non ambulantes in viis patrum suorum ceperunt iniqua agere ad plebem, multiplicantes iniquitates suas*[237]). Im Mittelteil §§ 2–4 wird der vergebliche Aufruf Elis zur Buße erzählt. Die Coda § 4med schließt mit einer metanarrativen Kommentierung (*Et propter hoc admonitis a patre suo, non datum est ut peniterentur*[238], *quia adversantes semper*[239] *fuerant ...*), die mit dem zunächst merkwürdig wirkenden Satz *indignatus est Dominus ad Heli* beendet wird. Dieses Schlußsätzchen hat mit Blick auf den nachlaufenden Kontext eröffnende Funktion (vgl. dazu 53,9fin.10; 54,5fin); mit seiner Hilfe wird Kap. 52 zur Vorgeschichte des Untergangs Elis und seiner Familie (vgl. 1 Sam 2,12–4,22).

Kap. 53 wird mit einer 52,1 analogen Exposition eröffnet (Tempeldienst Samuels; seine Unkenntnis des im vorlaufenden Kontext Erzählten); ihre Motivik wird durch zwei metanarrative Erklärungen verstärkt (*Necdum enim audierat eloquia Domini. Erat enim annorum octo*). Erzählt wird die Berufung Samuels und die damit verbundene Strafankündigung an Eli (vgl. 1 Sam 3). Die §§ 2–7 schildern die Vorgänge vor der direkten Gottesrede (Dialoge Samuel – Eli), die in den §§ 9–10 wiedergegeben wird. Die §§ 11–13 enthalten die Reaktion Samuels und die Mitteilung des Gehörten an Eli. Das Kapitel endet mit einem individuellen Schlußwort Elis als Reaktion auf die Strafankündigung aus § 10 (vgl. 52,4fin).

Kap. 54 wird mit *Et in illis diebus* eingeführt; die Exposition § 1 enthält einen gerafften Bericht über einen Angriff der Philister, die drohende Niederlage Israels und die Absichtserklärung, zur Verstärkung bzw. Abwendung des

---

[237] Diese Einführung der Eli-Söhne ist mit einer durch ein Iterationsmerkmal (*cum convenirent populi sacrificare ...*) eingeleiteten Schilderung ihres Verhaltens verbunden.

[238] Vgl. zur Formulierung Act 5,31; 11,18; vgl. dazu LOHFINK, Christologie 228. Vgl. Sap 12,19 (ferner 11,23; 12,10); dazu PESCH, Kommentar V/1 347.

[239] Dieses metanarrative Signal entspricht dem der Exposition § 1.

Untergangs die Bundeslade herbeizuholen. § 2 enthält Tadel und Strafankündigung Gottes gegenüber diesem Vorhaben. In §§ 3–4 wird die Niederlage Israels, die Tötung der Eli-Söhne durch Goliat sowie die Flucht Sauls und seine Meldung von Niederlage und Verlust der Bundeslade an Eli berichtet. § 5 gibt die Reaktion Elis in direkter Rede sowie seinen Tod wieder und stellt fest: *Et mortui sunt in die una Heli et Ofni et Finees filii eius.* § 6 schildert abschließend den Tod der Frau des Pinehas (Geburt des Ikabod; vgl. 1 Sam 4,19–22), der sichtlich als zur Erfüllung der 53,10 (*Ideo continget eis, ut matres cum filiabus moriantur, et patres cum filiis pereant*[240]) getroffenen Strafankündigung gehörig interpretiert wird.

Kap. 55 wird mit einer Renominalisierung Samuels eröffnet; wieder wird seine Unkenntnis des Vorgefallenen herausgestellt (vgl. 52,1; 53,1). Die §§ 1–2 schildern einen Dialog Gott – Samuel, der in der Zusage der Rückführung der Lade und dem Untergang der Philister vor dem Tod Samuels gipfelt. Der Vollzug dieser Ankündigung wird in den §§ 3–10 erzählt (vgl. 1 Sam 5–6). Der Teiltext wird in § 10 mit Zahlenangaben über die Getöteten und der Notiz über eine siebenjährige Ruhe abgeschlossen (*Et quievit terra septem annis*).

Der Komplex der Kap. 54–55 wird durch die Exposition 54,1 (Kampfabsicht der Philister; Absicht der Israeliten, die Lade herbeizuholen) und die Coda 55,10 (Rückführung und tödliche Wirkung der Lade; Philister gefallen) gerahmt[241]. Der Erzähltext gipfelt in seinem Mittelteil im Untergang der Eli-Familie; dieses Geschehen wird narrativ in der Coda 54,5fin.6 geschlossen. Dieser Erzählinhalt greift auf die Strafankündigung 53,8–13 (Schlußwort Elis § 13) und darüber hinaus auf Kap. 52 zurück.

Kapitel 56–65

Die Exposition Kap. 56 wird mit *Et in tempore illo* angeschlossen; erzählt wird das Begehren Israels nach einem König § 1 sowie die Reaktion Samuels

---

[240] Es handelt sich hier um eine Anwendung des Gebots Dt 22,6 auf die Strafe Gottes an der Familie des Eli. Es kann wegen 1 Sam 2,22 MT (›die Priester schliefen mit den Frauen, die den Dienst am Eingang zum Offenbarungszelt versahen‹; vgl. dazu STOEBE, Kommentar 114 f sowie die Schilderung Jos ant 5,339 f) angewendet werden; vgl. zur Strafankündigung gegen Eli LAB 53,10 und ihrem Vollzug (inklusive 63,2) WADSWORTH, Dissertation 1,2 419–422, bes. 422: »The point of the comparison of the seizing of the mother bird with her young in LAB is, therefore, that Hophni and Phinehas not only stole the sacrificial offerings, but violated the women who brought them. And for taking the mother bird with the young in this way their punishment will be that mothers will die with their children and fathers with their sons.« Anders DIETZFELBINGER, Dissertation Anm. I 537: »Der Ungehorsam der Elisöhne gegen ihren Vater (c.52), also die Verletzung des Gebots der Elternliebe, dürfte als Assoziation für die Anwendung von Dt 22,6 f gewirkt haben.«

[241] Ein chiastisches Verhältnis zwischen beiden Rahmenteilen ist unverkennbar.

und Gottes (§§ 2–3). § 4 beginnt mit der Einführung Sauls[242] und einem Ortswechsel; erzählt wird sein Zusammentreffen mit Samuel und die Ankündigung seines Königtums durch Samuel (§§ 4–6). § 7 bildet eine Coda, die den
§ 1 eröffneten Rahmen schließt (erneutes Königsbegehren des Volkes; Ankündigung Samuels; Vollzugsnotiz; biblischer Querverweis).

Kap. 57 schildert in unmittelbarem Anschluß (*Et misit Samuel et congregavit omnem populum et dixit* ...) eine Samuel-Rede (§§ 1–3; es handelt sich
um eine Apologie) und die Reaktion des Volkes und des Königs. Die Szene
wird mit einem kollektiven Schlußwort (*vivat propheta Samuel*), der Notiz
über die Einsetzung Sauls zum König[243] und die Darbringung von Opfern beendet. § 5 fügt eine Basisnotiz über den einjährigen erfolgreichen Kampf
Sauls gegen die Philister an, die deutlich evaluative Funktion hat: Der Erfolg
Sauls bestätigt, daß seine Einsetzung zum König unter dem in § 4fin formulierten Gesichtspunkt (Rede des Volkes, an Samuel gerichtet: *Nos servi tui
sumus et rex noster nobiscum*) Gott recht war[244].

Kap. 58, angeschlossen mit *Et in illo tempore* ..., beginnt mit einem Auftragswort Gottes an Samuel, das ein Auftragswort an Saul enthält (Auftrag
zur Vertilgung der Amalekiter[245]). Es handelt sich um die Exposition des Kapitels. § 2 notiert in der Vollzugsnotiz *Et abiit Saul et expugnavit Amalech* die
Unterwerfung der Amalekiter durch Saul, aber seine Schonung des Agag
(metanarrative Erläuterung in Form einer Rückblende). § 3 enthält ein erneutes Auftragswort an Samuel. In § 4 wird die Begegnung zwischen Samuel
und Saul erzählt, wobei die Strafankündigung Samuels nach dem Talioprinzip
formuliert wird. Das Kapitel schließt mit einer Vollzugsnotiz der Tötung
Agags durch Samuel und einer Rückkehrnotiz. Die Coda § 4fin enthält also
die Mitteilung über den durch Samuel geleisteten Vollzug des in der Exposition formulierten Auftrags an Saul. Der Mittelteil der Erzählung ist indessen auf den nachlaufenden Kontext hin geöffnet[246]; er gibt dem Kapitel folglich im ganzen eine expositionelle Funktion.

Die Exposition 59,1 schließt unmittelbar an den vorlaufenden Kontext (*Et
dixit Dominus ad eum* ...) mit einem Auftragswort an Samuel und der im Dialog Gott – Samuel formulierten Ankündigung der Zerstörung des Königtums
Sauls an. Die Exposition macht deutlich, daß die Salbung Davids *der* Schritt

---

[242] Saul war bereits 54,3–4 aufgetreten.

[243] *Et consistente rege, attulerunt sacrificia Domino. consistente* wird von π gegenüber
constituente (A K) bzw. *constituto* (P, *rege* om.) geboten. § 4 enthält die dritte Forderung
des Volkes nach einem König (formuliert unter Verwendung von 1 Sam 8,5). Die zweimalige Nennung des *rex* (in Zeile 15 und 17) meint offensichtlich den designierten König,
dessen Investitur § 4fin notiert.

[244] Vgl. dann aber die Rede Gottes an Samuel 58,3: *vidisti quomodo in momento
corruptus est rex argento*.

[245] Zitiert werden Ex 17,14; Dt 25,19. Der Text wird u. S. 97 geboten.

[246] Dieser wird erst in 65,4 geschlossen.

ist, mit dem Gott den Untergang Sauls einleitet. Auch der Ungehorsam Sauls, der in Kap. 58 geschildert wurde, ist in diesem Zerstörungsprozeß ein Schritt. Beide Schritte, der Gottes und der Sauls, stehen im Verhältnis der Komplementarität. Saul desavouiert sein Königtum durch seine Bestechlichkeit selbst. Gottes Reaktion legt nach dem Talioprinzip die Strafe fest: Tod Sauls durch den (Nachkommen dessen), der durch die Bestechlichkeit Sauls vom Bann Gottes ausgenommen wurde[247]. Das in der Salbung Davids aktive Handeln Gottes ist hingegen mit der erfüllten Zeit verbunden (vgl. 59,1[248] – Sauls Königtum realisierte sich nach 56,2; 58,4 zur Unzeit[249]).

Die §§ 2–3 schildern die Auffindung Davids und seine Salbung durch Samuel; diese Erzähleinheit wird durch die Formulierung *Et erat Dominus cum eo ex illo die* (§ 3fin) geschlossen. § 4 enthält einen Psalm Davids[250], an den mit *Et cum adhuc David loqueretur* summarisch die Episode von den Ochsen Davids (vgl. 1 Sam 17,34–37) gehängt ist (§ 5). Der Abschnitt endet mit einer direkten Rede Gottes, in der das Geschehene als Zeichen für den künftigen Sieg Davids über Goliat interpretiert wird. Man kann § 5 kaum als Coda bezeichnen, mit der Kap. 59 geschlossen würde; vielmehr dient die Episode dazu, den Text für den Erzählinhalt des Kap. 61 zu öffnen. Die Exposition 59,1 leitet also einen größeren Komplex ein, der den gesamten nachlaufenden Kontext umfaßt.

60,1 schließt mit der Formulierung *Et in tempore illo ablatus est* (pass. div.) *spiritus Domini a Saule, et prefocabat eum spiritus pessimus* (vgl. 1 Sam 16,14) an den vorlaufenden Kontext an; damit wird eine teilweise Verwirklichung des in 59,1 Angekündigten zum Ausdruck gebracht. In einer summarischen Formulierung wird die Herbeiführung Davids notiert und mit einer Substitution auf Metaebene sein Psalm (§§ 2–3) eingeführt. Der Teiltext wird § 3fin mit der Formulierung *Et cum hymnizaret David, parcebat Saul spiritus* geschlossen. Wertet man diesen Satz als Coda, so wird ihr im Blick auf 60,1 und 59,1 formulierter evaluativer Sinn deutlich: Die Rahmenteile 60,1.3fin erweisen den Teiltext 60,2–3 als teilweise Verwirklichung der Ankündigung 59,1.

Kap. 61 setzt mit *Et post hec venerunt Allophili pugnare ad Israel* ein. Der damit eröffnete Erzählfaden wird § 2 aufgenommen (Kampf Davids mit Goliat §§ 2–9[251]), indem unter Wiedergabe von 1 Sam 17,4 Goliat eingeführt

---

[247] Die narrative Rolle Gottes ist in dieser Reaktion gleichsam auf die Wirksamkeit der Talio beschränkt.

[248] S. dazu u. S. 230 ff.

[249] Vgl. DIETZFELBINGER, Übersetzung 252 Anm. 1b.

[250] Darin ist die Analogie David-Abel zu beachten. David ist nach 1 Sam 16,11 der Jüngste – was auch bedeuten kann: ›klein, schwach, unbedeutend‹. Zur rabbinischen Tradition der Verachtung gegenüber David vgl. GINZBERG, Legends VI 248 Anm. 19; 249 Anm. 23.

[251] Goliats Herausforderung richtet sich direkt an Saul (Rückbezug auf 54,3). Eine Niederlage würde bedeuten, den *Göttern* der Philister zu dienen (Verschärfung gegenüber

wird. In § 1 ist ein summarischer Bericht über den erfolgreichen Kampf Davids gegen die Midianiter vorgeschaltet, der an die teilweise Wiedergabe von 1 Sam 17,15 gehängt ist. Er wird abgeschlossen durch die Angabe der Zahl der Getöteten und einer metanarrativen Kennzeichnung des Erzählten (*Hec est prima pugna quam pugnavit David cum esset in heremo*). Die Erzählung vom Kampf Davids gegen Goliat wird § 8fin mit der Formulierung *Et tunc David abstulit caput eius ab eo* (teilweise Verwendung von 1 Sam 17,51) geschlossen. § 9 bietet eine Formulierung, die offensichtlich der Verdeutlichung von 1 Sam 17,55–58 dient[252].

Kap. 62 wird mit drei expositionellen Sätzen eingeleitet, die die Verfolgung Davids durch Saul, den Bund David – Jonatan, die Flucht Davids nach Rama und die Verfolgung Sauls[253] bis dort feststellen. § 2 gibt eine prophetische Rede Sauls wieder. Der Abschnitt §§ 3–11 ist, eingeleitet mit einer Renominalisierung Davids, dem Gespräch David – Jonatan gewidmet (*David autem venit ad Ionathan, et dixit ad eum ...*); er wird mit einer Notiz über die gegenseitigen Küsse (vgl. 1 Sam 20,41) und beider jeweilige Rückkehr (vgl. 1 Sam 21,1) geschlossen.

Kap. 63 führt in § 1, angeschlossen mit *in illo tempore*, die Priester von Noba ein, notiert ihre Sünde und den Strafbeschluß Gottes in direkter Rede. § 2 führt den Syrer Doeg ein, angeschlossen wieder mit *Et in tempore illo*, gibt seine Denunziation des Priesters Abimelech bei Saul sowie die Strafankündigung Sauls gegenüber Abimelech in direkten Reden wieder, notiert die Tötung Abimelechs und aller Angehörigen außer seinem Sohn Abjatar. Die gerafft erzählte Ereigniskette wird mit einer Notiz über die Meldung dessen an Abjatar geschlossen: *Qui abiens ad David renuntiavit ei omnia, que contigerant illi.* § 3 beinhaltet eine Gottesrede[254], die mehrere bisher nicht erzählte Tatsachen voraussetzt: Im ersten Regierungsjahr Sauls sündigte Jonatan; Saul wollte ihn töten, das Volk aber ließ es unter Aufruhr nicht zu (vgl. 1 Sam 14,24 ff). Jetzt wurden 385 Priester getötet, das Volk aber schweigt[255]. Es folgt eine Strafankündigung gegen das Volk § 3fin: *et cadent vulnerati cum rege suo.* § 4 enthält abschließend eine Gottesrede an Doeg (Strafankündigung über Saul). Der Teiltext wird § 5 mit einem summarischen Verweis auf Sauls weitere Taten und einem biblischen Querverweis geschlossen.

---

1 Sam 17,9). MURPHY, Idolatry 279 hat daruf aufmerksam gemacht, daß Pseudo-Philo den Kampf zwischen David und Goliat »as a battle between idolatry and true worship« interpretiert.
[252] Vgl. DIETZFELBINGER, Übersetzung 257 Anm. 9 b.
[253] Als das ausgefallene Subjekt zu *exivit post eum* ist Saul zu erschließen; Konjektur nach JAMES; vgl. HARRINGTON I 373 App.
[254] Nur P bietet das nach dem Inhalt der Rede (vgl. DIETZFELBINGER, Übersetzung 260 Anm. 3 a) sachlich richtige Subjekt, das in den übrigen HSS ausgefallen ist.
[255] Zu beachten ist die Analogie zur Begründungslogik 47,7 f, die immerhin die Erzählstrategie ab Kap. 44 bestimmt.

Kap. 64 setzt mit einer Basisnotiz über den Tod Samuels, Trauer und Begräbnis ein (*Et post hec ...*); vgl. 1 Sam 28,3 (vgl. 25,1). Die Exposition erzählt die Vertilgung der Zauberer durch Saul mit vorhergehender Absichtserklärung sowie Tadel und Strafbeschluß Gottes in direkter Rede. § 2 setzt mit einer Renominalisierung der Philister ein, gefolgt von Absichtserklärung und Versammlung zum Kampf. Im Abschnitt §§ 3–6 wird die zweimalige vergebliche Gottesbefragung durch Saul und sein Zusammentreffen mit der Hexe von Endor geschildert. Die §§ 7–8 enthalten die Strafankündigung Samuels aus der Unterwelt, § 9 die Reaktion Sauls mit einem individuellen Schlußwort und einer Weggangsnotiz.

Kap. 65 berichtet im direkten Anschluß vom erfolgreichen Angriff der Philister und der Reaktion Sauls in direkter Rede (§ 1) und dem Suizid Sauls mit Hilfe des Edabos, dem Sohn Agags (§§ 2–4). Eine Deutung des Geschehens und ein Botenwort an Edabos für David in direkter Rede Sauls (Wort in der Todesstunde) schließt den Teiltext ab (§§ 4fin.5).

Unter erzähltextanalytischem Aspekt entsteht der Eindruck, daß es sich um einen nur unvollständig geschlossenen Erzähltext handelt. Ausdrücklich geschlossen wird mit dieser Erzählung vom Tod Sauls der Spannungsbogen, der mit der Ankündigung 58,3[256] eröffnet wurde; sie wird 65,4fin mit den Worten *Qui natus fuerit de Agag, erit tibi in scandalum* ausdrücklich zitiert. Aber das zweifache Botenwort in § 5[257], mit dem der Text endet, lenkt den Blick erneut auf David und läßt in einem nachfolgenden Kontext die Geschichte seines Aufstiegs erwarten. Im vorlaufenden Kontext finden sich mehrere Signale, die auf eine entsprechende zu erwartende Fortsetzung hindeuten:

59,1 *completum est tempus in quo advenerit regnum eius* (sc. Davids); 62,2 *Tu enim* (sc.Saul) *morieris, et David regnabit. Nonne tu et filius tuus simul moriemini? Et tunc apparebit David regnum*[258]; 62,9fin (Rede Jonatans an David) *Tuum est enim regnum in hoc seculo, et ex te erit initium regni advenientis in tempore*; 62,11med (Rede Jonatans an David) *Et si prior te obiero, et regnando regnaveris sicut locutus est Dominus ...*[259]

David als Handelnder wird zuletzt 63,2fin genannt (Meldung Abjatars an ihn); er wird noch 64,2–3 als abwesend erwähnt. Es ist also die Folgerung möglich und naheliegend, daß der vorlaufende Kontext auf eine entsprechende Fortsetzung hin angelegt ist, und daß eine solche verlorengegangen ist.

---

[256] *Et qui natus fuerit ex ea, fiet in scandalum Sauli*; vgl. 58,4 *et qui nascetur ab eo erit tibi in scandalum.*

[257] *Ego* (sc. Adabos) *occidi inimicum* (vgl. 64,2: *David ... inimicus est Saul*) *tuum ... Non memor sis odii mei* (Subjekt Saul), *neque iniusticie mee* (vgl. dazu 62,11; Rede Jonatans an David: *nec memor sis odii quod te odit pater meus in vano* sowie die übrigen Glieder der dortigen Aufzählung).

[258] Es handelt sich um den Schlußsatz der Prophetie des Heiligen Geistes aus Saul.

[259] Vgl. ferner 51,6 (Samuels Prophetenamt bis zu Davids Königtum).

Alternativ[260] ist mit einem Blick auf das Ende der Apostelgeschichte die Möglichkeit nicht von der Hand zu weisen, daß der überlieferte Schluß des LAB auch sein beabsichtigter ist[261]. Beide Texte überraschen mit der Knappheit ihres jeweiligen Schlusses, obwohl beide analoge Schließungsverfahren in ihren Kontexten zur Anwendung bringen. Beide perspektivieren im vorlaufenden Kontext Erzählinhalte, die indessen jenseits des tatsächlichen Buchschlusses liegen, aber als Wissen der Rezipienten vorausgesetzt werden können (Prozeß in Rom und Tod des Paulus[262]; Königtum Davids).

2.3. Beobachtungen zum Rückgriff auf Nichterzähltes

Ein ganz wesentliches Kompositionsprinzip im LAB ist die Bezugnahme auf Erzählinhalte, die im vorlaufenden Kontext nicht berichtet wurden[263]. Im LAB findet sich eine solche Fülle derartiger Bezugnahmen, daß auf eine Vollständigkeit in der Berücksichtigung der Belegtexte verzichtet werden mußte; indessen wurde versucht, anhand exemplarischer Texte eine gewisse Gliederung zu erreichen. Zunächst sind Beispiele zusammengestellt, die das Berichtete als einem vorangehend nicht erzählten Befehl Gottes o.ä. entsprechend ausweisen. An zweiter Stelle folgen Texte, bei denen die narrative Funktion des bisher nicht – oder nur implizit vorausgesetzten – Erzählinhalts im Vordergrund steht. Zuletzt sind Beispiele genannt, bei denen auf bisher

---

[260] Die Frage, ob wir mit dem Tod Sauls das originale Ende des LAB vor uns haben, ist freilich nicht mit Sicherheit zu entscheiden (vgl. z.B. NICKELSBURG, leaders 59).

[261] Vgl. z.B. EISSFELDT, Kompositionstechnik 350; er spricht von einem »versöhnenden Abschluß«. Vgl. auch STEMBERGER, Midrasch 17; er gibt zu bedenken, es könne »das abrupte Ende des Buches mit dem Tod Sauls, also noch vor der ganzen Geschichte Davids, bewußt geplant sein: die hier vergebens erwartete Erzählung soll den Gedanken des Lesers auf den noch ausstehenden Sohn Davids lenken, also die endzeitliche Erfüllung der biblischen Geschichte hervorheben.« Einen weiteren Gesichtspunkt hat NICKELSBURG, leaders 59 formuliert: »the book's orientation around figures who function like the judges may suggest that the book did in fact conclude before the beginning of the Davidic monarchy.«

[262] Vgl. nur PESCH, Kommentar V/2 306.

[263] Bereits EISSFELDT, Kompositionstechnik 343 wies darauf hin, daß Pseudo-Philo »nicht selten auf Erzählmotive verweist, die er an der Stelle, wo es geschehen müßte, nicht berücksichtigt.« Auch STEMBERGER (Midrasch 17) hebt die Bedeutung dieser Beobachtung hervor: »Das am stärksten zur Aktualisierung und Verdeutlichung der Bibel eingesetzte Mittel sind die Reden und Gebete, die der Verfasser den biblischen Helden in den Mund legt. Darin deutet er die Ereignisse und hebt das ihm Wesentliche hervor; aber auch Bibeltexte, die er in der direkten Erzählung übergeht (so besonders auffällig Gen 22 von Isaaks Opferung), tauchen hier auf einmal als Leitbild auf (Gen 22 gleich dreimal!). Das Übergehen eines Textes an Ort und Stelle besagt also nicht immer, daß dieser dem Autor unwesentlich ist; im Gegenteil lenkt das Auslassen bekannter Motive erst recht die Aufmerksamkeit darauf und unterstreicht sie.«

nicht Erzähltes verwiesen wird, um eine Analogie zum aktuellen Erzählinhalt herzustellen; es handelt sich in diesen Fällen um eine primär metanarrative Funktion des Rückbezugs auf Nichterzähltes. Diese Kompositionstechnik zeigt u.a., wie essentiell der Schriftbezug für Pseudo-Philo ist[264], und wirft ein Licht auf die Erzählabsicht dieses Autors.

2.3.1. Das Erzählte entspricht einer vorangehend nicht erzählten Weisung Gottes

Mitteilungen, die das Berichtete als einem vorangehend nicht erwähnten Befehl[265] Gottes entsprechend ausweisen[266]: 13,3; 14,3; 15,1; 16,6; 19,8; 20,9; 21,7; 31,2 (Verschonung Siseras); 38,2; 43,6; 50,3; 57,1[267].

13,3: *et statuet leprosum in omnibus que precepi in lege mea.* Nachdem Lev 14,2–6 in § 3 teilweise wiedergegeben wurde, ist die abschließende Formulierung in der Sache wie ein biblischer Querverweis[268] auf den im Leittext nachlaufenden Kontext Lev 14,7–32 zu bewerten.

14,3: *Plebem autem Levi non enumeravit* (Subjekt Mose) *cum eis* (vgl. Num 1,47), *quoniam sic preceptum erat ei.* Von einem entsprechenden Befehl Gottes war im vorlaufenden Kontext nicht die Rede; die Formulierung kann sich in der Sache nur auf Num 1,48 f; 2,33 beziehen. Im ganzen gibt LAB 14,3 Num 2,33 wieder. Pseudo-Philo übernimmt die autoreferentielle Notiz Num 2,33b, ohne ihr im eigenen Kontext einen entsprechenden Bezugspunkt zu geben – sie erhält auf diese Weise heteroreferentielle Funktion.

15,1: *Et misit Moyses exploratores explorare terram duodecim viros. Sic enim ei preceptum erat.* Von einem entsprechenden Befehl Gottes ist im vorlaufenden Kontext nicht die Rede; die Formulierung ist als Hinweis auf Num 13,1 ff zu verstehen. Die in Form einer Rückblende gestaltete Notiz bezieht sich nicht auf den eigenen, sondern auf den biblischen Kontext[269].

16,6: *Et motum est quater fundamentum terre ut deglutiret homines, sicut preceptum fuerat ei.* Ein entsprechender Befehl findet sich weder im eigenen

---

[264] S. dazu den Abschnit 4.1.1. in Teil II.

[265] *precipio, preceptum* usw.

[266] Ausgenommen sind Formulierungen, die sich auf Textstellen des vorlaufenden Kontextes beziehen; vgl. 26,15 *Et posuit eos Cenez in arca testamenti Domini cum tabulis, sicut preceptum fuerat ei ...*; der entsprechende Befehl wurde § 12 gegeben. Vgl. ferner z.B. 26,7 (vgl. § 3); 32,11.14 (der Befehl an die Sterne findet sich 31,2). Formulierungen, die die Ausführung eines im unmittelbar vorlaufenden Kontext ergangenen Befehls notieren: 3,5 (vgl. § 4; Zitat Gen 7,5).8; 6,8; 11,3; 13,1; 23,6; 35,5 (vgl. § 4; ferner 36,3).6; 48,2; 53,9.

[267] Aus inhaltlichen Gründen bleiben 13,8 f; 16,2; 37,2; 51,3 (bis); 60,2 (bis) unberücksichtigt, obwohl sie sich formal auf Nichterzähltes beziehen.

[268] S. dazu u. S.108 ff.

[269] Zum Verhältnis der alternierenden Berichterstattung in Num 13,1 ff und Dt 1,22 f und zu ihrem Niederschlag in der frühjüdischen Literatur vgl. GINZBERG VI 92 f.

noch im biblischen Kontext[270]. Das erzählte Geschehen soll auf diese Weise als dem Willen Gottes entsprechend ausgewiesen werden.

19,8: *Et ascendit Moyses in montem Abarim, sicut preceperat ei Deus ...* Von einem entsprechenden Befehl Gottes berichtete der vorlaufende Kontext nicht; er findet sich Num 27,12; Dt 32,49[271]. Wieder wird mit der durch den vorlaufenden Kontext nicht abgedeckten Befehlsformulierung auf den biblischen Kontext verwiesen.

20,9: *Et dedit Ihesus in sortem terram populo, unicuique tribui secundam sortes, iuxta quod preceptum fuerat ei.* Es findet sich keine Erwähnung eines entsprechenden Befehls im vorlaufenden Kontext; Jos 14,2–5 berichtet indessen von einem entsprechenden Befehl Gottes an Mose, der unter Josua (vgl. V. 1) zur Ausführung kam.

21,7: *et edificavit* (Subjekt: Josua) *sacrarium lapidibus fortissimis, et non intulit in eos ferrum sicuti preceperat Moyses.* Auch diese Anordnung wird im vorlaufenden Kontext nicht erwähnt; vgl. aber Jos 8,30f. Die hier (V. 31) zitierte Vorschrift findet sich Ex 20,25; Dt 27,5 f.

31,2: *Sisaram autem non dissipaverunt* (Subjekt: die Sterne), *quoniam sic preceptum fuerat eis.* Weder im vorlaufenden noch im biblischen Kontext findet sich eine entsprechende Notiz. Die Formulierung bildet die narrative Überleitung von der Mitteilung der Zahl der Gefallenen zur detaillierten Darstellung des weiteren Schicksals Sisaras. Der Autor will sichtlich den Eindruck erwecken, daß dieses kein zufälliges, sondern von Gott beabsichtigtes (pass. div.) war.

38,2: *Ecce nos memores preceptorum sumus, que preceperunt nobis precessores nostri et Debbora mater nostra dicens: Videte ne declinetis cor vestrum ad dextram vel ad sinistram, sed legi Domini intendite die ac nocte.* Die zitierte direkte Rede ist eine Kombination aus Jos 1,7–8; Dt 5,32(29); sie findet sich nirgends im vorlaufenden Kontext. Einen Anklang an Dt 5,32 enthält LAB 25,3, wo als Auftrag des Mose und des Josua die Mahnung geltend gemacht wird, das Gesetz nicht nach rechts oder links zu übertreten. Einen Anklang an Jos 1,8 enthält LAB 22,6, wo Josua die Mahnung in den Mund gelegt wird, Tag und Nacht das Gesetz zu bedenken. Im vorlaufenden Kontext und insbesondere in den direkten Reden Deboras tauchte indessen die bezeichnete Zitatkombination nicht auf.

50,3: *et venit* (Subjekt: Hanna) *in Sylon in domum Domini, ubi Heli sacerdos sedebat, quem preposuerat Finees filius Eleazari sacerdotis, sicut preceptum ei fuerat.* Der zu dieser Notiz in Frage kommende Abschnitt des vorlaufenden Kontextes ist 48,2: *Et ascendit Finees, et fecit omnia que pre-*

---

[270] Vgl. zur Bestrafung Koras WADSWORTH, Dissertation 2 67 ff.
[271] Zur Identität Abarim – Nebo (vgl. Dt 32,49) vgl. GINZBERG III 444.

cepit ei Dominus. In diebus autem quibus constituit eum in sacerdotem, unxit eum in Sylon. Dieser Satz ist freilich sowohl in seinem Inhalt als auch in seiner Kontextfunktion unklar[272]. Unter der Voraussetzung, daß seine Stellung und der Bezug Pinehas – Eli gesichert ist, ist 50,3 nicht als Bezugnahme auf im vorlaufenden Kontext nicht Erzähltes zu bewerten. Die Schlüssigkeit der Formulierung 50,3 ist freilich nicht auf 48,2 angewiesen, vielmehr reiht sich der Satz glatt in die Reihe der bisher besprochenen Beispiele ein[273].

57,1: *ego* (sc. Samuel) *autem in medio vestrum sum, sicut preceperat mihi Deus.* Biblischer Leittext dieser Passage ist 1 Sam 12,1–3; freilich findet sich eine entsprechende Anweisung weder hier noch im LAB.

Es ergibt sich, daß der erläuternde Hinweis auf einen vorangehend nicht erzählten Befehl sich in überwiegendem Maße[274] auf den biblischen Kontext bezieht. Der Hinweis auf diesen sichert den Erzähltext ab und autorisiert das Erzählte als Manifestation des Willens Gottes. Pseudo-Philo setzt eine analoge Funktion offenbar auch für die Stellen voraus, die sich nicht auf einen biblischen Leittext beziehen. Ähnliches trifft für die Notizen zu, die das Berichtete als einem vorangehend nicht erzähltem Traum o.ä. entsprechend ausweisen:

9,15: *Filia autem Pharaonis descendit lavare in flumine* (vgl. Ex 2,5) *secundum quod in somnis viderat* ... Der Erzählinhalt des biblischen Leittextes wird durch die Erwähnung der Träume der Pharao-Tochter auf göttliche Weisung zurückgeführt und damit dem möglichen Eindruck des Zufälligen entzogen. Es handelt sich sachlich um eine Rationalisierung, die das vorherbestimmte Gesamtgeschehen ergänzt.

43,6: *Et inebriavit* (Subjekt: Dalila) *eum illa et soporato illo vocavit tonsorem et totondit septem crines capitis eius et recessit virtus ab eo* (vgl. Ri 16,19), *quoniam sic et ipse annunciaverat.* Diese letzte Formulierung bezieht sich auf Ri 16,17b. Pseudo-Philo wertet folglich diese Äußerung Simsons, die im vorlaufenden Kontext nicht berichtet wird, als ursächliche Begründung für das Schwinden seiner Kraft. Das erzählte Geschehen vollzieht sich in genauer Entsprechung zu seiner Ankündigung. Wir haben eine Umfunktionalisierung eines biblischen Erzählelements zu einer Unheilsansage vor uns; ihr tragisches Element besteht darin, daß sie von Simson selber ausgesprochen wird.

---

[272] Vgl. DIETZFELBINGER, Übersetzung 231 Anm. 2 q: »Bei diesem zunächst rätselhaften Satz ist zu fragen, wer wen salbt: Gott den Pinehas oder Pinehas einen anderen, dessen Name ausgefallen ist.« DIETZFELBINGER vermutet unter Berufung auf 50,3, daß an der vorliegenden Stelle der Name Eli einzusetzen ist; vgl. auch GINZBERG VI 220 Anm. 25.

[273] Heteroreferentielle Analogien beziehen sich auf den biblischen Kontext, der nicht Teil des eigenen Kontextes ist; sie sind freilich auch in den Fällen als heteroreferentiell zu bewerten, in denen entsprechende biblische Erzählinhalte Teil des eigenen Kontextes sind, auf diese aber nicht in stringent kontextbezogener Weise bezug genommen wird.

[274] Die Ausnahmen in 16,6; 31,2; 57,1 beziehen sich offenbar auf entsprechende haggadische Traditionen.

51,1: *In tempore dierum illorum concipiens peperit filium et vocavit nomen eius Samuel* (vgl. 1 Sam 1,20), *quod interpretatur fortis, secundum quod vocavit Deus nomen illius cum prophetavit eum* ... Weder im vorlaufenden Kontext (vgl. besonders 49,8; 50,7) noch in 1 Sam 1 (vgl. besonders V. 20) wird von einem solchen Vorgang berichtet. Die Formulierung zielt darauf ab, in der Übereinstimmung mit der Namengebung durch Gott die Bedeutung Samuels und seines Namens zu unterstreichen.

58,1: *Et in illo tempore dixit Dominus ad Samuel: Vade et dic ad Saul: Missus es ut disperdas Amalech, ut compleantur verba que locutus est Moyses famulus meus dicens: Disperdam nomen Amalech de terra, que locutus sum sub zelo meo; et ne obliviscaris quin perdas omnem animam ex eis, sicut preceptum est tibi.* Mit *disperdas Amalech* wird 1 Sam 15,3 (vgl. Num 16,15) wiedergegeben. Der Auftrag erfüllt zugleich das Gottes- bzw. Moseswort Ex 17,14; Dt 25,19. Eine solche Prophezeiung wurde im vorlaufenden Kontext nicht berichtet. Es handelt sich vielmehr deutlich um eine exegetische Konstruktion im Anschluß an 1 Sam 15,3; zu beachten ist diesbezüglich der entsprechende Hinweis in V. 5 (›ich will ahnden, was Amalek an Israel verübt hat, da es ihm den Weg vertrat, als es aus Ägypten heraufzog‹). Der Bibeltext selbst legt also die Herbeiziehung von Ex 17,14 bzw. Dt 25,19 nahe. Sauls Handeln soll den aus alter Zeit rührenden Gottesauftrag erfüllen. Vor diesem Hintergrund wird auch die Perfektform *missus es*[275] verständlich; sie gründet in der Gültigkeit der biblischen Beauftragung, wie sie in Ex 17,14; Dt 25,19 formuliert war und nun zu erfüllen ist.

2.3.2. Rückbezug auf Nichterzähltes in primär narrativer Funktion

18,2: *Ecce ego scio quoniam in regno patris mei cum expugnarent eum Amorrei maledixisti eos, et traditi sunt in conspectu eius.* Eine derartige frühere Hilfeleistung wird weder im eigenen noch im biblischen Kontext erzählt. Der Sinn dieser Notiz liegt darin, den Unterschied zwischen Israel und einem der feindlichen Heiden-Völker[276] dem nachlaufenden Kontext einzustiften. Israel soll wie seine eigenen heidnischen Feinde verflucht werden; eben dieses Unterfangen muß mißlingen: Israel kann um seiner Erwählung durch Gott willen nicht verflucht werden.

19,4 (Moserede): *Et recordabimini, iniqui, cum autem locutus sum vobis, respondistis vos dicentes: Omnia que locutus est nobis Deus faciemus et audiemus* (vgl. Dt 5,27). *Si autem transgressi fuerimus aut corruperimus vias nostras, vocabis super nos testem et abscidet nos* . Eine entsprechende Dar-

---

[275] Vgl. *sicut preceptum est tibi* § 1fin.
[276] Die Amoriter (vgl. zur Namensform DIETZFELBINGER, Übersetzung 145 Anm. XVIII 1 b) werden an dieser Stelle zum ersten Mal im LAB genannt; vgl. ferner 20,9; 21,3; 24,1; 25,9–12; 26,4; 27; 30,1; 39,9.

stellung der Reaktion des Volkes ist im Zusammenhang der Schilderung der Sinaigesetzgebung nicht erfolgt[277].

Es ist deutlich, daß dieses Element der Gottesrede mit Hilfe von Dt 5,27 gebildet ist. Anders als bei der narrativen Darbietung der Reaktion des Volkes auf die Gesetzgebung (vgl. bes. 11,14 f; 12,1.2 ff) ist es hier das Moment des aktiven Einverständnisses, der Zustimmung, das hervorgehoben wird. Diese Beobachtung erhellt die exegetische Arbeitsweise des Autors.

22,2: In der Rede Josuas und der Ältesten, mit der sie auf das Sonderheiligtum der zweieinhalb Stämme reagieren (vgl. Jos 22,9 ff), wird im Blick auf die damit verbundene Schuld eine bedrängte Lage Israels vorausgesetzt, von der erzählerisch noch nicht die Rede gewesen war: *Et nunc quare inimici nostri superabundaverunt, nisi quia vos corrumpitis vias vestras et fecistis omnem conturbationem? Et ideo collecti super nos frangent nos.* Die vorausgesetzte (Straf-) Wirklichkeit ist Folge der geschehenen Schuld. Aufgrund des vorausgesetzten Wirkungszusammenhangs von Schuld und Strafe kann die Notiz aus Jos 22,12 (vgl. V. 33) im vorliegenden Kontext als plausibel vorausgesetzt werden.

25,3.6: In der Kenasrede 25,3 wird eine Auskunft Gottes über die Sünde Israels vorausgesetzt, die so im vorlaufenden Kontext (§ 1) nicht formuliert worden war. Hieß es dort in Antwort auf die Frage, ob Israel mit den Philistern kämpfen soll, *si corde puro ascenditis pugnate, si autem contaminatum est cor vestrum non ascendatis,* so ist nun formuliert: *Et nunc ecce audivimus de ore Domini quoniam cor vestrum contaminatum est ...* Es handelt sich um die Modifikation eines im vorlaufenden Kontext nur implizit vorhandenen Erzählinhaltes. Die Formulierung in der Kenas-Rede setzt nicht nur die zitierte Gottesrede (§ 1) voraus, sondern auch die Gottesanweisung zum Loswurf, um die Sünder zu entdecken (*et tunc scietis cuius cor purum est et cuius contaminatum sit* § 1fin). Die Formulierung in der Kenasrede entspricht also der narrativen Tendenz des Anfangs der Sequenz Kap. 25 f und faßt diese zusammen.

Ähnlich ist die Kennzeichnung der Sünder in § 6 zu verstehen: *invenimur non credentes prodigiis que fecisti patribus nostris ex quo eiecisti eos de terra Egipti usque in hodiernum diem.* Daß im Unglauben gegenüber den Wundertaten Gottes an seinem Volk vom Exodus bis zur vorausgesetzten Jetzt- (Richter-)Zeit die Sünde der Überführten bestand, war erzählerisch bisher nicht nahegelegt. Auch die Darstellung der einzelnen Sünden in §§ 9–13 hebt auf eine solche Sünde nicht ab. Es muß vielmehr mit der Formulierung um eine grundsätzliche Kennzeichnung von Sünde im vorliegenden Kontext gehen. Haupt-

---

[277] Vgl. aber die in der Gottesrede 40,6 f ausgedrückte Zustimmung des Volkes zu den einzelnen Geboten im Zusammenhang der Gesetzgebung.

bezugspunkt für die Konkretisierungen in §§ 9–13 ist das erste Gebot[278]. Pseudo-Philo will mit der Formulierung § 6 einen treffenden Generalnenner für die Sünde Israels formulieren. Dieser besteht für ihn im Unglauben gegenüber dem erwählenden und rettenden Handeln Gottes an seinem Volk.

27,7; 28,1: In zwei einander ähnlichen Formulierungen behauptet Kenas, daß Gott ihm alle eschatologischen Befreiungswunder gezeigt habe. Eine entsprechende Vision wird indessen nicht erzählt. 27,7: *Domine Deus patrum nostrorum, tu ostendisti servo tuo mirabilia que preparasti facere in testamento tuo in novissimus diebus*; 28,1: *Ecce nunc ostendit mihi Dominus omnia mirabilia sua, que preparavit facere populo suo in novissimus diebus*. In beiden Fällen wird die Funktion der Formulierung durch den nachlaufenden Kontext deutlich[279]. Durch seine Schau der eschatologischen Befreiungswunder ist Pinehas in besonderer Weise zu einem Handeln im Sinne Gottes autorisiert. Für den Autor geht es nicht um die Frage, wie eine solche Kennzeichnung des Pinehas narrativ einzubetten ist, sondern um die Hervorhebung ihres Inhalts, und damit um die Sicherung ihrer autoreferentiellen Funktion.

56,7: *Et ecce Saul venit, et obviaverunt ei omnia signa* (vgl. 1 Sam 10,9), *que dixerat ei Samuel*. Von einer entsprechenden Ankündigung Samuels war im vorlaufenden Kontext keine Rede. Die Formulierung verweist implizit auf 1 Sam 10,1 ff. Die anschließende Wendung, mit der § 7 (und damit Kap. 56) endet, bestätigt diesen Verweischarakter ausdrücklich: *Nonne hec scripta sunt in libro Regum?*[280]

63,3: An dieser Stelle liegt ein impliziter Kal-wachomer-Schluß vor[281], der das erzählte Ereignis 63,2 – konkretisiert durch die nachgetragene Zahlenangabe von 385 Getöteten[282] – in Beziehung setzt zu einem bisher nicht erzählten biblischen Ereignis: *Ecce populus hic in anno quo ceperat regnare Saul, cum pecasset Ionathas et vellet mortificare eum, exsurrexit et non permisit eum; et nunc cum interficerentur sacerdotes CCCLXXXV viri, tacuit et nihil dixit*. Für den erwähnten Vorgang aus dem ersten Regierungsjahr Sauls vgl. 1 Sam 14,45. In der Sache stellt LAB 63,3 also eine exegetische Auseinandersetzung mit 1 Sam 22,18; 14,45 dar.

---

[278] Vgl. MURPHY, Idolatry 280: Die Sünden des Volkes, die Kenas gegenüber bekannt werden, konzentrieren sich auf Götzendienst. »Thus, skepticism about the divine origin of the law, God's presence in the tent, and even God's concern for Israelite children is juxtaposed with profanation of the sabbath and participation in the cults of the people of the land.« (ebd.).

[279] Fortsetzung 27,7: *Et nunc unum de mirabilibus tuis mitte servo tuo …*; Fortsetzung 28,2: *Et nunc ego disponam testamentum meum vobiscum hodie …*

[280] Vgl. zum biblischen Querverweis u. S. 108 ff.

[281] Vgl. in viel breiterer Form Kap. 44–47 (bes. 47,4–8).

[282] Vgl. 1 Sam 22,18; zu den differierenden Zahlenangaben vgl. HARRINGTON, Translation 376 Anm. f.

Die vorgeführten Beispiele[283] zeigen im Blick auf die Konstitution des Erzähltextes die essentielle Bedeutung des Schriftbezuges (vgl. 19,4; 22,2; 56,7; 63,3). Zugleich wurde deutlich, daß Pseudo-Philo entsprechende Aussagen im Blick auf Erzählinhalte treffen kann, die keinem biblischen Leittext angehören. Aussagen der Tradition bzw. der Schriftinterpretation sind zusammen mit den biblischen Leittexten gleichrangige Komponenten der Textkonstitution im LAB. Diese Feststellung wird sich auch im folgenden Abschnitt bestätigen.

2.3.3. Bezugnahmen auf Nichterzähltes zur Herstellung von Analogien

9,5: Amram verweist auf das vorbildliche Beispiel Thamars (vgl. Gen 38): *sicut et fecit mater nostra Thamar, quia non fuit consilium eius in fornicatione, sed nolens recedere de filiis Israel recogitans dixit: Melius est mihi socero meo commixta mori, quam gentibus commisceri …* Die Kenntnis der Geschichte wird vorausgesetzt. Thamars gesetzeswidriges Verhalten wird mit einem speziellen Motiv entschuldigt[284], ja – im Blick auf die vorliegende Ausnahmesituation – legitimiert: Der Hinweis auf das Vorbild Thamars in der Amramrede hat unmittelbar pragmatische Funktion; vgl. § 6: *nunc ergo faciamus et nos sic.*

Der Verweis auf das Beispiel Thamars dient überdies der Bekräftigung eines Einzelaspekts in der Amramrede: Die Schwangerschaften werden bis zum dritten Monat unerkannt bleiben: *Erit enim cum concipient mulieres nostre, non agnoscentur tamquam in utero habentes quousque compleantur menses tres* – (Thamar) *abscondit fructum ventris sui usque ad tercium mensum. Tunc enim agnita est.* Diese Formulierung interpretiert Gen 38,24. Die hermeneutische Regel, die in der Anwendung des Thamar-Beispiels zum Tragen kommt, ist der Analogieschluß (Gezera Schawa bzw. Heqqesch, »die nicht so streng geregelte Sachanalogie«[285]).

12,1 erzählt vom glänzenden Angesicht des Mose (vgl. Ex 34,29–35). Dieses Erzählelement ist offenbar als Abschluß von Kap. 11 gedacht; 12,2 setzt neu ein mit der Schilderung der Anfertigung des Goldenen Kalbes. Die diesbezügliche Rückkehr des Mose (vgl. Ex 32,15) wird in § 5 erzählt. 12,1 ist folglich aus Ex 34 vorgezogen und auf die erste Rückkehr des Mose vom

---

[283] Vgl. ferner z.B. 20,5 (Eldad und Modad; es handelt sich nicht um einen biblischen Erzählinhalt; vgl. freilich Num 11,26 ff); 30,5 (Motive des Exodusgeschehens); 38,4 (Erhebung Jairs zum Richter; dieses Motiv findet sich Ri 10,3–5 nicht); 62,4.7 (Sauls Vorgehen gegen Davids Vater; Klage Davids vor Michal {Michal wird nur an dieser Stelle im LAB erwähnt}).

[284] Vgl. WADSWORTH, Dissertation 1,1 76: »This reason for Tamar's intercourse with Judah, to avoid gentile defilement, is peculiar to LAB.«
Zur Warnung vor der Vermischung mit den Heiden vgl. o. Anm. 67.

[285] STEMBERGER, Einleitung 29.

Berg verlegt. 12,2–4 schildert die mit der Gesetzgebung gleichzeitigen Ereignisse. § 5in ist ganz auf die neue Situation ausgerichtet: *Et festinans Moyses descendit, et vidit vitulum.*

12,1 kann als midraschartige Interpretation zu Ex 34,29–35 bezeichnet werden. Mose wird von den Israeliten nicht erkannt wegen des ihm selbst nicht bewußten Glanzes; *cum autem locutus fuisset, tunc cognoverunt eum. Et erat simile factum hoc sicut in Egipto, quando cognovit Ioseph fratres suos, ipsi autem non cognoverant eum* (Gen 42,8: Während Joseph seine Brüder erkannt hatte, erkannten sie ihn nicht; vgl. LAB 8,10[286]). Das Nicht-Erkanntwerden des Mose ist ohne Anhalt am biblischen Text oder anderen uns bekannten Quellen[287]. Er dient der Illustration des geschilderten Vorgangs; das Angesicht des Mose war so strahlend, daß er nicht erkannt wurde. Bezogen wird es sichtlich aus dem entsprechenden Moment der Josephserzählung Gen 42,8 (נכר II hiph[288]). Dieses Verb ist für das *cognoscere* im vorlaufenden Kontext § 1 bzw. für das *agnitus est* in LAB 8,10 vorauszusetzen. Die Sachanalogie basiert folglich wieder auf einer erst in Überbietung des Bibeltextes herbeigeführten Wort-Übereinstimmung. Gerade die Formulierung, daß erst nach dem Reden des Mose dieser erkannt worden sei, entspricht nicht dem als Sachanalogie herbeigezogenen Erzählinhalt Gen 42,7 ff[289].

Das Ziel der Sachanalogie: Mose ist durch die Betrauung mit dem Gesetz den Seinen entzogen. Erst sein Reden[290], also seine Verkündung der Sonderoffenbarung 11,15 gibt ihn den Seinen wieder zu erkennen. Der Zielpunkt liegt folglich in der Aussage, daß Mose als solcher – nämlich als Gottes beauftragter Gesetzgeber – erst im Akt der Gesetzgebung erkannt wird. Die Herbeiziehung von Gen 42,8 dient nur der Unterfütterung des Umstandes, daß Mose die Seinen erkennt, von ihnen aber nicht erkannt wird. Dieser Zielpunkt ist im Kontext des LAB bedeutungsvoll[291].

Das Strahlen des Mose aus Ex 34,29 ff wird in LAB 12,1 ausdrücklich auf das unsichtbare Licht zurückgeführt; seine Wirkung ›besiegt‹ das natürliche Licht von Sonne und Mond: *Et cum perfusus esset lumine invisibili, descendit in locum ubi lumen solis et lune est; vicit lumen faciei sue splendorem solis et lune* ... Zweifellos ist damit die Wirkung des Gesetzes gemeint[292]; der Sieg über das Licht von Sonne und Mond steht in Analogie zur Zurückdrängung

---

[286] 12,1 bzw. 8,10 sind freilich ganz unterschiedlich formuliert.

[287] Vgl. DIETZFELBINGER, Übersetzung 133 Anm. 1c: »Dieser Gedanke findet sich nur bei Pseudo-Philo.«

[288] Vgl. GESENIUS s.v.

[289] Joseph gibt sich erst Gen 45 zu erkennen.

[290] Vgl. 11,14 ›rede du mit uns ...‹

[291] Vgl. u. S. 176 ff.

[292] Zur Bezeichnung des Gesetzes als Licht vgl. REINMUTH, Beobachtungen 152 f.

der Chaosgewalten bei der Gesetzgebung[293]. Die Begründung aus Ex 35,29c
›weil Gott mit ihm geredet hatte‹ wird folglich implizit dahingehend
akzentuiert, daß Mose jetzt das Gesetz gleichsam verkörpert. Mit der Formulierung 12,1 *cum autem locutus fuisset, tunc cognoverunt eum* wird deutlich
11,2 aufgenommen: *illuminabis populum meum in eo quod dedi in manus
tuas legem sempiternam, et in hac omnem orbem iudicabo. Erit enim hec in
testimonium. Si enim dixerint homines: Non scivimus te, et ideo non servivimus tibi, propterea hec vindicabo in eis, quoniam non cognoverunt legem
meam.*[294] Der damit implizierte positive Erkenntnisakt der Identität Mose –
Gesetz wird 12,1 vollzogen. Es ist vorauszusetzen, daß das Nicht-Erkennen
des Volkes im Erzählzusammenhang ursächlich auf die Anfertigung des Goldenen Kalbes zurückzuführen ist[295]. Um die positive Bestätigung zu 11,2
narrativ herbeiführen zu können, wird Ex 34,30b mit Hilfe von Gen 42,8
interpretiert.

12,3 Goldenes Kalb – Turmbau: *Et hec loquente eo non obaudierunt ei, ut
compleretur verbum quod dictum est in tempore quo peccavit populus
edificans turrim, cum dixit Deus: Et nunc nisi prohibeameos, omne quod previderint sibi facere presument deterius* (vgl. Gen 11,6). Es handelt sich
scheinbar um eine autoreferentielle Analogie; indessen wird Gen 11,5–6 in
LAB 7,2 f in charakteristisch modifizierter Weise wiedergegeben. Der in der
zitierten Gottesrede LAB 12,3 enthaltene Passus aus Gen 11,6 erscheint LAB
7,3 nicht bzw. stark verändert.

16,3: Gott kündigt das Ende Koras und seiner Gruppe an. Es wird in Analogie zu dem Ende der Ägypter und der Sintflutgeneration gesetzt[296]: *et erit
exitus eorum sicut tribus gentium, quarum dixi non memorabor, id est castra
Egiptiorum et gentem quam perdideram aqua diluvii*[297]. Das *non memorabor*
wird an den betreffenden Stellen im LAB nicht ausgesagt. Die intendierte und
so weder im vorlaufenden noch im biblischen Kontext belegte Sachanalogie
besteht in dem für Sintflutgeneration, Ägypter und Koraleute geltenden *non
memorabor* Gottes.

---

[293] Vgl., falls es lediglich um den Ausdruck der Überlegenheit geht, Ps 148,3; Bar 6,60;
Sap 7,29 (›Weisheit herrlicher als die Sonne‹); Sir 17,30 (13,28).

[294] Die Bedeutung von 11,2 ist richtig von WADSWORTH, Dissertation 1,1 119 gesehen:
»God is telling Moses here that if the people disown him they are disavowing the Law. If
they say that they do not know Moses, they are failing to recognise the Law as well.«

[295] So WADSWORTH, Diss 1,1 120.

[296] Vgl. bereits 16,2; hier wird eine explizite Analogie Kora – Kain hergestellt. »Daß
auch der Leib verschlungen wird, zeigt an, daß Korahs Verhalten noch verwerflicher ist als
das Kains.« (DIETZFELBINGER, Übersetzung 143 Anm. 3b; zum Text *et locutus sum Sion* {π
om.} vgl. GINZBERG VI 102 f mit Anm. 581).

[297] Vgl. dazu WADSWORTH, Dissertation 2 71: »The association of the Flood generation
and the Egyptian host with Korah and his party in respect of their being deprived of any
kind of resurrection, even if this is to be for punishment, is peculiar to LAB.«

17,3 f enthält eine Bezugnahme auf Gen 30,25–43. Diese Bibelstelle erschien im vorlaufenden Kontext noch nicht. LAB 17 behandelt – in Entsprechung zu Num 17 – den ›Stab Aarons‹. Das Erzählziel ist freilich gegenüber dem biblischen Leittext verändert. LAB 17,1–2 schildert, wie die Aaroniten durch Los als Priesterstamm bestimmt wurden[298]. Die Analogie zu Gen 30 wird mit der Formulierung eingeleitet: *Erat autem illa similitudo que tunc nata est similis operi quod operabatur Israel dum esset* ... In der Schilderung der Sachanalogie wird aus Gen 30,37–39 zitiert; wieder spielt das Stichwort *virga* eine wichtige Rolle. Sein biblisches Äquivalent ist jetzt מקל[299].

Virga ist das tragende Element der hergestellten Sachanalogie (Heqqesch). Das Ziel des Analogieschlusses ist in § 4 ausgedrückt: *Propterea similis facta est synagoga populi gregi*[300] *ovium*. Israel ist einer Schafherde ähnlich gemacht. Dieser Gedanke spielt im LAB eine tragende Rolle[301]. Die Geltung der Sachanalogie ermöglicht die Grundsatzaussage über Israel. Der Schluß in § 4 bezieht sich nicht nur auf § 3, sondern auf den durch die in § 3 hergestellte Analogie erschlossenen Vorgang in §§ 1–2. Auf den unmittelbaren Textzusammenhang bezogen bedeutet die Gleichung Israel – Schafherde die Voraussetzung für die Anwendung des Losverfahrens aus Num 17. Damit ist der Schlußsatz (§ 4) evident: *Et sicut pariebant pecora secundum amigdalinas virgas, sic constitutum est sacerdotium per virgas amigdalinas*[302].

Kap. 17 bildet eine relativ geschlossene Einheit. Das Erzählziel ist die Einsetzung des Priesterstammes; vgl. § 1 *ostensum est genus sacerdotale;* § 4 *constitutum est sacerdotium*[303]. Gott setzt den Priesterstamm für sein Volk ein, und er tut es in Analogie zu dem Handeln Jakobs Gen 30. Mose nimmt die Stelle Jakobs ein; Israel die Stelle der Schafherde[304].

19,11 Analogie Stab des Mose – Bogen des Noa: *Et erit virga tua in conspectu meo in commemorationem omnium dierum, et similabitur arcui in quo disposui testamentum ad Noe cum exiret de arca dicens: Dabo arcum*

---

[298] Teilweise Wiedergabe von Num 17,17.19–20.22–23. Mit *virga* wird das biblische מטה aufgenommen.

[299] Die LXX liest hier wie Num 17,17 ff. ῥάβδος.

[300] π: *gregibus*

[301] Vgl. nur 30,5; 31,5; dazu o. S. 73 mit Anm. 186.

[302] Vgl. Num 17,23: der Stab Aarons ist ein Mandelzweig (שקד); unter den von Jakob benutzten sind auch Mandelzweige (Gen 30,37: לוז). Die LXX verwendet an beiden Stellen adjektivisch und substantivisch das gleiche Wort.

[303] An beiden Stellen pass.div.

[304] Vgl. zu LAB 17 WADSWORTH, Dissertation 1,1 76 f.162–164, freilich ohne Hinweise auf die uns interessierenden hermeneutischen Konstruktionsprinzipien. WADSWORTH stellt aaO. 76 f fest:»This connection of Aaron's rod with Jacob's in LAB is unique among the early sources. It is found in Tanhuma (3:66–67), but the LAB passage proves that the tradition is much earlier.«

meum in nube et erit in signum inter me et homines, ne ultra sit aqua diluvii in omnem terram (vgl. Gen 9,13.15). Es handelt sich im Blick auf LAB 3,12 (vgl. 4,5) scheinbar um eine autoreferentielle Analogie; tatsächlich aber bezieht sich diese Analogie primär auf den biblischen Kontext. Zu den Wundern, die Mose mit dem Stab vollbrachte, vgl. Ex 4,4–20; 7,9–20; 9,22–25; 10,12–15; 14,15–29; 17,1–7.9–13; Num 20,7–13;[305] im LAB nur 10,5: *Quoniam exclamasti ad me, tolle virgam tuam et percute mare* (vgl. Ex 14,15 f)[306]. Sowohl der Hinweis auf die Situation des Noa-Bundes als auch auf die bereits erwiesene Bedeutung des Mosestabes ist summarisch und spielt primär auf den biblischen Kontext an. Die Funktion der Analogie ist es, die künftige Bedeutung des Mosestabes in Analogie zum Noa-Bogen herauszustellen.

20,6fin (vgl. § 10): *Ego autem et pater vester soli complevimus verbum Domini, et ecce vivimus hodie. Et nunc mittam vos inspicere terram Iericho. Imitamini patrem vestrum et vivetis et vos.* Es handelt sich um eine explizite heteroreferentielle Analogie (trotz LAB 15). Die Analogie basiert auf den analogen Elementen zwischen Jos 2 und Num 13; der Akzent liegt auf der durch Gehorsam erfahrenen Lebensgewährung. LAB 20,10med: *Scis quoniam ambo in sorte missi sumus de Moyse ire cum speculatoribus et, quia nos complevimus sermonem Domini, ecce nos vivimus modo.* Mit diesen Worten ist Jos 14,9–11 unter Aufnahme von Num 14,38 zusammengefaßt. Die an Josua und Kaleb erfahrene Lebensgewährung wird durch Analogieschluß auf die Jericho-Kundschafter übertragen (§ 6). Die Funktion der Analogie ist die Deutung des Erzählinhalts; dem Gehorsam der Kundschafter gilt die Lebensverheißung.

32,1 (Beginn des Deboraliedes): *Ecce de alto ostendit nobis Dominus gloriam suam, sicut fecit superioribus locis, emittens vocem suam ut confunderent linguas hominum* (vgl. Gen 11,7). Die Formulierung leitet einen Abriß der Erwählungsgeschichte ein, der bis zur erzählten Gegenwart (§ 11) geführt wird, nämlich der Niederlage Siseras (vgl. Ri 4), die in Kap. 31 erzählt wird. Dieses Geschehen wird auf diese Weise betont als Teil des Erwählungshandelns Gottes interpretiert. Das gegenwärtige Befreiungsgeschehen gleicht dem ursprünglichen Erwählungsgeschehen, das auf der Verwirrung der Sprachen im Zusammenhang mit dem Turmbau basiert. Die Funktion der Sachanalogie liegt in der theologischen Bewertung der Befreiung durch Jael.

43,5 (Gottesrede über Simson): Simson hat sich nicht an das Vorbild Josephs gehalten, der sich nicht in fremdem Land zur sexuellen Verbindung mit Heiden herbeiließ; Fazit: *Et nunc erit Samson concupiscentia sua in scan-*

---

[305] Vgl. WADSWORTH, Dissertation 1,1 Anm. 426.

[306] Dazu WADSWORTH, Dissertation 1,1 200: »This detail of the rod of Moses being placed in the sky is not paralleled by any of our sources outside of this account of LAB.«

dalum et commixtio eius in perditionem. Die Strafankündigung Gottes ergeht in einem Parallelismus, der erkennen läßt, daß Vermischung und Begierde ineins gesetzt werden. Das Phänomen der Vermischung mit heidnischen Frauen hat für Pseudo-Philo sein Motiv in der Begierde.

Der Hinweis auf Joseph wird nicht mit *similitudo, similis* oder *sicut* gebildet, sondern mit *intendere*[307]: *et non intendit in Ioseph puerum meum, qui fuit in terra aliena, et factus est in coronam fratrum suorum, eo quod noluerit contristare semen suum*[308]. Das Erzählelement der Versuchung durch Potiphars Frau wird freilich LAB 8,9 f nicht erwähnt. Der Hinweis auf das Vorbild Josephs setzt folglich die Kenntnis dieses Motivs voraus. Es wird halachisch im Blick auf das Verbot der Vermischung mit Heiden verstanden, wie die Strafankündigung Gottes zeigt. Sie realisiert in der Sache die Talio: Weil Simson verführt wurde durch seine Augen, wird er geblendet werden[309].

45,2: Kap. 45 entspricht Ri 19. Das Angebot des Leviten Bethac an den Leviten Behel zur Übernachtung wird mit dem Schutz vor der Schlechtigkeit der Einwohner[310] motiviert (§ 2). Die Hoffnung des Gastgebers drückt sich in den Worten aus: *et Dominus concludet cor eorum ante nos, sicut conclusit Sodomitas ante conspectum Loth* (vgl. Gen 19,10–11; nicht im LAB erzählt). Zwischen Ri 19 und Gen 19 bestehen große Übereinstimmungen; wesentliche Erzählelemente sind identisch. Folgende beiden Elemente aus Gen 19 werden in LAB 45,3 sichtbar: *Produc qui venerunt ad te hodie* (vgl. Gen 19,5; der Plural steht im Gegensatz zu Ri 19,22); *Numquam factum est ut advene imperent inhabitantibus* (Gen 19,9 ›ist als Fremdling hergekommen und will den Richter spielen‹)[311].

Auf der Erzählebene ist die Analogie zur Situation Gen 19 bewußt. Ein schützendes Handeln Gottes wird erwartet, als das der Vorgang Gen 19,10f[312] verstanden wird: *Dominus concludet cor eorum ante nos, sicut conclusit Sodomitas ante conspectum Loth* (§ 2). Damit sind Sodom und Noba in explizite Analogie gesetzt.

---

[307] ›Achten auf‹, ›beachten‹; semantische Nähe zu ›eingedenk sein‹.

[308] Es handelt sich um eine Anspielung auf den Inhalt Gen 39.

[309] Vgl. das Textzitat u. S.121.

[310] Gibea wird in Entsprechung zu Ri 19 in § 1 genannt; Behel muß jedoch nach Noba weiterreisen (vgl. Nob 1 Sam 21,2; die Stadt wird noch LAB 46,3; 47,10; 58,1 erwähnt). Pseudo-Philo ist daran interessiert, das Geschehen nicht in Gibea, sondern in Noba stattfinden zu lassen. Vgl. dazu WADSWORTH, Dissertation 1,2 361: »A possible reason for this (sc. den Ortswechsel Gibea – Noba) is the massacre of the priests of Nob by Saul in later times (cf 1 Sam 22 and LAB 63).« Vgl. ähnlich HARRINGTON, Geography 70.

[311] Vgl. dazu WADSWORTH, Dissertation 1,2 363: beide Momente sind »closer to the dialogue in the story of Lot in Gen 19 than to the interchanges in Judges 19.«

[312] Die beiden Engel ziehen Lot ins Haus bzw. schlagen (נכה hiph) die Sodomiten mit Blindheit.

53,9 nimmt auf LAB 17 bezug. Während aber 17,1 mit dem Zitat Num 17,19 f ein Murren des Volkes gegen die Aaroniten vorausgesetzt wird (*auferam murmurationem de populo meo*), wird ein Aufbegehren 53,9 in direkte Rede gefaßt, u.zw. unter Rückgriff auf Num 16,3[313]: *Et cum exsurrexisset tribus contra tribum dicentes: Quare sacerdotes soli sancti sunt, ego nolui disperdere eos* ... (es folgt eine Kurzfassung des Erzählinhalts von Num 17 {bzw. LAB 17}). Mit der direkten Rede der Murrenden, die – bzw. deren Inhalt – in Kap. 17 nicht geboten wurde, wird der Konflikt zwischen den Stämmen betont; es geht um die narrative Hervorhebung der Besonderheit dieses einen Stammes, der nun gerade das Heilige Gottes zum Greuel macht: *Et nunc qui floruerunt abhominaverunt sancta mea* (§ 9fin). In Kap. 17 geht es demgegenüber um den Auswahl*vorgang* und seine Analogie zu Gen 30,25 ff. Eine Autoreferenz von 53,9 ist durch den Wortlaut dieses Abschnitts nicht zu begründen; auch ohne LAB 17 wäre der Text verständlich und im Zusammenhang mit den Vergleichen mit nichterzählten biblischen Inhalten nicht ungewöhnlich.

54,2: Das ab § 1 berichtete Geschehen entspricht 1 Sam 4 (Niederlage der Israeliten und Erbeutung der Lade durch die Philister). Der Moment der Ankunft der Lade wird ganz anders gestaltet, als das von 1 Sam 4,5 (Jubel des Volkes) her zu erwarten wäre: *cum advenisset* (sc. die Lade) *in castra, intonuit Dominus et dixit*[314]... Es ist anzunehmen, daß *intonuit* Wiedergabe des 1 Sam 4,5 verwendeten הום ist. Die dortige Notiz, daß bei Ankunft der Lade im Zusammenhang mit dem Jubelgeschrei der Israeliten die Erde dröhnte, wird so interpretiert, daß das Jubelgeschrei jetzt nicht mehr erwähnt wird, das Dröhnen (der Erde) nun aber als Donnern Gottes dargestellt wird.

Die Gottesrede in § 2 formuliert: *Erit similitudo hore huius sicuti facta est in heremo, quando acceperunt arcam sine precepto meo, et factum est eis exitium. Sic et in ista hora cadet populus et arca capietur, ut finiam inimicos populi mei propter arcam, et corripiam plebes meas*[315] *propter quod peccaverunt.* Die Gottesrede, die ohne biblisches Vorbild ist, konstituiert zunächst die Analogie zu dem als bekannt vorausgesetzten Geschehen in der Wüste[316]. Aus der Sachanalogie wird im zweiten Satz die bevorstehende Niederlage gefolgert und als Gottesgericht interpretiert.

---

[313] Es handelt sich um den Vorwurf Koras gegen Mose und Aaron, der in Pseudo-Philos Darstellung LAB 16 keine Rolle spielte.

[314] Das *intonuit* ist als Wiedergabe des הארץ ותהום (LXX: καὶ ἤχησεν ἡ γῆ) zu bewerten (*intono* ›donnern, donnernd rufen‹).

[315] p: *plebem meam.*

[316] Num 14,39 ff? V. 44b stellt jedoch ausdrücklich fest, daß die Lade in diesem Fall im Lager geblieben war. Bei FELDMAN bzw. JAMES findet sich zur Problematik kein Hinweis. WADSWORTH, Dissertation 1,2 424 bezieht das Donnern Gottes auf den Gegensatz zum Jubel des Volkes 1 Sam 4,5; er bietet jedoch keinen Hinweis auf das hermeneutische Vorgehen oder die biblische Analogstelle.

Die Wiedergabe von 1 Sam 4 wird auf diese Weise vorwegnehmend theologisch gedeutet. Der Vergleichspunkt ist: Die Lade ohne Gottes Befehl nehmen. Das Fehlen einer suffizienten biblischen Bezugsstelle verhindert eine weitergehende hermeneutische Fragestellung. Vorausgesetzt wird jedenfalls die Kenntnis eines Vorfalls »in der Wüste«, bei dem die eigenmächtige Herbeischaffung der Lade zum Untergang führte – eben dieser Mechanismus wird jetzt wieder greifen. Das Fazit liegt nahe: Wer sich an der Lade vergreift, kommt dadurch um[317]. Die Strafe Gottes an den Philistern geschieht *propter arcam* – nämlich, weil die Lade in ihrer Hand sein wird; vgl. 55,4.8 (*pro arca*)[318]. Die Lade bringt *dem* Unglück, der sich ihrer unbefugt bemächtigt.

57,2: LAB 57 bezieht sich auf 1 Sam 12 (Samuel konzediert das Königtum für Israel). §§ 2–3 geben 1 Sam 12,3 wieder (Apologie Samuels). In Funktion und Inhalt besteht zwischen 1 Sam 12,3 und Num 16,15 bereits eine Analogie[319]. Damit ist die Formulierung in § 2 bereits vorbereitet: *Et ideo dico vobis ante conspectum regis vestri, sicut dominus meus Moyses famulus Dei dixit patribus vestris in heremo quando synagoga Chore surrexit adversus eum: Scitis quia non accepi quicquam de vobis, nec nocui aliquem vestrum. Et quoniam mentiti sunt tunc et dixerunt: Accepisti, deglutivit illos terra.* Samuel stellt in seiner Apologie die Analogie zur Apologie des Mose Num 16,3 her. Dort freilich handelt es sich um eine Moserede an Gott; die Formulierung *mentiti sunt tunc et dixerunt: Accepisti* ist ohne Anhalt am biblischen Text. Auch die Schilderung LAB 16 bietet ein solches Element nicht und schon gar nicht eine solche Begründung für den Untergang Koras und seiner Gruppe.

Die Analogie dient im vorliegenden Zusammenhang der Strafandrohung. Sollte das Volk ungerechtfertigte Vorwürfe der Bereicherung oder ungerechten Behandlung (§ 3) gegen Samuel erheben, wird sein Geschick dem der Aufrührer unter Kora gleichen[320].

61,2 (direkte Rede Goliats): *Iuxta numerum dierum in quibus epulatus est Israel, quando accipiebant legem in heremo, quadraginta diebus, ita ego improperabo eis, et post pugnabo cum illis.* Die Beschimpfung Israels durch Goliat soll 40 Tage währen – in genauer Entsprechung zu der Festzeit Israels

---

[317] Vgl. 2 Sam 6,6 f: Gott tötet Usa, der versuchte, die Lade zu bewahren.

[318] Vgl. 55,7, parallel zu § 8 (*scierunt quoniam pro arca exterminabantur*) formuliert: *sciemus quoniam vere Deus Iudeorum exterminavit nos.*

[319] Insbesondere durch das gemeinsame Stichwort ›Esel‹ חמור. Das ›Wegnehmen‹ wird an beiden Stellen mit unterschiedlichen Verben ausgesagt, auch in LXX.

[320] WADSWORTH, Dissertation 1,2 444: »The comparison of Samuel with Moses, ..., is a reaffirmation of what Hannah said in her song (51:6), or of God's words to the child Samuel at the time of his call (53:8 ff), since both figures have enlightened the people by their teachings, and Samuel has proved himself a leader and prophet after Moses' pattern.« Zur Begründung für den Untergang Koras wegen falscher Beschuldigung gegenüber Mose in Jos ant 4,46–50 vgl. FELDMAN, Prolegomenon LXXXVI.

am Sinai. Eine solche ist freilich im eigenen wie im biblischen Kontext nicht belegt – wohl aber die 40-tägige Dauer der Herausforderung Goliats (1 Sam 17,16[321]). Die auf diese Weise erstellte Analogie dient sichtlich dazu, den idolatrischen Akzent des Auftretens Goliats deutlich zu machen[322].

64,6: Die Schilderung der Erscheinung Samuels enthält einen Hinweis auf den Mantel aus 1 Sam 28,14: *Ipse enim vestitur stolam albam superpositam diploidem* ... Die Reaktion Sauls nimmt auf das im LAB nicht erzählte Ereignis 1 Sam 15,27 bezug: *Et memoratus est Saul diploidis quam disruperat Samuel dum viveret* ...[323]. 1 Sam 15,28 wertet das Ereignis als zeichenhafte Ankündigung des Untergangs von Sauls Königtum, indem das Abreißen[324] des Mantels in den Worten Samuels als das Abreißen[325] der Königswürde von Saul durch Gott interpretiert wird. LAB 64,6 führt eine entsprechende Analogie über das Stichwort ›Mantel‹ an beiden Stellen ein, die den Sinn hat, Saul an die auch bereits auf diese Weise im biblischen Kontext erfolgte Ankündigung seines Untergangs zu erinnern[326].

2.3.4. Biblischer Querverweis

An vier Stellen findet ein ausdrücklicher Hinweis darauf, daß der vom LAB repräsentierte Erzählfaden in den größeren Zusammenhang gehört, der mit den biblischen Schriften greifbar ist:

35,7   *nonne hec scripta sunt in libro Iudicum?*
43,4   *nonne hec scripta sunt in libro Iudicum?*
56,7   *nonne hec scripta sunt in libro Regum?*
63,5   *nonne scripta sunt in libro Regum Israel?*

In allen vier Fällen wird der Inhalt, für den der Leser auf das biblische Buch verwiesen wird, stichpunktartig angedeutet. In 35,7 geht es um weitere Zeichen, die Gideon von Gott gewährt wurden; das in Kap. 35 Erzählte erhält damit exemplarischen Charakter. In 43,4 steht die Formulierung nicht am Ende einer Teilerzählung, sondern dient offenkundig der Straffung des Erzählfadens: Wichtige Elemente der Lebensgeschichte Simsons, die aber nicht für das unmittelbar verfolgte Erzählziel wichtig sind, können aus dem Buch der

---

[321] Vgl. dazu GINZBERG VI 250 Anm. 31.

[322] Vgl. WADSWORTH, Dissertation 1,2 458: »Goliath is thus indulging in a peculiar kind of blasphemy here. This tradition is known in later rabbinic literature, where it is also stated that he appeared morning and evening throughout the forty days, when the Shema was to be recited, in order to make Israel falter in the confession of their faith.«

[323] An beiden Stellen MT מְעִיל; LXX διπλοῖς.

[324] קרע

[325] Vgl. die vorige Anmerkung.

[326] Vgl. ähnlich WADSWORTH, Dissertation 1,2 480 f.

Richter ergänzt werden. In 56,7 geht es um die Feststellung, daß tatsächlich alle Zeichen, die Saul von Samuel angekündigt worden waren, eingetroffen sind – und daß dies im Buch der Könige belegt ist. 63,5 weist zur Ergänzung der Lebensgeschichte Sauls auf das Buch der Könige hin. Bei der Sichtung dieser vier Stellen ergibt sich der Eindruck, daß mit der hier benutzten Wendung der Erzählfaden gestrafft werden soll: Ps.-Philo kann sich durch ihren Gebrauch auf das ihm Wesentliche konzentrieren und signalisiert auf diese Weise, daß das Erzählte tatsächlich das für seine Botschaft Wichtige ist. Zugleich werden die benannten biblischen Bücher ausdrücklich zum Kontext des Erzählten gemacht – die Formulierung dient dazu, die Autorität des LAB zu unterstreichen.

Die Wendung *nonne scripta sunt* entspricht הלוא־הם כתובים (in sing. oder plur. Verwendung); sie wird Jos 10,13; 1 Kön 11,41; 15,31; 16,5.14.20.27 u.ö. verwendet[327]. Pseudo-Philo gebraucht sie, um seinerseits den eigenen Erzähltext im Kontext der biblischen Bücher auszuweisen. Die Verwendung der Formulierung im LAB ist von der biblischen[328] insoweit unterschieden. Sie bezieht sich ausschließlich auf kanonische Bücher (Richter, Könige).

35,7 hat die Funktion, das erzählte Wunder, das ja über den biblischen Leittext (Ri 6,19 ff) deutlich hinausgeht[329], als Ergänzung zu den anderen Wundern zu kennzeichnen, die im Richterbuch im Zusammenhang mit der Beauftragung Gideons erzählt werden. Freilich kennt das Richterbuch nur *ein* Berufungswunder für Gideon[330].

In 43,4 ist die Wendung ebenfalls in den Erzählfaden einbezogen. Der inhaltliche Verweis (*De leone autem quem interfecit, et de maxilla asini in qua occidit Allophilos, et de vinculis velut sponte diruptis de brachiis eius et vulpibus quas apprehendit*) bezieht sich auf Ri 14,5 f; 15,15 ff.9 ff.4 ff. Die Straffungsfunktion wird durch den Anschluß des nachlaufenden Kontextes bestätigt (vgl. Ri 16,4 ff)[331].

Die Verwendung der Formulierung durch Pseudo-Philo ist folglich flexibler als im biblischen Kontext.

In 56,7 bezieht sich die Wendung auf den unmittelbar vorausgehenden Passus, in dem gerafft festgestellt wird, daß Saul alle die Zeichen begegneten,

---

[327] Vgl. für einen Stellenüberblick H. HAAG, Art. כתב, ThWAT IV 385–397, 390.

[328] Zur biblischen Verwendung vgl. v.a. Jos 10,13 (Funktion: Bestätigung; das Zeichen, das Josua gibt {Sonne}, wird auch im ›Buch des Gerechten‹ erwähnt); 2 Sam 1,18 (Funktion: Bestätigung; Hinweis darauf, daß das im nachlaufenden Kontext zitierte Klagelied Davids auf Saul und Jonathan im ›Buch des Gerechten‹ aufgezeichnet ist); 1 Kön 11,41; 14,19 (Funktion: Straffung bzw. Ergänzung); 1 Kön 16,5.14.20.27; 2 Kön 13,8.12; 14,15.28 (Formel vor der Todesnotiz); 2 Kön 15,11 (Funktion: Ergänzung).

[329] Vgl. WADSWORTH, Dissertation 1,2 280.

[330] Vgl. jedoch für die diesbezügliche Haggada GINZBERG V 199 f; Hinweis bei DIETZ-FELBINGER, Übersetzung 203 Anm. 7d. Vgl. ferner Ri 6,36–40.

[331] Anschluß § 5 mit *tunc*.

die Samuel ihm angekündigt hatte: *Et ecce Saul venit, et obviaverunt ei omnia signa que dixerat ei Samuel.* Der Hinweis auf das Buch der Könige bezieht sich folglich auf Ereignisse, die nicht erzählt werden, deren Faktizität aber für die Konstitution der Erzählung unerläßlich ist. Der Hinweis bezieht sich auf 1 Sam 10,1 ff. Mit *que dixerat ei Samuel* gibt Pseudo-Philo ein Element dieses nicht erzählten Abschnittes wieder, nämlich die auf die Salbung erfolgende Ankündigung der Zeichen durch Samuel (VV. 1b ff; vgl. V. 7). Ihr Eintreffen wird V. 9b im unmittelbaren Anschluß an die Ankündigung Samuels festgestellt; ab V. 10 wird die Begebenheit mit den Propheten erzählt. In LAB 56,7 wird mit *et obviaverunt ei omnia signa* die entsprechende Formulierung aus 1 Sam 10,9 aufgenommen. Pseudo-Philo rafft folglich den Erzählfaden ab 1 Sam 10,1 und weist auf ihn zur vervollständigenden Ergänzung hin. Zugleich gelingt es ihm auf diese Weise, stärker das Dialoggeschehen in § 7 (Dialog Samuel – Volk) zu akzentuieren. In ihm wird die Forderung aus § 1 *et nunc constitue super nos regem qui nos diiudicet* (1 Sam 8,5 שׂימה־לנו מלך) mit den Worten aus 1 Sam 8,6 (תנה־לנו מלך) wiederholt. Es ist zu vermuten, daß Pseudo-Philo daran liegt, die Erzählperspektive an dieser Stelle stärker auf das Verhalten des Volkes zu richten.

Auch in 63,5 dient die Wendung der Raffung. 64,1 erzählt mit Worten aus 1 Sam 25,1; 28,3 vom Tod des Samuel. Anschließend werden die Begebenheit mit der Hexe von Endor (vgl. 1 Sam 28) und der Tod des Saul (Kap. 65; vgl. 1 Sam 31) erzählt; die David-Erzählungen 1 Sam 29 f werden ausgelassen. LAB 63 ist verkürzte und veränderte Wiedergabe von 1 Sam 21 f. Das Ende von Kap. 62 entspricht dem von 1 Sam 20. Die Notiz am Ende von Kap. 63 summiert folglich verweisend auf die nichterzählten Elemente der Taten Sauls[332]. Damit ist der Weg frei für die Schlußsequenz des Saulzyklus in Kap. 64–65.

Mit dem biblischen Querverweis bedient sich Pseudo-Philo in flexibler Weise einer Formulierung, die er in den Schriften vorgefunden hat, auf die er sich vorrangig bezieht. Ihm steht damit ein durch den biblischen Gebrauch legitimiertes Instrument zur Verfügung, das ihm hilft, den eigenen Erzählfaden durch Verweiselemente zu straffen und abzusichern. Freilich wird diese Wendung keineswegs regelmäßig eingesetzt, sondern nur an *den* vier Stellen in der zweiten Hälfte des Werkes, die vielleicht am ehesten als Entsprechungen zu den biblischen Vorbildern verstanden worden sind: Die Wendung wird im LAB nicht eher gebraucht, bevor sie nicht im Duktus des biblischen Kontextes verwendet wird[333]. Die Beobachtung, daß der Autor sie ohne unmittelbar ersichtliche Notwendigkeit, also nicht regelmäßig bei Raffungen

---

[332] DIETZFELBINGER, Übersetzung 261 Anm. 5 a fragt zutreffend, ob mit *reliqua verborum* »seine übrigen Taten« gemeint sind, und verweist auf 56,7b.
[333] Vgl. LAB 35,7: Jos 10,13.

gebraucht, führt zu der Vermutung, daß sie – wie andere Elemente – dazu verwendet wird, dem Werk ein biblisches Gepräge zu geben und zugleich inhaltlich die eigene Darstellung durch diesen expliziten Bezug auf den biblischen Kontext zu autorisieren.

Im Anschluß an die voranstehenden Beobachtungen zum Rückbezug Pseudo-Philos auf Erzählinhalte, die im eigenen Kontext nicht enthalten sind, kann festgestellt werden:

Der Rückbezug auf biblische und außerbiblische Tradition gehört zu den essentiellen Konstituenten des LAB. Dieser Rückbezug hat in erster Linie interpretierende bzw. belehrende Funktion. Pseudo-Philo behandelt biblische und außerbiblische Traditionen gleichrangig. Sein Erzählgegenstand ist folglich nicht identisch mit dem Bibeltext, sondern vielmehr als in diesem und in außerbiblischen Kenntnissen manifeste Geschichte der Adressatengemeinschaft zu erfassen. Es erweist sich als sinnvoll, zwischen dem Erzählgegenstand und seiner biblischen und außerbiblischen Dokumentation zu unterscheiden. Sichtlich begreift Pseudo-Philo diese Dokumentation nicht nur als Quelle, sondern auch als Deute-Potential für seine Arbeit. Sein vorrangiges Interesse ist ein theologisches.

2.4. Strukturen und Strukturelemente

2.4.1. Die A–B–A'-Struktur (Exposition – Mittelteil – Coda)

In der vorangehenden erzähltextanalytischen Durchsicht wurde deutlich, daß einige Kapitel dreiteilig gestaltet sind, u.zw. in der Abfolge Exposition – Mittelteil – Coda. Die Bezeichnung ›Exposition‹ ist durch ihre regelmäßig beobachtbaren Relationen zu Mittelteil und Coda legitimiert. Ihr ist meist mit einer summarischen Schilderung etwa einer Komplikation oder einer Absichtserklärung bereits eine Hinführung zur Thematik des Mittelteils integriert. Der Mittelteil zeichnet sich durch eine gegenüber der Exposition und der Coda stärkere Detaillierung aus; auffallend ist das hohe Maß an direkten Reden. Erzählt bzw. erörtert werden regelmäßig die Ereignisse, die zu dem in der Coda festgestellten Endzustand führen. Die Coda steht in den meisten Fällen in einer aufweisbaren Beziehung zur Exposition. Sie enthält Elemente der narrativen Basis, mit denen der Erzählfaden geschlossen und das erreichte Erzählziel des Teiltextes festgestellt wird.

Im folgenden biete ich eine Liste der Erzähltexte des LAB, die nach dem aufgewiesenen Muster erfaßbar sind[334].

---

[334] Für die Begründung vgl. die erzähltextanalytische Durchsicht.

Teiltext	Exposition	Mittelteil	Coda
Kap. 3	§§ 1–3	§§ 4–10	§§ 11–12
Kap. 6	§§ 1–3	§§ 4–18in	§ 18med
Kap. 7	§ 1	§§ 2–4	§5
Kap. 9	§ 1	§§ 2–16in	§16med
Kap. 10	§ 1	§§ 2–6	§7
Kap. 16	§ 1	§§ 2–6	§7
Kap. 18	§§ 1–2	§§ 3–12	§§ 13–14
Kap. 25–26	25,1–2	25,3–26,13	26,14–15
Kap. 27	§§ 1–4	§§ 5–14	§§ 15–16
Kap. 28	§§ 1–2	§§ 3–9	§10
Kap. 30–32	30,1–2	30,3–32,17	32,18
darin Kap. 31	§§ 1–2	§§ 3–7	§§ 8–9
Kap. 35	§ 1in	§§ 1med–7med	§7fin
Kap. 37	§ 1	§§ 2–4	§5
Kap. 38	§ 1	§§ 2–4med	§4fin
Kap. 39–40	39,1–2	39,3–40,8	40,9
Kap. 42	§ 1	§§ 2–9	§ 10
Kap. 45	§ 1	§§ 2–5	§ 6
Die Coda 47,10–12 umgreift den Komplex 44–47.			
Kap. 49	§ 1	§§ 2–8med	§ 8fin
Kap. 50	§§ 1–2in	§§ 2med–7	§ 8
Kap. 51	§ 1	§§ 2–6	§ 7
Kap. 52	§ 1	§§ 2–4in	§ 4med
Kap. 54–55	54,1	54,2–55,9	55,10
Kap. 56	§ 1	§§ 2–6	§ 7
Kap. 58	§ 1	§§ 2–4med	§ 4fin
Kap. 60	§ 1	§§ 2–3med	§ 3fin

Diese Liste bildet mit 31 erfaßten Kapiteln fast die Hälfte des Gesamttextes und ist deshalb für eine Analyse der Textkomposition von großer Bedeutung. Sie zeigt die Anwendung eines volkstümlichen Kompositionsprinzips[335], das freilich der lehrhaft-argumentierenden Erzählabsicht Pseudo-Philos dienstbar gemacht ist. Diese ist auf die Mittelteile konzentriert. Die Rahmenteile sind indessen in ihrer Bedeutung nicht unterzubewerten; sie konstatieren bündig auf der narrativen Basis Problemstellung und Problemlösung und komplettieren so als unabdingbare Erzählelemente die beabsichtigte Wirkung der Mittelteile.

Auch in solchen Texten, die nicht das gezeigte Schema Exposition – Mittelteil – Coda aufweisen, konnten übereinstimmende Charakteristika der Rahmenteile beobachtet werden:

---

[335] Vgl. DAWSEY, Characteristics 324. Instruktive Beispiele ließen sich aus Volksmärchen und Gesta Romanorum beibringen. Vgl. ferner die Zusammenstellung von Charakteristika antiken volkstümlichen Erzählens bei ALY 208–301.

2.4.2. Zum summierenden Charakter der Expositionen

In den meisten Fällen handelt es sich bei den Expositionen (auch denen, die nicht zum gezeigten A–B–A'-Schema gehören) um zusammenfassende Wiedergaben eines biblischen Leittextes. Da den Expositionen auch kurze direkte Reden (z.B. Absichtserklärungen) integriert sein können, ist die folgende Übersicht unter diesem Gesichtspunkt unterteilt. Nicht erfaßt sind in der folgenden Liste die Teiltexte, die als unmittelbarer Anschluß an den vorlaufenden Kontext gestaltet sind: 2,1; 12,1; 13,1; 15,1; 24,1; 26,1; 31,1; 35,1; 36,1; 40,1; 46,1; 47,1; 57,1; 59,1[336]. Ebenfalls nicht als Exposition zu erfassen ist 8,1 (Gen 12,4–5; 16,1.15; 25,12.16); es handelt sich in Kap. 8 um eine durchgehend raffende Wiedergabe von Turmbau bis Ägyptenaufenthalt[337]. 28,1; 33,1; 48,1 markieren kurz das nahende Lebensende (Testamentsituation) und führen damit die nachfolgende direkte Rede ein. Damit sind alle Eröffnungen (Kapitelanfänge) erfaßt.

Geraffte Wiedergaben biblischer Leittexte als Elemente von Expositionen:

a) ohne direkte Rede

3,1–3	Gen 6,1–2
10,1	Ex 2,23–24; 7,14–13,16
18,1–2	Num 21
19,1	Num 25,1 ff; 31,16
20,1	Dt 31,23
22,1	Jos 22,10–12
30,1–2	Num 25,1–2
35,1	Ri 6
37,1	Ri 9,5 (vgl. 9,1.18)
43,1	Ri 13,24; Jes 7,14; Ri 14,1 f; 15,6
44,1–4	Ri 17,6
51,1	1 Sam 1,20.23–24
52,1	1 Sam 2,11–12
53,1	1 Sam 3,1.7
60,1	1 Sam 16,14.19.23
61,1	1 Sam 17,15
62,1	1 Sam 18,3; 19,18–22

b) mit direkter Rede eines Kollektivs

6,1–3	Gen 11,2–4
7,1	Gen 11,4
15,1	Num 13,1–3.21.25.20; Jos 14,8
16,1	Num 15,37–16,3
25,1	Ri 1,1
39,1–2	Ri 10,9.17–18
49,1	–
54,1	1 Sam 4,1–3
56,1	1 Sam 8,4–5; Dt 17,15

---

[336] Vgl. noch 4,1 (Gen 9,18) sowie die Anschlüsse mit *tunc* 5,1; 14,1; 32,1.
[337] Vgl. o. S. 45.

c) mit direkter Rede eines einzelnen

23,1	Jos 23,2; 24
27,1–4	–
38,1	Ri 10,3–6
42,1	Ri 13
45,1	Ri 19
50,1.2in	1 Sam 1,2.4.6; Jes 56,3; Ps 128,3
55,1	1 Sam 7,17
58,1	1 Sam 15 (Ex 17,14)
65,1	1 Sam 31,1.3

mit direkter Rede eines einzelnen und eines Kollektives:
9,1   Ex 1,6–10.22

mit direkter Rede Gottes und eines einzelnen:
64,1   1 Sam 28,3

d) mit direkter Rede Gottes

11,1	Ex 19,1
17,1	Num 17,17.19–20
21,1	Jos 13,1
63,1	1 Sam 22,18–19

An diesem Überblick kann die für Pseudo-Philo typische Arbeitsweise deutlich werden, seine Expositionen durch Raffung des biblischen Leittextes zu erstellen. Er schafft damit regelmäßig die Ausgangslage, die im Mittelteil detailliert bearbeitet wird. 27,1–4; 29,1; 34,1; 41,1; 49,1 tragen zwar expositionellen Charakter, sind aber ohne biblischen Leittext formuliert. Es ist anzunehmen, daß in diesen Fällen haggadischer Erzählstoff in analoger Weise wie der biblische behandelt wurde.

2.4.3. Weitere Beobachtungen

Unter formalem Gesichtspunkt werden die Verbindungen mit dem vorlaufenden Kontext durch biblisch geprägte Formulierungen erreicht, wobei v.a. Verbindungen mit *et factum est* (*dum, cum, ut, post, post hec, post hec verba, in tempore illo, in tempore dierum ipsorum*), *in tempore illo, in diebus illis* im Vordergrund stehen.

et factum est
– *post hec verba*[338]: 7,1
– *post:* 9,1; 16,6; 22,1
– *in tempore illo*: 45,1
– *in tempore dierum ipsorum*: 43,1
– *dum*: 33,1
– *cum*: 3,1
– *ut* (*et ut factum est*): 46,1

---

[338] דברים, vgl. ῥῆμα Lk 2,15; Act 10,37.

in tempore illo / *in illo tempore:* 16,1; 18,1; 19,1; 20,1; 24,1; 49,1; 56,1; 58,1; 60,1; 63,1

et in tempore eo: 48,1; *in tempore dierum illorum*: 51,1

et in diebus illis / *et in illis diebus*: 44,1; 54,1

et post dies illos: 24,1

et cum: 28,1; 50,1

et post eum: 41,1

et post hec: 22,8; 27,1; 29,1; 61,1; 62,1; 64,1

Anschluß mit *autem*[339]: 2,1; 8,1.4.9; 10,1; 18,2; 23,1; 25,1; 55,1

Beginn mit einer Konstruktion im Ablativus absolutus: 10,1 *Rege autem Egiptiorum mortuo*

Beginn mit konkreter Zeitangabe: 11,1 *Et in mense tertio profectionis filiorum Israel de terra Egipti ...*

Pseudo-Philo folgt in der Gestaltung der Anschlüsse sichtlich dem biblischen Vorbild. Für die Formulierungen mit *et factum est* vgl. die Verbindungen mit ויהי (LXX καὶ ἐγένετο)[340]; für *in tempore illo* u.ä. vgl. בעת ההוא (bzw. ἐν ἐκείνῳ τῷ καιρῷ)[341]. Die redaktionelle Arbeit Pseudo-Philos lehnt sich bei der Verzahnung seiner Erzählinhalte deutlich an biblische Vorbilder an.

Entsprechend ist der Beginn der Mittelteile[342] durch detaillierende Signale gekennzeichnet. So werden neue Handlungsträger eingeführt (mit *autem* bzw. *vero*); vgl. 3,4; 15,2; 39,2; 45,2; 61,2; es wird durch eine knappe Ausführungsnotiz ein Übergang zum Mittelteil geschaffen (vgl. 17,2; 49,2); das weitere Geschehen wird durch Signale der zeitlichen Koordination eingeleitet (*et cum* 7,2; 31,3; 38,2; 42,2; 50,2; 53,2; 56,2; *et in illo tempore* 44,2; 63,2; *tunc* 9,2; 20,2; 37,2; 64,2) oder durch einfache Redeeinführung detaillierend fortgesetzt (16,2; 18,4; 21,2; 22,2; 25,3; 28,3; 52,2[343]; 55,2; 65,2), oder es wird ein zeitlicher Anschluß ausgedrückt (vgl. etwa 30,3; 43,2: *et post hec, et postea*)[344]. 23,2 leitet den Mittelteil mit einer zeitlich konkreten Detaillierung ein; 35,1fin mit *et ecce*.

Einige direkte Reden sind explizit durch Substitution auf Metaebene gekennzeichnet; so die Klagelieder 33,6 *et planxerunt eam* (sc. Debora) *populi septuaginta diebus, et dum plangerent eam hec verba dixerunt trenum dicentes*[345]; 40,5 *et ut venit filia Jepte in montem Stelac, cepit plorare, et hic trenus*

---

[339] Vgl. BDR 447₇₊₈, also als adversative bzw. kopulative Konjunktion. Pseudo-Philo kennt auch den Gebrauch von *vero* als Äquivalent zu δέ, vgl. z.B. 42,10.

[340] Vgl. z.B. Gen 4,3; 38,1; Ex 2,11; Jos 5,1.13.

[341] Vgl. z.B. Gen 21,22; Dt 10,1; Ri 3,29.

[342] Die jeweiligen Detaillierungen wurden unter erzähltextanalytischem Aspekt im Abschnitt 2.2 beschrieben.

[343] Mit einleitender evaluierender Bemerkung.

[344] Vgl. auch 27,5 *et his dictis*.

[345] Es folgt der Wortlaut des Trauerliedes in direkter Rede.

eius, in quo plangens ploravit antequam recederet, et dixit: Audite montes trenum meum ...[346] Das kollektive Klagelied in 24,6 wird *planctus* genannt: *Et planxerunt eum* (sc. Josua) *planctu magno, et hec dicebant in planctu suo*[347] ... *et compleverunt planctum suum* ... 59,4 läßt David einen Psalm singen: *Tunc cepit psallere David psalmum hunc et dixit: A finibus terre incipiam glorificare, et in dies seculi dicam hymnum*; vgl. 60,1: *Et hic psalmus quem psallebat in Saulem ut recederet ab eo spiritus iniquus.*[348] In 32,1 wird der große Lobgesang der Debora als *hymnus* einleitend gekennzeichnet: *Tunc Debbora et Barach filius Abino et omnis populus unanimiter hymnum dixerunt Domino in illa die dicentes*[349]. Einige weitere direkte Reden sind gattungsmäßig klar zu bestimmen, so die Fabeln in 37,2–4[350]; 47,4–6[351]; der Lobgesang der Hanna 51,3–6[352]; die Vision des Kenas 28,6–9; die Unheilsprophetie Samuels 58,4; 64,8[353].

Zieht man auf der Textoberfläche die direkten Reden, die nicht der narrativen Detaillierung bzw. dem Progreß des Erzählfadens, sondern seiner Reflexion und Deutung dienen, sowie die metanarrativen Elemente auf die eine Seite, so verbleibt als quantitativ relativ geringer Anteil am Textganzen die narrative Basis, der Erzählfaden des LAB. Die Erzählbasis des LAB ist knapp, summierend gestaltet; Detaillierungen signalisieren meist keine eingehendere Erzählweise. Der Erzählfaden des LAB ist episodisch organisiert.

2.4.4. Schließungssignale

Allgemein ist in den Schlußteilen eine im Verhältnis zum Mittelteil kondensiertere Erzählweise feststellbar; die Erzählperspektive wird distanzierter bzw. auf eine im Verhältnis zum Mittelteil differente Ebene gelenkt. Diese Beobachtung läßt sich besonders gut an den A–B–A'-strukturierten Erzählungen bestätigen. Oft treten Handlungsträger in den Vordergrund, die im Mittelteil nicht im Mittelpunkt standen; sie werden durch eine Renominalisierung mit *autem* erneut eingeführt, vgl. z.B. 7,5; 10,7; 16,7; 31,8; 42,10

---

[346] Weitere Vorkommen von *trenus* sind im LAB nicht belegt.

[347] Es folgt der Wortlaut des Trauerliedes in direkter Rede.

[348] Diese metanarrative Kennzeichnung des nachfolgend in direkter Rede wiedergegebenen Psalms bildet das Bindeglied zwischen der narrativen Exposition § 1 zum Wortlaut des Psalms; vgl. den narrativen Abschluß § 3fin *et cum hymnizaret David, parcebat Saul spiritus.*

[349] Vgl. noch die indirekte Kennzeichnung des kollektiven Lobgesangs 21,9 im vorlaufenden Kontext: *iubilantes in psalmis ... et psallebant unanimiter omnis domus Israel in voce magna dicens* ...

[350] Sie ist freilich nicht als direkte Rede gekennzeichnet.

[351] §§ 7–8 bieten die explizite (allegorische) Anwendung der Fabel.

[352] Vgl. 1 Sam 2,1 ff.

[353] Vgl. 62,2 (Unheilsprophetie gegen Saul, gesprochen vom Geist aus Saul).

(*vero*). Schlußworte werden eingeleitet (vgl. z.B. 3,11; 26,14; 27,15; 45,6; 49,8fin; 56,7), oder der Erzählinhalt des Schlußteils wird mit koordinierenden Signalen wie *tunc* 18,13; *et factum est cum* 28,10; *et ut* 32,18; *et cum* 60,3fin; *post hec* 37,5; *postea* 38,4fin; *et in illo tempore* 47,12[354] mit dem Mittelteil verbunden.

Inhaltlich zeigen viele Schlußteile eine gewisse Stereotypie, so daß sich anbietet, sie unter topologischen Gesichtspunkten in Gruppen zusammenzufassen. Da sie der narrativen Basis angehören, können wir sie als Basisnotizen bzw. Basisschilderungen[355] in schließender Funktion bezeichnen.

Basisnotizen bzw. Basisschilderungen in schließender Funktion:
mit topologischen Motiven des feiernden Israel (z.T. mit kollektivem Schlußwort): 21,7–10; 23,14; 32,18; 49,8; 51,7.

mit topologischen Elementen des Lebensendes (Sterbe- und Begräbnisnotiz, Trauer, z.T. mit kollektivem Klagewort, Angabe des Lebensalters oder der Dauer der Richtertätigkeit): 5,8; 19,16; 24,6; 28,10; 29,4; 33,6; 36,4; 37,5; 40,9; 43,8.

mit Angabe einer Ortsveränderung (Weggang, Rückkehr u.ä.): 6,18; 8,14; 18,14; 48,3; 50,8; 58,4; 62,11; 64,9.

Zu den Basisnotizen in schließender Funktion gehören auch die Vollzugsnotizen, die in knapper Form das im vorlaufenden Kontext Angekündigte bzw. Vorbereitete als vollzogen feststellen: 16,7; 20,10 (*et fecit / fecerunt sic*); 7,5; 17,4; 18,14; 26,15; 31,9; 34,5; 37,5; 38,4; 47,12; 56,7; 60,3; 61,8.

Schließungen der Erzählung in direkter Rede:
Schlußworte Gottes: 3,12; 11,5; 12,10; 13,10; 34,5; 39,11 (Handlung eröffnend); 44,10; 49,8; 53,5.

Schlußworte einzelner[356]: 2,10; 15,7; 26,14; 28,10; 29,4; 32,18; 53,13; 54,5.6; 64,9.

kollektive Schlußworte[357]: 23,14; 24,6 (Klagelied); 49,8; 51,7; 57,4.

vgl. ferner die topologisch geprägten Basisnotizen bzw. -Schilderungen 9,16[358]; 10,7; 13,1; 14,5; 27,16; 32,18; 41,3; 33,6 wie 55,10 (Land ruhte sieben Jahre); 57,5.

Schließungen auf explizit[359] metanarrativer Ebene:
An drei Stellen dient der Hinweis auf das vervollständigende Zeugnis des biblischen Leittextes der Schließung des Erzählfadens (biblischer Querverweis): 35,7; 56,7; 63,5. Ebenfalls metanarrativ zu bewerten ist die Fest-

---

[354] Die Coda beginnt bereits § 10.
[355] Vgl. zu diesen Begriffen u. S. 147 ff.
[356] Vgl. Act 2,40: kurzes Schlußwort nach längerer Rede.
[357] Vgl. Act 11,18 (Perikopenschluß); 21,14.
[358] Vgl. Lk 2,51 f.
[359] Implizit eignet allen Basisnotizen bzw. -Schilderungen eine metanarrative Tendenz.

stellung über die Geltung des Erzählten bis heute[360] (*usque in hodiernum diem*): 22,8; 26,15[361]. Rezipientenbezogene Erklärungen finden sich: 6,18; 7,5 (Übersetzungsnotizen); 17,4; 18,14; 22,9; 42,10; 50,8; 52,4.

2.5. Talio- und Korrelationsprinzip als narrative und theologische Interpretationsmittel

Es konnte mehrfach beobachtet werden, daß Erzählinhalte nach dem Talio- bzw. Korrelationsprinzip ausgestaltet wurden. Wir haben damit offenbar eine wesentliche, den Erzähltext des LAB prägende Voraussetzung vor uns.

Daß Pseudo-Philos theologisches Denken substantiell durch den Entsprechungsgedanken geprägt ist, wurde in besonderer Weise bei der Untersuchung solcher Texte deutlich, die auf Nichterzähltes zurückgreifen, um eine Analogie zum aktuellen Erzählinhalt herzustellen[362]. Wir erkennen im Entsprechungsdenken eine der wesentlichen theologischen und hermeneutischen Voraussetzungen[363] Pseudo-Philos – Voraussetzungen, die in der Gestaltung der Erzählinhalte ihren Niederschlag fanden. Dabei ist terminologisch zwischen Anwendungen des Talioprinzips[364] und des Korrelationsprinzips zu unterscheiden. Das Talioprinzip geht von einer Entsprechung des vergeltenden Handelns Gottes gegenüber menschlichem Verhalten aus. Dabei kann es sich um – entsprechend dem positiven oder negativen menschlichen Verhalten – eine positive oder negative[365] Reaktion Gottes handeln. Das Korrelationsprinzip setzt voraus, daß Ereignisse durch das Wirken Gottes so korreliert sind, daß sie im Verhältnis der einfachen oder reziproken (bzw. kontrapunktischen) Entsprechung zueinander stehen[366].

---

[360] Vgl. Act 2,29 (freilich nicht in der Funktion, einen längeren Erzähltext zu schließen; vgl. ferner die Formulierung in der Paulusrede 26,22).

[361] Vgl. 10,6 π.

[362] S. o. Abschnitt 2.3.3.

[363] Vgl. zum Analogiedenken als Element weisheitlichen Denkens v. LIPS, Weisheit 235.239 f.245 ff u.ö.; SATO, Q 279; als Bestandteil der prophetischen Botschaft Sato, Q 278 f (hier auch Textbeispiele für den »›heilsgeschichtlichen‹ Vergleich«). M. FISHBANE 421 ff hat das Korrelationsprinzip als hermeneutischen Grundsatz innerbiblischer Auslegung nachgewiesen.

[364] Eine besonders eindrucksvolle Ausführung des Taliogrundsatzes, die zugleich einen im vorlaufenden Kontext nicht erzählten Sachverhalt voraussetzt, findet sich Ri 1,7; vgl. dazu AULD, Judges, bes. 268 f; zur nicht befriedigenden Lage der Sekundärliteratur zum Richterbuch vgl. BARTELMUS, Forschung passim. Seine klassische Formulierung fand das Talioprinzip etwa Sap 11,16: ἵνα γνῶσιν ὅτι, δι' ὧν τις ἁμαρτάνει, διὰ τούτων κολάζεται.

[365] Schuld bedingt dann ursächlich die entsprechende Strafe; der Gegenstand oder die Realität der Schuld kann zum Mittel der Strafe werden. Zum »Talionsdenken« »als Sonderform des allgemeinen Tun-Ergehen-Zusammenhangs« vgl. SATO, Q 266.

[366] Diese Entsprechung kann – analog zur Gestaltung des Talioprinzips – durch einen übereinstimmenden Sachbezug unterstrichen werden; vgl. z.B. 59,5; 61,3.

2.5.1. Zur Bedeutung des Talioprinzips im LAB

Ein wesentliches theologisches und damit zugleich narratives Grundprinzip ist 44,10 als Gottesrede formuliert: *Et nunc sciet genus hominum quoniam non zelabunt me in adinventionibus que faciunt sed omni homini erit illa punitio ut, in quo peccato peccaverit, in eo adiudicabitur.* Damit ist das Prinzip der Talio klassisch formuliert und zugleich mit der anthropologischen Voraussetzung des bösen Trachtens verbunden. Diese steht in der den Taliogrundsatz bestätigenden eschatologischen Rede der Sünder § 10fin im Vordergrund: *Non contristemur in his que passi sumus, sed quia quecumque adinveniemus hec et recipiemus*[367].

Eine ähnlich programmatische Formulierung des Talioprinzips findet sich in der Gottesrede 3,10, wo als Kerngeschehen des eschatologischen Gerichts formuliert ist *ut reddam unicuique secundum opera sua et secundum fructus adinventionum suarum* ... Im Mittelpunkt der als Wiedergabe von Gen 9,6–7 gestalteten abschließenden Gottesrede § 11 steht begründend[368] das Talio-Prinzip aus Gen 9,6 *Qui enim effundet sanguinem hominis, sanguis eius effundetur* ... Das Talio-Prinzip gehört offensichtlich zu den theologischen Grundkoordinaten des LAB. Dies zeigt sich in besonderer Deutlichkeit an der Formulierung einiger Gebotsbegründungen in 11,6–13: § 7 *Non accipies nomen Domini Dei tui in vanum, ne vie mee vane efficiantur. Abhominabitur enim eum Deus, qui accipit nomen eius in vanum.*

§ 9 *Dilige patrem tuum et matrem tuam, et timebis eos ... et non eris sine filiis, quia non deficiet semen tuum habitantium in ea.*

§ 10 *Non mechaberis quia inimici tui non mechati sunt in te, sed existi in manu excelsa.*

§ 11 *Non occides, eo quod dominati sunt tibi inimici tui ut occiderent te, sed vidisti mortem eorum*[369].

---

[367] Vor diesem Hintergrund ist z.B. die deutende Wiedergabe von Num 14,32 in LAB 15,6fin zu verstehen: *Et nunc ecce venient dies et faciam eis sicut voluerunt, et corpora eorum deiciam in heremo.* Die anthropologische Voraussetzung, daß die Ablehnung des Gotteswillens als Eigenmächtigkeit zu interpretieren ist, tritt auch Lk 7,30 (τὴν βουλὴν τοῦ θεοῦ ἠθέτησαν εἰς ἑαυτούς); Act 13,46 (οὐκ ἀξίους κρίνετε ἑαυτοὺς τῆς αἰωνίου ζωῆς) hervor.

[368] Vgl. o. S. 37.

[369] Die enge Verwandtschaft von Korrelations- und Talionsdenken wird in §§ 10.11 deutlich: Das geforderte Verhalten Israels soll der ihm von Gott gewährten Realität entsprechen. Die Begründung der §§ 10 und 11 bezieht sich auf geschichtliche Erfahrung, näherhin das durch das Erwählungshandeln Gottes bedingte Verhalten der Feinde; vgl. dazu z.B. die kompositorische Gestaltung in Kap. 9: Coda und Exposition (§§ 1.16med) entsprechen sich insofern, als das im Mittelteil §§ 2–16in erzählte Handeln Gottes die in der Exposition bekundete Absicht der Ägypter in ihr genaues Gegenteil verkehrt: statt Versklavung Israels nun Befreiung Israels durch den Retter Moses, den Gott seinem Volk auf wundersame Weise erstehen ließ. Die Gebotsbegründung in 11,10–11 nimmt auf die analog strukturierte Er-

§ 12 *Non eris falsus testis adversus proximum tuum, dicens falsum testimonium, ne falsum testimonium dicant contra te custodes tui.*

§ 13 *Non concupisces domum proximi tui nec ea que habet, ne et alii concupiscant terram tuam.*[370]

Das Talio-Prinzip wird sichtlich für suffizient gehalten, die apodiktischen Gebote des Dekalogs zu begründen. Das bedeutet zugleich: Die Gebote werden als Anwendung der Talio aufgefaßt; die Talio bildet ihren theologischen Kern, folglich den Kern des Verhältnisses Gott – Mensch und somit das Grundmuster der zu erzählenden Geschichte. In diesem Sachverhalt ist der Grund für die Bedeutung des Talioprinzips im LAB zu sehen.

Auf folgende Texte ist in diesem Zusammenhang hinzuweisen:

6,17: Die zwölf Bekenner sollen den Feuertod erleiden (vgl. § 4); stattdessen werden die Götzendiener (83.500) verbrannt.

12,4 (Element in der Gottesrede): *reliquerunt me ... et nunc quoque relinquam eos ...*[371]

12,7: Mose wirft das Goldene Kalb ins Wasser und tränkt das Volk damit (vgl. Ex 32,20[372]). Zusätzlich zum Inhalt des biblischen Leittextes wird die ambivalente Wirkung des Wassers beschrieben; der Gegenstand der Sünde wird zum Mittel der Strafe. Biblischer Leittext für dieses Element wird Num 5,11–31 (Eifersuchtsopfer) sein; übereinstimmende Elemente: Wasser als das überführende Element – es ist vermischt mit Staub (Num 5,17 aus der Wohnung; Ex 32,20 von dem zermahlenen Goldenen Kalb) – Gott als der eifersüchtige (freilich im LAB-Kontext nur materialiter, nicht explizit) – doppelter Ausgang der Probe.

---

fahrung bezug und leitet von ihr das Gebot ab. In 44,7 wird in genauer Entsprechung die geschichtliche Erfahrung (Übertretung der Gebote durch Israel) gegen das gegebene Gebot gestellt, nachdem in § 6 die ausdrückliche Zustimmung Israels zu jedem einzelnen Gebot notiert wurde; vgl. besonders die Formulierungen *Propter quod dixi eis ut diligerent patrem et matrem, me inhonorificaverunt creatorem suum. Et quod dixi eis ut non furarentur, in sensu suo furati sunt in sculptilibus. Et quod dixeram ut non occiderent, occidunt quos seducunt. Et cum precepissem eis non mechari, zelum suum mechati sunt. Et quod elegerunt ne falsum testimonium dicerent, falsum testimonium acceperunt ab eis quos exterminaverunt.* Es erscheint sinnvoll, die Begründungsstrukturen hier und in 11,10–11 als Teile einer zusammengehörenden theologischen Voraussetzung zu erfassen. Die nach dem Grundmuster der positiven Goldenen Regel gewährten Gebote wurden von Israel regelmäßig gebrochen; Israel verhielt sich gerade nicht in Entsprechung zur positiven Goldenen Regel (man mag zur Verdeutlichung an die Formulierung 62,4 denken, mit der David sein Verhältnis zu Saul umreißt: *Et cum ego reddideram illi bona, ille retribuit mihi mala*), sondern forderte durch sein Verhalten die Anwendung des Talioprinzips durch Gott heraus.

[370] Vgl. zur Begründungsstruktur in §§ 12.13 Lk 6,37 (vgl. Mt 7,1); vgl. dazu SATO, Q 264–278.

[371] Vgl. 1 Chr 28,9; dazu SATO, Q 272.

[372] Vgl. dazu WADSWORTH, Dissertation 1,1 131.

18,12 (Das Interpretationswort des Bileam): *quoniam ego cum maledixi perii, benedixi autem et non sum benedictus* (vgl. § 6: *quod si maledixeris eos, quis erit qui benedicet te?*)[373]

27,11: *quoniam dixisti de Hebreis ut odium tuum ostenderes, os tuum erit super te, et secundum quod locutus es ego faciam tibi.* Es handelt sich um eine kurze Einzelepisode (Lösung der Hand des Kenas vom Schwert), die aus 2 Sam 23,10 gefolgert ist. Sie ist im LAB nach dem Prinzip der Talio gestaltet.

34,5 (Gottesrede): *Tradam eos in manus Madianitum, eo quod implanati sunt ab his. Et tradidit eos in manus eorum, et ceperunt Madianites in servitutem redigere Israel.*

35,3 (Engelrede): *Non traditi estis in vanum, sed adinventiones vestre fecerunt vobis hec quia, secundum quod reliquistis sponsiones quas accepistis a Domino, invenerunt vos mala hec ...*

39,9: *quia post lapides seducti estis, veniet ignis post vos in vindictam.*

39,11 (Gottesrede zu Jephtas Schwur: ›Soll mir etwa ein Hund geopfert werden?‹): *Et nunc fiat oratio Iepte in primogenitum eius, id est in fructum ventris ipsius, et petitio ipsius in unigenitam eius.*

40,4 (Niemand von den Weisen konnte Seila antworten. Gottesrede): *Ecce nunc conclusi linguam sapientum populi mei in generationem istam, ut non possent respondere filie Iepte ad verbum eius, ut compleretur verbum meum ...*

43,5 (Gottesrede): *Ecce nunc Samson seductus est per oculos suos, et immemor fuit virtutis quam feci cum eo ... Et nunc erit Samson concupiscentia sua in scandalum et commixtio eius in perditionem. Et tradam eum inimicis eius, et cecabunt eum.*

44,9[374]: *Et erit similitudo columbe quam fecit ad eiciendos oculos eius, et similitudo aquile erit ut prestet illi de pennis ignem, et effigies puerorum quas fecit erunt ei ad radenda latera, et effigies leonis quam fecit erit ei ut fortes sint torquentes eum.*

45,3: *usi sunt turpiter concubinam eius usque quo moreretur, quoniam transgressa fuerat virum suum quodam tempore, cum pecasset cum Amalechitis, et propterea tradidit eam Dominus Deus in manus peccatorum.*

53,10: *et obviabo eis qui transgrediuntur verbum quod mandavi Moysi famulo meo dicens: Si obviaveris nidum, non accipies matrem cum filiis* (Dt 22,6). *Ideo continget eis, ut matres cum filiabus moriantur, et patres cum filiis pereant.* Das Zuwiderhandeln der Elisöhne gegen Dt 22,6[375] läßt über die Anwendung des Talioprinzips diese Schriftstelle zum Parameter für die Strafe werden.

---

[373] Vgl. zur Formulierung im biblischen Leittext Num 24,9 SATO, Q 270.

[374] Vgl. zum Talioprinzip bei der Bestrafung Michas WADSWORTH, Dissertation 2 63 ff.

[375] Vgl. dazu o. Anm. 240.

56,3: *Mittam enim illis regem qui eos exterminabit, et ipse postea extermi-nabitur.*

64,1 (Gottesrede): *Ecce Saul non propter timorem meum tulit maleficos de terra, sed ut sibi nomen faceret. Ecce quos dispersit ad eos vadet, ut divina-tionem consequatur ab illis, eo quod non habeat prophetas.*

64,8: *propter quod zelata sunt viscera tua, accipietur de te quod est tuum.*

65,4; vgl. 58,4: Weil Saul schuldhaft Agag am Leben läßt, wird er von dessen Nachkommen getötet.

Diese exemplarische Textreihe wichtiger Anwendungen des Talioprinzips kann seine Bedeutung für die theologische und narrative Gestaltung des LAB verdeutlichen. Abschließend wird auf sieben Teiltexte hingewiesen, bei denen das Talioprinzip als narratives Gestaltungsmittel im Verhältnis von Exposition und Coda zu erkennen ist. Mit dieser Beobachtung wird die Bedeutung des Talioprinzips für Pseudo-Philo unterstrichen.

Kap. 6: Die Namengebung des Turmbau-Ortes in der Coda entspricht vergeltend der Absicht der Turmbauer, die Steine mit Namen zu beschriften[376]. Der Name Gottes steht nun anstelle der »Namen«.

Kap. 7: § 1 bildet die narrative Exposition, der die ebf. narrativ gestaltete Coda § 5 negativ entspricht. Gottes Vergeltungshandeln macht gerade die Absicht der Turmbauer, ihre Einheit und Unüberwindbarkeit verewigen zu wollen, zunichte.

Kap. 31: Es handelt sich um eine durchkomponierte Erzählung, zu deren wichtigstem Gestaltungsmittel das Talio-Prinzip gehört. Die Verlaufsachse des Kap. 31 ist aus dem Talioprinzip gefolgert. Die Strafankündigung, mit der Gott auf die Absichtserklärung Siseras[377] in der Exposition § 1 reagiert, lautet: *Et propter hoc locutus est de eo Dominus, ut brachium infirme mulieris expugnet eum, et spolia eius rapiant puelle, et in manus mulieris incidat etiam ipse.* Die Realisierung dieser Strafabsicht wird im Mittelteil erzählt und in der Coda §§ 8–9 abschließend verdeutlicht.

Kap. 37: Die kurzen Notizen in Exposition und Coda über Abimelech geben sein Schicksal nach dem Talioprinzip wieder: Er erschlug seine Brüder und wurde am Ende selber erschlagen.

Kap. 38: Exposition § 1 und Coda § 4 sind nach dem Talioprinzip gestaltet: Der Absichtserklärung § 1 »jeder, der dem Baal nicht opfert, soll sterben« (§ 3 macht deutlich, daß der von Jair vorgesehene Tod für die Bekenner der Feuertod ist) entspricht das Ende, das vom Tod des Jair und seiner Helfer be-

---

[376] Zum darin enthaltenen Idolatriemotiv vgl. o. Anm. 62.

[377] Die Absicht Siseras, der vorhat, Israels Frauen zu seinen Konkubinen zu machen, ist aus dem biblischen Leittext (anschließend zitierte Strafankündigung Ri 4,9b) ebenfalls nach dem Prinzip der Talio gefolgert (Weil Sisara durch Jael getötet wurde, mußte sein Vergehen gegen die Frauen Israels gerichtet gewesen sein). Vgl. o. S.71 ff.

richtet (im Feuer); dem Bauen des Baals-Altars entspricht in der Coda seine Verbrennung.

Kap. 44–48: das falsche Verhalten Israels gegenüber dem Götzendienst Michas erweist auch sein Verhalten gegenüber dem Konkubinenmord der Benjaminiten als falsch: Israel verhielt sich also gegenüber zwei unterschiedlichen Sachverhalten reziprok unterschiedlich. Gottes Verhalten indessen ist wiederum dem Verhalten Israels gegenüber reziprok, insofern er Israel für sein Schweigen gegenüber Micha bestraft (47,12), aber auch am Ende Benjamin sowie Noba mit allen Einwohnern (47,10[378]) – aber eben so, daß noch 600 Männer vom Stamme Benjamin übrigbleiben. Benjamin erhält also einen neuen Anfang, was in 48,3 besonders deutlich durch den Frauenraub gezeigt wird.

Die Bedeutung des Talio-Prinzips für Pseudo-Philo kann kaum überschätzt werden. Deutlich liegt damit das für diesen Autor entscheidende Deutemuster der Geschichte, der Identität des eigenen Volkes und seiner Zukunft vor uns. Gleichwohl lebt die besondere Spannung seines Werkes gerade nicht von der starren Anwendung des Talio-Prinzips, sondern von seiner Brechung durch die Barmherzigkeit Gottes[379]. Freilich kann uns diese Beobachtung im Rahmen der narrativen Analyse nicht weiter beschäftigen.

2.5.2. Zur Bedeutung des Korrelationsprinzips im LAB

Das Korrelationsprinzip ist als narratives Gestaltungsmittel exemplarisch an folgenden Stellen aufzuweisen:

9,10: Nach dem Traum der Maria muß Mose ins Wasser geworfen werden, weil durch ihn das Wasser ausgetrocknet werden wird.

12,3: Die Anfertigung des Goldenen Kalbes wird unter Verweis auf die Turmbaugeschichte gedeutet (Erfüllungszitat Gen 11,6). Die Anfertigung des Goldenen Kalbes wird zur Erfüllung der Prophezeiung Gen 11,6: Die Turmbauer sind der Typos des untreuen Israel.

14,2fin: Im Zentrum der Erzählung vom Census des Mose steht der Interpretationssatz *In numero ingredientur in terram, et in modico tempore sine numero efficientur.* Damit wird der Sinn des erzählten Geschehens definiert.

Kap. 17: Analogie Auswahl des Priestergeschlechtes – Zuchtmethode Jakobs (Gen 30, 25–43); Ergebnis: Israel wurde der Herde gleichgemacht.

19,11: Analogie Stab des Mose – Bogen des Noa. Der Stab, mit dem Mose die Wunder vollbrachte[380], wird dem Noa-Bogen im Blick auf das künftig be-

---

[378] Vgl. dazu o. S.105.
[379] Vgl. dazu REINMUTH, Beobachtungen 162 f.
[380] Vgl. Ex 4,4–20; 7,9–20; 9,22–25; 10,12–15; 14,15–29; 17,1–7.9–13; Num 20,7–13; vgl. WADSWORTH, Dissertation 1,1 Anm. 426; im LAB 10,5: *Quoniam exclamasti ad me, tolle virgam tuam et percute mare;* Ex 14,15 f.

wahrende Handeln Gottes korreliert[381]: *Et erit virga tua in conspectu meo in commemorationem omnium dierum, et similabitur arcui in quo disposui testamentum ad Noe* ...

Die Josuarede 20,6 an die beiden Kalebsöhne stellt eine Analogie zwischen den Erzählinhalten in Jos 2 und Num 13[382] (vgl. LAB 15) her: *Ego autem et pater vester soli complevimus verbum Domini, et ecce vivimus hodie. Et nunc mittam vos inspicere terram Iericho. Imitamini patrem vestrum, et vivetis et vos.*

31,5: Das Gegenüber von Wasser und Milch des biblischen Leittextes (Ri 4,19) dient dazu, Israel mit der Herde Gottes zu vergleichen, die Sisera zerstören wollte – eben die Milch dieser Herde dient nun seinem Untergang. – Es handelt sich wiederum um ein Beispiel für die Verwobenheit von Talio- und Korrelationsprinzip.

59,5; 61,3: Der Sieg Davids über Goliat[383] ist seinem Sieg über die Raubtiere[384] korreliert. In der Gottesrede 59,5fin ist formuliert: *Ecce in lapidibus tradidi in conspectu tuo feras istas. Erit autem tibi in signum hoc, quoniam lapidibus interficies post tempus inimicum populi mei.* In der Davidrede 61,3 wird darauf Bezug genommen: *Si hoc est tempus quod dixit Deus ad me: Tradam in manus tuas in lapidibus inimicum populi mei?*

Diese wenigen Beispiele zeigen, wie bedeutungsvoll das Korrelationsprinzip für das theologische Denken und die narrative Gestaltungsarbeit Pseudo-Philos ist. Wir können auch in diesem Fall einige Beispiele nennen, an denen das (reziproke) Korrelationsprinzip in die Gestaltung des Verhältnisses von Exposition und Coda eingegangen ist:

Kap. 3: Steht am Anfang (Exposition §§ 1–3) die Bosheit aller Menschen und der Vernichtungsbeschluß Gottes, so steht am Ende (Coda §§ 11–12) der Bundesschluß Gottes mit Noa, der die künftige Bewahrung der noachidischen Menschheit zusagt.

Kap. 9: Exposition § 1; Coda § 16med. Zielte die Exposition ausdrücklich auf die beabsichtigte Versklavung Israels ab, so betont die Coda die Ankündigung der Befreiung durch Mose.

---

[381] Vgl. dazu WADSWORTH 1,1 200: »This detail of the rod of Moses being placed in the sky is not paralleled by any of our sources outside of this account of LAB.«

[382] Sendung von Kundschaftern nach Kanaan bzw. nach Jericho; die im Bibeltext gesehene Analogie wird LAB 20,10 noch einmal aufgenommen. Pseudo-Philo macht mehrfach Gebrauch von Analogien, die er zwischen biblischen Erzählinhalten erblicken konnte; vgl. z.B. für die Jaelgestalt in Kap. 31 Ri 4 und das Juditbuch (vgl. dazu V. D. HORST, Women 116); für Gideons Götzendienst LAB 36,3 Ri 8,24 ff und Ex 32,2 ff; für die Gestaltung der Erzählung LAB 45 Ri 19 (bes. VV. 11 ff) und Gen 19,1–11.

[383] Vgl. 61,7: *Et misit David in fundibulo lapidem, et percussit Allophilum in fronte sua* (vgl. 1 Sam 17,49).

[384] Vgl. 1 Sam 17,34.

Kap. 10: Die Coda § 7 entspricht der Exposition § 1 kontrapunktisch, insofern nun nach den Wundern in Ägypten (10 Plagen, von denen 9 aufgezählt
werden) die Wunder in der Wüste summarisch aufgezählt werden: § 1med
Misit quoque Deus super eos decem plagas et percussit eos; § 7 *Populus
autem suum deduxit in heremum ...*

Kap. 18: Am Anfang (Exposition §§ 1–2) steht das starke, sogar furcht-
einflößende Israel; am Ende (Coda §§ 13–14) das verführte und überwun-
dene.

Kap. 49: Der Chorschluß der Coda § 8 entspricht der kollektiven Absichtserklärung der Exposition § 1 in den beiden Elementen der Erwartung
(*forsitan*) eines Führers, der Israel befreien (*liberare*) wird: *Ecce nunc forsitan memor fuit nostri Deus, ut liberet nos de manu odientium.*

Kap. 50: Im Mittelteil §§ 2med–7 wird erzählt, wie aus der Hanna der
Exposition die Hanna der Coda wurde (§ 2in *Anna contristaretur valde;*
§ 8fin *mitificata est a dolore suo ...*).

Abschließend werden einige Beobachtungen zu textinternen analogen Gestaltungen von Erzählinhalten bzw. -Motiven im LAB notiert; auch sie weisen
auf die Bedeutung des Korrelationsprinzips für Pseudo-Philo hin.

Der Abschied Deboras (Kap. 33) weist zum Abschied des Kenas (Kap. 28)
einige Übereinstimmungen[385] auf: Beide Texte sind ohne biblischen Leittext
formuliert. Beide werden mit summarischen Formulierungen zur Exposition
einer Abschiedsszene eröffnet. Beide werden mit summarischen Sterbe-, Be-
gräbnis- und Trauer-Notizen geschlossen. Beide sprengen aber auch den Rahmen der Abschiedsrede durch eingefügte direkte Reden in Dialogform (hier
liegt inhaltlich der Akzent).

Beide werden überdies mit markanten Gliederungssignalen eröffnet bzw.
geschlossen, nachdem der vorlaufende Kontext bereits mit Schließungselementen endete, die den Abschluß des jeweiligen Komplexes erwarten ließen. Es ist anzunehmen, daß die Eröffnungs- und Schließungselemente in
LAB 28 und 33 in Analogie zu den entsprechenden Elementen Jos 23 f entwickelt worden sind (vgl. auch LAB 23,1; 24,6).

Einige Eröffnungen von Teiltexten zeigen in inhaltlicher Hinsicht auffallende Analogien:
6,1; 7,1: Gen 11,2–4
9,1; 10,1: Ex 1,22 (ein neuer Pharao)
18,1; 19,1: militärische Erfolge des Mose[386]
21,1.23,1: Josua am Lebensende

---

[385] Auch die Einführung des Kenas (Kap. 25) ist zu der Deboras (Kap. 30) analog gestaltet.

[386] Beachte den gleichlautenden Beginn: *In illo tempore interfecit Moyses ...* (18,1) – *Et
in tempore illo occidit Moyses ...* (19,1).

25; 49,4–5: Loswurf zur Führerwahl

52,1; 53,1; 55,1: Unkenntnis Samuels

Mehrfach wird die Unterdrückung als Ergebnis der Idolatrie Israels[387] herausgestellt: 18,14 (Bileam); Aod Kap. 34; Jair Kap. 38.

In analoger Gestaltung wird mehrfach gezeigt, daß nur einzelne anstelle einer größeren Zahl von Frommen tatsächlich in ihrem vertrauenden Handeln dem Willen Gottes entsprechen: Kap. 6 (Abraham anstelle der elf übrigen Bekenner); Kap. 9 (Amram anstelle der Ältesten); Kap. 12 (Mose anstelle des Volkes); Kap. 15 (Kaleb und Josua gegenüber den zehn übrigen Kundschaftern); Kap. 27 (Kenas anstelle der übrigen, zugespitzt in den schlafenden Knechten); Kap. 38 (nur sieben Männer verweigern anstelle des Volkes den Opferdienst).

Überleitung

Der LAB präsentiert sich als Geschichtserzählung. Die Analyse ergab, daß ein durchgehendes Interesse des Autors sichtbar wird, einen lückenlosen Erzählfaden zu erstellen. Zugleich wird deutlich, daß der Anteil metanarrativer Elemente, summierender Formulierungen, des Rückgriffs auf Nichterzähltes[388] usw. hoch ist. Diese Indizien weisen darauf hin, daß das Erzählziel Pseudo-Philos nicht vordergründig in der Nacherzählung biblischer bzw. haggadischer Erzählinhalte, sondern in der interpretierenden Darstellung ihrer Sachverhalte besteht. Das ›erzählenswerte Ereignis‹ der biblischen bzw. haggadischen Traditionen wird zum Gegenstand der Deutung; die Deutung wird zum Erzählziel. Dieser Sachverhalt trat besonders dort hervor, wo biblische Formulierungen oder Sachverhalte das narrativ intendierte Ziel einer Teilerzählung bildeten, oder wo ihr Ergebnis in metanarrativen Erklärungen zusammengefaßt wurde.

Ich sehe in den voranstehenden Beobachtungen und Analysen eine Vorarbeit für die Aufgabe, den LAB als Dokument des frühjüdischen Hintergrundes des Neuen Testaments besser für dessen Interpretation fruchtbar zu machen. Eine sachgerechte Erhebung der Aussageabsicht des LAB kann nur erfolgen, wenn die Kompositionsprinzipien dieses vielschichtigen und verwirrenden Werkes aus der Zeit der Entstehung des Neuen Testaments hinreichend erkannt sind. Mit den vorliegenden Untersuchungen wurde ein Schritt in diese Richtung gegangen. Der weitere Gang dieser Studien wird

---

[387] Vgl. dazu WADSWORTH, Dissertation 1,2 294.

[388] Bzw. auf einen voranstehend nicht erzählten Befehl Gottes. Diese Notizen gehören unter textpragmatischem Aspekt auf die metanarrative Ebene des LAB. Unter autoreferentiellem Gesichtspunkt repräsentieren sie, wie alle Bezugnahmen auf Nichterzähltes, potentielle Erzählinhalte des eigenen Kontextes.

sich nun nicht weiteren Schritten zur Erhebung der Eigenaussage des LAB widmen, wenngleich dies notwendig und reizvoll wäre. Vielmehr soll auf der gewonnenen Grundlage exemplarisch nach der Bedeutung dieser Schrift für das bessere Verständnis des Neuen Testaments gefragt werden.

Teil II

Lukas und Pseudo-Philo

1. Einleitung

Wir werden im nun folgenden zweiten Teil dieser Studie exemplarisch die Bedeutung des LAB für die Interpretation des NT nachweisen, und wir konzentrieren uns dabei auf das lukanische Doppelwerk und hier besonders auf die Apostelgeschichte.

Der Grund für diese Beschränkung[1] auf Lukas liegt in manchen merkwürdigen Übereinstimmungen[2] mit seinem Werk, die bei der Beschäftigung mit dem LAB auffallen, so daß ein so hervorragender Kenner des LAB und der lukanischen Schriften wie P.-M. Bogaert von einer »très curieuse parenté qui existe entre les *Antiquités Bibliques* et les écrits lucaniens«[3] sprach. Ich sehe in diesem Arbeitsschritt zugleich eine Möglichkeit, das die Forschung bis heute weitgehend bestimmende Bild vom ›Hellenisten‹ Lukas zu überprüfen und zu korrigieren. Dies würde dann gelingen, wenn etwa neben der allgemein als literarische Virtuosität verbuchten LXX-Mimesis[4] des Lukas seine substantielle Übereinstimmung mit frühjüdischen Voraussetzungen aufzuweisen wäre. Stimmen, die sich nicht mit dem einst scheinbar unbezweifelbaren Urteil, Lukas sei als Hellenist anzusprechen[5], zufriedengeben, sind in

---

[1] Der Umfang des lukanischen Erzählwerkes macht »mehr als ein Viertel des Neuen Testaments aus«; vgl. SCHNEIDER, Literatur 353. Er reicht damit unter den neutestamentlichen Erzählwerken am ehesten an den Umfang des LAB heran (vgl. den o. S. 3 Anm. 1 von HARRINGTON vorgeschlagenen Vergleichsmaßstab).

[2] Vgl. die Zusammenstellungen von Analogien zwischen dem Neuen Testament und dem LAB bei JAMES 59 f; FELDMAN, Prolegomenon LVI–LVIII, DIETZFELBINGER, Dissertation 196–245.

[3] BOGAERT, lumière 317. Allein unter den »sprachliche(n) Analogien« (vgl. die Überschrift DIETZFELBINGER, Dissertation 196), die DIETZFELBINGER, aaO. 196–216 zusammengestellt hat, finden sich einige, die sich auf das lukanische Doppelwerk bzw. nur auf dieses beziehen. Vgl. auch den Hinweis auf Lukas in der Einleitung C. PERROT II 30: »A l'exemple du Chroniqueur et, d'une manière plus proche encore, à l'instar de Luc dans les *Actes des Apôtres*, il sait brillamment raconter l'histoire et faire parler abondamment ses personnages (d'où les très nombreux discours de *LAB*). Comme Luc encore, il insiste spécialement sur le thème de la prière et de la providence divine, sur l'esprit, etc.«

[4] Vgl. v.a. PLÜMACHER, Lukas 38–72.138 f

[5] Vgl. z.B. KÜMMEL, Einleitung 118: »Das einzige, was mit Sicherheit aufgrund des Lk (Lukasevangeliums) über seinen Verf. gesagt werden kann, ist die Tatsache, daß er ein Heidenchrist war.«; LOHSE, Einleitung 96: »Das lukanische Werk läßt nur erkennen, daß sein Verfasser ein hellenistisch gebildeter Heidenchrist war, der durch seine Darstellung der Geschichte Jesu und der Anfänge der Kirche die christliche Botschaft in die hellenistische

letzter Zeit[6] hörbar geworden[7]. Wir wenden uns einführend zwei unterschiedlichen Beobachtungen zu, die je auf ihre Weise die Frage nach der Bedeutung des LAB für die Interpretation der lukanischen Schriften verdeutlichen.

1.1. Israel und die Völker

Jacob Jervell hat jüngst auf die Bedeutung Israels für Lukas hingewiesen:»Israel ist für Lukas das erwählte und untreue Volk Gottes. Das kommt derart betont zum Ausdruck, daß es für Lukas eigentlich nur ein Volk gibt, das man ›Volk‹, λαός, nennen darf, und das ist Israel. Und wenn Lukas von Israel redet, meint er Israel und ausschließlich Israel.«[8] Jervell nennt damit in der Sache eine frühjüdische Voraussetzung des Lukas, für die der LAB als exemplarischer Belegtext herbeigezogen werden kann. Pseudo-Philo stimmt mit dieser Voraussetzung bruchlos überein; überdies weist sein diesbezüglicher Sprachgebrauch aufschlußreiche Übereinstimmungen mit dem des Lukas auf[9].

Welt hinaustragen möchte.«; SCHULZ, Vorsehung 104 beginnt seinen Aufsatz mit der Feststellung »Der Hellenist Lukas ist der Schöpfer der Heilsgeschichte ...«; PLÜMACHER, Lukas 139, schließt sein Buch mit dem Satz:»Lk war hellenistischer Schriftsteller, aber er war dies nicht, weil es ihm etwa modisch erschienen wäre, einer zu sein, sondern deshalb, weil er als solcher schriftstellerische Mittel zur Verfügung hatte, die ihm, wie er offenbar glaubte, als einzige erlaubten, seine Ansichten adäquat wiederzugeben.« BUSSE, Evangelium 162 Anm. 6 kritisiert die These, Lukas sei Heidenchrist gewesen, als »seit der Patristik festverankertes, aber häufig ungeprüftes Einleitungswissen.«

[6] Vgl. freilich die Veröffentlichungen JACOB JERVELLS seit 1965 (DERS., Das gespaltene Israel und die Heidenvölker. Zur Motivierung der Heidenmission in der Apostelgeschichte, StTh 19).

[7] Vgl. z.B. SELLIN, Gleichnisse 189 ff, bes. 196 f; zuletzt JERVELL, Sohn; DERS., Treue; einige Beobachtungen und Literaturverweise bei BUSSE, Evangelium 162 Anm. 6. SALMON, Insider 77.80 f stellt Argumente für die These zusammen, daß die lukanische Kritik am Judentum nicht als heidnische, sondern nur als innerjüdische verständlich gemacht werden kann; vgl. die bündig formulierte Voraussetzung:»Spoken from the outside, harsh words are condemning; from the inside, the same words are prophetic.« (aaO. 77). BARNARD und VAN'T RIET formulieren die Ausgangsthese, »dat ›Lukas‹ een Jood was, die schreef voor een joods publiek« (15); vgl. 28: »...,dat Lukas een ontwikkelt diaspora-Jood is gweest, die niet alleen met het semitische Grieks van zijn joodse omgeving vertrouwd was, maar ok met het meer literaire Grieks van zijn heidense omgeving.« VON DER OSTEN-SACKEN schließt seine kurze, allgemeinverständlich gehaltene Stellungnahme mit der These: »Lukas der hellenistische Geschichtsschreiber – ja; Lukas der Heidenchrist – nein. Vielleicht erscheint manche Passage seines Doppelwerkes doch noch einmal in neuem Licht, wenn sie unter der Voraussetzung gelesen wird, die alle Wahrscheinlichkeit für sich hat: Lukas der Judenchrist.« (Lukas 9).

[8] JERVELL, Treue 15. Es handelt sich bei diesen pointierten Formulierungen um den Beginn des Aufsatzes.

[9] Der LAB stimmt in der theologisch begründeten Gegenüberstellung von Israel und den Völkern mit der frühjüdischen Literatur im ganzen überein; er kann freilich in seiner Eigen-

Bereits im Abschnitt I 2.2 wurde deutlich, daß die Menschheit, die in den Turmbaugeschichten LAB 6 und 7 als Handlungsträger fungiert, die noachidische, heidnische Menschheit repräsentiert[10]. Mit dem Sieg Abrahams (vgl. v.a. 6,18) und seiner Erwählung, deren Ankündigung in 7,4 mit dem Gericht über die Turmbauer synchronisiert ist, gerät zugleich die (Vor-)Geschichte der heidnischen Menschheit aus dem Blickwinkel des Autors. Dagegen steht jetzt die – bereits in der Vorgeschichte sich ankündigende[11] – Erwählungsgeschichte Israels im Mittelpunkt; das Volk Gottes steht nun den Heidenvölkern gegenüber[12].

Die lokalen Angaben in den ersten Kapiteln bestätigen diese Perspektive. Die überschriftartigen Einsatzworte *initio mundi* implizieren im Blick auf den lokalen Bezugsrahmen des nachlaufenden Kontextes eine universale Perspektive. Diese wird durch Teiltexte wie 2,1; 3,1; 4,5.17 ausdrücklich aufrechterhalten[13]. Detaillierte Angaben über Wohnorte der Menschheit werden zwar bereits 2,3 (die sieben Städte Kains) sowie 4,3[14]–4 geboten; vgl. noch 4,17[15]. Diese Angaben schränken indessen die beobachtete universale Perspektive nicht ein.

6,1 bietet eine lokale Detaillierung, indem über das Wohnen der Menschheit in Babylon berichtet wird. 8,1 erwähnt das Wohnen Abrahams in Kanaan; Kanaan wird 7,4 als das erwählte Land eingeführt, das von der Sintflut nicht berührt wurde[16]. Damit ist auch erzählerisch die Polarisierung zwischen der Welt der Heiden und dem von Gott erwählten Land Kanaan als dem Wohnort Israels eingeführt. Der Prozeß dieser lokalen Ausdifferenzierung entspricht der prozeßhaften Polarisierung zwischen Israel und den Völkern[17].

---

art als Geschichtserzählung die diesbezügliche lukanische Voraussetzung in besonderer Weise verdeutlichen.

[10] S. o. S. 40 ff.

[11] S. dazu o. S. 38 f.

[12] JERVELL hat im Blick auf Lukas beobachtet: »Natürlich haben auch die anderen Völker irgendwie eine Geschichte, aber eine fast leere. Denn die Vergangenheit aller Völker, sozusagen en masse, ohne Israel, ist durch die Abwesenheit Gottes charakterisiert. Gott ist nicht in ihrer Geschichte tätig, sie wurden sich selbst überlassen, Apg 14,16.« (aaO. 17; zu Act 14,16 s. u.). Gleiches läßt sich im Blick auf Pseudo-Philo behaupten.

[13] Das an diesen Stellen gebrauchte *terra* wird als Äquivalent von אדמה verwendet; *mundus* wird außer 1,1 nur noch 9,3; 11,1 gebraucht.

[14] Die Formulierung *Et tunc divisa est pars tercia terre* § 3fin zielt offenbar darauf ab, über die Besiedelung eines Drittels der von der Flut verwüsteten Erde zu informieren (vgl. § 4); vgl. HARRINGTON, Translation 308 Anm. q. Der universale Bezug auch dieser Nachricht wird in § 5 deutlich.

[15] Der Plural- und Singulargebrauch von *terra* in der Wiedergabe von Gen 10,31–32 verdeutlicht die intendierte Bezogenheit der Menschheitswohnsitze auf die eine Erde.

[16] 7,4 führt also die lokale Polarisierung – analog zu der der Handlungsträger – ein.

[17] Schlußglied in diesem Prozeß ist beachtenswerterweise die Rettung Abrahams (und seiner elf Freunde) aus dem Martyrium.

Pseudo-Philo spricht von den Völkern regelmäßig als den *gentes*[18]. In der Ankündigung der Gesetzgebung 11,1 ist formuliert: *et glorificabo populum meum super omnes gentes*; 12,2 macht deutlich, daß die Völker durch ihren Götzendienst definiert sind: *Fac nobis deos, quibus serviamus, quemadmodum habent et cetere gentes* ...; 20,4 bietet eine erwählungstheologische Mutmaßung aus heidnischer Sicht: *Nam etsi dixerint gentes: Forsitan defecit Deus, quoniam non liberavit populum suum, agnoscentes tamen quod non elegerit sibi plebes alias faciens cum eis mirabilia magna* ...; im Zusammenhang einer Erkenntnisformel werden die Heidenvölker 21,5; 27,7 genannt. 16,3 bezeichnet die Sintflutgeneration bzw. das Heer der Ägypter als den *tribus gentium*, dessen Gott nicht mehr gedenkt[19]. Die Geschichte der noachidischen Menschheit ist die Vorgeschichte der Heidenvölker in der Gegenwart Israels. Dieses ist im regelmäßigen[20] Sprachgebrauch Pseudo-Philos der *populus*[21].

Lukas bietet im Gebrauch von ὁ λαός[22] und τὰ ἔθνη[23] einen analogen Sprachgebrauch[24]. »Das Wort λαός kommt im Neuen Testament 142mal vor,

---

[18] Vgl. 4,17; 9,5; 11,1; 16,3; 12,2; 20,4; 21,5; 27,7; 30,4; 51,3(bis); 64,4. 4,11 kündigt Abraham als den *pater gentium* an. Diese Stellen bieten den Pluralgebrauch des Wortes. Im Singular kann *gens* auch auf Israel bezogen werden; vgl. 39,7 (in Parallele zu *populus: hec gens*); 32,1 (*elegit gentem nostram*); 51,6.7 (bis: *lumen genti huic*; sc.Israel). LAB 12,4 spricht in Wiedergabe von Jes 40,15 (גוים) vom *hominum genus;* vgl. 26,14; 44,10. Lukas verwendet einen analogen Begriff Act 17,26: ἐποίησέν τε ἐξ ἑνὸς πᾶν ἔθνος ἀνθρώπων.

[19] 21,5 gebraucht die Wendung *tribus orbis* in Parallele zu *gentes terre*; es handelt sich im Zusammenhang um eine Erkenntnisformel. Vgl. dazu u. S. 137 ff.

[20] Ausnahmen, an denen das Wort im Sing. nicht Israel meint: 7,2; 12,3; gemeint ist an beiden Stellen das eine Menschheits-Volk (vgl. die Wiedergabe von Gen 11,6 an der ersten Stelle *ecce populus unus*); vgl. für die heidnische Menschheit als das Turmbauergeschlecht ferner 6,4.6; entsprechend (vgl. die übereinstimmende theologische Bewertung für Ägypter und Turmbauer in 16,3) ist in 9,1(bis).7 das Volk Ägyptens gemeint.

[21] Pseudo-Philo gebraucht das Wort 216mal im Singular sowie 46mal im Plural. Auch der Pluralgebrauch meint regelmäßig Israel (vgl. PERROT II 111, der hinter *populi* die Stämme Israels vermutet und auf den immerhin bei Lukas möglichen Auslegungsschritt verweisen kann, οἱ λαοί aus Ps 2,1 auf Israel zu beziehen; vgl. Act 4,25.27). LAB 22,1 gibt mit (*conturbati sunt*) *omnes populi* Jos 22,12 בני ישראל wieder; die Wendung ›Söhne Israel‹ benutzt Pseudo-Philo selbst z.B. 9,5; 25,1; 28,4; 30,4. Er kann den Plural auch dort einsetzen, wo der biblische Leittext den Singular bietet; vgl. z.B. 11,3–4: Ex 19,14.17 העם, LXX ὁ λαός. 46,1 gibt mit *conturbati sunt populi Israel* Ri 20,11 כל־איש ישראל wieder. 14,1 spricht mit den *nationes* (hap.leg.) von den Stämmen Israels. Ausnahmen sind 7,5; 19,1; 23,12; 35,2; 51,6 (*lumen populis*; vgl. Jes 51,4).

[22] Lk 2,31 bietet mit dem Plural von ὁ λαός für ›die Völker‹ eine Ausnahme.

[23] Ausnahmen, an denen τὸ ἔθνος Israel meint, sind Lk 7,5; 23,2; Act 10,22; 24,2.10.17; 26,4. Act 7,7 ist mit dem Singular τὸ ἔθνος im Zitat Gen 15,14 das Volk der Ägypter gemeint; analog zitiert Pseudo-Philo die Stelle in LAB 15,5: *et gentem cui servierit ego iudicabo*.

[24] Vgl. dazu JERVELL, Treue 15 ff; hier auch Angaben und Bewertungen zu den Ausnahmen sowie zur auf die christliche Gemeinde bezogenen Verwendung im lukanischen Sprachgebrauch.

davon hat Lukas allein 84, also 60%. Und wenn Lukas das Wort ohne nähere Bestimmung verwendet, meint er ausschließlich Israel, meistens das Volk als Volk, Völkerschaft, oder ab und zu eine Volksmenge, aber dann nur aus Juden.«[25]

Die Vorgeschichte der Menschheit endet LAB 2,8–10 in der Realität von Unzucht, Götzendienst und Mord, bevor mit der Noageschichte (Kap. 3) der Bundesschluß Gottes mit dieser Menschheit ergeht (vgl. bes. §§ 9–11). Seine Wirkung wird in der Basisschilderung 4,5 berichtet: *Et tunc ceperunt operari terram et seminare super eam. Et cum sitiret terra, exclamaverunt habitantes eam ad Dominum; et exaudivit eos et ampliavit pluviam. Et factum est cum descenderet pluvia super terram, apparuit arcus in nube. Et viderunt habitantes terram memoriam testamenti, et ceciderunt in faciem suam et immolaverunt offerentes holocaustomata Domino.* Diese Basisschilderung liest sich wie die narrative Illustration zu der argumentierenden Formulierung Act 14,17.

Folgende Elemente sind im Blick auf Act 14,17 herauszustellen: Beide Texte thematisieren den Zusammenhang von der Fruchtbarkeit der Erde und dem von Gott gewährten Regen sowie der Dankbarkeit der Heiden. LAB 4,5 erwähnt den Bogen als Zeichen der Erinnerung an den Noa-Bund; Act 14,17 spricht davon, daß Gott mit Regen und Erntezeiten eine ihn bezeugende Wirklichkeit gewährt habe (οὐκ ἀμάρτυρον αὐτὸν ἀφῆκεν). ›Erinnerung‹ (*memoria*)[26] und ›Zeugnis‹ (*testimonium*)[27] werden im Blick auf ihre Funktion im LAB analog verwendet. Beide Texte stimmen in der Voraussetzung überein, daß die Heiden Gott an der Gewährung von Regen und Fruchtbarkeit wahrnehmen können. Mit LAB 4,5 wird zweifellos ein Stück des frühjüdischen Hintergrundes des Sachgehaltes der Formulierung Act 14,17 sichtbar. Sie steht in unmittelbarem Zusammenhang mit der argumentativen Feststellung V. 16[28]. Hier heißt es: εἴασεν πάντα τὰ ἔθνη πορεύεσθαι ταῖς ὁδοῖς αὐτῶν·

---

[25] JERVELL, Treue 15. Ebd. Anm. 2 verweist JERVELL auf den hier einzuordnenden Sprachgebrauch von ὁ ὄχλος bzw. ἡ ἐκκλησία. Es ist zu beachten, daß Pseudo-Philo *plebs* als Äquivalent von העדה verwenden kann (so sichtlich LAB 14,1; vgl. Num 1,2; LXX: ἡ συναγωγή. Der jeweils nachlaufende Kontext LAB 14,1–5 bzw. Num 1,16.18 u.ö. sowie die Verarbeitung von Num 16,26 in LAB 16,7 bestätigt diese Entsprechung); vgl. ferner 27,2; 30,3(bis); 51,7; 52,1; 55,2 (Gebrauch des Plurals in 15,4; 20,4; 30,4.5; 54,2). 16,7 zeigt überdies die Bedeutungsnähe von *plebs* und *synagoga* (vgl. dazu 16,6; 17,4; 22,5 {Pluralgebrauch wie 16,7}; 25,6; 29,3; 57,2; vgl. noch 28,4 {*congregatio*}). Der Gebrauch von ἡ ἐκκλησία in Act 19,32.39.41, vor allem aber in Act 7,38, wird vor diesem Hintergrund deutlicher.

[26] Vgl. bes. 3,12; ferner 14,4; 26,12; 32,4; 44,8.

[27] Vgl. bes. 19,11; ferner 11,2; 23,7; 32,15.17.18; 62,10.

[28] VV. 16 und 17 sind argumentierend auf V. 15 bezogen. Vgl. für den Zusammenhang HOLTZ, Glaube 271 f.

Pseudo-Philo kennt einen theologisch qualifizierten Weg-Begriff, der v.a. auf die Wege Gottes als geforderter bzw. verfehlter Wandel Israels bzw. einzelner Handlungsträger bezogen ist[29]; er kennt darüber hinaus nicht nur die traditionelle Verbindung von ›Weg‹ und ›Wandel‹ im Sinne ethischen Wandels, wie sie Act 14,16 vorauszusetzen ist, sondern auch Formulierungen, die auf eine diesbezügliche theologische Übereinstimmung mit Lukas hindeuten. Vgl. z.B. 13,9 *Hec sunt vie* (sc. die Wege des Paradieses) *quas perdiderunt homines, non ambulantes in eis, quoniam peccaverunt in me*; 18,3 *vie autem nostre non sunt directe nisi velit Deus*; 22,3fin *recedamus a Domino Deo nostro, quia prolongavit Deus noster de viis nostris ne serviamus ei*; 27,12 *Numquid sicut via hominum vie Domini sunt?* (vgl. 35,5); 49,3med *Qui ambulantes in viis nostris iniquis non scivimus eum qui creavit nos, et propterea erit noster cogitatus in vano.* Besonders die letzte Stelle stellt deutlich den Zusammenhang zwischen dem bösen Wandel und der aktiven Unkenntnis des Schöpfergottes heraus – ein Zusammenhang[30], der für die frühjüdische Beurteilung des Heidentums grundlegend ist[31]. Das Verlassen der Wege Gottes und Gehen der eigenen ist schuldhaftes, heidnisches Verhalten[32].

Lukas zeigt wichtige Übereinstimmungen mit Pseudo-Philo im Blick auf das Verhältnis Israels zu den Völkern. Es wurden theologische und sprachliche Voraussetzungen sichtbar, die als Elemente der Erwählungstheologie in der unterschiedlichen inhaltlichen Abzielung beider Autoren verarbeitet werden. Dabei wird zugleich die theologische Voraussetzung beider Autoren wichtig, daß es keine neue, andere Erwählung geben kann[33]. Im LAB wird

---

[29] Vgl. 6,4; 9,7; 11,6.7; 12,4; 13,8–10 (mehrmals); 15,7; 16,5 (tris); 18,3.7.8; 19,4; 20,3 f (bis); 22,2.3.7 (bis); 24,4; 27,12 (bis); 28,4; 30,1 f (bis); 32,12; 33,2.3; 35,5 (bis); 36,4; 39,6; 49,3; 52,1 f (tris).4; 53,12; 56,1.5; 61,6; 63,1.

[30] Es handelt sich bei der Rede des Nethez freilich um mahnende Worte an Israel.

[31] Vgl. dazu REINMUTH, Geist 41–47.

[32] Vgl. im Blick auf Act 14,16 WEISER, Kommentar II 352: »Daß Gott bisher die Heiden ihre ›eigenen‹ Wege gehen ließ, sagt Lukas *nicht entschuldigend*; denn 17,30 ergeht ja angesichts der heidnischen Unkenntnis die *Umkehr*forderung, was ein schuldhaftes Verhalten voraussetzt.«; vgl. ähnlich ROLOFF, Kommentar 218; BAUERNFEIND 183. Anders HAENCHEN 411; SCHILLE 307; PESCH II 58 formuliert vorsichtig: »Ob die Heiden entschuldigt werden sollen, ist angesichts der nachfolgenden Ausführungen fraglich.«

[33] Vgl. für den LAB REINMUTH, ›Nicht vergeblich‹ passim, bes. 116; für Lukas JERVELL, Treue passim; bes. 21: »Denn die Geschichte des Gottesvolkes ist rein von Gottes Erwählung bestimmt. Die Geschichte ist von Gottes Güte und Geduld getragen. Die Überschrift über die Geschichte ist eben die Erwählung der Väter, 13,17. ... Der Geschichte zum Trotz (Apg 7): Israel ist und bleibt Gottes Volk, λαός. Trotz allen prophetischen Gerichtsworten gegen das Volk ist es nie von Gott verworfen worden.«; vgl. aaO. 22: »Die Verheißungen werden alle erfüllt, das Volk als Volk wird nie verworfen. Denn Verheißungen und Heil sind vererbbar, aber nur von Israel.« Vor diesem Hintergrund ist zu betonen, daß weder Pseudo-Philo noch Lukas den theologischen ›Rest-Gedanken‹ gebrauchen. VAN DER MINDE, Denken passim, hat es unternommen, die »lukanische Geschichtsschreibung« mit dem »qumranischen Geschichtsabriß« (aaO. 343) CD 1,1–12 zu vergleichen. Er tut dies un-

diesbezüglich eine offenbar brennende Problematik sichtbar, die zugleich ein Schlaglicht auf die äußere, zeitgeschichtliche Situation wirft[34]. Die Problematik des Lukas ist durch die Ablehnung des Christus durch Israel geprägt; seine Lösung erfolgt indessen nicht dadurch, daß Israel nun durch die Kirche als neues Israel ersetzt wird[35]. Für beide Autoren wird im Zusammenhang einer problematisierten Israel-Theologie der Gedanke der Präexistenz des göttlichen Heilsratschlusses wichtig[36].

1.2. Die Erkenntnisformel und ihre Derivate

Act 10,34 eröffnet Petrus seine Rede mit den Worten: ἐπ’ ἀληθείας καταλαμβάνομαι ὅτι οὐκ ἔστιν προσωπολήμπτης ὁ θεός ... Die Rede des Petrus VV. 34–43 ist Antwort auf die Rede des Kornelius VV. 30–33; sie geht der Geistbegabung der Heiden (VV. 44–46) unmittelbar voraus und deutet diese bzw. das Gläubigwerden der Heiden in den komprimierten theologischen Formulierungen VV. 34b–35[37]. Die Formulierung der gewonnenen Erkenntnis V. 34a bezieht sich folglich in der Sache auf ›biblisches‹ Wissen[38].

---

ter der Voraussetzung, daß beide Texte im Blick auf ihre Adressaten beabsichtigen, »durch den Aufweis der Verheißungstreue Gottes dem Leser zur Gewißheit des Geschehenen und noch Ausstehenden zu verhelfen« (so Lukas) bzw. »die Hörer in ihrer Zuversicht in das ungebrochene Heilshandeln Gottes zu stärken« (so CD 1,1–12; beide Zitate aaO. 343). VAN DER MINDE sieht drei elementare Übereinstimmungen: »a) Qumrangemeinschaft und christliche Kirche verbindet das fundamentale Selbstverständnis, die von Gott endgültig erwählte Heilsgemeinde zu sein ... b) Die Geschichte Israels wird in gleicher Weise negativ beurteilt ... c) Der offene Gegensatz zwischen dem eigenen Anspruch und der Verwerfung der Juden findet seine geschichtliche Erklärung und theologische Versöhnung in der Überzeugung von der Kontinuität des Heilshandelns Gottes ...« (aaO. 356). Diese Thesen können im Blick auf die lukanische Theologie im ganzen kaum überzeugen. Diese Feststellung gilt v.a. deshalb, weil der Rest-Gedanke aus CD 1,4 im lukanischen Denken keine Parallele hat. VAN DER MINDE berücksichtigt diesen zwar mit der sachlich problematischen Feststellung: »Mit der Restvorstellung ist theologisch der herkömmliche Israelbegriff gesprengt und der Bund nun nicht mehr an das Volk gebunden.« (aaO. 353), setzt dann aber offenbar implizit diesen ›gesprengten Israelbegriff‹ für Lukas voraus.

[34] Vgl. nur die oben zitierte Formulierung aus 20,4; vgl. o. S. 134.

[35] Vgl. JERVELL, Treue passim, bes. 23. AaO. 18 heißt es: »Es gibt nur ein Gottesvolk, Israel, und ein zweites kommt nie. Wenn Lukas von ›einem Volk aus den Heiden‹ redet, so wie Apg 15,14, meint er nicht, daß jetzt Israel nicht mehr Gottesvolk ist oder von einem neuen Volk aus Heiden ersetzt wird.«

[36] Vgl. dazu die Beobachtungen im Abschnitt II 4.2.

[37] Es handelt sich nicht um ein Zitat, sondern um komprimierte biblische Anspielungen; vgl. zu den Schriftbezügen die Kommentare von PESCH V/1 342; ferner ROLOFF 171 f; SCHILLE 248 f; WEISER 1,267.

[38] Vgl. ähnlich LAB 20,4 *tunc intelligent quoniam personam non accepit Fortissimus*; der Gehalt dieser theologischen Formulierung wird freilich an dieser Stelle dazu verwendet, gegenüber den Heidenvölkern die in Gott selbst begründete Rechtmäßigkeit des Strafhandelns Gottes an seinem Volk zu demonstrieren.

Gleichwohl geht es um eine erzählte neue Erkenntnis[39], als dieses Wissen eine unvorhergesehene Realisierung und Bewahrheitung erfahren hat.

Act 12,11 gibt als Kommentar des Petrus zu seiner wundersamen Befreiung (VV. 6–10) die Worte wieder: νῦν οἶδα ἀληθῶς ὅτι ... – es folgt die Feststellung der Erkenntnis, daß Gott seinen Engel geschickt hat, um Petrus zu befreien. Die vorangehend erzählte Befreiungsgeschichte erhält auf diese Weise ihre als Handeln Gottes interpretierte eindeutige Bewertung[40]. Diese ist im Anklang an biblische Formulierungen gestaltet; vgl. für die rettende Sendung des Engels Dan LXX 3,95 Θ; 6,23 Θ; für das ἐξείλατό με ἐκ χειρός Ex LXX 18,4[41].

Die reflektierende direkte Rede des Petrus Act 12,11 ist in narrativer Hinsicht in den Leerraum zwischen der Befreiung (VV. 6–10) und dem Besuch im Haus der Maria (VV. 12–17) plaziert; sie hat den Charakter eines inneren Monologs[42] und realisiert die am vorlaufend erzählten Befreiungsgeschehen zu gewinnende Glaubenserkenntnis in biblischen Formulierungen und mit Blick auf den Rezipienten[43].

Ähnliche Formulierungen werden in vergleichbarer Funktion im LAB verwendet.

Besonders auffallend ist 27,14: *Nunc scimus quoniam constituerit Dominus facere salutem populo suo; non indiget multitudine sed sanctificatione.* Für *constituerit* liest π *cum statuerit*, und es ist mit Harrington[44] zu fragen, ob damit nicht in der Tat die ursprünglichere Lesart vorliegt. Das – dem vorlaufenden Kontext entsprechende – Ziel des Erkenntnisgewinns käme dann auch als Ziel des Satzes zum Ausdruck.

Die Formulierung beendet als kollektives Schlußwort den Dialog zwischen ganz Israel und dem vom siegreichen Kampf heimkehrenden Kenas (§§ 13–14), in dem deutlich wird, daß Kenas mit Unterstützung der Engel (§ 10) allein den Sieg erfocht. Eben dieses Geschehen sollte diese Erkenntnis bewirken; 27,7med: *ut sciant ipsi et omnes gentes et populus tuus ...* Das kollektive Schlußwort 27,14 ist als Feststellung einer Erkenntnis formuliert,

---

[39] Zutreffend WEISER, Kommentar 1 267: »Lukas hebt damit nicht die Erwählung Israels auf, sondern bringt die über Israel hinausgehende, durch Christus geschenkte Heilsmöglichkeit zur Sprache.«

[40] Vgl. die Beobachtung WEISERS, Kommentar 1 290: »In diesem Kernsatz der Erzählung laufen alle Fäden zusammen.«

[41] Vgl. ähnlich PESCH, Kommentar 1 365; Petrus spricht sein Widerfahrnis »in biblischen Wendungen (der Befreiungsgeschichte Israels und seiner verfolgten Gerechten) als theologische Deutung des Ereignisses« aus.

[42] Ähnlich SCHILLE 272: »Form einer kleinen Selbstansprache«.

[43] Eine mit Act 10,34; 12,11 vergleichbare Wendung bietet Joh 16,30.

[44] I 222 App.

die ihrerseits ›biblischen‹ Charakter hat (vgl. Ps 33,16–19)[45] und – ab dem erzählten ›Jetzt‹ – künftig in Geltung stehen soll (wie Act 10,34 f).

11,14 wird als Begründung für die Bitte des Volkes, Mose solle mit Gott reden (vgl. Ex 20,19), formuliert: *ecce enim hodie scimus, quoniam loquitur Deus homini os ad os, ut vivet homo* (Rückbezug auf Dt 5,24 ראה[46]). Die Fortsetzung des Textes schließt unmittelbar an den Abschluß der Gesetzoffenbarung § 14in an: *et nunc cognovimus vere, quoniam portavit terra vocem Dei cum tremore.*

20,5: *Ecce nos scimus hodie, que prophetaverunt Eldat et Modat* ... Das Volk antwortet auf den Erweis der Führungsqualität des Josua, die in seiner geistbegabten Rede §§ 3–4 erkennbar wird, mit dem Hinweis auf die Prophetie aus der Mosezeit: Diese Prophetie hat sich aktuell vor ihren Augen zu erfüllen begonnen. In Num 11,26–30 ist von einer solchen Prophezeiung nicht die Rede, Josua wird aber immerhin in diesem Zusammenhang erwähnt. Wir haben folglich mit dem Prophetenspruch des Eldat und Modat (*Post requietionem Moysi dabitur principatus Moysi Ihesu filio Nave*) ein explizites, aber nicht biblisch belegtes Zitat vor uns. Die Erfüllung der Prophetie, die durch Eldat und Modat einst erfolgte, offenbart zugleich ihren Inhalt und damit den Inhalt der Schriftstelle Num 11,26–30.

21,9: *Ecce fecit Dominus omnia que locutus est ad nos, et vere modo cognovimus*[47] *quoniam statuit Deus omne verbum legis sue quod locutus est ad nos in Oreb.* Der Grund für die Gewißheit des Volkes, daß der Gesetzesinhalt durch Gott verbürgt ist, liegt in der Erfahrung, daß Gott seine Verheißungen erfüllt.

26,14; Kenas reagiert mit diesen Worten auf die Gottesrede: *Et nunc scio hodie, quoniam genus hominum fragile est, et vita eorum in nihilo deputabitur.*

29,1; nach dem Tod des Kenas spricht der neue Richter Zebul: *Ecce nunc scimus omnem laborem quem laboravit nobiscum Cenez in diebus vite sue.* (vgl. 19,5; Moserede: *Vos autem scitote laborem meum quem laboravi vobiscum, ex quo ascendistis de terra Egipti*).

64,4; aufgrund des Nichterkanntwerdens durch die Hexe von Endor weiß Saul, daß die Herrlichkeit seines Königtums von ihm gewichen ist: *Ecce nunc scio quoniam species mea mutata est, et gloria regni mei transivit a me.*

---

[45] Vgl. WADSWORTH, Dissertation 1,2 266: »The words of LAB 27,14 ... form a precept which this episode in the life of Cenez has abundantly demonstrated, and it is a precept which is almost a précis of Psalm 33: 16–19.« Inhaltlich wird zugleich der Sachbezug auf LAB 25,2–3 deutlich (Reinheit von Sünde als Vorbedingung für erfolgreichen Kampf; vgl. WADSWORTH ebd.).

[46] Vgl. die Analyse zu LAB 11 o. S. 52 mit Anm. 94.

[47] *cognovimus* nur hier und 11,14 (s. o.).

Das biblische Vorbild dieser geprägten Formulierungen⁴⁸ findet sich Jos
22,31 ... ביום ידענו כי־בתוכנו יהוה אשר; LXX: Σήμερον ἐγνώκαμεν ὅτι μεθ᾽
ἡμῶν κύριος, διότι κτλ ... Vgl. auch 2 Kön 5,15 כי ... הנה־נא ידעתי; LXX: ἰδοὺ
δὴ ἔγνωκα ὅτι ... Es handelt sich in beiden Fällen⁴⁹ um theologische gefüllte
Aussagen, und die Vermutung liegt nahe, in Jos 22,31; 2 Kön 5,15 Formen der
alttestamentlichen Erkenntnisformel zu sehen⁵⁰.

Diese wirkt sich deutlich in geprägten Wendungen des LAB aus, in denen
scio imperativisch und im Zusammenhang theologisch gefüllter Wendungen
erscheint: 19,5; 20,3; 30,7; 49,7.

19,5: *Scitote autem, quoniam panem angelorum manducastis quadraginta
annis.* Vgl. *vos autem scitote* § 5fin (s.o.).

20,3: *Et ecce nunc vos omnes duces scitote hodie quia, si profiscimini in
viis Dei vestri, dirigentur semite vestre.*

30,7: *Scitote autem quoniam post discessum meum incipietis peccare in
novissimis vestris.*

49,7: *Et nunc scitote quia Elchana ... non potest principari in vobis, sed
magis filius eius ...*⁵¹

Es handelt sich in allen Fällen (einschließlich den in der vorigen Anmerkung genannten) um revelatorische Inhalte, denen die Aufforderung oder Ankündigung des Erkennens gilt. Die aufgewiesenen Formulierungen sind als
abgeleiteter, eigenständiger Gebrauch der alttestamentlichen Erkenntnisformel zu bewerten.

Gleiches läßt sich für Act 2,14; 4,10; 13,38; 28,28⁵² feststellen: γνωστὸν
(οὖν) ἔστω ὑμῖν ὅτι ...⁵³ In allen vier Fällen handelt es sich um theologisch

---

⁴⁸ Vgl. auch syrBar 14,2 (gr. Fragment): νῦν οἶδα, ... ›viele haben gesündigt und im
Glück gelebt‹ usw; die Formulierung ist Antwort auf die Vision v1.

⁴⁹ Vgl. ferner Ri 17,13; Ps 19,7.

⁵⁰ Vgl. zu dieser BOTTERWECK ThWAT III 503–507; SCHOTTROFF THAT I 697–699.
(Grundform: ›Ihr sollt / du sollst erkennen {bzw. ›damit sie ...‹}, daß Jahve Gott ist‹). Vgl.
für den Übergang zur Form in der ersten Person 2 Sam 5,15 // 1 Chr 14,2; Neh 6,16.

⁵¹ Vgl. ferner 13,10 (*Ipsi enim scient in novissimus diebus quoniam pro peccatis eorum derelictum est semen eorum, quia fidelis sum in viis meis*); 20,4 (*tunc intelligent quoniam personam non accepit Fortissimus*); 21,5 (*Et nunc confirma predictos sermones ut discant gentes
terre et tribus orbis quoniam tu sempiternus es*); 23,13 (*Et reddam vos patribus vestris ...,
scient ipsi per vos quoniam non in vanum elegi vos*); 27,7 (*Et nunc unum de mirabilius tuis
mitte servo tuo, ..., ut sciant ipsi et omnes gentes et populus tuus quoniam non in multitudine
milite ... liberavit Dominus, si cognoverint signum salutis quod facies mecum hodie*); 32,11
(*incendite inimicos meos, ut sciant virtutem meam*); 32,13 (*Et nunc ex hodierna die scietur
quia que dixit Deus hominibus ut faceret hec et faciet, etiamsi moratur homo ...*); 44,10 (*Et
nunc sciet genus hominum quoniam non zelabunt me in adinventionibus que faciunt sed omni
homini erit illa punitio ut, in quo peccato peccaverit, in eo adiudicabitur*).

⁵² Vgl. ferner Eph 5,5; 2 Tim 3,1; 2 Pt 1,20; 3,3 u.ö.; vgl. insgesamt BULTMANN ThWNT
I 718 f.

⁵³ Act 2,14 wird als feierliche Redeeinführung im Parallelismus nicht mit ὅτι fortge-
führt, sondern mit τοῦτο eingeleitet.

gefüllte Inhalte, die mit der geprägten Wendung eingeleitet werden, u.zw. um theologische Interpretation des Geschehenen (2,14; 4,10) sowie um den Inhalt des in der Rede aktuellen Kerygmas (13,38) bzw. Schriftgehalts (28,28).

Lukas verwendet folglich analog zu Pseudo-Philo eine aus der alttestamentlichen Erkenntnisformel abgeleitete Erkenntnisaufforderung, so daß die Wendung γνωστὸν (οὖν) ἔστω ὑμῖν ὅτι ... analog zu *scitote quoniam* bzw. *quia* als geprägte zu bezeichnen ist.

Darüber hinaus kennen Lukas und Pseudo-Philo eine (bereits biblische, s.o.) Abwandlung der Erkenntnisformel, die theologisch gefüllte Erkenntnisse in der ersten Person in grundsätzlicher Weise formuliert. Dabei verbindet Lukas mit LAB 11,14; 21,9; 26,14; 27,14 gegenüber den biblischen Belegstellen, daß die im ›Jetzt‹ der erzählten Situation zugewachsene Erkenntnis bleibende, über diese hinaus die Rezipienten erreichende Gültigkeit hat.

E. Plümacher hat im Gefolge E. Haenchens[54] darauf aufmerksam gemacht, daß γνωστὸν ἔστω[55] Teil der stilistischen LXX-Mimesis des Lukas sei[56]. Eine Durchsicht der LXX-Belege zeigt jedoch, daß eine genaue Entsprechung zu den Acta-Belegen nur in den ›amtssprachlich‹ verfaßten Formulierungen 1 Esr 2,18; 6,8; 2 Esr 4,12.13; 5,8[57] besteht. Ex 33,16 ist als Frage (πῶς), Sap 16,28 unpersönlich, ohne Dativ-Objekt (ὅπως γνωστὸν ᾖ)[58] formuliert. In größerer Nähe zu den lukanischen Wendungen stehen Jes 19,21 (καὶ γνωστὸς ἔσται κύριος τοῖς Αἰγυπτίοις) und Ez 36,32 (οὐ δι᾽ ὑμᾶς ἐγὼ ποιῶ, λέγει κύριος κύριος, γνωστὸν ἔσται ὑμῖν)[59]. Jes 19,21 ist als Realisierung der Erkenntnisformel zu bewerten[60]; Ez 36,32 ebenfalls[61].

Da in den LXX-Wiedergaben der Erkenntnisformel durch Formen von γνωστός und εἰμι die aufgeführten Beispiele die Ausnahme bilden, kann die diesbezüglich behauptete LXX-Mimesis des Lukas allenfalls als ganz formale bezeichnet werden[62]. Sie darf jedenfalls nicht den Blick darauf verstellen, daß wir es gattungsgeschichtlich mit einer Anwendung der Erkennt-

---

[54] Kommentar 177 Anm. 9: γνωστός sei »Lieblingswort des Lukas, ... übernommen aus der LXX«.

[55] Zur Formulierung Act 2,14 vgl. PLÜMACHER, Lukas 41.

[56] Vgl. PLÜMACHER RE Supp 251,25–27.

[57] ›Dem König sei bekannt ...‹; vgl. noch Da 3,18 Θ (›dir, König, sei bekannt ...‹).

[58] Vgl. die treffende Übersetzung GEORGIS JSHRZ 461: »damit es deutlich würde, daß ...«

[59] Beide Formulierungen bieten im MT ידע Niph.

[60] Vgl. SCHOTTROFF THAT I 699; zur Erkenntnisformel v.a. in DtJes vgl. ebd. sowie BOTTERWECK, ThWAT III 506 f.

[61] Vgl. zu den über 70 Belegen der Erkenntnisformel bei Ezechiel SCHOTTROFF, aaO. 698; BOTTERWECK, aaO. 506.

[62] Vgl. noch γνωστόν ἐγένετο Act 1,9; 9,42; 19,17; diese Verbindung findet sich in der LXX nicht.

nisformel zu tun haben. Die LAB-Belege beweisen, daß diese im zeitgenössischen Judentum in lebendiger literarischer Verwendung stand[63].

Die soeben referierten Berührungen zwischen Lukas und Pseudo-Philo wurden vorgeführt, um zu zeigen, daß sowohl im Hinblick auf die theologischen Voraussetzungen als auch den Sprachgebrauch des Lukas eingehendere Studien des frühjüdischen Hintergrundes berechtigt und sinnvoll sind. Die beiden Beispiele haben exemplarisch gezeigt: Die Sprache des Lukas ist nicht einlinig über seinen LXX-Gebrauch zu erfassen[64]. Der LAB kann verdeutlichen, daß Lukas wichtige Voraussetzungen mit dem Frühjudentum teilt, deren Kenntnis für eine sachgerechte Interpretation unabdingbar ist. Diese Feststellungen werden in den folgenden Abschnitten anhand einer Sammlung von Motivanalogien zwischen dem lukanischen Doppelwerk und dem LAB sowie einigen Beobachtungen zum Schriftbezug beider Autoren erhärtet werden. Zunächst wenden wir uns freilich der Frage zu, wieweit Elemente der literarischen Gestaltung, die am LAB beobachtet werden konnten, auch bei Lukas sichtbar werden.

---

[63] Zu beachten ist auch die besondere Verbindung der Erkenntnisformel mit der Gewährung von Zeichen (vgl. z.B. 1 Sam 6,7–10); vgl. 27,7: *et erit si cognoverint Amorrei, quia ego sum Cenez, scio quoniam tradidisti in manus meas. Si autem me non cognoverint …, scio quoniam non exaudisti me …* Analog sind die übrigen Belege gestaltet: 31,5fin.7; 35,6; 53,4; 55,6. Diese Formulierungen schließen die Möglichkeit der falschen Interpretation von ›Zeichen‹ ein; vgl. 27,8; 49,2 (sowie Ri 17).

[64] Mit dem Aufweis, daß der lukanische Sprachgebrauch in vielen Fällen dem des LAB entspricht, wird zugleich fragwürdig, wieweit fernerhin die sogenannten lukanischen Vorzugswörter (Lukanismen bzw. Septuagintismen) für Quellenscheidungsoperationen als zuverlässiges Kriterium dienen können. Zu einer ähnlichen Problemanzeige gelangt KAUT, Befreier 15–31 aufgrund eines Vergleichs lukanischer Vorzugswörter mit dem Sprachgebrauch in TestAbr, TestHiob und JosAs (vgl. bes. aaO. 29–31: »Methodologische Konsequenzen«).

2. Vergleichende Beobachtungen zu Kompositionsprinzipien und literarischer Gestaltung bei Lukas

2.1. Basisschilderungen und Basisnotizen

Blickt man auf der Grundlage der erzähltextanalytischen Beobachtungen am LAB auf den Erzählstil des Lukas, v.a. in der Apostelgeschichte, so fallen Unterschiede und Gemeinsamkeiten auf. Der Erzählstil des Lukas ist im ganzen geschmeidiger, detaillierter und plastischer als der Pseudo-Philos. Die in dieser Hinsicht beobachtbaren Übereinstimmungen mit hellenistischer Erzählkunst[1] sind mit dem Erzählstil Pseudo-Philos nicht zu vergleichen. Wenn freilich für Lukas festgestellt wurde, er verpacke theologische Überzeugungen in Geschichten bzw. Reden[2], dann ist das bei Pseudo-Philo in einem noch deutlicheren Maße der Fall. Die interpretierende Tätigkeit des Autors steht spürbarer im Vordergrund. Beide Autoren stimmen in der Grundorientierung ihrer Erzählabsicht überein, Geschichte interpretierend zu referieren. In dem erwähnten graduellen Unterschied freilich ist auch begründet, daß die am LAB beobachtete Struktur von Teiltexten in der Abfolge Exposition – Mittelteil – Coda in dieser Weise bei Lukas nicht nachzuweisen ist. Sie dient im LAB in bevorzugtem Maße der lehrhaft-interpretierenden Erzählabsicht.

Eine Ausnahme bilden lediglich die Kindheitsgeschichten, deren Erzählstruktur bekanntlich nicht mit der des lukanischen Gesamtwerkes übereinstimmt[3], und deren Gestalt in besonderer Weise durch frühjüdische Vorausset-

---

[1] Vgl. grundlegend PLÜMACHER, Lukas passim; PERVO, Profit; KANY, Bericht.

[2] Vgl. PLÜMACHER, RE Supp 256: »Mit besonderer Meisterschaft handhabt der Verfasser der Apg. diesen Stil (sc. den der dramatischen Episode) jedoch immer dann, wenn er bestimmte von ihm vertretene programmatische Thesen samt den aus ihnen folgenden Konsequenzen in das plastische Geschehen solcher dramatischer Episoden übersetzt, um sie auf diese Weise ihrer unanschaulichen Abstraktion zu entkleiden und damit ihre Wirkung auf den Leser zu verstärken bzw. überhaupt erst zu ermöglichen.« vgl. ähnlich DERS., Lukas 101: »dem Verfasser der Ag scheint es vor allem darauf angekommen zu sein, seinen Lesern in diesen Episoden jeweils bestimmte Aussagen, und zwar Programme und Thesen von über die einzelne Episode selbst weit hinausreichender Bedeutung, gleichsam in beispielhaften dramatischen Handlungen inszeniert und an Exempeln vordemonstriert, in möglichst einleuchtender und verständlicher Weise vorzutragen.«

[3] Vgl. für die Gliederung und kompositionsanalytische Erhebungen zu Lk 1,5–2,52 KAUT, Befreier 169–171.

zungen geprägt ist[4]. Die einzelnen Teiltexte der Kindheitsgeschichten sowie
ihre Kombinationen und Relationen zeigen eine durchaus mit dem LAB vergleichbare Erzählstruktur und -Technik. Ein knapper Überblick kann das verdeutlichen:

Teiltext[5] 1,5–25:
  Exposition VV. 5–7;
  Mittelteil VV. 8–22[6];
  Coda VV. 23–25[7]

Teiltext 1,26–38:
  Exposition VV. 26–29[8];
  Mittelteil VV. 30–37;
  Teilschließung V. 38[9]

Teiltext 1,39–56:
  Exposition VV. 39–40[10];
  Mittelteil VV. 41–55[11];
  Teilschließung V. 56[12]

Teiltext 1,57–80:
  Exposition VV. 57–58[13];
  Mittelteil VV. 59-65a[14];
  Teilschließung VV. 65b.66[15];

---

[4] Vgl. PERROT, Récits passim.

[5] Die Abgrenzungen der Teiltexte entsprechen den durch KAUT, Befreier 109.127 festge-
stellten. KAUT hat die Bedeutung der »Wendung (καὶ) ἐγένετο (δέ) als beabsichtigtes
Gliederungssignal im Text« unter synchronem Blickwinkel erkannt (Befreier 109; vgl. ebd.
Anm. 46). Andere Gliederungssignale, die sich aus der Beobachtung des Erzähltextes des
LAB erstellen ließen, sind ihnen an die Seite zu stellen.

[6] Mit dem ἐγένετο δέ wird nun (vgl. die Einleitung der Exposition V. 5) ein detaillierteres
Erzählniveau eingeleitet. In seinem Zentrum steht das Engelwort (direkte Rede VV. 13–17);
er endet mit einem auf den nachlaufenden Kontext hin offenen Schluß (καὶ αὐτός κτλ. V.
22c).

[7] Eingeleitet mit καὶ ἐγένετο, ›als erfüllt waren die Tage seines Dienstes‹; Vollzugsnotiz:
Schwangerschaft und Verborgenheit Elisabeths; individuelles Schlußwort.

[8] Sie ist gestaltet in Abhängigkeit vom vorlaufenden Kontext.

[9] V. 38a: individuelles Schlußwort; V. 38b: Ortswechselnotiz.

[10] Renominalisierung Maria: δέ.

[11] Eingeleitet mit καὶ ἐγένετο ὡς.

[12] Aufenthalts- und Ortswechselnotiz.

[13] Renominalisierung Elisabeth: δέ. Zu der Formulierung ἐπλήσθη ὁ χρόνος τοῦ τεκεῖν
αὐτήν vgl. LAB 9,6 *et erit cum completum fuerit tempus parturitionis;* hier freilich nicht in
expositioneller Funktion gebraucht. Vgl. u. S. 162.

[14] Eingeleitet mit καὶ ἐγένετο κτλ.

[15] Notiz über das Bekanntwerden der Geschichte im weiteren Umkreis und seine Reso-
nanz; Notiz über die Zuwendung Gottes zu dem Kind.

Mittelteil VV. 67[16]–79;
Abschluß V. 80[17]

Teiltext 2,1–21[18]
Exposition VV. 1–5[19]
Mittelteil V. 6–20[20]
Coda V. 21[21]

Teiltext 2,22–40
Exposition VV. 22–26[22]
Mittelteil VV. 27–38
Coda VV. 39–40[23]

Teiltext 2,41–52
Exposition V. 41[24];
Mittelteil VV. 42–50;
Coda VV. 51–52[25]

Neben den grob umrissenen Unterschieden bleiben Übereinstimmungen zwischen den Erzähltechniken beider Autoren, die es herauszustellen gilt. Wichtige Forschungsergebnisse zum lukanischen Erzählstil waren möglich, weil v.a. die Apostelgeschichte mit den Konventionen hellenistischer Literatur verglichen wurde. Dabei wurde der von Ernst Haenchen geprägte Begriff des

---

[16] Einleitung zur direkten Rede V. 67.

[17] Basisnotiz über das Aufwachsen des Kindes.

[18] PESCH, Weihnachtsevangelium spricht für Lk 2,1–21b von einem »Dreierschema«, »das sich besonders gut für konzentrische Strukturen eignet, in denen die hervorgehobene Aussage jeweils in die Mitte einer Dreiereinheit gerückt wird.« (103). Er begrenzt den Text der »Geburtslegende« auf die Verse 1–21b und versteht V. 21c als »redaktionelle Verklammerung der Geburtserzählung mit der Geburtsankündigungsgeschichte (Lk 1,26–38)« (99). Das aber ist gerade unter der von PESCH geteilten Voraussetzung des Vergleichs mit frühjüdischen Texten (ebd.) nicht einleuchtend, wenn beachtet wird, wie in Geburtsgeschichten die vorher angekündigte Namengebung ausdrücklich bestätigt werden kann; s.u. S. 166. PESCH erhebt für den Text der VV. 1–21b eine sehr kunstvolle Binnenstruktur, indem er die Dreizahl als Strukturmuster des in 27 Teiltexte gegliederten Textes aufzuweisen versucht (100–106); er konzediert freilich: »die Beschreibung müßte ergänzt werden durch den Aufweis, wie alttestamentliche und frühjüdische Strukturmomente im einzelnen verarbeitet sind«.

[19] Eingeleitet mit ἐγένετο δὲ ἐν ταῖς ἡμέραις ἐκείναις.

[20] Eingeschachtelt ist in VV. 17–18 eine Notiz über Ausbreitung und Wirkung der Nachricht durch die Engel.

[21] Eingeleitet mit καὶ ὅτε ἐπλήσθησαν ἡμέραι κτλ. Die Coda bezieht sich bestätigend auf die Engelankündigung 1,31.

[22] Eingeleitet mit καὶ ὅτε ἐπλήσθησαν αἱ ἡμέραι κτλ.

[23] Ausführungsnotiz, Ortswechselnotiz, Notiz über das Aufwachsen des Kindes.

[24] Iterationssignal κατ' ἔτος.

[25] Ortswechselnotiz, Notiz über das Aufwachsen des Kindes.

dramatischen Episodenstils verwendet, um entsprechende Gemeinsamkeiten begrifflich erfassen zu können[26]. Plümacher hat grundlegend definiert: »Der Erzählstil der Apg. (...) ist dadurch geprägt, daß er einen kontinuierlich fortschreitenden Handlungsablauf nicht kennt; das zu schildernde Geschehen berichtet die Apg. vielmehr in der Abfolge einzelner Episoden, die zumeist jeder oder jeder über ein geringes Maß – z.b. die Identität der handelnden Person(en) – hinausgehenden Verbindung mit dem Kontext entbehren und zu deren Verständnis es des Textzusammenhangs auch gar nicht bedarf: Lukas hat ›aus Geschichten Geschichte‹ gemacht ...«[27] Plümacher nennt als weitere Kennzeichnungen »den abrupten erzählerischen Neuansatz solcher Episoden«[28], Stellen (2,1; 16,16; 19,23), »wo die Episoden entweder durch ein beziehungsloses ἐγένετο δέ oder eine absolute Zeitangabe (2,1) vom Kontext distanziert werden«[29] und stellt fest: »Fast nie wirkt die Handlung einer Episode, etwa auf Grund der Bedeutsamkeit der in ihr geschilderten Ereignisse, auf das Geschehen eines anderen Vorgangs ein«[30]. »So ist es nur natürlich, wenn die lukanischen Episoden auch an ihrem Schluß kaum jemals durch sachliche Verbindungslinien mit dem Kontext verknüpft sind.«[31]

Alle diese Beobachtungen stimmen mit den unsrigen am Erzählstil Pseudo-Philos überein. Auch im LAB ist aus Geschichten Geschichte gemacht[32]; auch hier sind die überwiegend unverbundenen Teiltexte durch eher formale Hilfsmittel miteinander verkoppelt und die gegenseitigen Bezugnahmen in den Teiltexten spärlich.

---

[26] Vgl. PLÜMACHER, Lukas 87 Anm. 28. Die entsprechende Äußerung HAENCHENS (Kommentar 117 Anm. 1) enthält freilich eine Warnung vor einer vorschnellen Identifizierung des lukanischen Erzählstils mit dem hellenistisch-römischer Autoren: »Aber wahrscheinlich waren das griechische AT und die Evangelientradition die eigentlichen Vorbilder des Lukas für den Stil der Apg. Was darin einen griechischen Leser an Plutarch und einen römischen an Vergil erinnert, erschien dem christlichen als Erbschaft der heiligen Vergangenheit.«

[27] PLÜMACHER, RE Supp 255,5–16; vgl. DERS., Lukas 80–111. Das bekannte Dictum von DIBELIUS wird von HAENCHEN variiert verwendet: »Nun war Lukas zwar überzeugt, daß die Geschichte der christlichen Anfänge erbaulich war. Um sie jedoch als solche darzustellen, brauchte er eine besondere Methode: er mußte den Lesern die Geschichte in Geschichten darbieten.« (Kommentar 114). Vgl. zur Verwendung der Wortprägung PLÜMACHER, Lukas 101 Anm. 96.

[28] RE Supp 255, Z. 18 f.

[29] Ebd. Z. 30–34.

[30] Ebd. Z. 34–37.

[31] Ebd. Z. 43–47.

[32] PLÜMACHER geht freilich davon aus, »daß der dramatische Episodenstil ... von Lk durchaus nicht um seiner selbst willen angewandt worden ist, nur um einen kontinuierlichen Geschehensablauf durch Erzählen von Einzelepisoden in verschiedene Einzelgeschehen, also ›Geschichte in Geschichten‹, aufzulösen.« (Lukas 101). Es geht freilich weder bei Lukas noch bei Pseudo-Philo darum, einen als konsistent verfügbaren Geschichtsverlauf in

Vor dem Hintergrund der Technik Pseudo-Philos, v.a. in den Rahmenteilen summierende Formulierungen zu gebrauchen, wird eine entsprechende Praxis im lukanischen Doppelwerk besonders gut sichtbar. Blickt man von der Wahrnehmung der Funktion und Eigenart der narrativen Basis im LAB auf den Erzähltext der Apostelgeschichte, so fallen Übereinstimmungen auf. Es ist davon auszugehen, daß auch Lukas detaillierte Erzählteile, die v.a. durch direkte Reden gekennzeichnet sind und in denen nicht der Progreß der Handlung selber im Vordergrund steht, von kondensierten Erzählteilen absetzt, in denen summarischer erzählt wird und der Erzählgang schneller voranschreitet[33]. Beide Autoren gründen ihre detaillierten Erzählteile auf eine narrative Basis, die – trotz aller Unterschiede – in ihrer Funktion und Eigenart Übereinstimmendes aufweist.

Zugleich wird fraglich, wie das Verhältnis dieser kondensierten Textteile der Erzählbasis zu den klassischen Summarien beschrieben werden soll. Als diese werden überwiegend die drei Sammelberichte Act 2,42–47; 4,32–35; 5,12–16 angesehen[34], obwohl die Bezeichnung ›Sammelbericht‹ bzw. ›Summarium‹ ursprünglich nicht exklusiv auf diese drei herausragenden Texte angewendet wurde[35]. Es wäre also forschungsgeschichtlich[36] legitim, den Ausdruck ›Sammelbericht‹ bzw. ›Summarium‹ auf die Gruppe der ursprünglich intendierten Texte zu beziehen[37] und mit entsprechenden Texten des LAB zu vergleichen[38].

Einzelepisoden aufzulösen. Vielmehr intendieren beide Autoren erst durch die episodische Erzählweise und die entsprechenden Verknüpfungstechniken den Eindruck eines konsistenten geschichtlichen Verlaufs.

[33] vgl. z.B. Act 2,1–4.5–13 in seinem Verhältnis zu dem Redenteil 2,14–36 und 2,37–41.42–47; 4,32–37 in seinem Verhältnis zu 5,1–11. 12–16; 6,1–7 in seinem Verhältnis zu 6,8–15 und dem Redenteil in Kap. 7; 8,1–8 in seinem Verhältnis zu 8,9–13 und 8,14–25; 9,1–2 in seinem Verhältnis zu 9,3–19a. 19b–22; 11,19–26 in seinem Verhältnis zu 11,27–30; 12,1–3 in seinem Verhältnis zu 12,4–5.6–19a. 19b–25; 14,1–7 in seinem Verhältnis zu 14,8–18; 15,1–4 in seinem Verhältnis zu 15,5–21.

[34] Vgl. z.B. ZIMMERMANN, Sammelberichte passim; DERS., Methodenlehre 243–257; CONZELMANN / LINDEMANN, Arbeitsbuch 302; KÜMMEL, Einleitung 134 f.

[35] Vgl. nur die bei DIBELIUS, Stilkritisches 16, über die o.g. drei Texte hinaus genannten: Act 1,13–14; 4,4; 5,42; 6,7; 9,31; 12,24. Vgl. aaO. 17 Anm. 2: Lk 3,15.19.20; 8,1–3; 9,9; 21,37.38; aaO. 23: Act 19,11–13.17–19. Vgl. in dieser Hinsicht ähnlich JEREMIAS, Untersuchungen 240 f, der darauf verweist, »wie Lukas das Summarium Mk. 1,28 zweimal verwendet (Lk. 4,14.37 vgl. 7,17) oder wie er die Teile der Kindheitsgeschichte mit einem fast formelhaften Summarium abschließt und miteinander verbindet (Lk. 1,80; 2,40; 2,52)« (240; ebd. Verweis auf Act 8,25; 16,5; 19,20 – um die Stellen zu nennen, die JEREMIAS über DIBELIUS hinaus bietet).

[36] Vgl. den kurzen Abriß zur Forschungsgeschichte der Summarien bei HAENCHEN, Apostelgeschichte 194 ff.

[37] Vgl. zu den klassischen Charakteristika DIBELIUS, Stilkritisches 15 f.

[38] Die Annahme, Lukas habe die Form der Darstellung durch ein Summarium erst bei Markus kennengelernt bzw. von diesem übernommen (vgl. z.B. CONZELMANN / LINDE-

Beide Begriffe erscheinen mir dennoch in dieser Hinsicht durch ihre gemeinhin auf Act 2,42–47; 4,32–35; 5,12–16 beschränkte Verwendung nicht hinreichend geeignet zu sein; überdies ist der Eindruck nicht zu leugnen, daß sie eine entstehungsgeschichtliche Vorentscheidung implizieren[39]. K.Berger hat demgegenüber den Begriff »Basisbericht« vorgeschlagen[40]. Freilich haftet diesem Begriff die Schwierigkeit an, daß er möglicherweise den Eindruck einer gegenüber den Einzelgeschichten höherwertigen Authentizität impliziert[41]. Berger begrenzt zudem seinen Begriff auf »Texte ohne Einzelszenen, die das erfolgreiche Wirken von Missionaren darstellen«[42]. Diese inhaltliche Begrenzung schließt freilich eine Reihe von Texten aus[43], die m.E. ebenfalls berücksichtigt werden müssen[44]; sie waren überdies vom ursprünglichen Begriff ›Summarium‹ bzw. ›Sammelbericht‹ mitintendiert.

Am geeignetsten scheint mir der aufgewiesene Sachverhalt durch die Begriffe ›Basisschilderung‹ und ›Basisnotiz‹ wiedergegeben zu werden, wobei der Wortbestandteil ›Basis‹ in einem streng auf die Erzählbasis bezogenen Sinne, nicht aber unter entstehungsgeschichtlichem Aspekt verstanden werden soll[45]. Textteile, die als Basisschilderung definiert werden, sind narrativ

---

MANN, Arbeitsbuch 302: »Diese *Form* der Darstellung hat Lk bei Mk kennengelernt (vgl. Mk 1,14 f., dort freilich ohne jene Idealisierung) und sowohl in sein Evangelium als auch in die Apg übernommen« {kursiv orig.}; KÜMMEL, Einleitung 134; ROLOFF, Apostelgeschichte 27), wird vor dem Hintergrund der entsprechenden Praxis Pseudo-Philos im Rahmen der übrigen Bezüge zwischen dem lukanischen Doppelwerk und dem LAB unwahrscheinlich.

[39] Vgl. dazu BERGER, Formgeschichte 322: »Die sog. Summare sind nicht a priori zu beurteilen als Zusammenfassung einer Vielzahl möglicher oder wirklicher Einzelszenen und sind überhaupt nicht als eine Kurzform darzustellen.«

[40] Vgl. Formgeschichte 331–333; ANRW 1209 f.1218.1267.1277 wird noch unbefangen der Begriff Summar gebracht; 1210 ist die Rede von »gerafften Summarien«.

[41] Vgl. BERGER, Formgeschichte 332: »Die Basis-Berichte sind nicht Verkürzungen am Rande, sondern sie bieten die entscheidende Fülle des Wirkens. Sie sind die Grundlage der Erzählung, aus der sich die Einzelszenen wie Schaumkronen aus dem Meer erheben.« Der Eindruck, daß diese Formulierungen nicht unter erzähltextanalytischem, sondern entstehungsgeschichtlichem Gesichtspunkt zu verstehen sind, liegt nahe. Aber gerade, wenn man – auch im Blick auf den LAB – sieht, wie sehr Rahmen- und Basistexte bei beiden Autoren durch topische Motive geprägt sind, wird man nicht vorschnell einer einfachen Alternative zustimmen.

[42] Formgeschichte 331; einbezogen ist ebd. die Schilderung der missionarischen Wirkung des Zusammenlebens der Gemeinschaft: »Statt des einen Missionars kann auch eine – dann aber völlig homogene – Gruppe den Platz des Protagonisten einnehmen.«

[43] Vgl. die entsprechende Zusammenstellung von Texten aaO. 333.

[44] Etwa in den Kindheitsgeschichten; vgl. z.B. DE JONGE, Sonship 337: Lk 2,40 sei als »a typical summary« zu bezeichnen. Im Blick auf entsprechende Basistexte des LAB wird deutlich, daß kaum inhaltliche Kriterien in Anschlag zu bringen sind.

[45] Alternativ würde sich anstelle des Begriffs ›Basisschilderung‹ der Ausdruck ›Basiserzählung‹ anbieten. Eine Schwäche des Wortbestandteils »Erzählung« sähe ich freilich darin, daß damit der Eindruck nahegelegt wird, es handle sich um geschlossene Erzäh-

intendiert; ihre Funktion ist es, in summierender, knapper Gestaltung[46] den Erzählprogreß zu befördern. Basisnotizen haben – obwohl im narrativen Gewand der Erzählbasis – indessen eine tendenziell metanarrative Funktion. Sie dienen überwiegend nicht dem Erzählprogreß, sondern seiner narrativen Kommentierung, Bestätigung, Schließung usw. und zeichnen sich durch eine gewisse Stereotypie aus. Freilich sind die Grenzen naturgemäß fließend, v.a. dann, wenn Basisnotizen als Elemente von Basisschilderungen fungieren.

Die Unterscheidung zwischen Basisschilderung und Basisnotiz ermöglicht einen genaueren Vergleich zwischen der Erzähltechnik Pseudo-Philos und der des Lukas. Im ganzen aber sind die Erzählstrukturen im Werk des Lukas nicht mit denen Pseudo-Philos kongruent[47]. Anders verhält es sich mit dem Gebrauch der Basisnotizen, die Lukas wie Pseudo-Philo in schließender oder überleitender Funktion verwendet, und der Technik, im aktuellen Kontext Sachverhalte, die im vorlaufenden Kontext nicht erzählt wurden, vorauszusetzen[48].

---

lungen. Die narrative Funktion der Basisschilderung ist aber gerade zumeist eröffnend oder schließend auf detailliertere Erzählteile bezogen. Auf dem Hintergrund dieser Überlegungen scheint es übrigens angebracht, die klassischen Summarien als Spezialfall der Basisschilderung zu begreifen. Die Übereinstimmungen zwischen ihnen und den kondensierten Basisschilderungen sind größer als die zwischen Basisschilderungen und detaillierten Teiltexten.

[46] Sie können die Einführung neuer Handlungsträger, kurze direkte Reden, Hinweise auf Komplikationen usw. enthalten. Es ist überdies zu beachten, daß Basisschilderungen verschiedene Detaillierungsgrade repräsentieren können. Das tritt besonders deutlich hervor, wo Mittelteile durch Basisschilderungen unterschiedlicher Detaillierung gerahmt werden.

[47] Ein weitergehender Vergleich der Erzählstrukturen der Apostelgeschichte mit denen des LAB ist solange nicht möglich, als in diesem nicht die Teiltexte nach ihren spezifischen Gattungen und Erzählformen bestimmt sind und damit eine Grundlage gegeben ist, die verschiedenen Detaillierungs- bzw. Kondensierungsgrade zu definieren und mit denen der Apostelgeschichte zu vergleichen. In diesem Zusammenhang ist auch die Aufgabe zu lösen, wie evtl. hellenistische Einflüsse im LAB zu beschreiben sind (vgl. als hervorragendes Beispiel die Anklänge der Seila-Gestalt an die der Iphigenie; vgl. dazu z.B. Bogaert, lumière 316 mit Anm. 15). Erst auf einer solchen Grundlage wird es möglich sein, den Anteil frühjüdischer und hellenistischer literarischer Erzählkonventionen auf die Gestaltung der Apostelgeschichte näher zu analysieren. Eine Erzähltextanalyse der Apostelgeschichte erfordert überdies – v.a. wegen der im Vergleich zum LAB komplizierteren Komposition – eine eingehende und differenzierte Vorarbeit, die in der gegenwärtigen wissenschaftlichen Situation v.a. im Blick auf Traditionsgeschichte und Schriftgebrauch (sowie die diesbezüglichen methodischen und hermeneutischen Voraussetzungen des Lukas) nicht hinreichend vorausgesetzt werden kann. Die vorgelegten Beobachtungen verstehen sich freilich als ein Beitrag zu ihr.

[48] Darüberhinaus ist auf Einzelbeobachtungen hinzuweisen: Die Verschachtelungstechnik, wie sie z.B. in den Komplexen Act 9,1–31; 10,1–11,18 angewandt wird (Gleichzeitigkeit verschiedener Geschehensabläufe), wird auch im LAB sichtbar; vgl. z.B. Kap. 52 ff (Samuel).
Auch die Technik, einen späteren (den Rezipienten bereits bekannten) Handlungsträger bereits in einem früheren, bedeutungsvollen Geschehen zu plazieren, also antizipierend ein-

2.2. Beobachtungen zu den Basisnotizen

In der Apostelgeschichte läßt sich eine Reihe von Basisnotizen aufweisen, die
unter dem Gesichtspunkt gewisser stereotyper inhaltlicher Übereinstimmungen zu Gruppen zusammengefaßt werden können[49].

Basisnotizen in schließender Funktion

Ähnlich wie im LAB ist im lukanischen Doppelwerk die narrative Technik
zu beobachten, erzähltes Geschehen durch Basisnotizen zu schließen, die eine
gewisse Stereotypie aufweisen. Es handelt sich auch bei Lukas dabei um erzählte Vorgänge, die gleichsam zu dem perspektivierten Grundzustand des
Erzählfadens hin-, also zur Erzählbasis zurückführen. Zugleich erhalten sie

---

zuführen (Act 7,58; vgl. 8,1.3: Saulus), kennt Pseudo-Philo: LAB 54,3 Goliat (Auftritt Kap.
61); 54,4 Saul (Auftritt 56,4).

Ferner verwendet Lukas wie Pseudo-Philo (vgl. dazu o. S. 125 f) textinterne Analogie-
bildungen; vgl. zu diesen im lukanischen Doppelwerk z.B. RADL, Paulus; MUHLACK, Parallelen; MOESSNER, Christ; TALBERT, Patterns; O'TOOLE, Parallels.

Weitere Beobachtungen ließen sich anführen. So fällt auf, daß die Rolle der Frauen bei
keinem neutestamentlichen Autor so unterstrichen wird wie bei Lukas (vgl. z.B. Lk 1–2;
8,2 f; 23,27–31.55; Act 1,14; 5,14; 9,2.36–42; 12,12–15; 13,50; 16,14 f; 17,34; 18,2;
21,5.9; 24,24; 25,13).

Überdies hat H. FLENDER beobachtet, daß Lukas gerne Frauen und Männer als Handlungsträger parallelisiert, also einem männlichen Protagonisten einen weiblichen an die Seite stellt (vgl. FLENDER, Heil 15: »Besonders häufig sind bei Lukas Berichte, die von einem
Mann handeln, in Parallele gesetzt zu solchen, in denen eine Frau die handelnde Person
ist.«; vgl. ebd. die entsprechende Zusammenstellung, aus der wir Lk 4,25–28; 7,1–17.36–
50; 13,18–21: 15,4–10; 17,34 f; 18,1–14; 23,4–24,35 (Frauen am Grabe und Emmaus-
jünger); Act 5,1–11 hervorheben. Vgl. ferner BLANK, Frauen 39-68.

Entsprechende Beobachtungen hat jüngst P. W. VAN DER HORST im Blick auf den LAB
vorgelegt (vgl. DERS., Women passim). V. D. HORST formuliert aaO. 120: »We can rightfully
speak of ›the feminism of Pseudo-Philo‹.« (vgl. die Zusammenstellung wichtiger Beobachtungen zur Rolle der Frauen im LAB durch PERROT II 52 f unter dem Stichwort: »Le
féminisme du Pseudo-Philon«) und schließt selbst eine weibliche Verfasserschaft nicht aus
(aaO. 122): »But even if we do not go that far, we surely have to establish that the protraits
of a number of biblical women in LAB are of such a nature as to point in the direction of an
author, one of whose concerns it was to ascribe to women a greater and much more
important role in Israel's history than they were accorded in the Bible, sc. as great and as
important a role as had the patriarchs and Moses. That he / she did this with an eye on his /
her actual situation can hardly be doubted, and this is a point where further research is to be
due.«). So ist – um nur ein wichtiges Beispiel zu nennen – der Opfertod Seilas LAB 40 als
weibliches Gegenstück zur Akeda zu verstehen (aaO. 119: »What we have here is in fact a
second *aqedah*, completely on a par whith the first, but this time it is a woman who is the
protagonist.«; vgl. ähnlich ALEXANDER, Retelling 110: »it has become the feminine coun-
terpart of the *aqedat yizhak*.«).

[49] Im Lukasevangelium ist an Basisnotizen zu denken, die Jesus als Betenden (vgl. z.B.
3,21; 5,16; 6,12; 9,18.28; 11,1), Lehrenden (vgl. z.B. Lk 4,15.31 f.44; 5,17; 6,6; 8,1.4) oder
auf dem Weg nach Jerusalem (vgl. z.B. Lk 9,51; 10,38; 13,22; 14,25; 17,11; 18,35; 19,28)
perspektivieren.

damit in vielen Fällen überleitende Funktion. Nachfolgend sind Beispiele aus der Apostelgeschichte zusammengestellt:

Ortswechselnotizen (Weggang, Rückkehr usw.)[50]: Act 1,12; 8,39 f; 9,30; 11,30; 12,17c.25; 13,3; 15,33.40f; 16,40; 17,15; 18,1.

Bleibenotizen (evt. verbunden mit Angabe des Gastgebers, Ortes, Dauer usw.): Act 9,43; 10,48; 14,28; 15,35; 18,11; 19,10; 20,6.

Wachstumsnotizen (Notizen über Gläubig- bzw. Getauftwerden, Gemeindewachstum): Act 2,41; 4,4; 6,7; 9,35; 12,24; 13,12; 16,5.

Basisnotizen, die zwei oder mehrere Motive kombinieren[51]: Act 4,31b; 5,42; 8,25.40; 9,30f.42 f; 10,48; 13,48 f.51 f; 15,33 f; 17,33 f.

Ausführungsnotizen[52]: Act 1,26a; 11,30.

Schließende Basisschilderungen (mit z.T. kollektivem) Schlußwort: Act 11,18; 21,14; 26,32.

Ähnlich wie für den LAB kann festgestellt werden, daß zwischen narrativen Eröffnungen und Schließungen durch Basisnotizen ein scheinbares Mißverhältnis besteht: Während die Schließungen regelmäßig zur Erzählgrundlage zurückkehren, also das erzählte Geschehen in der Weise vollständig abschließen, daß wieder der für die Perspektive der Rezipienten intendierte ›Normalzustand‹ erreicht ist, knüpfen die Eröffnungen unmittelbar an, indem das eröffnete Geschehen diesem soeben erreichten ›Normalzustand‹ gleichsam implantiert wird. Dies geschieht v.a. durch Formulierungen mit ἐγένετο, (teilweise kombiniert mit) unbestimmten Zeitangaben (›in jenen Tagen‹ u.ä.), Einführung neuer Personen (τις), Renominalisierung[53].

Eröffnungen mit ἐγένετο: 4,5[54]; 9,32; 14,1; 16,16; 19,1.

ἐγένετο verbunden mit unbestimmter Zeitangabe: 6,1; 8,1b; 9,18b; 12,1; 19,23.

Unbestimmte Zeitangabe (›in jenen Tagen‹ o.ä.): 1,15; 11,27; 15,36; 21,15.

Einführung eines neuen Handlungsträgers mit τις: 5,1.34[55]; 8,9; 9,10.36; 10,1; 11,20; 14,8; 16,1.14; 18,24; 19,24.

---

[50] Vgl. DE JONGE, Sonship 337 zu ähnlichen Basisnotizen im Lukasevangelium: 2,51a κατέβη »functions as the stereotyped exit by which episodes are repeatedly closed in Luke i-ii and elsewhere«; ebd. Hinweis auf 1,23.38.56; 2,20.39.

[51] Die Kombination mehrerer Motive weist eine deutliche Affinität zu Basisschilderungen auf.

[52] Vgl. Lk 6,10 ὁ δὲ ἐποίησεν, in nicht schließender Funktion 12,8 ἐποίησεν δὲ οὕτως.

[53] Iterationssignale in Expositionen des LAB: 42,1 *cui* (sc. *Eluma*) *cum diceret quotidie Manue maritus eius;* vgl. § 2 *et cum altercarentur quotidie* ...; 50,2 *Et sic cum quotidie improperaret ei* (vgl. die Iterationssignale im biblischen Lettext 1 Sam 1,3.7 ›Jahr für Jahr‹); 52,1 *cum convenirent populi sacrificare;* (vgl. in der Coda § 4: *semper*); vgl. die expositionellen Iterationssignale Lk 2,41; Act 3,2; 17,17; ferner 16,18.

[54] ἐγένετο δὲ ἐπὶ τὴν αὔριον ... vgl. LAB 46,1 *et factum est mane* ...

[55] Gamaliel wird zur Eröffnung eines Teilgeschehens eingeführt; vgl. analog Nethez LAB 49,3.

Renominalisierung mit δὲ: 3,1; 6,8; 9,1; 13,13; 20,13 (›wir‹).
Zeitangaben mit πληρόω: 2,1; 9,23; 19,21; 20,7.[56]
Pseudo-Philo und Lukas sind in ihrer redaktionellen Arbeit vergleichbar.
Beider Eröffnungs- und Schließungssignale sind so gestaltet, daß trotz der
Punktualität ihrer Traditionen die Perspektive einer lückenlosen Geschichte
erzielt wird.

Beide Autoren kennen die Technik, mit kurzen, prägnanten direkten Reden,
die kein Dialogbestandteil sind, Kernaussagen zu formulieren; vgl. z.B.
2,40b; 9,20.22b; 14,22b; 17,3; 19,26[57].
Es handelt sich um sentenzenartige Formulierungen[58], die z.T. im Kontext
ausgeführter Reden stehen, und die die erzählte Rede der Handlungsträger in
komprimierter Kürze zusammenfassen. In ähnlicher Technik sind Absichtserklärungen (vgl. Act 15,36; 18,6; 19,21), Anklageworte (Act 6,11; 18,13;
21,28; 28,4), Worte heidnischer Religiosität (8,10; 12,22; 14,11; 19,28.34);
Worte im Zusammenhang von Heilungen (Act 3,6; 9,34; 14,10; 20,10) oder
von Visionen u.ä. (Act 13,2; 16,9; 18,9 f; 22,21; 23,11) gestaltet.

2.3. Nichterzähltes

Lukas kennt wie Pseudo-Philo die Technik, Erzählinhalte vorauszusetzen, die
im vorlaufenden Kontext nicht oder nur implizit vorhanden waren[59]. A. Dauer
hat kürzlich eine Sammlung solcher Texte aus dem lukanischen Doppelwerk
vorgelegt[60]. Es kann im folgenden nicht darum gehen, die Zusammenstellung

---

[56] Weitere Eröffnungsmöglichkeiten: Wechsel des / der Handlungsträger mit Gen. abs.;
3,11; 4,1; 18,12; mit Part.-Verbindung und adv. δέ; 4,23; 8,14; Neueinsatz ohne Überleitung; Handlungsträger: 5,17; 8,26; 11,1.19 (vgl. 8,4); 13,1; 15,1; Ort: 17,1; 18,1.

[57] Vgl. auch die Zitation von Jesusworten Act 11,16; 20,35.

[58] Zu ihnen ist z.B. auch Act 5,29 zu rechnen.
Ähnlich kann im LAB formuliert werden: *Fortis est enim Deus (in quo confiditis ...),
quia liberabit et salvabit vos* (6,9); *Tu es enim qui omne lumen es* (12,9); *non ita est
consilium Dei sicut consilium hominis ... spiritus qui nobis datus est in tempore datus est,
vie autem nostre non sunt directe nisi velit Deus* (18,3); *non indiget* (sc. *Dominus*)
multitudine sed sanctificatione (27,14fin; Teil des kollektiven Schlußwortes); *Deus vita est*
(30,7; *Homines enim intendunt in gloriam seculi et divitias, Deus autem in directum bonum
et in mansuetudinem* (35,5; Teil der Engelrede an Gideon); *Deus potest peccatorum
nostrorum memor non esse ...* (39,5).

[59] Bereits H. SCHÜRMANN, Kommentar 237 Anm. 109 nannte diese Praxis »ein dem Luk
liebes literarisches Mittel, Nichterzähltes in einer Rede nachzutragen bzw. zu erwähnen.«

[60] DAUER, Beobachtungen stellt – neben Lk 24,24 (vgl. V. 12), vgl. dazu die Einleitung
9–12 – 17 Beispiele aus dem Lukasevangelium und 18 aus der Apostelgeschichte zusammen. Die knappe Zusammenfassung 148 f betont u.a., daß die Beobachtungen im Lukasevangelium nicht zu der Bewertung Anlaß geben, »Lukas habe hier eben unter dem Zwang
der Tradition gearbeitet« (148). Die Beobachtungen weisen vielmehr auf die lukanische
Kompositionstechnik hin:»Solche ›Ergänzungen‹ etc. haben nichts mit ›Nachlässigkeit‹

von Dauer zu wiederholen; vielmehr soll lediglich – überwiegend anhand von Ergänzungen[61] aus der eigenen Sammlung – gefragt werden, ob hier eine mit Pseudo-Philo vergleichbare Kompositionstechnik sichtbar wird. Zu diesem Zweck erscheint es mir unerläßlich, die Beispiele einer gewissen Gliederung zu unterziehen.

Nachtrag von Nichterzähltem in begründender, metanarrativer Funktion (vgl. z.B. LAB 15,2fin; 18,14 *fecit enim Balac omnia que ostendit Balaam*; 34,3; 53,1[62] *necdum enim audierat eloquia Domini;* 55,1; 58,2[63]): Lk 8,29.30b; 23,12b; Act 8,11.16; 16,3b; 18,2b; 20,13b.16; 21,19.

Verankerung eines aktuellen Erzählinhalts in einem im vorlaufenden Kontext nicht erzählten Traum, Befehl Gottes usw. (vgl. für den LAB den Abschnitt I 2.3.1): Lk 2,26 f; Act 9,12; 27,23 f[64].

Voraussetzende Detaillierung eines im vorlaufenden Kontext nur implizit enthaltenen Erzählinhalts[65] (vgl. z.B. LAB 19,4; 22,2; 25,3.6; 56,7): Lk 1,45[66]; Act 16,28[67]; 17,7 (vgl.V. 5)[68].23b[69]; 21,20[70].

Auftritt von Handlungsträgern ohne vorherige Einführung (vgl. LAB 9,3 {Amram}; 49,3 {Nethez}): Lk 4,38 (Simon); Act 17,5.7 (Jason); 23,16 (Neffe des Paulus).

Vorausgesetzte neue Tatsachen, die vorher nicht erzählt wurden (vgl. LAB 18,2; 38,4; 54,2; es handelt sich an diesen Stellen um im Erzähltext vorausgesetzte Tatsachen, die nicht biblisch verifizierbar sind): Lk 13,1.4[71]; Act 21,38.

---

oder ›Unachtsamkeit‹ des Autors zu tun, sondern verraten eine ganz bestimmte Arbeitsweise. Freilich heißt das nicht, sie seien typisch lukanisch.« (ebd.). DAUER unterläßt es freilich (bis auf einen summarischen Hinweis auf Josephus ebd.), die lukanische Praxis mit anderen Beispielen dieser »geläufigen literarischen Technik« (148 f) zu vergleichen oder die gebotenen Belege zu klassifizieren. Vgl. ferner DERS., Ergänzungen passim.

[61] DAUER, Beobachtungen 12.148 weist ausdrücklich darauf hin, daß seine Sammlung von Belegtexten nicht den Anspruch der Vollständigkeit erhebt.

[62] Zu der Form der erklärenden Altersangabe § 1fin *erat enim annorum octo* vgl. Act 4,22 ἐτῶν γὰρ ἦν πλειόνων τεσσεράκοντα ὁ ἄνθρωπος ...

[63] Das Geldmotiv dient auf metanarrativer Ebene auch Act 24,26 als Begründung.

[64] Vgl. zu dieser Stelle DAUER, Beobachtungen 124 f.

[65] Die meisten der von DAUER beigebrachten Belege gehören in diese Gruppe; die beigebrachten Belege verstehen sich als Ergänzung.

[66] Aus der prophetischen Rede der Elisabeth (VV. 42–45) geht ihr Wissen um die Engelankündigung gegenüber Maria (vgl. 1,28–38) hervor.

[67] ›Alle‹ bezieht sich nicht nur auf Paulus und Silas, sondern auf alle Gefangenen; vgl. V. 26.

[68] Die direkte Rede V. 7 trägt nach, daß Jason bereits V. 5 als Gastgeber des Paulus und seiner Begleitung vorauszusetzen ist.

[69] Der Altar für den unbekannten Gott wurde vorher nicht erwähnt; er ist im Erzählinhalt von V. 16 zu implizieren.

[70] Der Anfang der Rede an Paulus setzt sein Wissen um die Tausende gläubig gewordener Juden voraus.

[71] Vgl. dazu DAUER, Beobachtungen 51–53.

Zur variierenden Wiedergabe von bereits Erzähltem vgl. LAB 16; 57,2 (Kora; vgl. die Wiedergabe von Num 16,3.10 in LAB 53,9; vgl. dazu LAB 17,1); 18,5; 32,2–4; 40,2 (Akeda):

Vgl. Act 1,2–12 (2,46); Lk 24[72] sowie die Wiedergabe der ›Bekehrung des Paulus‹ in Act 9,1–19; 22,1–21; 26,4–23.

Diese wenigen Beobachtungen zu übereinstimmenden Merkmalen der Kompositionstechnik bei Lukas und Pseudo-Philo können zeigen, daß die schriftstellerische Arbeit des Lukas nicht ausschließlich unter dem Blickwinkel hellenistischer Erzählkonventionen zu erfassen ist. Vielmehr ist durchaus zu berücksichtigen, daß die zeitgenössische frühjüdische Erzählweise, wie sie im LAB manifest ist, eine Vielzahl von Übereinstimmungen mit der Erzählweise des Lukas aufweist.

---

[72] Vgl. zu den Beziehungen zwischen Lk 24 und Act 1 TALBERT, Patterns 58-61. TALBERT zeigt aaO. 60, daß Lukas mit Act 1,3 die entsprechenden Erzählinhalte aus Lk 24,33 f.36–43 summiert; vgl. zu Act 1,4: Lk 24,49; Act 1,8b: Lk 24,47–48; Act 1,9.12: Lk 24,51 f. Talbert möchte zeigen, daß die lukanischen autoreferentiellen Analogien mit der Tendenz gestaltet wurden, kompositionelle Balancen zu erreichen; sie seien deshalb als Realisierung des hellenistischen Symmetrieprinzips zu verstehen (vgl. bes. aaO. 67). Asymmetrien im lukanischen Doppelwerk (sowie in hellenistischen Vergleichstexten; vgl. aaO. 77 f) seien als »imperfections of form« (aaO. 78) zu erklären, die in der antiken Literatur und bildenden Kunst die Regel waren (Belege für die »Symmetrophobia« aaO. 78 f). Vgl. zur Kritik an der Position TALBERTS, die hier nicht umfassend referiert werden muß, die Rezension durch J. JEREMIAS, ThLZ 103 1978, 584 f.

3. Beobachtungen zu sprachlichen und motivischen Analogien im LAB und im lukanischen Doppelwerk

3.1. Die Kindheitsgeschichten

Die Bedeutung der Kindheitsgeschichten des LAB für die des NT, insbesondere für Lk 1–2, wurde schon früher hervorgehoben[1]. Es kann im vorliegenden Zusammenhang nicht darum gehen, alle gesehenen Motivanalogien nochmals aufzulisten, um etwa erneut[2] eine jüdische Quelle für Lk 1–2 zu eruieren. Vielmehr – und gerade, weil in diesem Fall zu erwarten ist, daß sich für die Erzählinhalte der lukanischen Vorgeschichte die Schrift- und Traditionsbezüge relativ eindeutig aufweisen lassen[3] – soll versucht werden, gleichzeitig die hermeneutischen Voraussetzungen des Lukas zu erhellen.

U. Busse stellte jüngst[4] die Bedeutung der lukanischen Vorgeschichte für das Gesamtwerk des Lukas heraus. Die theologische Dimension der Vorgeschichte dient dazu, »den Leser auf die bedeutsamen Ereignisse einzustimmen, ›die sich unter uns erfüllt haben‹. Die Vorgeschichte hat der Autor verfaßt, um den Leser zu konditionieren, indem er dessen Vorverständnis und Denkhorizont *biblisch* (im Original kursiv) erweitert ... Es ist nicht allein die Begabung und Freude an stilistischer Imitation, die dem Verfasser die Feder

---

[1] Vgl. DIETZFELBINGER, Dissertation 219–221 (Zusammenstellung von sechs motivischen Übereinstimmungen); P. WINTER, Proto-Source; PERROT, Récits (PERROT bietet freilich keine Gegenüberstellung der gemeinsamen Motive, sondern listet die haggadischen Traditionen über Geburts- und Kindheitsgeschichten in Frühjudentum und Rabbinismus auf, unter denen der LAB freilich eine beachtenswerte Rolle spielt. Bes. wichtig ist Teil III {509 ff}, in dem die Frage nach Beziehungen zum NT gestellt wird. PERROT geht dabei von drei Voraussetzungen aus: a) Existenz einer mündlichen Tradition über die Kindheit Jesu, die älter als Mt bzw. Lk ist {vgl. dazu 510–512}; b) Kenntnis und Gebrauch der jüdischen Haggada durch die ersten Christen {vgl. dazu 512–514}; c) Genese und Definition des literarischen Genres der Kindheitsgeschichten {vgl. dazu 514 ff}); HARRINGTON, Birth; BERGER, Formgeschichte 357 f.

[2] Der Vorschlag WINTERS, den LAB als Quelle für Lk 1–2 zu bewerten, hat sich nicht durchsetzen können; vgl. PERROT, Récits 495; HARRINGTON, Birth 323.

[3] BERGERS Zusammenstellung (Formgeschichte 358) zeigt, daß der LAB als wichtigste frühjüdische Schrift im Blick auf die Gestaltung der matthäischen und lukanischen Kindheitsgeschichten zu gelten hat.

[4] BUSSE, Evangelium passim.

führt, sondern vor allem die inhaltliche Aussage. Lukas gewährt seinem Leser Einblick in die Tiefendimension seiner Geschichten … Dabei setzt Lukas eine Leserschaft voraus, die seine Anspielungen auf biblische Traditionen, ›die sich unter uns erfüllt haben‹, ähnlich kreativ wie er selbst umzusetzen versteht in das eigentliche Evangelium, das in allen folgenden Einzelerzählungen durchschimmern wird«[5]. Busses Studie zeigt unter anderem, daß die Vorgeschichte dazu dient, die Jesus-Geschichte gleichsam biblisch zu grundieren; die Vorgeschichte ist nicht als ein im Grunde entbehrliches Additum zur Jesus-Geschichte zu bewerten. Daraus läßt sich folgern, daß sich über die Bezüge zu Schrift und Tradition[6] in der Gestaltung der Vorgeschichte wesentliche Aufschlüsse über Lukas und seine theologisch-narrative Konzeption gewinnen lassen. Der LAB – als im Blick auf die Motivanalogien vorrangiger frühjüdischer Zeuge – zeigt, daß Lukas gerade nicht einfach alles »in der Schrift« fand, sondern seinem Schriftbezug die frühjüdische Schriftinterpretation integriert gedacht werden muß. Diese hermeneutische Voraussetzung des Lukas kann anhand der Gestaltung und Motivik der Vorgeschichte erhellt werden.

1,5–7; V. 6: ἦσαν δὲ δίκαιοι ἀμφότεροι ἐναντίον τοῦ θεοῦ κτλ. Innerhalb der – biblisch verifizierbaren[7] – Expositionselemente VV. 5.7[8] wird in V. 6 die vorbildliche Frömmigkeit der kinderlosen Eheleute notiert[9].

Vgl. LAB 50,2 (Hanna) *esset timens Deum a iuventute sua.* Es ist zu beachten, daß diese Formulierung ebenfalls als expositionelles Element verwendet wird[10]. Lukas und Pseudo-Philo stimmen folglich in der expositionellen Verwendung des Motivs der Frömmigkeit im Zusammenhang der Schilderung

---

[5] Busse, aaO. 176. Ebd. Anm. 47 spricht Busse im Blick auf das Verhältnis von Lk 11,52 und 24,27 von einem »lukanischen Kontrapunkt: Die Schrift kann einmal ihren Sinn enthüllen, wenn es Johannes, Jesus bzw. seine Jünger tun. Man kann aber auch den Zugang zu ihrem Wissen versperren, wenn man wie die Schriftgelehrten den Schlüssel zu ihr verbirgt. Damit wird aber ebenfalls die Einordnung des Christusgeschehens in den umfassenden Heilsplan Gottes, der sich nach Lukas eben auch in der Schrift kundtut, akzentuiert.« Busse erörtert freilich keine inhaltlichen Bezüge der lukanischen Vorgeschichte zu Schrift oder frühjüdischer Tradition; es geht ihm nicht um diese, sondern um den Aufweis der theologischen Implikationen des stringenten Bezugs der Vorgeschichte zum lukanischen Doppelwerk. Es ist also einer genaueren Durchsicht vorbehalten, den von Busse vorausgesetzten Schriftbezug differenziert zu beschreiben.

[6] Gegenüber den Ergebnissen von Busse muß einschränkend vor einer methodischen Engführung des vorausgesetzten Schriftbezuges gewarnt werden.

[7] Vgl. Zeller, Ankündigung 41.

[8] Vgl. zu diesem biblischen Motiv LAB 42,1 (Eluma); 50,1 ff (Hanna); dazu Harrington, Birth 322.

[9] Bovon, Kommentar 53 umreißt zutreffend diese schuldlose Mangelsituation (vgl. 50 Anm. 19): »ein paradoxer Zustand voller Spannung«.

[10] Es wird übrigens im Mittelteil explizit aufgenommen; vgl. § 4fin und die Erkenntnisformel § 5.

der Mangelsituation (Kinderlosigkeit) über entsprechende biblische Vorbilder
hinaus überein. Der Eindruck legt sich nahe, daß die Gestaltung der Exposition Lk 1,5–7 nicht als unmittelbar aus biblischen Leittexten geschlußfolgerte
zu bewerten ist, sondern sich dem Rückgriff auf die entsprechende frühjüdische Topologie verdankt.

1,9: κατὰ τὸ ἔθος τῆς ἱερατείας ἔλαχε τοῦ θυμιᾶσαι κτλ. Anlaß für die Geburtsankündigung ist die ordnungsgemäße Losauswahl des Zacharias zum
Opferdienst.
    Vgl. LAB 49,5 ff: Losauswahl des Elkana; anschließende Ankündigung
der Geburt des Samuel. Die Gestaltung hier ist freilich durch die Betonung
des Außerordentlichen (wunderbarer Losvorgang nach mehrmaligen erfolglo-
sen Losgängen)[11] und die theologische Problematisierung (Sterben für die eigenen Sünden) gekennzeichnet. Pseudo-Philo problematisiert den Vorgang
narrativ, um u.a. das Außerordentliche der Ankündigung und Geburt Samuels
herauszustellen.
    Dennoch ist als gemeinsames Motiv[12] erkennbar, daß erst die Erlosung des
Vaters zur Ankündigung der wunderbaren Geburt – in beiden Fällen von einer
kinderlosen Frau[13], deren Schwangerschaft nicht mehr zu erwarten ist – führt.
Überdies muß die Analogie in der szenischen Gestaltung beachtet werden: In
beiden Fällen ergeht die Geburtsankündigung in einer Situation, in der das
Volk als Handlungsträger erwähnt ist. Lk 1,10 schildert das Volk wartend im
Gebet; in den VV. 21–22 begreift das Volk aufgrund der Stummheit und
Gestik des Zacharias, daß er eine Erscheinung hatte. Als kontextbezogen aktueller Inhalt des Gebetes V. 10 sind die Inhalte der Engelankündigung VV.
13–17 zu denken[14]. LAB 49 schildert das Volk in einer Notlage, die durch das
Fehlen eines Führers und die mißglückten Losvorgänge bedingt ist (Auffor-
derung zum Gebet § 3; Gebet des Volkes in direkter Rede § 6). In beiden Fällen also korrespondiert die Geburtsankündigung dem Gebet des Volkes[15].
Dieser Sachverhalt wird im nachlaufenden Kontext bestätigt; vgl. 51,2 (Eli-

---

[11] Die Auswahl zum Opferdienst bei Lukas bzw. die Auswahl eines Führers mittels Los
bei Pseudo-Philo ist für beide Autoren das Ordnungsgemäße.
[12] Bei aller Unterschiedlichkeit der narrativen Gestaltung; die Geburtsankündigung ergeht LAB 49,7–8 nicht an einen Einzelnen, sondern in einem gestalteten Dialog an das
Volk.
[13] Elkana hat von Peninna bereits 10 Söhne; vgl. LAB 49,8fin.
[14] Vgl. u. Anm. 22.
[15] Insofern halte ich die von HARRINGTON, Birth 322 gesehene Analogie zu LAB 42,2.5
nicht für überzeugend:»Just as Samson's birth was announced as an answer to his parents'
prayers (Bib.Ant. 42:2,5), so John's birth was announced when all the people were praying
(Luke 1:10).« Das Motiv des Gebetes der kinderlosen Eheleute (LAB 42,2.5; vgl. auch
Hannas Gebet 50,4 sowie die §§ 5 ff) gehört vielmehr zur Topik der wunderbaren Geburt
und kann seinen Niederschlag in Lk 1,13 gefunden haben.

rede an Hanna): *Non tu sola petisti, sed populus oravit pro hoc;* 53,12 (Elirede an Samuel): *Ecce Deus, antequam nascereris, promisit in Israel ut mit-
teret te eis et prophetares.*

1,11 ff: Die Ankündigung des Engels[16]

Anders als in LAB 49, 7–8 kündet ein Engel die Geburt des Johannes an (vgl.
aber LAB 9,10; 42,3[17]), nennt seinen Namen und beschreibt seine künftige
Bedeutung (Lk 1,15–17; LAB 9,10; 42,3[18]; vgl. analog für die Ankündigung
der Geburt Jesu 1,26 ff). Folgende Motive der Engelrede haben Analogien im
LAB: »Wein und starkes Getränk wird er nicht trinken«[19]; »im Geist und in
der Kraft Elias«[20].

Zu 1,13 εἰσηκούσθη ἡ δέησίς σου vgl. LAB 50,7fin[21]: *exaudita est oratio
tua* (vgl. § 6: *Sic exaudita est oratio mea ...?*). Von einem entsprechenden
Gebet des Zacharias wurde im vorlaufenden Kontext nicht berichtet; es ist
vorauszusetzen, daß dieses mit der in der Exposition 1,7 beschriebenen
Mangelsituation impliziert ist[22].

---

[16] FELDMAN, Prolegomenon LVII weist darauf hin, daß Gabriel unter anderen Namen im
LAB eine Schlüsselrolle spielt: »that Gabriel, who, under other names, plays a key role in
LAB, is the angel who announces the birth of John (Luke 1.19) and of Jesus (Luke 1.26).«
Vgl. dazu WADSWORTH, Dissertation 2, 126; die Beschreibung des Engels LAB 9,10 ist of-
fenbar aus Ez 10,2 bezogen. Diesen identifizierte spätere rabbinische Tradition mit Gabriel
(Anm. 57 verweist dazu auf T.B. Yoma 77a als einzigen Beleg); vgl. auch Dan 8,15 f; 9,21.

[17] Vgl. HARRINGTON, Birth 323.

[18] Vgl. HARRINGTON ebd.

[19] Vgl. HARRINGTON, Birth 323: »Contrary to the Hebrew text of Judg 13:4–5,13, Samson according to Bib.Ant. 42:3 will abstain from wine and strong drink. Likewise, John the
Baptist ›shall drink no wine or strong drink‹ (Luke 1:15).«; vgl. ähnlich DIETZFELBINGER,
Übersetzung 216 Anm. 3e; PERROT, Récits 495. Vgl. aber Ri 13,13–14: Auch das Kind soll
von Wein und Rauschtrank ferngehalten werden. Differenzierter formuliert DIETZFELBIN-
GER, Dissertation 220: »Beide Traditionen sind sich darin gleich, daß sie ihre Aufmerksamkeit ganz auf das verheißene Kind konzentrieren und von der Mutter des Kindes absehen.«

[20] Vgl. den Abschnitt II 3.5.; es handelt sich offenbar um die Topik der Nachfolge.

[21] Vgl. WINTER 193.

[22] BUSSE, Evangelium 173 erinnert an die bereits im vorigen Jahrhundert (W. M. L. DE
WETTE, H. A. W. MEYER) diskutierte Frage, worauf sich das 1,13b erwähnte Gebet beziehe.
BUSSE meint, der Engel erscheine »aufgrund der im Gebet des Volkes vorgetragenen Bitten
dem für es stellvertretend opfernden Priester. Die Bitten unterstützen also nicht den Wunsch
des Vaters nach einem Sohn, sondern das Kind soll als Werkzeug Gottes die Bitten des Volkes miterfüllen helfen. Das Kind wird geboren, weil Gott durch die Gebete des im Tempel
versammelten Volkes bewegt wurde, initiativ zu werden.« BUSSE verweist ebd. auf die Verbindung von Gebet und Erscheinungen im lukanischen Doppelwerk (Lk 3,21; 9,28; 22,44;
Act 9,12; 10,9 f; 27,7).

1,18 ff: Die Stummheit des Zacharias

Harrington[23] sieht eine Analogie zwischen der durch den Engel verfügten Stummheit des Zacharias und Elumas Schwur, zu schweigen, weil sie ihrem Mann nicht geglaubt hat (LAB 42,4): *Ecce ego appono manum meam super os meum, et ero tacens ante te omnes dies, propter quod gloriata sum in vano, et non credidi verbis tuis. Angelus enim Domini venit ad me hodie, et manifestavit mihi dicens: Eluma tu es sterilis, sed concipies et paries filium.* Indessen ist diese Analogie zweifelhaft, weil sich Elumas Unglaube auf der Textoberfläche nicht auf eine Geburtsankündigung, sondern auf die Schuldzuweisung für die Kinderlosigkeit (§§ 1–2) bezieht[24].

Die Rückfrage des Zacharias Lk 1,18 κατὰ τί γνώσομαι τοῦτο; mit dem begründenden Hinweis auf das Alter des Ehepaares ist in der Sache die Bitte um ein beglaubigendes Zeichen (vgl. z.B. LAB 35,6)[25].

Die Engelrede LAB 42,3 betont, daß Eluma, nicht aber Manoa, unfruchtbar ist; auch in ihrem Gebet bittet Eluma nicht um einen Nachkommen, sondern um die Offenbarung, wessen Unfruchtbarkeit die Kinderlosigkeit bedingt (§ 2). Dabei wird deutlich der Zusammenhang von Kinderlosigkeit und eigener Sünde vorausgesetzt (*ut cui prohibitum est ingemiscat in peccatis suis, quia manet sine fructu;* bzw., wenn beide Ehepartner unfruchtbar sind, *ut peccata nostra sustinentes taceamus coram te*). Diese Voraussetzung macht deutlich, daß die Offenbarung des unfruchtbaren Ehepartners zugleich die Identifizierung des schuldigen ist[26] und als angemessene Reaktion erfordert, Vorwürfe gegeneinander und gegen Gott aufzugeben. Das Schweigeversprechen in § 4 kann sich nur auf diesen Zusammenhang beziehen[27] und nicht als Analogie zu Lk 1,18–20 interpretiert werden.

1,24–25: Elisabeths Verborgenheit und individuelles Schlußwort

Das Schlußwort ist unter Aufnahme von Gen 30,23 LXX formuliert: ἀφεῖλεν ὁ θεός μου τὸ ὄνειδος[28]. Diese Praxis der anspielenden Aufnahme eines Bibel-

---

[23] Birth 323.

[24] Dietzfelbinger, Übersetzung 216 Anm. 4c erinnert daran, daß Eluma in § 7 bereits wieder ihren Mann rufen kann, und fragt:»Ist das *ero tacens* nur auf das Ende der Vorwürfe zu beziehen, die Eluma dem Manoah machte?«.

[25] Vgl. die Rückfrage Abrahams LAB 23,5fin: *Ecce nunc dedisti mihi mulierem, et hec sterilis est. Et quomodo habebo semen de mea petra* (v.l. *metra;* vgl. Harrington I 185 App sowie Dietzfelbinger, Übersetzung 164 Anm. 5c) *conclusa?* Die Rückfrage Abrahams ergeht auf die Wiedergabe von Gen 12,7 im unmittelbar vorlaufenden Kontext; die Antwort Gottes besteht in einer besonderen Offenbarung, die Abraham als Vision gewährt wird.

[26] Das ist auch die Voraussetzung Lk 1,25.

[27] Die Formulierung, mit der Eluma ihr künftiges Schweigen begründet, bezieht sich auf den Streit über die Schuld an der Kinderlosigkeit: *propter quod gloriata sum in vano, et non credidi verbis tuis* (§ 4).

[28] Vgl. Bovon, Kommentar 61.

wortes als Fazit einer Erzähleinheit ist im LAB aufgewiesen worden; vgl. das individuelle Schlußwort 54,6 bei der Geburt des Ikabod *et vocavit nomen eius Ubi Est Gloria, dicens: Periit gloria de Israel, quoniam captivata est arca Domini* (vgl. 1 Sam 4,21 f)[29] sowie den Kommentar Hannas zu der wunderbaren Geburt des Samuel 51,2 *hoc est desiderium quod desideravi, et hec est petitio quam petivi* (vgl. 1 Sam 1,25 f).

Die Motivierung der Verborgenheit der Mutter des Mose (LAB 9,12; vgl. § 5: Tamar) ist von der der Hanna deutlich unterschieden. LAB 50,5 berichtet, daß Hanna entgegen der Sitte leise betet; die Begründung dafür wird in einem inneren Monolog in direkter Rede gegeben und ist bündig in dem Satz *nam qui scierint quod oravi, si cognoverint quod non exaudior in oratione mea, blasphemabunt* zusammengefaßt. Die Zusage Elis §§ 7fin. 8 bezieht sich lediglich auf die Erhörung des Gebetes der Hanna durch Gott (§ 7fin); dieses aber enthielt die Bitte um einen Nachkommen (vgl. § 4 *ne descendam inde vacua;* § 7med *oravi in conspectu eius ut non eam ad eum sine fructu de seculo hoc, et non moriar non habens imaginem meam*). § 8 stellt ausdrücklich fest, daß Eli Hanna die ihm bekannte Bedeutung der angekündigten Geburt verschwieg. Die Schlußformulierung § 8fin bezieht sich folglich darauf, daß Hanna durch die angekündigte Gebetserhörung getröstet ist und ihre Realisierung nun erwarten kann: *Et venit Anna in domum suam, et mitificata est a dolore suo, nulli renuncians hoc quod orasset.* Das Motiv des letzten Teilsatzes und seine implizite Begründung entspricht dem Motiv der Verborgenheit Elisabeths Lk 1,24. Elisabeth hält sich aufgrund ihrer Schwangerschaft verborgen; sie weiß nach dem vorliegenden Erzählzusammenhang nichts von der Bedeutung der sich ankündigenden Geburt[30]. Sie ist in dieser Hinsicht mit Hanna vergleichbar, der – im Erzählzusammenhang LAB 50[31] – freilich die Schwangerschaft lediglich zugesagt ist. Wie Hanna ist nicht sie Adressatin der Geburtsankündigung, in der die künftige Bedeutung des erbetenen Kindes angesagt wird, sondern Zacharias bzw. Eluma. Für die Schweigsamkeit der Hanna bzw. Verborgenheit der Elisabeth ist folglich ein analoges Motiv vorauszusetzen: Bis zum deutlichen Sichtbarwerden der eingetretenen Schwangerschaft wird diese bzw. ihre Zusage den übrigen Menschen verheimlicht,

---

[29] Vgl. ferner 2,10 (Lamech).

[30] Erzählimmanent ist auch die Stummheit des Zacharias zu berücksichtigen; dieses Motiv entspricht dem »thème du secret après l'annonce«; vgl. PERROT II 215.

[31] Vgl. aber die durch π bezeugte LA 53,12 (Elirede an Samuel): *Et tunc adveniente matre tua et orante, quia ignorabat quod factum fuerat ad eam*; HARRINGTON I 346 App. konzediert die Möglichkeit, daß die von π gebotenen unterstrichenen beiden Worte zum ursprünglichen Textbestand gehört haben können. In diesem Fall wäre der Besuch Hannas bei Eli (Kap. 50) bereits aufgrund ihrer sich ankündigenden Schwangerschaft erfolgt; vgl. dazu den Kommentar DIETZFELBINGERS, Übersetzung 243 Anm. 12b: »Angesichts der Öffentlichkeit, in der das XLIX 7.8 Erzählte sich ereignet hat, ist dieser Satz schriftstellerisch höchst ungeschickt.«

weil das Unglaubliche dieser Schwangerschaft erst für alle wahrnehmbar werden soll.

Die Zeitangabe »fünf Monate« darf nicht in Analogie zu LAB 9,5.12 auf die Verheimlichung einer Schwangerschaft bezogen werden[32], sondern muß auf dem Hintergrund der erzählimmanenten Chronologie gedeutet werden (vgl. 1,26: im sechsten Monat {vgl. 1,36}; 1,56: nach drei Monaten[33]). Die Verkündigung der Jesus-Geburt an Maria ist auf den Zeitpunkt datiert, an dem die Schwangerschaft Elisabeths offenkundig wird. Auf diese Weise konnte die zeitliche Vorordnung des Johannes vor Jesus sinnfällig gemacht werden, ohne die Parallelität der beiden Erzählfäden aufzuheben.

1,35c: τὸ γεννώμενον

vgl. LAB 53,12: *quod nascetur ex te.* In beiden Fällen wird auf das Kind in neutrischer Formulierung hingewiesen. Es ist anzunehmen, daß damit nicht auf das später geborene, sondern das sich jetzt entwickelnde Kind Bezug genommen wird[34].

1,38: ἰδοὺ ἡ δούλη κυρίου· γένοιτό μοι κατὰ τὸ ῥῆμά σου

Die Antwort der Maria erinnert an die des Manoa LAB 42,7: *Eo, sed vide tu domine ut verbum tuum fiat super puerum tuum.* Diese Formulierung ist offenkundig aus Ri 13,12 gefolgert. Aus der Formulierung im Zusammenhang mit der Frage nach Anweisungen für das angekündigte Kind ist nun die Bitte um Erfüllung der Ankündigung geworden. Die optativische Formulierung Lk 1,38 drückt das aktive Einverständnis Marias mit der Ankündigung des Engels aus. Manoa und Maria stehen zu der jeweiligen Engelankündigung in einem ganz unterschiedlichen Verhältnis. Trotz dieses Unterschiedes ist die Übereinstimmung auffallend: Beide Handlungsträger reagieren auf die Geburtsankündigung des Engels mit der Selbstbezeichnung ›Magd‹ (des Herrn) bzw. ›Knecht‹ (des Engels, der an dieser Stelle als *dominus* angeredet wird); beide wünschen die Realisierung des Angekündigten unter ausdrücklicher Bezugnahme auf das Engelwort.

---

[32] So aber offenbar PERROT II 104.

[33] WIEFEL und SCHÜRMANN betonen, daß die Zeitangabe 1,24 auf die Begegnung mit Maria vorausweist.

[34] So für Lk 1,35 BOVON, Kommentar 76. Es ist also keineswegs geraten, die neutrische Formulierung als Indiz für eine literarische Abhängigkeit der lukanischen Vorgeschichte vom LAB zu bewerten; so aber WINTER, Proto-Source 193 ff.

1,41 f.67; vgl. 2,26–28: geisterfüllte Rede[35]

vgl. LAB 9,10 (*Et spiritus Dei incidit in Mariam nocte, et vidit somnium et enarravit parentibus suis mane dicens ...*); 18,11 (*non possum dicere que video oculis meis, quia modicum mihi superest sancti spiritus qui manet in me*); 28,6 (*insiluit spiritus sanctus habitans in Cenez, et extulit sensum eius, et cepit prophetare dicens ...*); 32,14 (*Hymniza vel tu Debbora, et evigilet sancti spiritus gratia in te, et incipe laudare opera Domini ...*); 62,2 (*Et mansit spiritus in Saul et prophetavit dicens ...*) u.ö.[36]

1,48b: ἰδοὺ γὰρ ἀπὸ τοῦ νῦν μακαριοῦσίν με πᾶσαι αἱ γενεαί

vgl. LAB 32,3 (Isaak im Zusammenhang der Akeda): *Erit autem mea beatitudo super omnes homines*; ferner 51,4 (Hanna): *ex me exsurget constitutio Domini et omnes homines invenient veritatem* (vgl. Jes 51,4).

1,49 ὅτι ἐποίησέν μοι μεγάλα ὁ δυνατός

vgl. LAB 51,6[37] *in mirabilibus tuis que fecit Deus tecum.* Die Formulierung ist Teil des Lobpreises der Hanna in direkter Rede (§§ 3–6); angeredet ist Hanna[38].

1,57 ἐπλήσθη ὁ χρόνος τοῦ τεκεῖν αυτήν, vgl. 2,6 ἐπλήσθησαν αἱ ἡμέραι τοῦ τεκεῖν αὐτήν

vgl. LAB 9,6 *et erit cum completum fuerit tempus parturitionis.* Beide Autoren ahmen mit diesen Formulierungen AT-Sprache nach[39].

1,66b καὶ γὰρ χεὶρ κυρίου ἦν μετ᾽ αυτοῦ

Zu dieser zusammenfassenden Notiz ist auf LAB 43,1; 51,1 hinzuweisen. LAB 43,1 heißt es im Anschluß an die Notiz von der Geburt des Simson: *et erat Dominus cum eo.* LAB 51,1fin ist im Anschluß an die zusammenfassenden Notizen (vgl. 1 Sam 1,20.23 f) über die Geburt des Samuel formuliert: *et Dominus erat cum eo.* Ferner ist LAB 59,3fin zu vergleichen; im Anschluß an die Salbung Davids wird festgestellt: *et erat Dominus cum eo ex illo die.* Im Vergleich mit Lk 1,66b ist v.a. der Übergang zum nachlaufenden Kontext interessant, insofern in LAB 59,4in der Psalm Davids aus Anlaß seiner Salbung

---

[35] Vgl. ferner z.B. Act 4,8.

[36] Zum Zusammenhang Geist und Prophetie im LAB vgl. einführend PERROT II 63 f.

[37] Vgl. WINTER 193.

[38] Als Subjekt ist in dieser Formulierung offenbar der aus Hanna sprechende Geist vorausgesetzt, der freilich in der Redeeinleitung keine Erwähnung findet.

[39] Vgl. DIETZFELBINGER, Dissertation 220 mit Anm. 89.

eingeführt und zitiert wird: *tunc cepit psallere David psalmum hunc et dixit* ... Damit ist eine deutliche formale Analogie zur Einleitung und Zitation des Benediktus Lk 1,67 gegeben. In beiden Fällen wird der Erzählfaden mit Hilfe der zusammenfassenden Notiz über Gottes Begleitung des Handlungsträgers weitgehend geschlossen, bevor in lockerem Anschluß die direkte Rede des Psalms eingeführt wird.

1,69 κέρας

vgl. LAB 51,3fin (*et exaltabitur cornu eius valde*).6 (*Et hec sic manent, quousque dent cornu christo suo ...*)[40]. Beide Formulierungen beziehen sich anspielend auf 1 Sam 2,10.

1,72 f ποιῆσαι ἔλεος μετὰ τῶν πατέρων ἡμῶν καὶ μνησθῆναι διαθήκης ἀγίας αὐτοῦ, ὅρκον ὃν ὤμοσεν κτλ.

vgl. dazu LAB 30,7[41]: *Et ecce nunc Dominus inviscerabitur vobis in hodierna die, non pro vobis sed pro testamento suo, quod disposuit patribus vestris et iuramento quod iuravit* ...

1,80; vgl. 2,40.52: Geist bzw. Weisheit

Die zusammenfassenden Formulierungen, mit denen über das Aufwachsen des Johannes bzw. des Jesus berichtet wird, sind scheinbar dadurch unterschieden, daß Lk 1,80 das Erstarken des Johannes im Geist notiert, 2,52 indessen von der Weisheit des Jesuskindes die Rede ist (vgl. 2,40)[42]. Das Stichwort ›Weisheit‹ umrahmt in den zusammenfassenden Notizen 2,40.52 die Einzelerzählung vom Zwölfjährigen Jesus im Tempel, in deren Zentrum das Weisheitsmotiv steht (vgl. V.47[43]). Die Rahmennotizen sind auf das Erzählziel der Einzelerzählung hin formuliert, so daß sie diese als Einzelbeispiel zu enthalten scheinen; es handelt sich dabei um eine Technik, die bei Lukas mehrfach zu beobachten ist[44]. Mit diesem Hinweis ist freilich noch nicht die

---

[40] Vgl. WINTER 193.

[41] PERROT II 167.

[42] DE JONGE, Sonship 339 f diskutiert diesen Sachverhalt und erwägt als eine Lösungsmöglichkeit, daß Lukas in bezug auf Jesus nicht vor dessen Taufe (3,22) vom Geist reden wollte; er fährt dann jedoch fort: »But perhaps he was not even tempted to speak of the Holy Spirit in ii.40 (that he wrote i.80 before ii.40 cannot be proved), and wanted to refer specifically to Jesus' wisdom here; ii.40 also contains a clear statement of the theme with which, according to Luke, ii.41–51 is to be concerned: Jesus' wisdom.« Bovon, Kommentar 150 vermutet zu 2,40: »gegenüber 1,80 steht ›Weisheit‹ statt ›Geist‹, wie in 2,52 möglicherweise deshalb, weil das πνεῦμα mit Jungfrauengeburt und Taufe verbunden ist.«

[43] Die σύνεσις des Jesuskindes zeigt seine Weisheit; vgl. v. LIPS, Traditionen 441: »Äquivalent zu σοφία«.

[44] Vgl. z.B. Act 4,32 ff.

Frage geklärt, ob der Hinweis auf die Weisheit des Jesuskindes etwa minderen Ranges ist als der auf den Geist des Kindes Johannes. H. v. Lips hat jüngst darauf aufmerksam gemacht, daß für Lukas von einer großen Bedeutungsnähe von Geist und Weisheit auszugehen ist[45]; Lukas steht damit in einer aufweisbaren jüdischen Tradition[46]. Wichtigste Indizien für diesen Sachverhalt sind die Ersetzung des Stichwortes ›Geist‹ (Mk 13,11; Mt 10,20) durch ›Weisheit‹ Lk 21,15[47] sowie der Sprachgebrauch Act 6,3.10[48]. Die Bedeutungsnähe von ›Geist‹ und ›Weisheit‹ bei Lukas[49] steht in auffallender Übereinstimmung mit der entsprechenden Voraussetzung Pseudo-Philos, die anhand von LAB 20,2 aufgewiesen werden wird (vgl. u. Abschnitt 3.5). Die differierenden Basisnotizen Lk 1,8; 2,52 enthalten keine graduell unterschiedlichen Bewertungen; Lukas teilt mit Pseudo-Philo die Überzeugung, daß beiden Gaben Gottes Gleichrangigkeit eignet.

2,12 τοῦτο ὑμῖν τὸ σημεῖον

Die Zeichenankündigung an die Hirten ist in biblischer Sprache formuliert; vgl. Ex 3,12; 1 Sam 2,34; 14,10; 2 Kön 19,29 // Jes 37,30[50]. In LAB 59,5fin findet sich mit *erit autem tibi in signum hoc* eine analoge Wendung. Gott verheißt David, daß er so, wie er soeben Löwen und Bärin mit einem Stein erschlug (vgl. 1 Sam 17,34), später ›den Feind meines Volkes‹ (Goliat) erschlagen wird (vgl. LAB 61,7–8). Gegenwärtig Erlebtes wird zum Zeichen für Künftiges, u.zw. nach dem Korrelationsprinzip. Lk 2,12 sagt hingegen das

---

[45] Vgl. bes. 441.

[46] Vgl. 146 f.

[47] Vgl. die Schlußfolgerung 441 f: »Das legt ein Verständnis von σοφία bei Lk im Sinne von πνεῦμα nahe.«

[48] Geist und Weisheit werden hier zusammen als »Kriterium für die Auswahl der Sieben« und zur Kennzeichnung der »Redegabe des Stephanus« genannt. »Stephanus befindet sich in Apg 7 dann in eben jener Situation, die Lk 21,15 mit der Verheißung der Gabe der Weisheit angesprochen wurde. Wie dort heißt es von Stephanus, daß man ihm nicht widerstehen (ἀντιστῆναι) konnte (Apg 6,10). Die Stephanusrede endet damit, daß man ihn aus der Stadt hinausstößt (Apg 7,58) – die gleiche Situation wie bei der Antrittsrede Jesu in Nazareth (Lk 4,29). Dort wird mehrmals die Geistbegabung Jesu betont (Lk 4,14.18) und das Erstaunen über sein Reden (4,22 στόμα). Die genannten Entsprechungen legen nahe, auch in 4,16 ff den Gedanken an die im Sinne von πνεῦμα verstandene, in Jesus wirksame σοφία im Hintergrund zu sehen.« (aaO. 442). Dazu weist v. Lips in Anm. 7 darauf hin, daß die Verwendung des Geist-Begriffs in Lk 4,18 durch die Zitation von Jes 61,1 f bereits vorgegeben ist.

[49] Aus der Zusammenstellung bei v. Lips 147 Anm. 54 ist ersichtlich, daß im NT neben Paulus, deuteropaulinischen Texten sowie Jak 3,15.17 ein entsprechendes Verständnis nur im lukanischen Doppelwerk aufweisbar ist.

[50] Vgl. ferner 1 Q27 1,5.

künftige Zeichen an, das für sich – ohne explizite[51] Analogiekonstruktion – spricht. Entspricht die dreimalige Erwähnung der φάτνη VV. 7.12.16 der dreimaligen Erwähnung des *thibis* LAB 9, 12(bis).15? Jedenfalls ist die narrative Einführung analog: Handlungsträger ist in beiden Fällen die jeweilige Mutter; die außerordentliche Wiege für das Kind wird jeweils aufgrund der besonderen Notlage gewählt.

Futtertrog und Korb aus Fichtenrinde sind verwandte Motive; beide werden – zufällig (?) – jeweils dreimal in ihren Zusammenhängen erwähnt. Zwar wurde die Zeichenhaftigkeit der Aussetzung des Mose ins Wasser hervorgehoben (vgl. den Analogieschluß LAB 9,10; freilich ohne Erwähnung des Zeichenbegriffs), mir ist jedoch kein frühjüdischer Beleg bekannt, nach dem der Kasten des Mose als Zeichen gewertet wird[52]. Unter dieser Bedingung muß eine Schlußfolgerung, die die Zeichenhaftigkeit des Futtertrogs des Jesuskindes als von Lukas intendierte Analogie zum Kasten des Mose verstehen möchte, ungesichert bleiben.

---

[51] Der Zeicheninhalt ist freilich der christologischen Implikation korreliert; vgl. dazu BOVON, Kommentar 126 f.

[52] R. D. AUS, Weihnachtsgeschichte passim hat versucht, den lukanischen Bericht 2,1–20 vor dem Hintergrund rabbinischer Traditionen, v.a. der Auslegung von Ez 16 im Zusammenhang mit der Geburt des Mose-Kindes, zu erhellen. Er formuliert zusammenfassend: »Der größte Teil des Hintergrundes zu Lk. 2,1–20 hat seinen Ursprung in den … jüdisch-aggadischen Quellen, die von der Geburt von Israels erstem Erlöser Mose und dem messianischen Hirten der Endzeit erzählen. Sie helfen erklären, wie eine Zensustradition, die auf den ersten Blick mit der römischen Besatzungsmacht zusammenzuhängen scheint, in judenchristlichem Denken mit der Hirtenszene von Davids Heimatstadt Bethlehem verbunden werden konnte. Die jetzt in Lk. 2,1–20 erscheinenden Motive haben oftmals solch nahe Parallelen in jüdischen Midraschim von der Geburt Moses und dem ›zählenden‹ Hirtenmessias der Zukunft, daß dieser überzeugende Befund schwerlich bestritten werden kann, auch dann nicht, wenn einzelne Motive nur in späteren amoräischen Quellen oder in den Targumim nachgewiesen werden können.«(aaO. 55). Ez 16,4 (einziges Vorkommen von »Windeln« im AT) wurde in rabbinischen Quellen »mit der Geburt des König-Messias / Erlösers der Juden in Bethlehem verbunden« (aaO. 22). Es bleibt jedoch unklar, worin denn die Bedeutung dieser Verwendung bestanden haben soll. AUS geht von phantastischen Voraussetzungen aus und verwirrt den Leser durch viele überflüssige Informationen, deren Bezug zum Gedankengang unklar bleibt. Für die Zeichenhaftigkeit des Mose-Kastens zitiert AUS R. Eleasar, dessen Wirksamkeit freilich in der zweiten Hälfte des dritten Jahrhunderts lag. Der Hinweis auf R. Eleasar, der in seiner inhaltlichen Bedeutung und Relevanz zudem ungeklärt bleibt, ist der einzige, in dem sich möglicherweise eine beabsichtigte Verbindung des Zeichenbegriffs mit dem Mosekasten feststellen läßt. Wir werden die Konstruktionen von AUS weder nachvollziehen noch durch eigene ersetzen. Vor dem Hintergrund des LAB läßt sich lediglich feststellen, daß der extraordinäre Platz für das Mose- bzw. Jesuskind sich einer Analogsituation verdankt, insofern beide Mütter – und nur sie sind hier die Handelnden – ihn aus einer Notlage heraus wählen.

2,15: ἐλάλουν πρὸς ἀλλήλους

Lukas schließt sich mit dieser Wendung[53] biblischer Sprache an[54]. Ein analoger Sprachgebrauch ist im LAB zu beobachten. In LAB 6,2 ist formuliert: *Et dixerunt unusquisque ad proximum suum*; die Stelle gibt Gen 11,3 איש אל־רעהו ויאמרו wieder. Ähnlich sind LAB 36,1 (*audivit unumquemque loquentem ad proximum suum dicentes*); 49,4 (*et dixit unusquisque ad proximum suum*); 55,4 (*dixerunt singuli ad proximum suum*); 64,2 (*dixerunt unusquisque ad proximum suum*) formuliert[55]. Es handelt sich folglich um die freie Verwendung der biblischen Wendungen איש־אל־רעהו[56] bzw. איש אל־אחיו[57]. Die Wendungen können in der LXX in wörtlicher Übersetzung[58] oder durch πρὸς ἀλλήλους[59] wiedergegeben werden. Lukas schließt sich grundsätzlich der letzten Möglichkeit an; der LAB repräsentiert indessen die umständliche Wiedergabe der ersten Möglichkeit.

2,21c: τὸ κληθὲν ὑπὸ τοῦ ἀγγέλου κτλ.

Die Formulierung weist auf die Übereinstimmung der erfolgten Namengebung mit der Nennung des Namens bei der Geburtsankündigung hin. LAB 51,1 wird ein analoger Hinweis gegeben, ohne daß im vorlaufenden Kontext eine entsprechende Anweisung erwähnt worden wäre: *et vocavit nomen eius Samuel ... secundum quod vocavit Deus nomen illius cum prophetaret eum.* Es handelt sich folglich um ein topologisches Motiv. Es findet sich Lk 1,59–64 in der narrativ ausgeführten Form einer Einzelepisode[60].

2,22 f: Darbringung im Tempel

Vgl. die LAB 51,1 ff geschilderte Situation. Die Funktionen Simeons und Elis sind im Blick auf die Darbringung analog gezeichnet. Die Elirede § 2med wird freilich durch die umfangreiche Hannarede §§ 3–6 beantwortet; dieses Loblied entspricht formal in seiner Kontextstellung dem Lobgesang des Simeon. Überdies ist eine auffallende inhaltliche Übereinstimmung festzustel-

---

[53] Vgl. ähnlich Lk 4,36; 6,11; 8,25; 20,14; 24,14.17.32; Act 4,15; 26,31; 28,4.25.

[54] Vgl. z.B. Gen 11,3; 37,19; 42,21; Ex 16,15; Ri 10,18; 1 Sam 10,11; 2 Kön 7,6.

[55] Es handelt sich um Formulierungen, die unabhängig von biblischen Leittexten getroffen wurden; 55,4 ersetzt 1 Sam 5,10 (hier findet sich die äquvalente Wendung nicht).

[56] Vgl. z.B. Gen 11,3; Ex 18,7; Ri 10,18; 1 Sam 10,11.

[57] Vgl. z.B. Gen 37,19; 42,21.28; Ex 16,15; 2 Kön 7,6.

[58] Vgl. z.B. Gen 11,3 (ἄνθρωπος τῷ πλησίον); Gen 37,19; 42,21 (ἕκαστος πρὸς τὸν ἀδελφὸν αὐτοῦ); Ex 16,15 (ἕτερος τῷ ἑτέρῳ); Ri 10,18 (ἀνὴρ πρὸς τὸν πλησίον αὐτοῦ).

[59] Vgl. z.B. Gen 42,28; Ex 18,7.

[60] Sie wird eingeleitet mit καὶ ἐγένετο (V.59) und mit der Erwähnung des Lobpreises des Zacharias (εὐλογῶν τὸν θεόν V.64) geschlossen; vgl. die weiteren Schließungselemente V.65–66; sie beziehen offensichtlich 1,5–25 ein.

len[61], insofern das Motiv »Licht für alle Menschen« in beiden Texten eine zentrale Rolle spielt[62].

Die aufgewiesenen Bezüge zwischen Motiven in der lukanischen Vorgeschichte und im LAB sprechen nicht für eine literarische Abhängigkeit, sondern für eine analoge Arbeitsweise beider Autoren. Beide Autoren verbinden in der Gestaltung ihrer Erzählinhalte Schrift- und Traditionsbezug miteinander und produzieren auf diese Weise vergleichbare Texte. Harrington bemüht sich zu recht um eine sehr zurückhaltende Auswertung der von ihm gesehenen »Parallelen«[63] und möchte diesen Begriff im geometrischen Sinne verstanden wissen[64]. Lukas und Pseudo-Philo partizipieren sichtlich an gemeinsamer frühjüdischer Tradition. Die folgenden Abschnitte dieses Kapitels werden die anhand der Vorgeschichte gewonnenen Arbeitsergebnisse bestätigen.

3.2. Die Berufung des Petrus

LAB 19,9 insistiert auffällig auf der Tatsache, daß Mose Schafhirte war (vgl. Ex 3,1): *Et tu scis quoniam ego eram pastor ovium, et cum pascerem gregem in heremo, adduxi eos usque in montem tuum Oreb et tunc primum vidi angelum tuum ignitum de rubo. Tu autem vocasti me de rubo, et ego timui et declinavi faciem meam. Et misisti me ad eos et liberasti eos de Egipto, inimicos autem eorum demersisti in aquam. Et dedisti eis legem et iusticias, in quibus viverent ...*

Die Konstruktion dieses narrativen Abschnitts in der Fürbitte des Mose vor seinem Tod (19,8–9) ist auf den ersten Blick merkwürdig. Die an das Wissen

---

[61] Vgl. WINTER 193.

[62] Vgl. auch das kollektive Schlußwort § 7fin: *Vivat propheta in plebe, et in longo tempore sit lumen genti huic.*

[63] Birth 324. HARRINGTON zieht freilich lediglich LAB 9 und 42 als Vergleichstexte für Mt 1–2 und Lk 1 heran (die hier gesehenen Bezüge umfassen den Textumfang einer halben Druckseite; 322 f).

[64] »Parallels by definition never meet. In a literary study such as this one, parallels tell us what was ›in the air‹, i.e., literary forms, expressions, motifs, devices, etc. available to writers of the time.« (324). HARRINGTON diskutiert ebd. den Gebrauch der Begriffe ›midraschisch‹ bzw. ›haggadisch‹ für die neutestamentlichen Kindheitsgeschichten und vertritt auch hier eine zurückhaltende Position: »I imagine that ps.-Philo had before him the Hebrew texts of Exod 2:1–10 and Judg 13:2–14 when he composed the texts studied in this paper, whereas the authors of the Gospels relied on biblical memories or at best collections of biblical testimonia. Ps.-Philo was concerned primarily with illuminating and enlivening the biblical texts, whereas the evangelists sought mainly to identify the person of Jesus. The parallels show that roughly contemporary writers with differing methods and concerns used some of the same literary devices and motifs in telling the stories about the births of their heroes. This modest conclusion is enough for me.« (ebd).

Gottes appellierende Einführung (*et tu scis*) intendiert deutlich einen weitergehenden, schlußfolgernden Bezug auf das anschließend Erzählte.

Für diese Behauptung ist auf 20,10; 22,7; 23,9; 39,6 hinzuweisen[65].

20,10 (*scis*); Kaleb appelliert an das Wissen Josuas um ihrer beider Gehorsam als Kundschafter. Die Bitte um Gebietszuteilung gründet in der aus diesem Gehorsam gefolgerten Feststellung: *quia* (*scis* bezieht sich auf *quoniam
und* auf *quia*) *nos complevimus sermonem Domini, ecce nos vivimus modo.*

22,7 (*scis*); Appellation im kollektiven Bußgebet an das Wissen Gottes
(vgl. 18,4; 21,2; 50,4), daß der falsche Altarbau sich nicht idolatrischen Motiven verdanke (*Deus patrum nostrorum et prescius cordis hominum omnium,
tu scis quia ...*). Eben dieses begründet die Erbarmensbitte *nunc miserere
testamenti tui ...*

23,9 beruft sich mit *sicut vos scitis* auf das Wissen der Angeredeten um die
Bedrückung in Ägypten und rechtfertigt damit die Knappheit der Anspielung
auf diesen erwählungsgeschichtlichen Topos bzw. sichert diesen ab[66]: *Et
humiliaverunt Egiptii patres vestros, sicut vos scitis, et memoratus fui patrum
vestrorum ...*[67]

39,6; Aufruf Jephtas zum Bußgebet: *Scitis quod, dum viverent duces nostri,
monuerunt nos ...* Der Erinnerung an die Mahnungen der früheren Führer
wird die idolatrische Verführung durch die Ammoniter (vgl. Ri 10,6 ff) kon-
trastiert. Aus der Appellation an das Wissen der Angeredeten folgt die Buß-
aufforderung: *Nunc ergo ponite corda vestra in lege Domini Dei vestri ...*[68]

Nach der an das Wissen Gottes appellierenden Einführung 19,9, die folglich einen weitergehenden Bezug des anschließend Erzählten intendiert, wird

---

[65] Vgl. noch 57,2 (zitiert u.S.209); es handelt sich um die durch Samuel zitierte vergebliche Berufung des Mose auf das Wissen der Koraleute um seine Unschuld.

[66] Gegenüber dem biblischen Leittext Jos 24,4 ff verkürzt die Formulierung noch einmal
erheblich.

[67] Ähnlich spielt Act 2,22c mit καθὼς αὐτοὶ οἴδατε summierend auf die Wundertätigkeit
Jesu an. In beiden Fällen handelt es sich um dieselbe verweisend-summierende Funktion
der Wendung, die sich auf die Kenntnis der Angeredeten beruft. Vgl. ferner Act 10,37 ὑμεῖς
οἴδατε τὸ γενόμενον ῥῆμα καθ᾽ ὅλης τῆς Ἰουδαίας ... Dies ist ein prononcierter Appell an
die Kenntnis der Angeredeten um die Jesus-Geschichte (VV.37–38; Fortsetzung V.39: καὶ
ἡμεῖς μάρτυρες πάντων ...). Es handelt sich um einen rhetorischen Topos, wie die LAB-
Belege zeigen. Dieser bestimmt in V.37 den Rede-Text, nicht der Gedanke an die vorausgesetzte Hörerschaft. Eine primär an der Frage, ob die Hörer in der erzählten Situation tatsächlich über die geschilderten Vorgänge informiert waren, orientierte Diskussion (vgl. Referat
und Fragestellung bei NELLESSEN, Zeuge 186; SCHILLE 249: »›Ihr wißt‹ vor heidnischen
Ohren ist schwierig.«), wird der pragmatischen Funktion der Wendung folglich nicht ge-
recht. Vgl. in diesem Zusammenhang ferner die Formulierungen mit ἐπίσταμαι, s. u.
Anm. 258.

[68] Es handelt sich um einen paränetischen Zusammenhang; die Appellation an das Wissen der Angeredeten kann in diesem als Frage formuliert sein wie 22,5; 25,7.8; 52,2; vgl.
οὐκ οἴδατε Rm 6,16; 1 Kor 3,16; 5,6; 6,2 u.ö. Es handelt sich übereinstimmend um die appellierende Erinnerung an Sachverhalte, die für das Verhalten der Angeredeten bzw. seine
Korrektur bedeutsam sind.

in relativ engem Anschluß an den biblischen Leittext Ex 3,1–6 das Dornbusch-Ereignis wiedergegeben. Dabei fällt die Betonung der narrativen Motive ›Hirt‹[69] und ›Herde‹[70] auf.

Im zweiten Teil wird summarisch von Exodus und Gesetzgebung gesprochen; die Ereignisse werden in den vier Leitverben *misisti, liberasti, demersisti, dedisti* ausdrücklich als das Handeln Gottes geschildert, der Mose am Dornbusch berufen hat (*Tu autem vocasti me de rubo*). Es ist zu vermuten, daß die differenzierte Darstellung des Berufungsgeschehens erfolgte, um dieses als Bildmaterial für die Rolle des Mose bei Exodus und Gesetzgebung transparent zu machen[71]. Allein dieser Befund aus 19,3[72].9 deutet darauf hin, daß für Pseudo-Philo die Deutung der Rolle des Mose über das Bild des Hirten (Ex 3,1) nicht unbekannt war[73]. Die Annahme liegt nahe, daß Pseudo-Philo von einer entsprechenden frühjüdischen Tradition, in der die Berufung des Mose am Dornbusch mit der Rede von Mose als dem guten Hirten Israels verbunden war, Kenntnis hatte und sie 19,3.9 voraussetzt. Zumindest wäre dann die merkwürdige Gestaltung des narrativen Abschnitts in § 9 erklärbar.

Der damit vorauszusetzende hermeneutische Vorgang erinnert an die Komposition Lk 5,1–11 aus Fischfangwunder und Menschenfischerwort. Diese Berufungsgeschichte trägt als erste Berufungshandlung im lukanischen Kontext und in ihrer Konzentration auf Petrus[74] besonderes Gewicht. Lukas konn-

---

[69] Zum Hirtenbild im AT vgl. 1 Kön 22,17 f; 2 Chr 18,16; Ez 34,5.11.31; Sach 13,7; Jdt 11,19; ferner SATO, Q 197 Anm. 286; JEREMIAS, ThWNT VI 486–489.

[70] Markant ist der im LAB wiederkehrende Vergleich Israels mit einer Herde: 17,4 (Israel wurde den Schafherden ähnlich gemacht); 23,12 (wie eine geliebte Herde; vgl. 4 Esr 5,18; vgl. 26: Schaf); 28,5 (wird der Hirt seine Herde für nichts verderben?); 30,5 (ihr seid geboren zur Herde vor Gott; Exodus – Mose); 31,5 (bis; Israel: Herde); 59,3 (David Hirte; vgl. 61,1; 62,5).

[71] WADSWORTH, Dissertation 1,2 193 f sieht einen solchen Zusammenhang nicht; er weist indessen auf die Parallelmotive zwischen LAB 19,9 (Mose) und 59,4 (David) hin: »In recalling his humble beginnings as a shepherd (…) Moses is anticipating David … « (193). Beide Texte erwähnen überdies Engelaktivitäten, wenn auch in unterschiedlicher Abzielung (ebd.). In 19,3 kommt zum Ausdruck, daß Mose später als der Hirt erinnert werden wird: *Quis dabit nobis pastorem unum sicut Moyses …?*

[72] Vgl. dazu DELLING, Zeit 320; er verweist ebd. Anm. 7 für die Formulierung ›ein Hirt wie Mose‹ auf Dt 18,15 (sowie Act 3,22; 7,37); vgl. auch das auf Kenas bezogene *sicut* LAB 49,1.

[73] Vgl. dazu FELDMAN, Prolegomenon CLXV mit Hinweis auf Philo, De Iosepho 2, De vita Mosis 1,61, »who, in speaking of Moses the shepherd, notes that this occupation prepared him well for his role as statesman, since kings are called ›shepherds of their people‹.« (ebd. weitere Hinweise auf die rabbinische Tradition). GINZBERG V 414 Anm. 109 weist u.a. auf Philo, De Iosepho 1, Vita Mosis 1,11 für den Entschluß Gottes hin, Mose als den guten Hirten einer Herde zum Hirten der Gottesherde Israel zu machen.

[74] Vgl. dazu DILLON, Eye-Witnesses 64 f. Obwohl Petrus bereits Lk 4,38 erwähnt und sichtlich als bekannt vorausgesetzt wird, dient erst 5,1–11 seiner narrativen Einführung. BUSSE, Nachfolge 69 Anm. 4 macht darauf aufmerksam, daß Petrus 5,5b nicht unter Hinweis auf 4,38 f sagt: »Auf deine Machtat in meinem Haus hin will ich die Netze noch ein-

te auf das Menschenfischerwort Mk 1,17 zurückgreifen, das sich einer Logik
verdankt (Fischer – Menschenfischer), die der oben aufgewiesenen frühjüdischen Interpretation der Mosegestalt entspricht (Hirt der Schafe – Hirt der
Herde Gottes). Die Möglichkeit ist nicht von der Hand zu weisen, daß die Verbindung des Menschenfischerwortes mit dem Fischfangwunder durch Lukas[75]
geschah, weil in diesem ein Erzählinhalt zur Verfügung stand, der dazu dienen
konnte, in formaler Analogie zum Dornbuschereignis[76] nun das im Berufungs-
wort verwendete Bildmaterial mit einem entsprechenden Wunderbericht
narrativ zu illustrieren. Die frühjüdische Interpretation der Berufung des Mose
am Dornbusch, wie sie LAB 19,3.9 greifbar ist, setzt voraus, daß der Hirt
Mose zum Hirt der Herde Israel wurde. Sie kann dazu dienen, die Komposition der Perikope Lk 5,1–11 als analogen Interpretationsschritt zu erfassen.

3.3. Die schlafenden Jünger

Ein analoges Motiv im Lukasevangelium ist der Schlaf der Jünger in der
Verklärungs- und in der Ölbergszene (vgl. Lk 9,32; 22,39 ff). Die schlafenden Jünger in der Verklärungsszene werden »zu einer Vorabbildung der

---

mal auslegen!«. Kompositorisch gibt es vor 5,1 ff »keine Verbindung zwischen den beiden
Hauptakteuren.«

[75] Vgl. BOVON, Kommentar 228 f; ähnlich DILLON, Eye-Witnesses 63: »Lk's pericope
thus has two distinct sources: an old story of the miraculous draught of fish and the Marcan
vocation scene (1,16–20), with schematic seashore scenario also from Mk (4,1–2; 2,13;
3,7.9).«

[76] Im Rahmen dieser Analogie ist auch das der Beauftragung vorausgehende Erschrek-
ken des Petrus VV.8–9 mit dem entsprechenden Motiv Ex 3,5–6 zu vergleichen (für das
Moment der Trennung des Profanen vom Heiligen vgl. die Gottesrede Ex 3,5 μὴ ἐγγίσῃς ὧδε
mit der Petrusrede an Jesus V.8 ἔξελθε ἀπ' ἐμοῦ, für das Moment des Schreckens vgl. Ex
3,6b εὐλαβεῖτο γὰρ κατεμβλέψαι ἐνώπιον τοῦ θεοῦ sowie die frühjüdische Auslegung {s.u.
zu Act 7,32} mit V.9 θάμβος γὰρ περιέσχεν αὐτόν). Freilich sind diese Analogien für sich
genommen bzw. als allgemeine religionsphänomenologische Momente interpretiert wenig
aussagefähig; wenn aber die beobachteten Indizien zutreffen, die dafür sprechen, Lk 5,1–11
vor dem Hintergrund der frühjüdischen Intrepretation der Berufung des Mose am Dornbusch zu verstehen, sind auch diese Momente zu berücksichtigen. Sie können die überwiegend unter synchronem Aspekt erfolgende Kommentierung des Sündenbekenntnisses des
Petrus (vgl. z.B. BOVON, Kommentar 234: »Mit der einzig richtigen Antwort hat er {sc.
Petrus} seine menschliche Begrenztheit erkannt und um Mitleid gebeten.«; BUSSE, Nachfolge 72: »In der Überraschung, von Gott so reich und ungeschuldet beschenkt zu werden,
wird Petrus seine wahre Position vor ihm klar: Angesichts der überraschenden Güte Gottes
ist er ein Sünder, ein in mannigfacher Ohnmacht und Hilflosigkeit verstrickter Mensch.«;
vgl. ähnlich WIEFEL 115) im Blick auf die Erzählabsicht des Lukas bereichern bzw. mo-
difizieren. BUSSE (Nachfolge 72) interpretiert das Sündenbekenntnis des Petrus vor dem
Hintergrund der Prophetenberufungen 1 Kön 19,19–21; Jes 6,5 ff; Jer 1,4 ff: »Jene hatten
sich, als sie auf visionäre Weise von ihrer Berufung erfuhren, abwehrend verhalten. Sie
waren aber von Gott überwältigt und so zum Propheten bestimmt worden. Einer analogen

Gethsemaneszene (Lk 22,39 ff), was noch durch die Leidensankündigung (9,31) betont« wird[77]. Es ist anzunehmen, daß das Motiv der schlafenden[78] Jünger in der Verklärungsszene aus der synoptischen Gethsemaneszene eingetragen ist[79].

Zudem ist nun zu beachten, daß es sich bei dem synoptischen Erzählmotiv der schlafenden Jünger um ein solches handelt, das sich in einer merkwürdigen Verwandtschaft in LAB 27,12 findet. Der erzählerische Rahmen ist inhaltlich freilich ein gänzlich anderer. LAB 27,5–14 berichtet vom nächtlichen Kampf des Kenas gegen die Amoriter[80]. Kenas zieht mit 300 berittenen Knechten heimlich[81] in den Kampf, läßt die Stellung der Amoriter ausforschen und weist dann seine Knechte an, zurückzubleiben und auf sein eventuelles Signal zum Kampf zu warten (§§ 5–6)[82]. § 7 enthält das einsame Gebet des Kenas, nachdem er sich von den Knechten getrennt hat; es wird mit den Worten *et descendit Cenez solus et oravit antequam descenderet et dixit* eingeleitet. Im Anschluß an das Gebet – § 9in: *et surrexit Cenez, et induit eum spiritus Domini* – erlebt Kenas das erbetene Zeichen und beginnt im Wissen um den Beistand Gottes den Kampf (§ 10in: *et factum est ut audivit Cenez verba eorum, indutus est spiritu virtutis et transmutatus in virum alium ...*). Der verwandelte Kenas wird im Kampf durch zwei Engel unterstützt, deren Tätigkeiten differenziert geschildert werden[83]. Die Zahlenangaben über die

---

Konsequenz folgt auch die Geschichte bei Lukas.« (ebd.). Mir scheint der oben aufgewiesene Sachverhalt indessen eine stringentere und aussagefähigere Analogie zu bieten.

[77] Vgl. BALZ, ThWNT 8, 553,27 f. CONZELMANN, Mitte 51 f betont die Motivübereinstimmungen (vgl. dazu z.B. SAITO 73) zwischen beiden Szenen: »Das ganze Geschehen hat so einen typologischen Sinn im Blick auf die Ereignisse in Jerusalem. Nebeneinander stehen das Leiden, der Schlaf der Jünger – und beim ›Erwachen‹ das Schauen seiner Herrlichkeit.« (52)

[78] BOVON, Kommentar 497 f möchte freilich dahingehend differenzieren, daß die Jünger im Unterschied zu Gethsemane nicht eingeschlafen, sondern tranceartig wachgeblieben sind. Diese Interpretation ist freilich vom Wortbestand nicht erfordert; sie nivelliert überdies den Unterschied zwischen der rezipientenbezogenen Leidensankündigung V.31a und der in V.32b beschriebenen Wahrnehmung der Jünger. Vgl. zu diesem (in V.45 bestätigten) erzählten Sachverhalt z.B. SCHÜRMANN, Kommentar 558.

[79] Vgl. z.B. BOVON, Kommentar 489; SCHÜRMANN, Kommentar 559. BOVON 497 Anm. 48 fragt m.E. zu Recht: »Läßt sich Lukas, indem er βεβαρημένοι schreibt, vom καταβαρυνόμενοι des Markus (Mk 14,40), das Matthäus ebenfalls mit βεβαρημένοι wiedergibt, inspirieren?«

[80] Vgl. dazu o.S.67 f.

[81] Wegen der üblen Nachrede des Volkes (vgl. § 2).

[82] Die direkte Rede § 6fin lautet: *Hic state, ego autem solus descendam, ut videam castra Amorreorum. Et erit ut psalphingavero descandatis, sin autem non ibi expectabitis me.*

[83] Auffallend ist in § 10 das aus Ex 17,11 f bezogene Motiv von den gestützten Armen des Mose in seiner Anwendung auf Kenas (*Et Zeruel angelus qui preerat virtuti sustinebat brachia Cenez ne considerent.*); zur haggadischen Ausformung dieses Motivs ist auch Jos 8,26 zu berücksichtigen. Zur etymologischen Bedeutung der beiden Engelnamen und ihren Beziehungen zum Erzählinhalt vgl. FELDMAN, Prolegomenon CXIV f.

172   *Beobachtungen zu sprachlichen und motivischen Analogien*

gefallenen Amoriter schließen diesen Erzählteil ab (§ 10). Der Fortgang der erzählten Handlung[84] enthält die Reinigung und Rückkehr des Kenas zu seinen Knechten: *et reversus est ad pueros suos. Dominus autem inmisit in eos somnum gravem in nocte, et dormierunt et non cognoverunt ex omnibus que egerat Cenez. Et venit Cenez, et excitavit eos de somno, et intuentes illum oculis suis viderunt et ecce campus plenus erat corporibus, et stupentes mente intuebantur singuli quique proximum suum* (§ 12). Rückblickartig wird von dem durch Gott veranlaßten Schlaf der Knechte berichtet, die auf ein Signal des Kenas warten sollten. Sie werden durch den zurückkehrenden Kenas geweckt und sehen nun verwirrt die wunderhafte Niederlage der Amoriter. Die diese Szene abschließende Anrede des Kenas enthält eine auf die Verwirrung der Knechte bezogene sentenzenhafte Zurechtweisung sowie die Aufforderung, aufzustehen, sich mit den Schwertern zu umgürten und zum Volk zurückzukehren: *Quid miramini? Numquid sicut via hominum vie Domini sunt? Nam in hominibus multitudo valet, in Deo autem quod constituerit; et ideo si Deus voluit salutem facere populo huic per manus meas, quid miramini? Exsurgentes surgite et singuli quique accingimini rompheis vestris, et ibimus in domum ad fratres nostros.* §§ 13–14 enthalten das Wechselgespräch zwischen dem Volk und Kenas sowie seinen Knechten[85]. Mit einer durch eine Erkenntnisformel eingeleiteten Sentenz (kollektives Schlußwort des Volkes) wird dieser Erzählteil[86] abgeschlossen und zugleich das inhaltliche Leitthema dieser Erzählung deutlich gemacht: *Nunc scimus quoniam constituerit Dominus facere salutem populo suo; non indiget multitudine sed sanctificatione.*[87] Es stimmt mit der Zielangabe für den bevorstehenden Kampf im Gebet des Kenas (§ 7) überein: *et expugnabo inimicos tuos, ut sciant ipsi et omnes gentes et populus tuus quoniam non in multitudine militie neque in virtute equitum liberat Dominus, si cognoverint signum salutis quod facies mecum hodie*[88]. Die erzählte Geschichte dient folglich der narrativen Ausgestaltung dieser Sentenz[89]. Obwohl es sich also um einen völlig anderen erzählerischen Rahmen handelt, kann es sinnvoll sein, relevante Motive des Erzähltextes LAB 27,5–12 neben solche der synoptischen Gethsemane- bzw. Verklärungsszene zu stellen.

LAB 27,6fin: Aufforderung an die zurückbleibenden Knechte (*Hic state, ego autem solus descendam …*): vgl. Mk 14,32 bzw. 34 (Aufforderung an die

---

[84] § 11 ist hier als gesonderte Einzelepisode nicht zu berücksichtigen; vgl. o. S. 67.
[85] Sie schildern das Erlebte mit den Worten: *Vivit Dominus, quoniam nos non pugnavimus sed nec sciebamus nisi tantum cum expergefacti sumus vidimus campum plenum corporibus.*
[86] § 15 nimmt die Rahmenerzählung (vgl. §§ 1–4) auf.
[87] Vgl. zur Textform o. S. 138.
[88] Vgl. § 12 *Nam in hominibus multitudo valet, in Deo autem quod constituerit …*
[89] Vgl. Sach 4,6 b; 1 Sam 14,6; 17,47; 2 Kön 19,35; 1 Makk 3,19; Ps 33,16 ff; Jdt 9,11 a. Zu den Motiven aus Ri 7 vgl. o. S. 67 Anm. 159.

drei Jünger[90], zurückzubleiben und zu wachen; vgl. Mt 26,36b bzw. 38b)[91]; diff. Lk 22,40 (Aufforderung zum Gebet)[92].

§ 7in *Et descendit Cenez solus et oravit antequam descenderet et dixit*: vgl. die Absonderung zum Gebet Mk 14,35 bzw. 39; Mt 26,39.42.44; Lk 22,41.

§ 7 (Gebet des Kenas): vgl. Mk 14,36; Mt 26,39b sowie das zweite Gebet V. 42; Lk 22,42[93]. Die inhaltliche Übereinstimmung zu LAB 27,7 besteht in dem Motiv, daß der Beter sein Geschick dem Willen Gottes anheimstellt. Auch bei Kenas schließt das den Tod – freilich wegen der eigenen Sünden – ein: *... scio quoniam non exaudisti me sed tradidisti me inimicis meis. Nam etsi traditus trador morti, scio quod propter delicta mea non exaudivit Dominus et tradidit me inimicis meis.*

§ 10 (Verwandlung des Kenas): Mk 9,2 (Mt 17,2) μετεμορφώθη, Lk 9,29: ἐγένετο ... τὸ εἶδος τοῦ προσώπου αὐτοῦ ἕτερον. Die Wendung LAB 27,10 *transmutatus*[94] *in virum alium* entspricht 20,2 *et immutaberis*[95] *et eris in virum alium*. Sie sind aus 1 Sam 10,6 abgeleitet[96]. Für den Sprachgebrauch Mk 9,2 // Mt 17,2 ist eine überzeugende Ableitung noch nicht gefunden[97].

---

[90] Übereinstimmendes Motiv zwischen Gethsemane- und Verklärungsszene bei Markus und Matthäus ist, daß Petrus und die beiden Zebedaiden besonders herausgestellt werden; vgl. Mk 9,2; 14,33; Mt 17,1; 26,37. Bei Lukas ist dies nicht in der Gethsemaneszene, dagegen 9,28 der Fall. Freilich wird bei Markus und Matthäus die damit eröffnete narrative Unterscheidung im nachlaufenden Kontext nicht geschlossen; vgl. ähnlich SCHENK, Passionsbericht 193. WIEFEL, Kommentar 378 stellt fest:»Lukas hat nur einen einzigen Gebetsgang Jesu im Unterschied zu den dreien des Markus. Eine Mahnung zum Gebet als Schutz vor der Versuchung findet sich im Eingangsteil und am Schluß der Perikope. Sie gilt allen Jüngern, die drei Vertrauten des Markus werden nicht herausgehoben.« HAENCHEN, Weg 435 vermutet für die lukanische Form der Gethsemane-Überlieferung:»Diese Tradition könnte die einfache und ältere Überlieferung gegenüber dem schon steigernden Mk-Text sein.«

[91] HAENCHEN, Weg 490 Anm. 2 stellt fest:»Mk erklärt nicht, warum Jesus die acht (?) Jünger sich – bei der Ruine des Gehöfts (?) – hinsetzen läßt. Sie fordert er nicht zum Wachen und Beten auf. So sind sie da und doch in gewissem Sinne nicht da. Sie spielen erst eine Rolle, als Judas mit der Schar kommt.« (›?‹ orig.). Ihre Anwesenheit in der Verhaftungsszene ist freilich nur implizit vorauszusetzen; sie wird nicht ausdrücklich formuliert. Die narrative Funktionslosigkeit der (acht) Jünger bei Markus und Matthäus legt die Erwägung nahe, daß die Entfernung Jesu von den Jüngern um der Hervorhebung der drei willen gleichsam dupliziert wurde.

[92] Vgl. WIEFEL, Kommentar 378:»Die am Anfang erscheinende, am Ende wiederholte und durch Jesu Beispiel verstärkte Mahnung zum Gebet führt 22,28–38 weiter: Jetzt in der Stunde der Versuchung, da der Widersacher Macht erlangt, kann nur der Betende bestehen.« Diesem Sachverhalt entspricht, daß die Gebetsszene bei Lukas durch die Schwertmotivik eingerahmt ist; s.u.

[93] WIEFEL, Kommentar 379 bezeichnet dieses als »Ausdruck des Verzichts auf den eigenen Willen«.

[94] Hap.leg.

[95] Hap.leg.

[96] ונהפכת לאיש אחר; vgl. LXX καὶ στραφήσῃ εἰς ἄνδρα ἄλλον.

[97] Vgl. die Diskussion bei LUZ, Kommentar I/2 507–509; GNILKA II 33; BEHM ThWNT IV 762 ff.

§ 10 (Gemeinschaft mit zwei Engeln): Markus und Matthäus führen in der Verklärungsszene sogleich Mose und Elia ein; Lk 9,30 formuliert: καὶ ἰδοὺ ἄνδρες δύο συνελάλουν αὐτῷ, οἵτινες ἦσαν ... Die Analogie zu den beiden Engeln am Grab (24,4) und bei der Himmelfahrt ist von Lukas offenbar beabsichtigt[98].

Lk 22,43 erzählt von der Stärkung Jesu[99] durch einen Engel vom Himmel; freilich ist dieser Textbestand (mit V. 44) textkritisch nicht gesichert[100].

§ 12 (Der Schlaf der Knechte): Lk 9,32 ἦσαν βεβαρημένοι ὕπνῳ, Lk 22,45 εὗρεν κοιμωμένους αὐτοὺς ἀπὸ τῆς λύπης, Mk 14,37 // Mt 26,4 εὑρίσκει αὐτοὺς καθεύδοντας[101]. Die passiva divina entsprechen der aktiven Formulierung *Dominus autem inmisit in eos somnum gravem in nocte*[102]. Es handelt sich weder bei Pseudo-Philo noch in den synoptischen Texten um einen ›natürlichen‹ Schlaf[103], sondern um ein bewußt eingesetztes Erzählmotiv[104].

§ 12 (Wahrnehmung des Geschehenen durch die Knechte; s.o.): Mk 9,8; Mt 17,8; anders Lk 9,32b.

§12 (Verwirrtheit der Knechte; *stupentes mente intuebantur singuli quique proximum suum*): Mk 9,6; 14,40b; vgl. Lk 9,33 μὴ εἰδὼς ὃ λέγει[105].

---

[98] καὶ ἰδοὺ ἄνδρες δύο findet sich auch an diesen beiden Stellen (24,4 diff. Mk 16,5 νεανίσκος). Vgl. SAITO 75 f: »Es ist ... anzunehmen, daß Lk sich diese beiden at.lichen Gestalten wie Engel vorstellt.« (sic); vgl. ferner LOHFINK, Himmelfahrt 195 f; DILLON, Eye-Witnesses 22 f.

[99] »Sie kann als Hilfe Gottes verstanden werden, die den Kampf entscheidet.« (WIEFEL, Kommentar 379).

[100] Vgl. B. M. METZGER, Commentary 177; er hält es für wahrscheinlich, »that they (sc. VV.43–44) were added from an early source, oral or written, of extra-canonical traditions concerning the life and passion of Jesus.« WIEFEL, Kommentar 377 rechnet die VV.43–44 zum ursprünglichen Textbestand; Gründe sind u.a. »der lukanische Charakter von Vokabular und Stil«, »vielleicht die Korrespondenz zu Lk. 9,28–32« (ebd.); von der gleichen Voraussetzung geht z.B. ebf. HAENCHEN, Weg 495 aus. Zum lukanischen Sprachgebrauch in vv43–44 vgl. JEREMIAS, Sprache 294. Vgl. ferner SCHNEIDER, Engel, der unter redaktionsgeschichtlichen Aspekten gewichtige Argumente beisteuert, die für eine Ursprünglichkeit des Textstücks sprechen; vgl. bes. 157: » ... die Angabe über die Stärkung Jesu gibt zu erkennen, daß der ›Kelch‹ nicht vorübergehen wird. Dieser Sinn von 22,43 entspricht sachlich der lukanischen ›Redaktion‹ in der Verklärungsgeschichte (9,28–32), wo das gleiche *Kompositionsschema* begegnet: Jesus *betet* auf dem Berg – es *erscheinen* Mose und Elija – sie reden ›von seinem ›*Auszug*‹, den er in Jerusalem vollenden werde‹ – Petrus und die anderen *Jünger* schlafen, statt zu wachen.« (Sperrungen orig.)

[101] Vgl. noch Mk 14,40 καὶ πάλιν ἐλθὼν εὗρεν αὐτοὺς καθεύδοντας, ἦσαν γὰρ αὐτῶν οἱ ὀφθαλμοὶ καταβαρυνόμενοι, Mt 26,43 βεβαρημένοι.

[102] Vgl. die dem passivum divinum (z.B. in Lk 24,16) entsprechende aktive Formulierung Act 16,14: ὁ κύριος διήνοιξεν τὴν καρδίαν κτλ., vgl. dazu DILLON, Eye-Witnesses 146.

[103] In die Richtung einer rationalisierenden Interpretation tendiert der lukanische Zusatz ἀπὸ τῆς λύπης.

[104] Vgl. HAENCHEN, Weg 490 Anm. 3 zum Schlaf der Jünger in der Gethsemaneszene: »realistisch betrachtet ist dieses Einschlafen sogar unbegreiflich«.

[105] Vgl. zur Verbindung der Motive ›Schlaf‹ und ›Verwirrtheit‹ DILLON, Eye-Witnesses 23 Anm. 66.

§ 12 (direkte Rede des Kenas; s.o.): vgl. für die vorwurfsvolle Frage (vgl. etwa das doppelte *quid miramini?*) Mk 14,37b.41b; vgl. Mt 26,40b.45; Lk 22,46; für den sentenzhaften Inhalt[106] Mk 14,38b; Mt 26,41; für die Aufforderung zum Gehen Mk 14,42; Mt 26,46.

§ 12 (Schwertmotiv; *singuli quique accingimini rompheis vestris, et ibimus ...*): Vgl. Mk 14,47; Mt 26,51–54. Die Jesusrede VV. 52 f enthält neben der auf das Schwert bezogenen Formulierung des Talioprinzips das Motiv der Unterstützung im Kampf durch die Engel Gottes. Jesus verzichtet ausdrücklich und freiwillig auf solche Unterstützung[107]; in LAB 27,10 ist sie indessen der zentrale Erzählinhalt.

Das Schwertmotiv in Lk 22,38 (vgl. V. 36b).49–51 bildet einen Rahmen um die Gethsemaneszene bei Lukas. Das Schwertmotiv in den Versen 36 und 38 ist durch scheinbare Bejahung der bewaffneten Verteidigung sowie ihre Ablehnung gekennzeichnet; VV. 49–51 stehen dazu in genauer Analogie. Die Episode vom abgeschlagenen Ohr V. 50 ist durch die zu V. 38 analoge direkte Rede (Frage nach der Verteidigung mit dem Schwert) V. 49b und das Verbot Jesu V. 51a ἐᾶτε ἕως τούτου (vgl. V. 38b ἱκανόν ἐστιν) gerahmt. Auch damit wird eine Verwandtschaft mit der Leitmotivik des pseudo-philonischen Erzähltextes erkennbar; die Frage nach Gewalt und Gewaltverzicht im Zusammenhang mit der Verhaftung Jesu ist folglich auch bei Lukas präsent.

Die Möglichkeit liegt nahe, daß die deutende Interpretation der Gefangennahme Jesu über die (im Erzähltext LAB 27 zentrale) Leitthematik »Gott siegt nicht durch Waffen ...« zur Ausformung des synoptischen Erzähltextes der Gethsemaneszene beigetragen hat. Im Blick auf die Verklärungsszene ist die Motivik von Berg, Wolke, Mose-Elia, Gottesspruch usw. zentraler als das Motiv von Schlaf und Unverständnis, mit dem das Jüngerverhalten gekennzeichnet wurde.

Immerhin können die aufgewiesenen Motiv-Analogien einen bescheidenen Beitrag zur Erklärung der neutestamentlichen Texte liefern, insofern sie einen Hinweis auf die Herkunft einiger verwendeter Motive enthalten. Treffen die vorgelegten Beobachtungen zu, so kann davon ausgegangen werden, daß v.a. die lukanische Ausgestaltung der Gethsemane-Szene sich der theologischen Reflexion über die trotz der Möglichkeit des machtvollen Eingreifens Gottes widerstandslose Gefangennahme Jesu verdankt. Für die narrative Ausgestaltung der entsprechenden Interpretation dieses Erzählinhalts standen Motive zur Verfügung, die mit der Thematik des Sieges Gottes (bzw. seiner Engel)

---

[106] Die Rolle der Knechte ist wie die der Jünger durch ihr Unverständnis gekennzeichnet; sie müssen belehrt werden.

[107] Vgl. z.B. HAENCHEN, Weg 500: »es ist nicht Machtlosigkeit, die Jesus auf die Anwendung von Gewalt verzichten läßt! Im Gegenteil, er besitzt eine stärkere Macht, als sie nötig wäre (ein einziger Engel sollte doch eigentlich genügen).« Bei Kenas, unter freilich anderem Erzählziel, sind es zwei.

an der Seite menschlicher Handlungsträger und ihrer Reflexion (›Gott siegt
nicht durch Waffen, sondern durch Heiligkeit‹; vgl. LAB 27) verbunden waren. Der narrativen Verdeutlichung der entsprechenden Erzählabsicht diente
u.a. das Motiv des von Gott verfügten Schlafes über die engsten Vertrauten,
die zu aktivem Wachen aufgefordert waren.

3.4. Emmaus

Vergleicht man die Emmausgeschichte Lk 24 mit der Gideongeschichte LAB
35, so sind unter formalem Gesichtspunkt überraschende Übereinstimmungen festzustellen:

LAB 35,1 (Exposition): Begründung des Unterwegsseins Gideons; vgl. Lk
24,13.

§ 1fin: Frage des Engels nach Gideons Weg (Flucht); Lk 24,17: Frage Jesu
nach dem Gespräch der Jünger.

Antwort Gideons als Gegenfrage § 2: *Quid me interrogas, unde veniam,
quia pressura circuivit me?* Antwort der Jünger als Gegenfrage (ihre Verfas-
sung wird V. 17b mit σκυθρωποί beschrieben[108]): Bist du als einziger fremd in
Jerusalem, daß du nicht weißt, was dort geschehen ist in diesen Tagen?

Bei Gideon setzt sofort die narrative Schilderung der entstandenen Lage
ein (§ 2med); bei Lukas V. 19 verstärkt die Rückfrage Jesu ποῖα (sc.
γενόμενα) den Dialog und begründet die – an sich redundante – Schilderung
des Geschehens. Der Inhalt der jeweiligen Erklärung findet sich § 2med bzw.
VV. 19b–20.

Die Frage Gideons § 2 (vgl. Ri 6,13) *Et ubi sunt mirabilia* … entspricht der
Auskunft über die enttäuschte Hoffnung V. 21 ἡμεῖς δὲ ἠλπίζομεν ὅτι αὐτός …

VV. 21b–24 enthalten die rezipientenbezogenen Anspielungen auf die
Osterereignisse; § 2fin verstärkt die Resignation Gideons.

Die direkte Rede Jesu VV. 25 f hat die Funktion, das Geschehene mit Hinweis auf die Propheten als Gottes Plan entsprechend zu erklären und die Resignation der Jünger zu entkräften. Der summarische Aussagesatz V. 27 erzählt
diese Absicht auf der Erzählebene als vollzogen. Die Antwort des Engels § 3
hat ebenfalls die Absicht, das Geschehene als (Straf-) Handeln Gottes zu erklären und Vorwurf und Resignation zu entkräften.

Bis hierher reichen die Ähnlichkeiten zwischen beiden Erzähltexten; auch
die nachfolgenden Kontexte weisen freilich eine wichtige Berührung auf.
Gideon wird §§ 4–5 beauftragt und erhält zur Beglaubigung ein Zeichen
(§§ 6–7); er *erkennt* also, daß seine Sendung durch Gott erfolgt. Der zweite

---

[108] Vgl. dazu DILLON, Eye-Witnesses 113.

Teil der Emmausgeschichte VV. 28–35 wird mit den expositionellen Elementen V. 28a.b neu eröffnet – in seinem Zentrum steht das Erkanntwerden Jesu durch die Jünger.

Für dieses zentrale Erzählmotiv findet sich eine weitere motivische Parallele im LAB.

LAB 12,1 schildert die Herabkunft des Mose nach dem Empfang des Gesetzes (vgl Ex 34,29–35). Sein strahlendes Antlitz[109] verhindert, daß die Israeliten ihn erkennen: *Et factum est cum descenderet ad filios Israel, videntes non cognoscebant eum. Cum autem locutus fuisset, tunc cognoverunt eum.* Im Zentrum des Abschnitts steht die gegenüber Ex 34,30 neue Aussage, daß die Israeliten Mose wegen des überhellen Lichtes nicht erkennen konnten[110]. Als Grund für das Nichterkennen der Israeliten hat ihr Götzendienst zu gelten – die Anordnung dieser Episode vor 12,2 ff macht eine solche Deutung unumgänglich[111]. Es ist der Ungehorsam der Israeliten, der sie Mose nicht erkennen läßt, und zugleich die paradigmatisch erzählte Bewahrheitung des allgemeinen Grundsatzes 11,2: *Erit enim hec in testimonium. Si enim dixerint homines: Non scivimus te* (sc. Mose)*, et ideo non servivimus tibi, propterea hoc vindicabo in eis, quoniam non cognoverunt legem meam.* Dieser Grundsatz bringt unter dem Aspekt des Gehorsams gegenüber Gottes Willen zum Ausdruck, daß Kenntnis des Gesetzes und Kenntnis des Mose identisch sind[112].

Mose begegnet den Israeliten LAB 12,1 als Entrückter. Die Anschlußnotiz *et descendit Moyses* wird mit der Formulierung *et cum perfusus esset lumine invisibili, descendit in locum ubi lumen solis et lune est*[113] aufgenommen, um

---

[109] Vgl. 2 Kor 3,7.

[110] Vgl. dazu WADSWORTH, Dissertation 1,1 120 sowie o. S. 100 ff.

[111] Vgl. ähnlich WADSWORTH 1,1 120: »... it must be assumed that the reason for the failure of the people to recognise Moses is their apostasy in having made the calf in his absence. Indeed we have here an example of the kind of lack of recognition which the ‹testimonium› of 11:2 prefigures, namely‹ failure to recognize or to know the law.« Die Transposition des zweiten Abstiegs des Mose aus Ex 34 an diese Stelle hat jedenfalls in dieser Aussageabsicht ihren Grund.

[112] Vgl. dazu ausführlich WADSWORTH 1,1 119; dazu weist WADSWORTH aaO. Anm. 71 auf Jos ant 3,85–87 hin: auch Josephus faßt die Worte des Mose als Gottes eigenes Sprechen auf. Dazu sind folgende Indizien aus dem LAB selber hinzuzuziehen: 16,2.4 (die Strafrede wird als Gottesrede eingeführt, im nachlaufenden Kontext aber als Moserede dargestellt); 58,1 (*verba que locutus est Moyses famulus meus dicens* {es folgt Dt 25,19}, *que locutus sum* {Subjekt: Gott; vgl. aber π: *est*} *sub zelo meo* {π om. *meo*}); vgl. noch 15,5 (*ne exaudiat me*; die Formulierung ist auf § 4 *non audierunt vocem duorum* zu beziehen. Das Wort dieser beiden Kundschafter war Gottes Wort); 57,2 (*dominus meus* {Sprecher ist Samuel} *Moyses famulus Dei*).

[113] Die mit der Anschlußnotiz übereinstimmende Zeitform *descendit* legt nahe, diesen Satzteil auf die Rückkunft des Mose in die natürliche Welt zu beziehen; vgl. WADSWORTH 1,1 121 mit Anm. 77. Bei Bevorzugung der LA π *ut descenderat* ist die Erklärung FELDMANS zwingend, der Ort des Lichtes bezeichne die Schekina (Prolegomenon XLVI). Ähnlich auch

mit dem überbietenden Satz *vicit lumen faciei sue splendorem solis et lune* die Anspielung auf den biblischen Leittext (Ex 34,29b) vorzubereiten: *et hoc nesciebat ipse.*

Das unanschaubare Licht vom Antlitz des Mose übersteigt bei seiner Rückkunft also das Licht von Sonne und Mond[114].

Erst, als Mose zu reden beginnt, wird er von den Israeliten erkannt. Die 11,2 grundsätzlich angekündigte Identität Mose – Gesetz wird an dieser Stelle narrativ bestätigt. In diese Aussagerichtung weist auch der Vergleich mit Joseph und seinen Brüdern, der anschließend vollzogen wird: *Et erat simile factum hoc sicut in Egipto, quando cognovit Ioseph fratres suos, ipsi autem non cognoverunt eum* (Gen 42,8; vgl. LAB 8,10). Auch Joseph wird erst erkannt, als er sich redend als Bruder zu erkennen gibt (vgl. Gen 45,3 f).

Lk 24,16 spricht davon, daß die beiden Jünger Jesus nicht erkennen konnten (οἱ δὲ ὀφθαλμοὶ αὐτῶν ἐκρατοῦντο τοῦ μὴ ἐπιγνῶναι αὐτόν). Sie stehen dem Passionsgeschehen verständnislos gegenüber und haben die Osterereignisse in ihrer Bedeutung nicht realisiert (vgl. VV. 22–24).

Die Verse 30–32 erzählen, wie die beiden Jünger Jesus beim Brotbrechen erkennen und ihnen im Nachhinein auch Jesu Schriftauslegung als Erkennungsgrund deutlich wird.

Übereinstimmende Motive: Mose wird über das Hören des Gesetzes erkannt, Christus über das Brotbrechen und die Öffnung der Schriften. Christus wie Mose begegnen den ihren in der Situation von Ungehorsam bzw. Unverständnis / Resignation nicht als Irdische, sondern aus der unmittelbaren Nähe Gottes heraus. Beide sind erkennbar und identifizierbar über die Wirklichkeiten, die sie repräsentieren (Gesetz bzw. Abendmahl und Sinn der Schrift).

Für die beiden Teile der Emmausgeschichte wurden zwei Motive aufgewiesen, die als Erzählelemente Basisfunktion haben. Die Motivik (Wegsituation – Begegnung mit Engel – dessen Scheinfrage – narrative Antwort mit Ausdruck der enttäuschten Hoffnung – lehrhafte Erklärung), die an der Gideongeschichte LAB 35,1–3 aufgewiesen werden konnte, bildet das Grundmuster des ersten Teils der Emmausgeschichte. Der summierende Satz V. 27 schließt diesen Teil; damit wird deutlich, daß die lehrhafte Passage VV. 25 f dessen (vorläufiges) Erzählziel ist.

Der zweite Teil der Emmausgeschichte ist von dem Erzählziel in V.31 her gestaltet. Es handelt sich – unter Anwendung auf den Auferstandenen – um

---

GINZBERG VI 50 Anm. 260, der den Satz als erklärende Rückblende versteht: »He (sc.Mose) was covered with an invisible light, for he had gone to the place where is the light of the sun and moon, and the light of his face overcame the brightness of the sun and moon. The place of the great light is, of course, the place of the Shekinah.«

[114] Bei Bevorzugung von π: Weil er an dem Ort war, von dem Sonne und Mond das Licht beziehen, d.h. am Ort Gottes.

die Wiedergabe des Motivs, das auch LAB 12,1 zur Anwendung kommt: Der Entrückte wird über *die* Wirklichkeit erkannt, die ihn vollgültig repräsentiert[115]. Die erzählenswerten Ereignisse beider Teile sind im Bericht der heimkehrenden Jünger V.35 wiedergegeben: τὰ ἐν τῷ ὁδῷ καὶ ὡς ἐγνώσθη αὐτοῖς ἐν τῇ κλάσει τοῦ ἄρτου. Die Komposition der Emmausgeschichte umfaßt beide Teile (VV. 13–27. 28–32), wie ihr Abschluß in VV. 33–35 sowie die inhaltlichen Verschränkungen[116] verdeutlichen. Wir haben eine geschlossene Komposition[117] vor uns, deren beide Grundmotive aus jüdischer Tradition bezogen und auf die Begegnung mit dem Auferstandenen angewendet sind.

3.5. Motive der Geistbegabung und Nachfolge

Lk 24,49b kündigt die Geistbegabung zu Pfingsten mit den Worten ἕως οὗ ἐνδύσησθε ἐξ ὕψους δύναμιν an. Diese Formulierung steht in sachlicher Nähe zu V. 49a, wo die Sendung des Geistes[118] aus der Perspektive des scheidenden Auferstandenen angesagt wird[119]. Der Gebrauch des Wortes δύναμις an dieser Stelle steht folglich in sachlich größter Nähe zur hier vor-

---

[115] Aufgrund der vorgelegten Beobachtungen scheint mir der Rückgriff auf eine vorauszusetzende »›Gattung‹ der Vorlage« als einer »Erkenntnisgeschichte« (so STENGER / SCHNIDER, Beobachtungen 88–90) nicht stichhaltig zu sein. Zur Vorgeschichte und Diskussion dieser Gattungsbestimmung, die sich ursprünglich einem Vergleich der Emmausperikope mit Joh 20,11 ff (vgl. 21,12 f) verdankt, vgl. DILLON, Eye-Witnesses 75 f.

[116] V.16.31 Verhinderung bzw. Gewährung des Erkennens durch Gott; passiva divina; VV.25–27.32 christologische Schriftauslegung.

[117] DILLON (Eye-Witnesses 112) macht auf die formale Analogie zwischen der Emmausgeschichte und Act 8,26–39 aufmerksam.»Philip, like the risen Lord, comes on the scene as a stranger. His questions lead to a travelers' dialogue, and the dialogue builds to his *christological exposition of the scriptures*, with focus on the mystery of the *messiah's passion* (Acts 8,32 ff.; cp Is 53,7–8 LXX). A sacramental action, baptism, and the strange expositor's disappearance conclude the scene, just as the sacramental repast and the Lord's disappearance close the Emmaus episode. – It would be hard to deny that the composing hand in both these passages is the same.« LAB 35 bietet folgende Analogien zu den – beiden lukanischen Erzähltexten zugrundeliegenden – Strukturelementen: Reisesituation, fremder Reisebegleiter (*angelus Domini*), Dialog (konstitutives Element ist die offene Frage des / der Reisenden), Belehrung (konstitutives Element ist die Schriftauslegung; vgl. die Verwendung von Ri 6,13–14 in LAB 35, 2–3), Akt der sakramentalen Gemeinschaft bzw. Sendung (Abendmahl; Taufe des Kämmerers; Sendung und Zeichengewährung gegenüber Gideon §§ 4–7); eine wunderhafte Entfernung des fremden Reisebegleiters (Lk 24,31b; Act 8,39.40a) wird in LAB 35,14 nicht erzählt; der biblische Querverweis § 7fin impliziert freilich den Erzählinhalt aus Ri 6,21c.

[118] Die ›Verheißung meines Vaters‹ meint den Geist; vgl. Act 2,33; WIEFEL Kommentar 417.

[119] Eine chiastische Struktur, die durch ihre differenzierte Perspektivierung auf die Angeredeten verbunden ist, ist nicht zu übersehen.

auszusetzenden Geistvorstellung[120]. Die Ansage des Bekleidetwerdens mit Kraft / Geist (aus der Höhe / von Gott her) ist im lukanischen Doppelwerk singulär[121].

LAB 27,9–10; 36,2 bieten auffallende Parallelen[122].

27,9: *et induit eum* (sc. Kenas) *spiritus Domini*

27,10: *indutus est* (sc. Kenas) *spiritu virtutis et transmutatus in virum alium*

36,2: *induit* (sc. Gideon) *spiritum Domini, et virtutificatus* ...[123]

Die zitierte Formulierung aus LAB 36,2 gibt Ri 6,34 wieder (ורוח יהוה לבשה את־גדעון); freilich ist nicht wie dort der Geist, sondern Gideon das Subjekt. Für Pseudo-Philo ist damit keine sachliche Differenz gegeben, wie die Wendungen in 27,9 und 10 beweisen. 27,9 ist in genauer formaler Entsprechung zu Ri 6,34 formuliert[124]. Pseudo-Philo hat folglich den biblisch geprägten bildlich-übertragenen Gebrauch von לבש[125] frei verwendet.

Damit ist m.E. für die Herkunft der Formulierung Lk 24,49 ein entscheidender Hinweis gegeben: Sie verdankt sich der zeitgenössischen jüdischen Bibelauslegung, in der ebenfalls das Bekleidetwerden mit dem Geist als ein aus Ri 6,34 (vgl. 1 Chr 12,19; 2 Chr 24,20) gewonnenes Bild in freier Verwendung lebendig war.

Die Formulierung LAB 27,10 *indutus est spiritu virtutis* zeigt überdies eine solche sachliche Nähe von *spiritus* und *virtus*, wie sie oben bereits für einige Stellen im lukanischen Doppelwerk bemerkt wurde. Insofern ist es verfehlt, die Geistvorstellung des LAB auf das Prophetische beschränken zu wollen[126].

---

[120] Vgl. Lk 1,17.35; 4,14; Act 1,8; 6,8; 10,38. Vgl. Turner, Spirit passim. Turner macht überzeugend deutlich, daß nach lukanischem Verständnis der Geist der Prophetie von der in den Wundern wirksamen Kraft nicht zu trennen ist, und begründet dies mit dem jüdischen Hintergrund dieser Konzeption. Er stellt – auch unter Hinweis auf LAB 27,10; 36,2 und die Belege im LAB, die eindeutig vom Geist der Prophetie reden (9,10; 18,10–11; 28,6; 31,9; 32,14; vgl. aaO. 134) – fest, »that for a Jew to hold that the Spirit was received as the Spirit of prophecy did not preclude him from attributing miracles to the same Spirit.« (aaO. 135).

[121] Vgl. für einen Überblick zum paulinischen und deuteropaulinischen Bereich H. Paulsen, EWNT I 1103–1105.

[122] Vgl. ferner 20,2–3, wo Josua zum Anlegen (*induo, vestio*) der Gewänder der Weisheit des Mose und des Gürtels seines Wissens aufgefordert wird. Vgl. zu den pneumatologischen Vorstellungen Pseudo-Philos Perrot II 63 f (sowie 106.127.159.162).

[123] Auch Dietzfelbinger, Dissertation 230 hat die auffallenden LAB-Formulierungen gesehen, zieht zum Vergleich freilich nur paulinische Aussagen heran (insbesondere Rm 13,14; Gal 3,27; vgl. auch Feldman, Prolegomenon LVI).

[124] Vgl. ähnlich 1 Chr 12,19 ... את לבשה ורוח; 2 Chr 24,20 את לבשה ... אלהים ורוח; LXX an beiden Stellen: ἐνδύω.

[125] Vgl. Gesenius s.v.; Jenni THAT I 867–870, bes. 869; Gamberoni ThWAT IV 471–483, bes. 479.

[126] Anders Dietzfelbinger, Übersetzung 185 Anm. 6b: »Immer ist der Geist der Prophetie gemeint.«

Pseudo-Philo und Lukas stimmen vielmehr darin überein, daß für sie der Geist Gottes in Prophetie und Wundern wirkt.

Von den *virtus*-Belegen im LAB[127] sind in diesem Zusammenhang v.a. diejenigen aufschlußreich, die von Gottes *virtus* (20,4 *ideo abstulit virtutem suam a vobis et subiecit vos*; 32,11 *ut sciant virtutem meam*) bzw. seinen Krafttaten (26,6 Plural *Benedictus Deus qui fecit tantas virtutes in filios hominum ...; 43,5 Simson vergißt die Krafttat, die Gott mit ihm getan hat: immemor fuit virtutis quam feci cum eo*)[128] sprechen.

Act 1,10–11: Die kleine, mit καὶ ὡς an die Schilderung der Himmelfahrt (V.9) gehängte Szene berichtet von der Zurechtweisung[129] der Zurückbleibenden durch zwei Engel[130], den Blick nicht weiter vergeblich in den Himmel zu richten, sondern – mit dem Wissen um die der Himmelfahrt analoge Parusie – die nunmehrige Abwesenheit des Auferstandenen zu realisieren und ihr im Verhalten zu entsprechen. Das schließt die Erwartung der Verheißung des Geistes (1,8; 2,1 ff) und die Zeugenschaft für den Auferstandenen (1,8.22; 2,32) ein[131]. Die im unmittelbaren Anschluß an die Zurechtweisung durch die Engel berichtete Rückkehr nach Jerusalem 1,12a impliziert diesen Sinngehalt der kleinen Szene 1,10–11[132].

Lohfink[133] reduziert die Aussageabsicht dieser Szene auf die »himmlische Bestätigung durch Engel« und nennt für diesen Topos griechisch-römisches Material[134]. Um einen solchen Topos geht es freilich weder Act 1,10 f noch Lk 24,5–8 (s.u.), sondern um den korrigierenden Verweis, aufgrund falscher Erwartung die Verantwortung der Nachfolge zu verfehlen.

Im Blick auf den speziellen Topos der ›Mahnung zu einem der Abwesenheit des Führers entsprechenden Verhalten‹ (Act 1,11b nur implizit vorhanden) kann festgestellt werden, daß mit LAB 20,2 ein religionsgeschichtlich bedeutsamer Kontext vorliegt, der wesentlich genauer und näher als die von Lohfink beigebrachten Belege ist.

---

[127] 5,5.7; 6,7; 12,5; 20,4; 23,1; 24,6; 26,6 (Plural); 27,7.10 (tris).11; 30,3; 31,1.2; 32,11; 34,1; 39,2; 43,5.6 (bis; Zitat Ri 16,6.19: חכ); 61,5.

[128] Vgl. δύναμις Lk 10,13; 19,37; 21,26; Act 2,22; 8,13; 19,11.

[129] ROLOFF 24: »Tadel«; SCHILLE 74: »Verweis«; WEISER ÖTK 5 1 57: »Korrektur des Verhaltens«; so auch PESCH V/1 73. SCHNEIDER, Kommentar I 205 formuliert: Die Jünger »sollen nicht untätig wartend oder über die Parusie und ihren Termin spekulierend zum Himmel schauen, sondern sich gemäß dem letzten Wort Jesu der Zeugenschaft für den Auferstandenen widmen.«

[130] Die beiden *angeli interpretes* erscheinen auch – und bei Lukas nur (vgl. WEISER ebd.) – Lk 24,4 f; s.u.

[131] Vgl. ROLOFF ebd.; PESCH V/1 74.

[132] Vgl. ROLOFF aaO. 25 ad V.12; PESCH V/1 74.

[133] Himmelfahrt 75.

[134] AaO. 45 f; er konzediert freilich: »Die Engelrede erschöpft sich durchaus nicht in dieser Bestätigung.« (aaO. 75 Anm. 270).

LAB 20,2: In der Situation nach dem Tod des Mose beauftragt Gott Josua mit der Nachfolge. Die direkte Rede LAB 20,2 beginnt mit den Worten *ut quid luges et ut quid speras in vanum cogitans quod Moyses adhuc vivet? Et ideo superflue sustines, quoniam defunctus est Moyses.* Es folgt die Aufforderung, die Gewänder der Weisheit des Mose umzulegen[135] und die § 2fin zitierte Verheißung *iste ducet populum meum post te*[136] zu realisieren.

Die Anrede Gottes erinnert an die Engelrede Act 1,11a, die im Anschluß an die Himmelfahrt erzählt wird. V. 10a ὡς ἀτενίζοντες ἦσαν εἰς τὸν οὐρανόν wird in der Anrede der beiden Engel V. 11a τί ἑστήκατε [ἐμ]βλέποντες εἰς τὸν οὐρανόν ... aufgenommen. Das Motiv hat, analog zu LAB 20,2, die Funktion, den Blick zurück auf die bevorstehende Übernahme von Verantwortung und Nachfolge zu richten. Dieses der nunmehrigen Abwesenheit des Führers entsprechende Verhalten ist mit der Verheißung der Geistbegabung versehen (ein Motiv, das freilich im Kontext Act 1 bereits VV. 4 f.8 ausgeführt wurde; vgl. Lk 24,49). Die Spannung zwischen Geistverheißung und -Gabe ist bei Lukas sachlich bedingt. Pseudo-Philo erzählt im unmittelbaren Anschluß an die Beauftragung durch Gott (§ 2) die Geistbegabung Josuas (§ 3)[137] und seine darauf erfolgende Rede an das Volk (§§ 3–4). Sie enthält einen knappen Rückblick auf den Tod der Exodus-Generation in der Wüste (*Ecce prima generatio defuncta est in heremo eo quod contradixerint Deo suo;* vgl. § 1) sowie eine breite, warnende Paränese.

Die Topik aus LAB 20 enthält demnach folgende Elemente:
- Situation nach dem Tod des Führers
- Anrede an den Nachfolger
- Mahnung zu einem der nunmehrigen Abwesenheit des Führers entsprechenden Verhalten
- Beauftragung, Geistverheißung
- Geistbegabung
- Rede des geistbegabten Nachfolgers (Rückblick, Paränese)

Das Act 1,11 entsprechende Motiv findet sich in abgewandelter Form Lk 24,5b. Die beiden *angeli interpretes* treten den Frauen, die vergeblich nach

---

[135] Das Motiv entstammt 1 Kön 19,19; 2 Kön 2,9.13–14 in Anwendung auf Dt 34,9; vgl. dazu WADSWORTH, Dissertation 1,2 246 f. Zu den biblischen Bezügen zwischen der Nachfolge des Josua und des Elischa vgl. SCHÄFER-LICHTENBERGER, Josua passim.
[136] Sie findet sich weder im vorlaufenden noch im biblischen Kontext.
[137] Zweifellos ist diese in der Sache gemeint; vgl. § 2med: *Accipe vestimenta sapientie eius et indue te, et zona scientie ipsius precinge lumbos tuos, et immutaberis et eris in virum alium.* Vgl. § 3 nach der Ausführungsnotiz: *Et factum est cum vestiret se ea incensa est mens eius et spiritus eius commotus est, et dixit populo ...* Die biblische Leitstelle Dt 34,9 spricht ausdrücklich von der רוח חכמה, mit der Josua erfüllt wurde. Zur Bedeutungsnähe von Geist und Weisheit in alttestamentlicher und frühjüdischer Tradition vgl. v. LIPS, Weisheit 146 f (mit wichtigen Literaturangaben); vgl. o. S. 163 f.

Jesus suchen, mit einer mit τί (vgl. *ut quid* LAB 20,2)[138] eingeleiteten Frage entgegen und betonen das Vergebliche ihres Tuns. Die Rede der Engel wird an dieser Stelle vom ausdrücklichen Hinweis auf die Ankündigung des jetzt Geschehenen durch Jesus (vgl. Lk 9,22) flankiert (V. 7). LAB 20,2fin bietet mit der Erinnerung *nonne pro te locutus sum Moysi servo meo dicens: Iste ducet populum meum post te et in manum eius tradam reges Amorreorum?* ein analoges Moment.

Lukas hat die Parallelität zwischen Act 1,10; Lk 24,5 bewußt gestaltet[139]. Lohfink führt einen genauen Vergleich der Engelszenen Lk 24,4–9; Act 1,10–12 durch[140] und stellt fest: »die Engelrede stimmt in ihrer formalen Struktur (Tadel und Deutung der Situation) genau mit Lk 24,5–7 überein.«[141]. Sein Fazit lautet: »Die Engelszene ist ... eine Komposition des Lukas, dem dabei seine eigene Fassung der Grabesgeschichte als Muster diente.«[142]. Unter topologischem Gesichtspunkt ist freilich entscheidend, daß der Sinn der Szene nicht durch falsche religionsgeschichtliche Ableitungen verkürzt oder verkannt wird (s.o.). »Die jeweilige Frage (eingeleitet mit τί) zielt auf eine Korrektur des Verhaltens der Angesprochenen: Den Lebenden unter den Toten zu suchen, ist unangebracht (Lk 24,5), und den Entrückten ... *jetzt* wieder zu erwarten, ebenso.« (Pesch, aaO. 73 f). Dabei ist zu beachten, daß die Engelszene Act 1,10–11 eine relativ geschlossene Episode darstellt; nach Lk 24,52 wäre ein unmittelbarer Anschluß von V. 12 an V. 9 zu erwarten. Die Szene trägt im vorliegenden Kontext ihre eigene, an diese Stelle gehörige[143] theologische Aussage.

Lukas und Pseudo-Philo stimmen im Gebrauch wesentlicher Motive der Geistbegabung und Nachfolge überein. Beide verwenden partiell dieselbe frühjüdische Auslegungstradition. Beide Autoren setzen die sachliche Nähe von Geist, Weisheit und Kraft voraus und können die Geistbegabung als Bekleidetwerden umschreiben. Für beide Autoren gehören Geistverheißung, Beauftragung, Mahnung zu einem der Abwesenheit des Führers entsprechenden Verhalten, Geistbegabung, Rede des geistbegabten Nachfolgers zu den Motiven der Nachfolge, die sie im Zusammenhang der Mose- bzw. Christusnachfolge realisieren.

---

[138] Vgl. dazu BDR 299₃₊₄.

[139] PESCH, aaO. 72: »Offenbar hat er sich für die Bildung der Engelszene auch an Lk 24,4–7 (diff. Mk 16,5–7) orientiert.«

[140] AaO. 196 f.

[141] AaO. 197.

[142] AaO. 198; vgl. auch WEISER 5/1 53: »Die Engelszene Apg 1,10 f ist in Aufbau, sprachlichem Ausdruck und Einzelmotiven der luk Form der Engelszene am Grab des Auferstandenen nachgestaltet (Lk 24,4–9)«.

[143] Vgl. Lk 24,5; im Blick auf die Nachfolge Jesu liegt bei Lukas der Akzent auf der Himmelfahrt – anders als etwa bei Johannes. Es ist unter diesem Aspekt nicht ausgeschlossen, daß Lk 24,5 die Analogiebildung zu Act 1,10 f darstellt.

3.6. Motive der Basisschilderung Act 1,12–14

Die Basisschilderung enthält mit τὸ ὑπερῷον als dem regelmäßigen Aufenthaltsort der Jünger und der Frauen (V. 13)[144] sowie der Kennzeichnung ihres einträchtigen Beisammenseins durch ὁμοθυμαδόν (V. 14)[145] zwei Elemente, die vor dem Hintergrund des LAB als ›typische‹ Momente erfaßt werden können.

LAB 42,2.5 führen die in direkter Rede wiedergegebenen Gebete Elumas bzw. Manoas ein: *in nocte quadam ascendit mulier in solarium, et oravit dicens ... ascendit et ipse in solario, et oravit et dixit.* Das Obergemach ist der Ort der Erhörung Elumas; Gottes Engel kündigt ihr am Morgen die Geburt des Simson an (§ 3).

Die Einführung des *solarium* dient dazu, die Dramatik des Geschehens zwischen Eluma und Manoa sowie dem Engel gegenüber dem biblischen Leittext Ri 13,2 ff steigernd zu illustrieren; sie ist möglicherweise durch die Angabe Ri 13,9b (Situation auf dem Feld, Abwesenheit Manoas; in § 6 teilweise wiedergegeben durch *ipse autem erat in agro, et Manue in domo sua*) veranlaßt. Für Pseudo-Philo ist folglich anzunehmen, daß er das *solarium* als typischen Gebetsort einführt. Analoges ist für Act 1,13 (sowie 9,37.39; 20,8) vorauszusetzen.

Die Kennzeichnung des einträchtigen Zusammenseins Act 1,14 ist vor dem Hintergrund des LAB[146] ähnlich als in diesem Zusammenhang ›typische‹ Kennzeichnung zu verstehen.

Als Äquivalent für ὁμοθυμαδόν ist *unanimes / unanimiter* vorauszusetzen (5,2; 19,16; 21,9; 27,13; 28,5; 30,4; 32,1.18; 33,4; 39,6.7; 47,9; 51,7). Besonders wichtig ist der Umstand, daß Pseudo-Philo *unanimes / unanimiter* regelmäßig in Zusammenhängen von Basisnotizen bzw. Basisschilderungen verwendet: in Fest- (21,9; 32,18; 51,7), Klage- bzw. Trauernotizen (19,16; 28,5; 33,4), Einleitungen zu Lobgesang (32,1) bzw. Gebet (39,7; vgl. die Aufforderung § 6); vgl. ferner 27,13 (*exierunt universi populi unanimes obviam ei* {sc.Kenas}); 30,4 (*collecti sunt in montem Iuda omnes filii Israel unanimes*); 47,9 (summarische Notiz nach Gottesrede: *et exsurrexit omnis populus unanimiter et abiit*). 5,2 ist an dieser Stelle von besonderem Interesse, weil es – in-

---

[144] Vgl. für den oberen Raum als Ort des Gebetes ferner Act 9,39 f; 20,8 sowie den Hinweis bei FELDMAN, Prolegomenon LVII; PERROT II 195; DIETZFELBINGER, Übersetzung 216 Anm. 2a.

[145] Vgl. dazu ROLOFF, Konflikte 116: Diese »Vorzugsvokabel ... durchzieht leitmotivisch alle Zustandsschilderungen der Gemeinde«, nämlich 10mal in der Apostelgeschichte; vgl. im NT sonst nur Rm 15,6 (vgl. ebd. Anm. 15).

[146] Vgl. bereits DIETZFELBINGER, Dissertation 213: »Die Häufigkeit von unanimes und unanimiter zeigt an, daß auch Ps-Philo diese Wörter besonders bevorzugt hat, ähnlich wie Lukas die Vokabel ὁμοθυμαδόν.«

nerhalb der expositionellen Formulierung 5,1–3[147] – neben dem Gebrauch von *unanimes* zweimal von einem *(con)venire in unum* spricht: *Et cum venissent hi tres in unum, fecerunt consilium ut inspicientes considerarent populum appropinquantium sibi. Et hoc vivente adhuc Noe factum est ut convenirent omnes in unum et habitaverunt unanimes, et erat terra pacifica.* Für *in unum* ist als Äquivalent ἐπὶ τὸ αὐτό vorauszusetzen (vgl. Act 1,15; 2,1.44.47; es handelt sich in diesen Fällen um summierende Formulierungen; vgl. ferner 4,26 {Wiedergabe Ps 2,2 יחד }; Lk 17,35[148]).

Im LAB sind in diesem Zusammenhang neben 5,2 folgende Stellen zu nennen: 21,7: *et congregavit omnem populum in unum* (Basisnotiz mit Festmotiv); 24,6: *Et tunc omnis Israel congregati sunt in unum ut sepelirent eum* (Basisnotiz mit Trauermotiv); 26,7: *et epulati sunt epulationem magnam ipse et omnis populus in unum* (Basisnotiz mit Festmotiv); vgl. ferner 15,6 (Gen 1,9): *congregentur aque sub celo in locum unum;* 32,8: *omnes fluctus maris convenerunt in unum.*

LAB 21,7; 24,6; 26,7 bestätigen folglich die an 5,2 gewonnene Einsicht, daß Pseudo-Philo *in unum* als typisierendes Element der Erzählbasis verwendet; er stimmt darin mit dem Gebrauch von ἐπὶ τὸ αὐτό durch Lukas überein[149].

3.7. Motive des Judasgeschicks Act 1,15–20

Vers 16 und das Doppelzitat in Vers 20 bilden die Klammer um das von Petrus geschilderte Geschick des Judas. Sein Ende ist nicht nur schriftgemäß, wie Ps 69,26; 109,8 in V. 20 belegen, sondern es war durch die Ankündigung des Heiligen Geistes im Mund Davids als unweigerliches vorgezeichnet (V. 16[150]). Das, was Petrus zu berichten hat, hat die Funktion, die Erfüllung des Angekündigten festzustellen.

Es ist nun bemerkenswert, daß Logik und Motivik eines solchen Geschicks auch im LAB nachweisbar sind.

LAB 44,2 führt Micha als Sohn der Dedila ein und nennt den Geldbesitz, aus dem Micha auf Anraten seiner Mutter Götzenbilder anfertigen wird. Der Geldbesitz wird im vorlaufenden Kontext nicht erwähnt; der Name Dedilas

---

[147] Vgl. o. S. 39.

[148] Vgl. bei den Synoptikern nur noch Mt 22,34.

[149] Daneben kennt Pseudo-Philo – anders als Lukas – eine entsprechende Verwendung von *simul* (ἅμα), wie aus der duplizierten Exposition 6,1 (vgl. 5,1) hervorgeht: *habitaverunt simul*; vgl. 32,8 *et omnia opera eius convenerunt simul*; vgl. das weitere Vorkommen von *simul* im LAB: 3,9; 19,12; 26,5; 31,8; 54,5 (wie 62,2 *simul moriemini*; vgl. 1 Sam 31,6); 62,1.11.

[150] Vgl. dazu u.S. 236.

ist hier Dalila (43,5[151]). Der Name der Mutter Michas[152] wird 44,2 (bis)[153] genannt. Bereits Ginzberg hat vorgeschlagen, diese Namensform als falsche Transliteration des Namens aus 43,5 zu interpretieren[154]; Feldman hat sich ihm angeschlossen[155]. Es ist folglich vorauszusetzen, daß Pseudo-Philo die Mutter Michas als die Frau identifiziert, die Simson 43,5 ff nach dem Talio-Prinzip zum Verhängnis wurde[156]. Jüdische Tradition verband das Geld, das sie sich für ihren Verrat bezahlen ließ (Ri 16,4c.18c), mit dem Anfertigen der Götzenbilder ihres Sohnes Micha[157]. Die exegetische Brücke für diese Verbindung besteht in der Identität des Betrages Ri 16,5; 17,2[158].

Mit dieser Interpretation ist zugleich vorausgesetzt, daß die Rezipienten des LAB die aufgezeigten Bezüge realisieren konnten[159], wobei die Namensidentität Dalilas, die Kenntnis des Verratslohnes Ri 16,5.18 und der unmittelbar an den Abschnitt 43,5–8 angeschlossene Erzählinhalt der Micha-Geschichte[160] die Brücke bildeten[161].

Der Ausgang der Micha-Dalila-Geschichte, die einem größeren Sinnzusammenhang integriert ist[162], wird in der Strafankündigung 44,9in vorbereitet und in 47,12 knapp als vollzogen notiert.

44,9 in lautet: *Micham autem tradam igni, et erit mater eius in conspectu eius marcescens viva super terram, et vermes exient de corpore eius.* Die Strafe Dalilas wird darin bestehen, daß sie lebend verwelkt, und daß Würmer aus ihrem Leib hervorgehen werden. Die entscheidenden Motive des Dalila-Fadens sind folglich:

---

[151] Nur hier; Pronominalisierung *mulier eius* § 6in.

[152] Sie wird eingeführt mit *Dedila matris Heliu*; vgl. zu diesem verwandtschaftlichen Bezug (›Mutter Elis‹) GINZBERG VI 209 Anm. 125.

[153] Nur hier; danach Pronominalisierung.

[154] VI 184 Anm. 21 (»in old Latin MSS. it is difficult to distinguish between *b* and *h*, and between *d* and *l*.«); 209 Anm. 125 (»There can be no doubt that ... we ought to read Delila instead of Dedila.«); vgl. 220 Anm. 25.

[155] Prolegomenon CXV; vgl. für die nähere Begründung auch WADSWORTH, Dissertation 1,2 339; vgl. ferner V. D. HORST, Women 121 Anm. 46.

[156] Daß damit nicht vorauszusetzen ist, daß Pseudo-Philo Simson als den Vater Michas ansieht, betont WADSWORTH, Dissertation 1,2 340.

[157] Vgl. GINZBERG IV 49: »A part of the money which Delilah received from the Philistine Lords as the price of Samson's secret, she gave to her son Micah, and he used it to make an idol for himself.«; vgl. die Belege 209 Anm. 125; WADSWORTH, Dissertation 1,2 340.

[158] Vgl. WADSWORTH, Dissertation 1,2 340. Er weist darauf hin, daß die von diesem Betrag (1100 Silberschekel) LAB 44,2 differierende Höhe als Aktualisierung zu bewerten ist.

[159] Vgl. WADSWORTH, Dissertation 1,2 340.

[160] Die Regel, daß Kontexte bzw. benachbarte Abschnitte sich gegenseitig auslegen, ist etwa auch in der Abfolge der Kap. 16–17 zu beobachten; vgl. o. S. 58.

[161] WADSWORTH, Dissertation 1,2 340 stellt grundsätzlich zu recht fest: »Indeed haggadic tradition would have had no life at all within the development of post-biblical Jewish literature, unless this kind of detailed knowledge of a scriptural account could have been assumed on the part of its audience.«

[162] Vgl. o. S. 80 ff.

Verrat gegen Bezahlung – Verwendung der Belohnung (für Götzendienst) – ursächliche Wirkung dieser Verwendung (drastisch geschilderter Straftod).

Das Motiv des schrecklichen Todes der Dalila ist nicht nur aus LAB 44,9 bekannt[163]. 63,4 kündigt an, daß ein feuriger Wurm die Zunge Doegs besetzen und so seinen Tod herbeiführen wird (*et tabescere faciet eum*). Es ist, wie Michas Tod im Feuer, der Tod der Götzendiener[164]. Dalila wird auf diese Weise als die eigentliche Urheberin des Götzendienstes Michas hervorgehoben[165].

Blicken wir auf die von Petrus referierte Judas-Geschichte, so werden analoge Momente sichtbar: Verrat gegen Belohnung – Verwendung der Belohnung (ἐκτήσατο χωρίον ἐκ μισθοῦ τῆς ἀδικίας V. 18a) – ursächliche Wirkung dieser Verwendung (drastisch geschilderter Straftod).

Die gravierenden Differenzen in diesem topologischen Vergleich beziehen sich m.E. nicht primär auf die Todesart[166], sondern auf das Idolatrie-Motiv. Dalilas Strafe gilt auf der Textoberfläche ihrem Götzendienst. Der Kauf des Blutackers durch Judas wird nicht bestraft, sondern zum Strafanlaß.

Auf dem Kauf des χωρίον ἐκ μισθοῦ τῆς ἀδικίας[167] liegt der Fluch der bösen Tat, wie aus den beiden Kommentaren, der Ätiologie V. 19b und dem Schriftzitat V. 20a deutlich wird. Die innere Logik dieses Geschehens besagt: Das, was Judas mit dem Blutgeld gemacht hat, wurde ihm nach Gottes Willen zum Verhängnis, einem Verhängnis, das an der festgestellten mors tremenda jedem als Vergeltung Gottes deutlich ist. Offensichtlich bedient sich die Lukas vorliegende Tradition bzw. Lukas[168] in der Darstellung des Judasschicksals einer Topik der fluchwirkenden Verratstat, die in auffallender Nähe zu der LAB 43 f verwendeten Motivik steht.

Ebenfalls topologisch zu bewerten ist die in den besprochenen Erzählinhalten virulente Akzentuierung des Gegensatzes zwischen Geld, Bestechlichkeit usw. und dem Handeln Gottes (in seiner Erwählung bzw. seinem Evangelium) bei Lukas und Pseudo-Philo.

---

[163] Vgl. FELDMAN, Prolegomenon CXXVIII; GINZBERG VL 213 Anm. 136 sowie 98 Anm. 552; WADSWORTH 2 51 f; 2 Makk 9,9; Act 12,23; vgl. auch Jdt 16,17; äthHen 46,6.

[164] WADSWORTH 2 51 »traditionally associated with blasphemers and slanderers.«

[165] Das geht auch aus den Formulierungen in §§ 2.4 hervor; vgl. WADSWORTH 2 52.

[166] Lukas erzählt in beiden Fällen (1,18; 12,23) Todesarten, deren Schrecklichkeit auf der Basis der entsprechenden Schrift- bzw. Traditionsbezüge besondere Betonung erfährt. Seine ›Seitenreferenten‹ Mt 27,5 (für Act 1,18) bzw. Jos ant 19,346.348.350 (für Act 12,23) verzichten auf eine solche Akzentuierung. In dieser Hinsicht ist die Todes*art* des Judas für einen Vergleich mit LAB 44,9 nicht entscheidend; im Gegenteil – über Act 12,23 wissen wir, daß Lukas mit Pseudo-Philo Kenntnis der gleichen Möglichkeit hatte, das Ende des Götzendieners zu schildern.

[167] HORN, Glaube 56 weist zutreffend darauf hin, daß die Genitivverbindung – wie alle mit τῆς ἀδικίας im lukanischen Doppelwerk: Lk 13,27; 16,8 f; 18,6; Act (1,18); 8,23 – nicht als Gen.qual., sondern als Gen.obj. aufzufassen ist.

[168] Vgl. für die diesbezügliche Diskussion SCHNEIDER, Kommentar I 214 f.

Beide erzählen als erste Sünde nach dem Tod des Mose bzw. Jesu eine Unterschlagung: Act 5,1–11; LAB 25,7 (vgl. 21,3)[169]; beide gehen von der grundsätzlichen Unvereinbarkeit von Geist und geldlichem Geisterwerb aus (Act 8,18–24; LAB 18, bes. § 11). Beide schildern den Fluch des Verratsgeldes (Act 1; Micha und Dalila). Beide heben das Moment der Nichtbereicherung des vorbildlichen Führers hervor (die Apologie Act 20,33–35 ist von diesem Gesamtanliegen geprägt; vgl. u. S. 209 f; vgl. LAB 29,1fin; 57,2 f). Vgl. ferner die Bestechung Sauls durch Agag[170], die Gewinnankündigung für den Götzendienst durch Dalila (44,3), den Tempelraub der Eli-Söhne (52,1fin; vgl. 1 Sam 2,12–17).

Horn[171] stellt die relevanten Belege für den »Konflikt Geld – Evangelium« (so die Überschrift) in der Apostelgeschichte zusammen. Er bewertet den Befund freilich als Niederschlag der Gemeinde- und Missionserfahrungen, wie sein Fazit[172] zeigt: »Hinter dieser Darstellung steht gewiß auch die Missionserfahrung der Kirche. Dennoch verbindet Lk mit ihr in seiner Darstellung eine aktuelle Absicht. Der Konflikt Geld – Evangelium in der Geschichte ist durchaus typologisch für den durch Gewinnstreben motivierten Gegensatz zur Botschaft in der Gemeinde des Evangelisten; er verdankt seine ausführliche Darstellung dieser konkreten Gemeindeerfahrung.« Der Vergleich mit dem LAB kann zeigen, daß zumindest die hermeneutische Priorität für den lukanischen Befund in der vom LAB repräsentierten frühjüdischen Tradition zu suchen ist; sie stellt die entscheidenden Parameter zur Verfügung, mit denen die zu erzählende Geschichte durch Lukas erfaßt wird.

3.8. Motive der Nachwahl des Matthias Act 1,21–26

Kriterium für eine Kandidatur in der Judasnachfolge ist die Gemeinschaft in der Zeit, in der εἰσῆλθεν καὶ ἐξῆλθεν ἐφ' ἡμᾶς ὁ κύριος Ἰησοῦς κτλ. (V. 21). Einen analogen Hebraismus[173] (vgl. 2 Sam 3,25[174]; 1 QS 10,13) bietet LAB 39,1 *dux non est qui ingrediatur et exeat ante conspectum nostrum*. Biblischer Leittext ist an dieser Stelle Ri 10; die Formulierung ist in diesem expositionellen Abschnitt also als eine für das Richteramt typische vorauszusetzen.

---

[169] Vgl. ferner Jos ant 5,33–44: Die Unterschlagung Achans / Achiars vor Einnahme Jerichos; vgl. auch PERROT II 152.

[170] Vgl. die Analyse zu 58,2; das Motiv geht erklärend über den biblischen Leittext 1 Sam 15 hinaus. Vgl. noch § 4.

[171] AaO. 55 f. 226.

[172] AaO. 226.

[173] Vgl. PERROT II 187.

[174] LXX γνῶναι τὴν ἔξοδόν σου καὶ τὴν εἴσοδόν σου καὶ γνῶναι ἅπαντα, ὅσα σὺ ποιεῖς. MT ‏לדעת את־מוצאך ואת־מובאך ולדעת את כל־אשר אתה עשה‎.

Diese Übereinstimmung belegt freilich nur den übereinstimmend selbständigen Gebrauch der biblisch geprägten Wendung durch Lukas[175] und Pseudo-Philo.

Zum Losvorgang:

Vergleichbare Losvorgänge werden LAB 25 und 49 geschildert[176]. LAB 25,2 schildert die Erlosung des Kenas zum Führer; die Formulierungen in §§ 1.3 ff beziehen sich auf die durch Loswurf ermöglichte Überführung der Sünder aus den 12[177] Stämmen.

Die wichtigsten, auf den Vorgang des Losens und seinen Effekt bezogenen Formulierungen sind hier zusammengestellt:

25,1: *Mittite sortes in tribus vestras, et erit omni tribu que venerit in sortem separetur in unam sortem ...*

§ 2: *et sic sortem mittamus ...*

Mittite sortem in tribum Caleph, et qui ostensus fuerit in sorte ...

Et miserunt sortem ..., et exivit sors ad Cenez ...

§ 3: *mittamus sortem in tribus vestras ... (etsi ...) aliquis exierit in sortem peccati ...*

§ 4: *inventi sunt ..., inventi sunt sorte peccati* (vgl. § 6 *invenimur*)

§ 7: *... Achiar quando exivit in sortem ...*

In Kap. 49 geht es um den zunächst vergeblichen Losvorgang zur Wahl eines Führers und um die schließlich erfolgte Erlosung Elkanas[178]. Dieser deutet das Ergebnis (*neminem comprehendit* (sc. *sors*) *preter Elchana. Quia in eo supervolavit sors ...* § 5; *comprehensus est in sorte ... supervolavit super illum sors* § 6) als Überführtwerden durch die eigenen Sünden (*si peccata mea comprehenderunt me ...*) und lehnt deshalb die Führerschaft ab. In den Gottesreden §§ 7–8 wird der Vorgang auf die Ankündigung des Elkana-Sohnes Samuel gedeutet. Die wichtigsten Formulierungen sind hier zusammengestellt:

49,1: *Sortiamur omnes nos ut videremus ... Forsitan enim inveniemus ...*

§ 2: *Et miserunt sortem. Et nullo invento ... Et miserunt per tribus, et in nulla tribu exierit sors.*

---

[175] Vgl. noch Act 9,38.

[176] Vgl. noch 20,1; der Auswahlvorgang Dt 1,22 f (vgl. zu der Notiz 15,1 *sic enim preceptum erat* GINZBERG VI 92 f) wird im Rückblick 20,1 als Losvorgang gedeutet, der das ungehorsame Verhalten der 10 Späher gegenüber dem Josuas und Kalebs prädeterminierte: (Josua), *qui remansit de viris explorantium terram, quoniam sors exierat in eos ut non viderent terram eo quod male locuti fuerant de ea ...; 20,9 Et dedit Ihesus in sortem terram populo, unicuique tribui secundum sortes, iuxta quod preceptum fuerat ei* (vgl. Jos 14,1 f; vgl. noch § 10; 21,1). Der theologisch-eschatologische Gebrauch von *sors* 23,13 bleibt hier unberücksichtigt.

[177] Vgl. dazu DIETZFELBINGER, Übersetzung 170 Anm. 4b.

[178] Zur teilweisen Prägung des Losvorgangs in Kap. 49 durch 1 Sam 10,20 f vgl. WADSWORTH, Dissertation 1,2 391. LINDBLOM nennt alle alttestamentlichen Zusammenhänge, in denen der Losentscheid eine Rolle spielt (Lot-casting 164–166).

§ 4: *Et miserunt sortes per civitates, et sortita est ... Sic iustificata est Armathem pre omnibus civitatibus Israel, quoniam sic eam elegit super omnes civitates. Et dixit unusquisque ad proximum suum: In ipsa civitate que exivit per sortem, per viros mittamus sortem, et videamus quem ex ea elegit Dominus.*

§ 5: *Et miserunt per viros, et neminem comprehendit preter Elchana. Quia in eo supervolavit sors ... si peccata mea comprehenderunt me ut supervolavit super me sors ...*

§ 6: *comprehensus est in sorte ... supervolavit super illum sors ...*

§ 7: *Elchana super quem cecidit sors ...*

Der Gebrauch von *comprehendo* ist in seiner Doppelsinnigkeit (bezogen auf Los bzw. Sünde) auffällig. Er entspricht dem Gebrauch von לכד. Das Verb wird für das Ermitteltwerden durch das Los in Jos 7,14–18; 1 Sam 10,20 f; 14,41 f, für das durch eigene Sünden ›Gefangen‹-werden Prov 5,22a gebraucht[179]. In LAB 49,5 f gibt der Gebrauch von *comprehendere* eine aus der Doppelbedeutung des hebräischen Äquivalents gefolgerte Deutung wieder. Dieser exegetische Vorgang gründet offenbar auf einer Tradition, die von einem zeichenhaften Vorgang bei der Loswahl Elkanas sprach und mit den Worten *quia in eo supervolavit sors* wiedergegeben ist[180].

Überblicken wir den oben zusammengestellten Sprachgebrauch, so kann die technische Verwendung von *mitto*[181] für den Loswurf als Äquivalent von נפל[182] bzw. שלך[183] bezeichnet werden. Für *exeo* als Ergebnis des Losvorgangs[184] ist auf עלה (Jos 18,11; Lev 16,9 f)[185] bzw. יצא (Num 33,54; Jos 16,1; 1 Chr 25,9 u.ö.)[186] hinzuweisen. Die, denen der Losvorgang gilt, werden mit *in* bzw. *per* und Akkusativ angegeben. Es handelt sich dabei um die Wiedergabe von ל bzw. על[187], der in der LXX zumeist eine Konstruktion mit dem Dativus commodi entspricht[188].

---

[179] Beide Bedeutungen sind auch durch *comprehendere* abgedeckt; vgl. GEORGES s.v. II A 2 b.

[180] JAMES 213 vermutet, »that the lot which fell upon Elkanah came out of the receptacle for lots in some unusual way.« *supervolare* im LAB nur hier (§§ 5 f). FELDMAN, Prolegomenon CXXX weist zu Recht darauf hin, daß נפל als Äquivalent für *supervolare* kaum in Frage kommt; er weist diese Vermutung freilich zu Unrecht GINZBERG VI 217 Anm. 17 zu. Dieser spricht ebd. von einem Äquivalent für *cecidit* (*sors*). Zur Problematik vgl. auch WADSWORTH 1,2 387. Für den Vorgang, daß durch das Los Schuld offenbar wird, vgl. auch Jona 1,7–10; vgl. dazu TALBERT 72 f.

[181] GEORGES s.v. I B 6 ›werfen‹ usw.

[182] GESENIUS s.v. Hiph. e; vgl. Jon 1,7; 1 Chron 24,31.

[183] GESENIUS s.v. 2; vgl. Jos 18,8.10.

[184] LAB 20,1; 25,2.3; 49,2.

[185] Vgl. GESENIUS s.v. 2.

[186] Vgl. GESENIUS s.v. 2 b.

[187] Zu weiteren Konstruktionsmöglichkeiten vgl. GESENIUS wie unter Anm. 183.

[188] Vgl. LOHFINK, Losvorgang passim, bes. 171 Anm. 10.

Die mit dem Losvorgang Act 1,23–26 gemeinsamen Elemente sind folgende: Aufstellen der Kandidaten; dem ἔστησαν δύο V.23a entspricht die Aufforderung des Engels LAB 25,2: *preponite*. Sie erfolgt im direkten Anschluß an den Entschluß des Volkes, sich einen Führer zu erlosen, kann also nur die Aufforderung meinen, entsprechende Kandidaten aufzustellen[189]. Die Frage des Volkes bestätigt das: *Quem preponemus qui dignus sit, Domine?* Darauf gibt der Engel die Anweisung, das Los für den Stamm Kaleb zu werfen. Beide Texte stimmen also in der analogen Formulierung der Kandidatenaufstellung überein[190].

Zu dem Gebet vor dem Loswurf VV. 24–25 ist LAB 25,5[191] zu vergleichen. Diese Übereinstimmung läßt auf eine entsprechende Praxis im Frühjudentum schließen. Zu den Topoi des Gemeindegebets s.u.

V. 26 καὶ ἔδωκαν κλήρους αὐτοῖς: G. Lohfink (Losvorgang) hat nachgewiesen, daß es sich bei dieser Formulierung um einen Dat. comm. handelt, der dem LXX-Sprachgebrauch entspricht[192]. Die entsprechenden Formulierungen im LAB (s.o.) sind mit *in* bzw. *per* und Akkusativ konstruiert. Sie bestätigen die Richtigkeit der These Lohfinks, daß Act 1,26 zu übersetzen ist: ›Sie gaben Lose *für* Joseph und Matthias‹[193]. Das Verb δίδωμι an dieser Stelle ist nach Lohfink (ebd.) durch das in dieser Verwendung singuläre[194] נתן Lev 16,8 determiniert. Eine äquivalente Verwendung im Zusammenhang mit dem Loswurf kennt der LAB nicht, wohl aber die dem καὶ ἔπεσεν ὁ κλῆρος ἐπί entsprechende Formulierung *Elchana super quem cecidit sors* LAB 49,7. Beide Texte geben damit in freier, gestaltender Verwendung נפל Kal[195] (vgl. z.B. Jon 1,7) wieder.

Die Gebetsbitte ἀνάδειξον ὃν ἐξελέξω ... entspricht ebenfalls dem mit dem Losvorgang verbundenen Sprachgebrauch im LAB. Das Element des Zeigens wird durch die Formulierung *qui ostensus fuerit in sorte* ... 25,2 repräsentiert[196], das Element der durch das Los erfolgten Erwählung indessen durch *quoniam sic eam elegit super omnes civitates* bzw. *videamus quem ex ea elegit Dominus* 49,4.

---

[189] Anders DIETZFELBINGER, Übersetzung 169.
[190] Vgl. dagegen das in vergleichbaren Zusammenhängen verwendete קרב Niph Jos 7,14; Hiph Jos 7,16–18; 1 Sam 10,20 f; vgl. GESENIUS s.v.
[191] Vgl. allenfalls 1 Sam 14,41.
[192] Aufgenommen z.B. von PESCH V/1 91.
[193] AaO. 170.
[194] Vgl. LOHFINK 170 Anm. 8.
[195] Vgl. GESENIUS s.v. 2 d.
[196] Vgl. ferner die Formulierungen mit *invenio* 25,4.6 bzw. *video* 49,1.2.4. Zur übereinstimmenden Verwendung von ἀναδείκνυμι Act 1,24 und *ostendere* vgl. ferner z.B. LAB 9,8; 11,15 (bis); 13,1.8.9; 18,5.11; 19,10.13.14; 23,6.8; 26,2.5.6; 27,7.13; 28,1; 30,5; 32,1.9.12; 44,6; 51,3. *Ostendere* gibt ראה hiph (bzw. hoph) wieder (so LAB 11,15; vgl. Ex 15,25; 25,9; LAB 19,10; vgl. Dt 34,1). Der überwiegende Sprachgebrauch im LAB bezieht

Abschließend sei auf die Gebetsanrede σὺ κύριε καρδιογνῶστα πάντων V. 24a[197] sowie auf die das Schicksal des Judas zusammenfassende Formulierung πορευθῆναι εἰς τὸν τόπον τὸν ἴδιον hingewiesen. Die zweite Formulierung bildet einen Euphemismus für das Ende des Judas[198]. LAB 62,2 spricht der Geist der Prophetie aus Saul und teilt diesem das Ende seines Königtums mit: *Completum est tempus regni tui. Perge in locum tuum. Tu enim morieris* … Auch an dieser Stelle ist deutlich mit der Formulierung *Perge in locum tuum* der Saul bevorstehende Tod umschrieben.

Zu der Anrede Gottes als Herzenskenner[199] ist auf LAB 22,7; 50,4 hingewiesen worden[200]. Zu diesen Belegen ist 21,2 hinzuzuziehen: *tu scis sensum omnium generationum antequam nascantur.* Die Gottesprädikation ist Teil der Gebetseinleitung Josuas § 2. Auch die beiden übrigen, noch stärker an Act 1,24 erinnernden Formulierungen sind Gebetsanfänge: 22,7 *Deus patrum nostrorum et prescius cordis hominum omnium;* 50,4 *Nonne tu Domine inspeculatus es cor omnium generationum, antequam plasmares seculum?* Besonders die letzte Stelle, die Dietzfelbinger freilich in substantivierter Form las[201], führte ihn zu der Vermutung, sie sei »nichts anderes … als die Übersetzung von καρδιογνώστης«[202]. Überblickt man den Befund im LAB, so wird man feststellen können, daß der entsprechende biblische Topos[203] übereinstimmend als Gottesprädikation in Gebetsanfängen verwendet wird und mit dem Ausdruck des *Vorher*wissens Gottes verbunden ist. Diese explizite Akzentuierung fehlt bei Lukas; sie ist freilich inhaltlich vorauszusetzen[204]. Act 1,24 verbindet darüberhinaus mit dem Befund im LAB, daß es sich in beiden Fällen um Formulierungen in Gebetsanfängen handelt. Gebetsanfänge sind in besonderer Weise durch traditionelle Wendungen geprägt. Insofern kann beider Befund als ein – wenn auch nicht identischer – Hinweis auf die zeitgenössische Gebetssprache gewertet werden, die sich ihrerseits biblischer Sprache verdankt.

---

sich auf offenbarendes Handeln Gottes, auf sein ›Schauenlassen‹. Das Wort gehört mit seinen 54 Vorkommen zu den theologisch geprägten termini Pseudo-Philos. Vgl. ferner Act 10,28 δείκνυμι.

[197] Vgl. dazu DIETZFELBINGER, Dissertation 208 f; PERROT II 143.

[198] Vgl. PESCH V/1 90 »der ihm gebührende Strafort, im Kontext sein Fluchtod.«

[199] Vgl. Act 15,8 ὁ καρδιογνώστης θεός, Lk 16,15 ὁ δὲ θεὸς γινώσκει τάς καρδίας ὑμῶν sowie die Umschreibung Gottes mit ὁ ἐρευνῶν τάς καρδίας Rm 8,27.

[200] Vgl. PERROT II 143; DIETZFELBINGER, Dissertation 208 f; BAUER, Aspekt 114 f.

[201] *inspeculator* mit Ad E Θ, den Plural *cordium* mit M.

[202] DIETZFELBINGER, Dissertation 208.

[203] Vgl. 1 Kön 8,39; Prov 24,12; 1 Chr 28,9; ferner 1 Sam 16,7; Ps 7,10; 17,3; 26,2; 44,22; 139,1 f.23; Prov 15,11; Jer 11,20; 17,10.

[204] Vgl. BAUER, Aspekt 117.

3.9. Motive der Stephanusrede Act 7

3.9.1. Sprachliche Übereinstimmungen

Eine Durchsicht der Stephanusrede Act 7,2–53 darf im Verlauf der vorliegenden Studie nicht unterbleiben. Daß dieser Redetext traditionelles Material verarbeitet, ist bekannt[205]. K.Berger verglich LAB und Act 7 unter formgeschichtlichem Aspekt: Beide seien als historischer Midrasch zu erfassen[206].

Wir werden im folgenden Einzelheiten sowie hermeneutische Voraussetzungen dieses Textes besprechen, die vor dem Hintergrund des LAB erhellt werden können.

Zunächst wird eine Liste übereinstimmender Formulierungen geboten, die nicht als Schriftzitate zu bewerten sind bzw. übereinstimmende Kürzungen des Bibeltextes darstellen:

Act 7,8: καὶ ἔδωκεν αὐτῷ διαθήκην περιτομῆς (vgl. Gen 17,10 ff). Die im NT nur hier bezeugte Wendung ›Bund der Beschneidung‹ findet sich ähnlich an der einzigen Stelle im LAB, an der die Beschneidung erwähnt wird; 9,13: *Ipse autem puer* (sc. Mose) *natus est in testamento Dei et in testamento carnis eius* (vgl. *in testamentum carnis* § 15fin)[207].

Act 7,10b: καὶ κατέστησεν αὐτὸν ἡγούμενον ἐπ᾽ Αἴγυπτον καὶ [ἐφ᾽] ὅλον τὸν οἶκον αὐτοῦ, vgl. LAB 8,10: *fecit eum Pharao principem super omnem terram Egipti.*

Leittext für beide Formulierungen ist Gen 41,43b; Joseph wird freilich über den Wortlaut dieses Textes hinausgehend als Princeps bezeichnet[208]. Zur Erklärung der Formulierung Act 7,10b wurde auf Ps LXX 104,21 verwiesen[209]. Hier wird Joseph aber zum κύριος eingesetzt[210]. Der Hinweis auf Sir 49,15[211] ist ebenfalls nicht ergiebig, weil hier mit ἡγούμενος ἀδελφῶν das Verhältnis Josephs zu den Seinen umrissen wird. Vielmehr besteht die größte Überein-

---

[205] Vgl. CONZELMANN, Kommentar 57 f; PESCH V/1 246 f mit Literaturhinweisen; HOLTZ, Beobachtungen passim; DERS., Untersuchungen 85–127; STEMBERGER, Stephanusrede passim; vgl. SCHNEIDER, Kommentar V/I 446–452; ferner die Übersicht WEISER 5/1 180–182.

[206] Formgeschichte 112; vgl. ähnlich SCHILLE, Kommentar 180 zu Act 7: »Midrasch zur Vätergeschichte«. Zur terminologischen Problematik vgl. o. S. 14–17.

[207] Vgl. dazu PERROT II 107; VERMES, Scripture 184 f; DELLING, Zeit 320 Anm. 4.

[208] In der Fortsetzung des Satzes ›über ganz Ägypten‹ hält sich Pseudo-Philo enger an den biblischen Leittext.

[209] Vgl. SCHILLE, Kommentar 181.

[210] Vgl. MT Ps 105,21 אדון.

[211] PESCH V/1 250; ebd. auch der Hinweis auf Jub 40,6. Dieser Text ist freilich im Parallelismus formuliert: »Und er setzte ihn zum Zweiten in seinem ganzen Königreich ein und machte ihn zum Regenten in ganz Ägypten.« (BERGER JSHRZ 519). Überdies ist der Kontext dieser Formulierung weder mit Act 7,10 noch mit LAB 8,10 vergleichbar.

stimmung zwischen Act 7,10b und LAB 8,10. Das ist um so auffälliger, als auch die unmittelbare Fortsetzung beider Texte übereinstimmt.

Act 7,11: ἦλθεν δὲ λιμὸς ἐφ᾽ ὅλην τὴν Αἴγυπτον καὶ Χανάαν … LAB 8,10: *In illo tempore facta est fames super omnem terram* … Biblischer Leittext für beide Formulierungen ist Gen 41,54; d.h. beide Texte überspringen in ihrer gerafften Wiedergabe der Josephsgeschichte Gen 41,44–53. Überdies sind wiederum beide Formulierungen nicht genaue Wiedergaben des biblischen Leittextes, sondern raffen[212] diesen in weitgehend übereinstimmender Weise.

Act 7,17b.18: ηὔξησεν ὁ λαός καὶ ἐπληθύνθη ἐν Αἰγύπτῳ (18) ἄχρι οὗ ἀνέστη βασιλεὺς ἕτερος [ἐπ᾽ Αἴγυπτον] ὃς οὐκ ᾔδει τὸν Ἰωσήφ …

LAB 9,1: *multiplicati sunt filii Israel et creverunt valde. Et surrexit rex alius in Egipto qui non noverat Ioseph* …

Beide Texte repräsentieren Ex 1,7 f; sie stimmen darin überein, daß sie V. 7b überspringen.

Act 7,20: καὶ ἦν ἀστεῖος τῷ θεῷ

Vgl., auf das Samuelkind bezogen, LAB 51,1: *et erat puer speciosus valde*; ferner vom Mosekind 9,16: *et gloriosus factus est super omnes homines*[213].

Act 7,21: ἀνείλατο αὐτὸν … καὶ ἀνεθρέψατο αὐτὸν ἑαυτῇ εἰς υἱόν

LAB 9,16: *Et sumpsit et nutrivit eum. Et factus est ei filius.* Beide Texte stimmen in ihrer gerafften Wiedergabe des biblischen Leittextes Ex 2,10 überein[214].

Act 7,23: ὡς δὲ ἐπληροῦτο αὐτῷ τεσσεράκοντα ἐτὴς χρόνος.[215]

Vgl. LAB 53,2[216]. An dieser Stelle wird festgestellt, daß die Dornbuschvision dem 80jährigen Mose zukam: *Octogenario locutus sum*[217]. Diese Angabe stimmt mit Act 7,30 in Verbindung mit V. 23 überein. Pseudo-Philo verrät damit seine Kenntnis derselben frühjüdischen Tradition, an der auch Lukas partizipiert. Wir haben mit LAB 53,2 (vgl. 3,2; 19,8) den m.W. frühesten Beleg dieser Tradition vor uns[218]. Umgekehrt ist vorauszusetzen, daß Pseudo-Philo wußte, daß der vierzigjährige Mose die Ereignisse Ex

---

[212] Vgl. für Act 7,11 ff PESCH V/1 250; für LAB 8,10 die stereotyp summierende Einleitung mit *in illo tempore facta est* …

[213] Vgl. ferner Lk 2,52; 1 Sam 2,26 sowie Heb 11,23; PERROT II 107.

[214] Vgl. dazu u. S. 198 f.

[215] PESCH stellt zu recht fest, es handle sich um eine Zeitangabe, »die ›Erfüllungszeit‹ insinuiert« (Kommentar V/1 252), und verweist für die Periodisierung der 120jährigen Lebenszeit des Mose auf LAB 53,2.

[216] Vgl. LAB 19,8 (Dt 34,7); diese Zeitangabe entspricht ausdrücklich der grundsätzlichen Festlegung LAB 3,2 (Gen 6,3) für das menschliche Höchstalter.

[217] Daß es sich um die Erinnerung an Ex 3,2.6b handelt, wird in der Fortsetzung deutlich: *Et Moyses vidit ignem inprimis, et expavit cor eius.* Ex 7,7 gibt das Alter des Mose bei der Verhandlung mit dem Pharao mit 80 Jahren an.

[218] Vgl. die rabbinischen Belege bei BILLERBECK II 479 f. Über diese hinaus verweist STEMBERGER, Stephanusrede 242 auf Sifre Dtn 357. Der obige Hinweis auf LAB 53,2 bestätigt STEMBERGERS Feststellung, nicht erst Lukas habe dieses Schema biblisch abgeleitet.

2,11 ff erlebte (vgl. Act 7,23) – er macht im LAB freilich keinen Gebrauch von diesem Wissen.

Act 7,25: ὅτι ὁ θεὸς διὰ χειρὸς αὐτοῦ δίδωσιν σωτηρίαν αὐτοῖς
LAB 9,10: *liberavit per eum Deus filios Israel.* Beide Texte stimmen in ihrer komprimierten Wiedergabe des Auftrags des Mose überein.

Act 7,32b: ἔντρομος δὲ γενόμενος Μωυσῆς
LAB 53,2: *expavit cor eius.* Beide Texte stimmen in ihrer gerafften Wiedergabe des biblischen Leittextes Ex 3,6 überein[219].

Act 7,42: παρέδωκεν αὐτούς
Formulierungen mit παραδίδωμι ohne ergänzenden Dativ[220] für das Strafhandeln Gottes sind im biblischen Sprachgebrauch selten[221]; vgl. Ps 44 (43),12: ›Du gabst uns preis[222] wie Schafe, die man hinführt zum Schlachten‹; LXX Jes 23,7; 33,1.6; 38,13 (bis); 53,6.12[223] ; 64,6; Dan 3,34 (μὴ παραδῷς ἡμᾶς εἰς τέλος διὰ τὸ ὄνομά σου); 11,6 Θ; Prov 11,8; Ps 87,9.

Dem Sprachgebrauch ohne ergänzenden Dativ oder ähnliche Ergänzungen entsprechen im LAB:

31,7: *et erit ut si non senserit scio quoniam traditus est*[224]

35,2: *et ecce modo tradidit nos*[225]

35,3: *non traditi estis in vanum, sed adinventiones vestre fecerunt vobis hec ...*

39,6: *quoniam non tradet nos usque in finem*

47,2: *ite et percutite eos, et euntes traditi sunt*

Daß im Gebrauch von *tradere* deutlich werden kann, daß das Strafhandeln Gottes dem irdischen vorausgehen und dieses ermöglichen kann, geht aus 31,7; 47,2 hervor[226]. Auf die Traditionsgeschichte des neutestamentlichen Sprachgebrauchs von παραδίδωμι im ganzen ist hier nicht einzugehen. Act

---

[219] Die Formulierung LAB 53,2 wird in der Gottesrede argumentativ eingesetzt. Die Erinnerung an das Entsetzen des damals achtzigjährigen Mose läßt Gott gegenüber dem achtjährigen Samuel zunächst mit menschlicher Stimme reden: *Et ideo nunc erit vox ad eum tamquam hominis, et non tamquam Dei.* Pseudo-Philo erklärt auf diese Weise, warum Samuel die Stimme Gottes mit der Elis verwechseln konnte (vgl. 1 Sam 3,4–9; deutend erzählt in LAB 53,3–6). Der Rückgriff Pseudo-Philos auf das Entsetzen des Mose vor dem Dornbusch ist folglich als argumentierender Rückbezug auf *die* frühjüdische Tradition zu werten, der sich Lukas bei seiner Schilderung bedient.

[220] Vgl. BDR 187; an der vorliegenden Stelle Act 7,42 freilich mit konsekutivem Infinitiv des Zwecks; vgl. BDR 390.

[221] Die traditionelle Verbindung ist נתן ביד; dem entspricht im LAB *tradere in manus*: 19,7; 20,2; 21,3; 27,8; 30,7; 31,9; 34,5; 35,2; 36,2; 46,1.3; 61,3; 63,3. Konstruktion mit Dativ: 31,9; 35,2; 43,5; 44,9; 46,2; 47,8; *tradere in conspectum* o.ä. (נתן לפני): 21,9; 39,4.7; 46,3; 59,5. Für die drei Möglichkeiten ist keine Vollständigkeit der Belege beabsichtigt.

[222] נתן δίδωμι.

[223] MT פגע Hiph ›machen, daß jmd. etwas trifft‹; GESENIUS s.v.

[224] Vgl. Act 2,23 ἔκδοτος.

[225] Der biblische Leittext Ri 6,13 lautet vollständig: ›... in die Hand Midians‹.

[226] Vgl. besonders deutlich Act 2,23; ferner syrBar 80,1–3 (vgl. dazu z.B. 6,9; 67,2.6).

7,42 zeigt jedenfalls eine Verwendung des Wortes, die – wie Rm 1,24.26.28 – frühjüdischer Redeweise vom vergeltenden Strafhandeln Gottes entspricht; und eben für diese kann der LAB als Beleg dienen. Zugleich warnen die LAB-Belege vor einer einseitigen Ableitung des neutestamentlichen christologischen Verwendungsspektrums, die sich ausschließlich auf Jes 53,6[227] bezieht. Der LAB ist als Beleg für die Tatsache zu bewerten, daß im zeitgenössischen Judentum die Rede vom strafenden Übergeben Gottes ohne ergänzenden Dativ verwendet wurde.

Act 7,44: (ἡ σκηνή) καθὼς διετάξατο ὁ λαλῶν τῷ Μωυσῇ <u>ποιῆσαι αὐτὴν</u> <u>κατὰ τὸν τύπον ὃν ἑωράκει</u>

LAB 11,15: *Et ostendit ei similitudinem eorum* (sc. Zelt, Lade und weitere Kultgeräte), <u>*ut faceret secundum exemplar quod viderat*</u>[228]. Biblischer Leittext ist Ex 25,9.40. Sachlich bezieht sich Lukas auf V. 9, Pseudo-Philo auf V. 40. Beide verwandeln die Befehlsform in Erzählform (Präteritum). Beiden ist sichtlich die bezeugte Übereinstimmung des Angefertigten mit dem göttlichen Vorbild wichtig (vgl. noch LAB 13,1: *que ei ostensa sunt*[229]).

3.9.2. Das Geschick des Mosekindes

An Act 7,19.21 fällt auf, daß das Geschick der Kinder Israels und das Geschick des Mose mit demselben Verb ἐκτίθημι / ›aussetzen‹ bezeichnet wird[230]. Im folgenden wird nachgewiesen, daß wir keine zufällige Formulierung vor uns haben, sondern eine solche, die sich der frühjüdischen Auslegung des Geschickes des Mosekindes verdankt.

LAB 9,14 verwendet das Verb *proicere* im Zusammenhang der Aussage, daß das Mosekind ausgesetzt wurde (*ut proicerent eum*; vgl. den Tadel der Ältesten § 14: *Melius est nobis sine filiis mori quam fructus ventris nostri in aquis proiciantur*). *Proicere* bildet das Schlüsselwort des Kap. 9[231], u.zw. in scheinbar unterschiedlichen semantischen Bezügen; vgl. noch §§ 4.6.10.12[232]. Diese Beobachtung führt weiter, wenn die Bedeutung von *proicere* im Sinne des ›Aussetzens‹ im Sprachgebrauch Pseudo-Philos erfaßt ist.

Der kommentarlose Gebrauch von ἐκτίθημι Act 7,19.21 ist ein Hinweis darauf, daß der divergent wirkende Gebrauch von *proicere* in LAB 9 von der Bedeutung ›aussetzen‹[233] her zu verstehen ist.

---

[227] Vgl. die Warnung von Popkes, EWNT III 45 bzw. ders., Christus traditus 36.219 ff.

[228] Wörtliche Übereinstimmung zeigen die unterstrichenen Passagen.

[229] Mit *ostendere hier* und 11,15 wird δείκνυμι bzw. ראה Hiph bzw. Hoph wiedergegeben; vgl. o. Anm. 196.

[230] Vgl. Schneider, Kommentar V/I 458 f, Anm. 114.121.

[231] Vgl. Perrot II 103 »le mot-clé de ce chapitre«. Ein Kommentar zu dieser Beobachtung findet sich in der mir zugänglichen Literatur nicht.

[232] Vgl. ferner LAB 26,8; 39,5; 64,6.

[233] Vgl. Georges s.v. II B 1.

Das Verb ἐκτίθημι wird in der Bedeutung des Aussetzens von Kindern in der LXX nur Sap 18,5 gebraucht; vgl. dazu die substantivierte Form ἔκθεσις Sap 11,14. Beide Stellen setzen voraus, daß das Geschick des Mosekindes Ex 2,3 als Aussetzung verstanden wurde[234]. Sap 11,14; 18,5 belegen, daß das Ex 1,22 gebrauchte Verb שלך / ›(in den Fluß) werfen‹[235] in der Bedeutung ›aussetzen‹ auf die Interpretation von Ex 2,3 übertragen werden konnte. Damit war zugleich die theologische Problematik aufgeworfen, daß das Mosekind der – in frühjüdischer Paränese strengstens verurteilten[236] – Aussetzung unterzogen wurde[237]. Diese Problematik tritt im Vorwurf der Ältesten LAB 9,14 gegenüber Amram hervor.

LAB 9,14 zeigt folglich: Ex 2,3 wird auf der narrativen Basis als Aussetzung interpretiert (*ut proicerent eum*) und als solche von den Ältesten getadelt. Die direkte Rede der Ältesten macht deutlich, daß Mose eben das geschieht, was der Befehl Ex 1,22 bedeutete: *Melius est nobis sine filiis mori quam fructus ventris nostri in aquis proiciantur.* Einzig[238] an Mose kommt der

---

[234] Im Blick auf die übrigen Kinder Israels gibt die Stelle den Tötungsbeschluß Ex 1,16 wieder.

[235] Vgl. zur Bedeutung von שלך F. STOLZ THAT II 916–919.

[236] Vgl. VAN DER HORST, Sentences 232–234 zu Ps-Phoc 184 f mit wichtigen Literaturhinweisen. V. D. HORST stellt fest: »Abortion and the exposure of children were the current methods of ›family-planning‹ in antiquity« (aaO. 233) und weist auf die entschiedene jüdische (und christliche) Front dagegen hin: »It is only in Jewish and Christian literature that abortion and exposure are firmly and frequently condemned.« (ebd.). Offenbar wurde die frühjüdische Verurteilung von (Abtreibung und) Kindesaussetzung durch die entsprechende zeitgenössische Praxis provoziert. Durch die – gegenüber dem AT neue (vgl. ebd.) – Problemstellung ist auch im Blick auf das Geschick des Mosekindes ein aktuelles Interpretationsbedürfnis eingetreten. Zur rechtlichen und soziologischen Realität vgl. ferner TH. MAYER-MALY in: Der Kleine Pauly 3, 214, NILSSON II 49 f (zur Verbreitung des Aussetzungsmotivs in hellenistischen Kindheitsgeschichten von Heroen, Reichsgründern etc I 320 f); DAUBE, Duty passim; bes. 263 ff (Judaism and Early Christianity). Zu dem Verbot der Aussetzung als Element des Philo (Hypothetica 7,7 {3}), Josephus (contra Apionem II 202) und Pseudo-Phocylides (vgl. V. D. HORST, Sentences 233 f) »gemeinsame(n) Fonds frühjüdischer ethischer Weisungen« vgl. NIEBUHR, Gesetz 42 ff.

[237] Vgl. ferner Jos ant 2,228; TragEz 15 f: οὐ λαθοῦσα ὑπεξέθηκε. JACOBSON, Exagoge 75 zieht aus TragEz 15 eine analoge Konsequenz, ohne sie freilich durch weitere Belege zu erhärten: »There was, it seems, a debate among post-Biblical exegetes wether Jochebed (the name commonly given to Moses' mother) had done wrong in exposing Moses and risking his death. Ezekiel, by adding οὐ λαθοῦσα, justifies her decision to expose the infant.«

[238] So ausdrücklich Sap 18,5: καὶ ἑνὸς ἐκτεθέντος τέκνου. Für die Sapientia ist die Aussetzungsproblematik offenbar aktuell; vgl. 12,4 f und dazu V. D. HORST, Sentences 234, der unter der Voraussetzung, daß φαρμακεία an dieser Stelle ein zur Abtreibung führendes Medikament meint, folgert, »then it would be the earliest Jewish instance of the dual prohibition of abortion and exposure«.

Befehl Ex 1,22 zur Auswirkung. שלך / ›werfen‹ (Ex 1,22) wird folglich in der Bedeutung ›aussetzen‹[239] verstanden.

Damit ist der Hintergrund des doppelten Gebrauchs von ἐκτίθημι Act 7,19.21 beleuchtet: Lukas bezieht sich auf diejenige frühjüdische Tradition, die den Befehl Ex 1,22 sowie das Geschick des Mosekindes Ex 2,3 auf der Grundlage des Verbs שלך in Ex 1,22 als Kindesaussetzung interpretiert[240]. Der Autor der Sapientia hat von dieser Tradition sichtlich Kenntnis, obwohl er das Stichwort ›Kindesaussetzung‹ ausdrücklich nur mit dem Geschick des Mosekindes verbindet. Pseudo-Philo verwendet das Äquivalent *proicere* hingegen absichtsvoll als Wiedergabe von Ex 1,22 *und* 2,3 und stimmt darin mit Lukas überein (vgl. §§ 6.12). Überdies verrät LAB 9,14, daß diese Interpretation offenbar mit der theologischen Diskussion der am Mosekind vollzogenen Kindesaussetzung verbunden war. Diese Interpretation ermöglichte es, die wunderbare Rettung Israels durch Mose in verstärkter Weise auf das wunderbare Handeln Gottes an Mose zu beziehen[241].

Über das Verhalten der Pharaotochter wird Act 7,21 gesagt: ἀνείλατο αὐτὸν … καὶ ἀνεθρέψατο αὐτὸν ἑαυτῇ εἰς υἱόν. Das hier verwendete Motiv des Adoptionsvorganges entspricht Ex 2,10b, nicht jedoch die zusammenfassende Aussage in zwei Verben, die Ex 2,4–9 überspringt. Sie entspricht indessen wörtlich LAB 9,16in: *Et sumpsit et nutrivit*[242] *eum. Et factus est ei filius* … Diese Übereinstimmung ist nach meiner Kenntnis singulär. Da es sich freilich in beiden Texten um summierende Aussagen handelt, die ad hoc formuliert sein können, ist diese Tatsache nicht überzubewerten.

LAB 9,16 setzt inhaltlich eine andere Situation als Act 7,20b–21 voraus. In Analogie zur Tamar-Geschichte (LAB 9,5 *et abscondit fructum ventris sui usque ad tercium mensem*) wird Ex 2,2c in § 12in mit *et abscondit eum in utero suo per tres menses* wiedergegeben. Das in § 16in erzählte Handeln geschieht dem eben geborenen Kind.

Act 7,20–21 spricht in beiden Versen mit demselben Verb von der Ernährung bzw. Erziehung des Mose: ἀνετράφη (Eltern); ἀνεθρέψατο (Pharaos Tochter). Das erinnert an den doppelten Gebrauch von *nutrio* in LAB 9,16; freilich ist das Verb bereits in seiner ersten Verwendung auf die Pharaotochter bezogen: *et nutrivit eum … et nutritus est infans.* Die letzte Formulierung

---

[239] vgl. Ez 16,5, aber auch Gen 21,15; vgl. dazu STOLZ THAT II 917. *Proicere* wird als Äquivalent für שלך im Sinne von ›werfen‹ auch LAB 9,10.12, im Sinne von ›aussetzen‹ § 6 gebraucht. Auch § 4 *neque genus Israel in vanum proiciet super terram* setzt eine Formulierung mit שלך voraus; vgl. etwa Thr 2,1; Dt 29,27; dazu STOLZ aaO. 918 f.

[240] Zur Konstruktion des substantivierten Infinitivs im Genitiv Act 7,19 vgl. BDR 400, bes. 400,8 und 400₂.

[241] Vgl. dazu Mirjams Traum LAB 9,10.

[242] Das Bedeutungsspektrum von *nutrio* (vgl. GEORGES s.v.) entspricht dem von τρέφω bzw. dem Kompositum ἀνατρέφω. vgl. für das Simplex etwa Lk 4,16.

stimmt folglich sachlich mit καὶ ἐπαιδεύθη Act 7,22a überein[243]. Es handelt sich offensichtlich in beiden Fällen (*nutritus est;* ἐπαιδεύθη) um die Prägung der Mose-Biographie durch das klassische Schema Geburt – Aufzucht – Erziehung[244]. Lukas und Pseudo-Philo stimmen darin überein, daß sie diesen – Ex 2 nicht formulierten – Topos bieten, wenn auch inhaltlich unterschiedlich akzentuiert:

Es ist nicht auszuschließen, daß beide die Tradition von der Erziehung des Mose in Ägypten kannten[245]. Indiz ist die Übereinstimmung Act 7,22a καὶ ἐπαιδεύθη mit LAB 9,16 *et nutritus est infans*, die im Kontext als Doppelung zu *nutrivit eum* § 16in merkwürdig wirkt. Es legt sich die Annahme nahe, daß diese Tradition für Pseudo-Philo unwillkommen war, so daß von dem, was Lukas V. 22a bietet, nur die zitierte Formulierung blieb[246].

3.9.3. Horeb – Sinai: Act 7,30.38

Act 7,30 lokalisiert das Dornbuscherlebnis des Mose ἐν τῇ ἐρήμῳ τοῦ ὄρους Σινᾶ und steht damit im Widerspruch zu Ex 3,1b, wo zwar das Stichwort ›Wüste‹, aber der Name ›Horeb‹ angegeben ist. Act 7,30 teilt sichtlich das frühjüdische Interesse, den Ort des brennenden Dornbuschs mit dem Ort der Gesetzgebung als den Sinai zu identifizieren[247].

---

[243] Zu *nutrio* im Sinne von ›erziehen‹ vgl. GEORGES s.v. I 3 1.

[244] Dazu muß freilich beachtet werden, daß »ein Zweierschema aus ἀνατρέφειν und παιδεύειν (z.B. Plato Crito 54a)« gab, das dem Dreierschema γεννᾶν – τρέφειν – παιδεύειν entsprach; vgl. PLÜMACHER, Lukas 20 Anm. 73. PLÜMACHER verweist mit Belegen aus Plato und Philo (vitMos 11.21.23) darauf, daß (ἀνα)τροφή »die Erziehung in der elterlichen Sphäre, durch die Amme, die Eltern oder den Pädagogen umschreibt, ..., die Paideia hingegen, ..., auf die Erwerbung der höheren Bildung zielt ...«. Vgl. dazu Act 22,3 sowie SCHNEIDER, Kommentar V/I 459.

[245] Vgl. TragEz 36–38: ἕως μὲν οὖν τὸν παιδὸς εἴχομεν χρόνον,
τροφαῖσι βασιλικαῖσι καὶ παιδεύμασιν
ἅπανθ' ὑπισχνεῖθ', ὡς ἀπὸ σπλάγχνων ἐῶν·
Vgl. dazu JACOBSON, Exagoge 78: »Here we have, be it in ever so brief form, the earliest mention of Moses' royal Egyptian education, a theme which is treated expansively by Philo (Moses 1.20 ff) and occurs briefly but emphatically at Acts 7.22.«; ferner STEMBERGER, Stephanusrede 241: »Das Motiv ist im hellenistischen Judentum beheimatet, in der rabbinischen Literatur hingegen nicht belegt.«

[246] Will man zusätzlich annehmen, daß bei Lukas 1 Kön 5,10b כל חכמה מצרים in die Formulierung einging, wirkte auf *et gloriosus factus est super omnes homines* möglicherweise 1 Kön 5,11a ויחכם מכל־האדם ein, indem das Weisheitsmotiv durch das Herrlichkeitsmotiv ausgetauscht wurde. Auf diese Weise wäre die merkwürdige Übereinstimmung zwischen Act 7,22a mit dem doppelten Gebrauch von *nutrio* LAB 9,16 erklärbar.

[247] Vgl. den Kommentar von PESCH V/1 253: »Die Angabe über die Wüste am Berg ›Sinai‹ (diff. ‹Horeb›) setzt die frühjüdische Identifikation des Erscheinungs- und des Gesetzgebungsberges voraus ...« (ebd. Hinweis auf Jub 48,2; Jos ant 12, 264).

Zugleich kennt die (v.a. deuteronomistische) Tradition den Horeb (vgl. Ex 3,1) als Gesetzgebungsberg: Dt 1,6; 4,10.15; 5,2; 18,16; 28,69[248]; 1 Kön 8,9 (Tafeln des Mose am Horeb; vgl. dazu 2 Chr 5,10); Mal 3,22; Sir 48,7. Es ist also eine doppelte Identifikation zwischen Erscheinungs- und Gesetzesberg vorauszusetzen, nämlich unter dem Namen ›Sinai‹ und unter dem Namen ›Horeb‹.

Für Act 7 und das übrige NT spielt die Horeb-Tradition keine Rolle; auch Traditionen, die ursprünglich, also in ihrem biblischen Kontext mit dem Horeb verbunden sind, werden mit dem Sinai verbunden: vgl. die Anspielung auf Dt 4,10; 9,10 (vgl. V. 8) in Act 7,38[249].

Im LAB sind beide Traditionen präsent; Horeb und Sinai werden freilich nicht *expressis verbis* identifiziert, meinen aber unter impliziter Identifikation denselben Berg der Gesetzgebung.

Der Horeb wird in Entsprechung zu Ex 3,1 als Ort der Dornbusch-Erscheinung LAB 19,9 genannt. Die übrigen sechs Vorkommen dieses Namens verbinden die Gesetzgebung mit dem Horeb (vgl. Dt 4,10; 9,10; 18,16); sie sind formelhaft geprägt:

19,1: (*verba legis*) *que locutus est eis in Oreb Deus*

21,9: (*omne verbum legis sue*) *quod locutus est ad nos in Oreb*

19,7: (*tabule testamenti*) *quas disposui ad te in Oreb*

23,2: (*testamentum legis huius*) *quam disposuit Dominus patribus nostris in Oreb*

26,12: (*tabule testamenti*) *quas dedi Moysi in Oreb*

54,1 (*testimonia Domini*) *que disposuit patribus nostris in Oreb*

Alle Vorkommen sind als knappe, formelhafte Relativsätze gestaltet, so daß an bekenntnisartig geprägtes Traditionsgut zu denken ist. Keines der Vorkommen deutet etwas von den Theophanie-Ereignissen an, die hingegen regelmäßig[250] mit den *Syna*-Belegen verbunden sind:

15,6: *Et adduxi eos in conspectu meo usque ad montem Syna et ‹inclinavi celos et descendi‹* (Ps 18,10) *incendere lucernam populo meo et creature ponere terminos*. Es erscheinen das Theophanie- und Abstiegsmotiv; die Gesetzgebung wird im Parallelismus membrorum umschrieben.

23,10: *Et adduxi eos sub montem Syna, et ‹inclinavi celos et descendi‹* (Ps 18,10); es folgen Theophaniemotive (vgl. LAB 11,4–5); *dedi eis legem meam, et illuminavi eos ut, facientes hec, vivant et longevi fiant et non moriantur*. Die Gestaltung des Textes ist analog zu 15,6; es differiert nur die Aufzählung der Theophaniemotive.

---

[248] Vgl. auch 9,8 (Gott am Horeb erzürnt; dazu Ps 106,19).

[249] Vgl. dazu PESCH V/1 254.

[250] Außer 11,1; hier handelt es sich um ein expositionelles Zitat aus Ex 19,1. Vgl. aber den nachlaufenden Kontext §§ 4–5.

32,7: *duxit in montem Syna et protulit eis fundamentum intellectus quod preparavit ex nativitate seculi;* es folgen Theophaniemotive; die Gesetzgebung wird § 8 als Bundesschluß zwischen Gott und seinen Söhnen bezeichnet. Den Abschluß bildet die Formulierung: *Et omnia que dixit Fortissimus hec custodivit, habens testem Moysen dilectum suum.*

Die Aufzählung der Theophaniemotive erfolgt hier nach der umschreibenden Bezeichnung des Gesetzes; das Moment der Führung Gottes zum Sinai ist auch hier vorhanden. Neu gegenüber den beiden vorherigen Stellen ist der Abschluß, der Mose als Zeugen erwähnt. Die Gesetzgebung in Kap. 11 ist als direkte Rede Gottes an das ganze Volk gestaltet; zur Rolle des Mose im Zusammenhang der Gesetzgebung vgl. 11,14 ff.

44,6 ist Teil der Strafankündigung Gottes: *cum ponerem excelsa in monte Syna, ostendi me filiis Israel in procella, et dixi ...* (es folgt die Wiederholung des Dekalogs in indirekter Rede). Zwei der bisher beobachteten Elemente finden sich: Umschreibende Bezeichnung des Gesetzes, Theophaniemotiv.

Wir haben es folglich mit zwei unterschiedlichen Traditionselementen zu tun, die im LAB nebeneinander verarbeitet sind, ohne daß der Versuch zu erkennen wäre, sie gegeneinander auszugleichen. Die Belege, die mit dem Sinai-Namen verbunden sind, sind narrativ gestaltet (selbst der knappste Beleg 44,6 bietet drei Verben im Erzählstil); sie bezeichnen das Gesetz durch Umschreibungen und sind mit Theophaniemotiven verbunden. Darüberhinaus fällt auf, daß 15,6; 23,10; 32,7 *ducere* bzw. *adducere* im Perfekt formuliert sind. 15,6; 23,10 stimmen in Einleitung und Zitat Ps 18,10[251] beinahe wörtlich überein.

Die mit dem Horeb-Namen verbundenen Stellen sind hingegen in theologischer Begrifflichkeit und stets in knappen Relativsätzen formuliert.

Die beiden Stellen, die bei dieser Übersicht unberücksichtigt blieben, sind 11,1; 19,9. 19,9 ist in teilweiser Wiedergabe von Ex 3,1–6 formuliert; 11,1 gibt Ex 19,1 wieder.

Pseudo-Philo identifiziert den Erscheinungsberg Horeb nicht explizit mit dem Sinai, sondern läßt beide Traditionen nebeneinander laufen. Auf diese Weise erhält er die Ähnlichkeit beider Traditionen mit ihren jeweiligen biblischen Leittexten.

Eine Beziehung – neben der, daß Horeb und Sinai als zwei Symbolnamen für die Erzählinhalte ›Dornbusch‹ und ›Gesetzgebung‹ stehen – zwischen beiden Traditionen fällt freilich auf, u.zw. die an Act 2,3 erinnernde Erwähnung von Feuerflammen bei der Schilderung des brennenden Berges LAB 11,14, die in ihrer Formulierung offenbar durch Ex 3,2 beeinflußt ist.

In LAB 11,14 wird eine Begleiterscheinung der Sinaigesetzgebung hervorgehoben: *populus in pavore timuit valde, quia in lampadibus viderant mon-*

---

[251] Vgl. DELLING, Morija 13 Anm. 4.

tem ardentem igni. Damit wird eines der Ereignisse, die im Anschluß an § 4 (Zitat Ex 19,16 f) in § 5 berichtet werden, nochmals betont: *flamme ignis exardescebant* (vgl. § 5in *et ecce montes ardebant igni*). Die Erwähnung des Feuers hier (§ 5) gehört in den Komplex der Schöpfungsmächte, die aus Anlaß der Gesetzgebung in Bewegung geraten[252].

Die beiden Worte *in lampadibus* § 14 spielen in der Satzkonstruktion eine überschießende Rolle[253]; freilich macht der Text selbst nicht deutlich, welchen Sinn sie tragen.

Die hervorgehobene Rolle der Feuerflammen LAB 11,14 erinnert an das Motiv des Dornbuschereignisses Ex 3,2 בלבת־אש[254]; vgl. LXX ἐν φλογὶ πυρός[255]. Für Pseudo-Philo ist der Ort dieses Ereignisses identisch mit dem der Gesetzgebung, so daß die Erklärung für die auffällige Formulierung 11,14 in dem Umstand zu suchen ist, daß das Flammenmotiv aus Ex 3,2 hier eingetragen ist. Es ist folglich die Möglichkeit nicht von der Hand zu weisen, daß wir mit dem in LAB 11,14 sichtbar werdenden Interpretationsvorgang einen der Schritte auf dem Weg zur entsprechenden Formulierung Act 2,3 διαμεριζόμεναι γλῶσσαι ὡσεὶ πυρός vor uns haben[256].

Der Vergleich von Motiven und Formulierungen aus Act 7 mit solchen des LAB bestätigte die Bedeutung des frühjüdischen Hintergrundes für die hermeneutischen und motivischen Voraussetzungen dieses lukanischen Redentextes. Der LAB bezeugt eine palästinische Tradition, die in einigen Fällen eine große Nähe zu den entsprechenden Formulierungen in Act 7 aufweist. Die Zusammenstellung übereinstimmender Formulierungen, die nicht als Schriftzitate, sondern als summierende Paraphrasen biblischer Erzählinhalte zu bewerten sind, verdeutlichte im Blick auf die hermeneutischen Voraussetzungen beider Autoren, daß die Wiedergabe biblischer Erzählinhalte durch paraphrasierende Wendungen geprägter Tradition sowie durch nicht gekennzeichnete Schriftzitate gleichrangig erfolgen kann (vgl. auch u. S. 212 ff).

---

[252] Vgl. 15,6; 23,10; 32,7–8; ferner 44,6 (›im Sturm zeigte ich mich am Sinai‹), sowie die ausführliche Besprechung durch WADSWORTH 1,1 108–113. Das Feuermotiv erfährt freilich keine gesonderte Berücksichtigung.

[253] Vgl. DIETZFELBINGER, Übersetzung 131 Anm. 14a; vgl. die genaue Übersetzung bei PERROT II 113: »ils avaient vu, en (comme?) des torches, la montagne brûlante de feu«.

[254] לבח Ex 3,2 ist »wahrsch. Schreibf. f. להבה« (GESENIUS s.v.לבה), womit dasselbe Wort wie Ps 29,7 (אש להבות; vgl. LXX Ps 28,7 φωνὴ κυρίου διακόπτοντος φλόγα πυρός); 83,15b (תלהט הרים; וכלהבה; vgl. LXX Ps 82,15: ὡσεὶ φλὸξ κατακαύσαι ὄρη) verwendet ist (zu להב vgl. HAUSMANN ThWAT IV 483–488; zu להב als Element der Theophanie bes. 487 f). Vgl. ferner Jes 5,24: Feuerzunge für Flamme אש לשׁון (nur MT); einige frühjüdische Belege bei PESCH V/1 103.

[255] Diese Formulierung wird Act 7,30 wiedergegeben.

[256] Zur traditionsgeschichtlichen Beziehung des Pfingstwunders zur Sinai-Haggada vgl. WEISER, Kommentar I 84; PESCH, Kommentar I 101 f; zurückhaltend CONZELMANN, Kommentar 32 f; ROLOFF, Kommentar 40; SCHNEIDER I 246 f.

Im Blick auf Act 7,19.21 konnte anhand des LAB der frühjüdische Hintergrund des Erzählinhalts von der Aussetzung des Mosekindes beleuchtet werden. Frühjüdische Tradition interpretierte Ex 1,22; 2,3 als Aussetzung und verband damit die theologische Problematik, diesen Sachverhalt vor dem strikten Verbot der Kindesaussetzung zu deuten. Lukas und Pseudo-Philo teilen die inhaltliche Voraussetzung, daß die neugeborenen Jungen wie Mose ausgesetzt wurden (Act 7,19.21; LAB 9,9.12), daß aber nur das Mosekind aufgrund der Befreiungsabsicht Gottes gerettet wurde. Beide Autoren partizipieren überdies an der frühjüdischen Tradition von der ägyptischen Erziehung des Mosekindes.

Lukas und Pseudo-Philo teilen die Voraussetzung, daß der Ort des Dornbuschereignisses mit dem der Gesetzgebung identisch ist – freilich mit dem Unterschied, daß für Lukas diese Identität mit dem Sinai, für Pseudo-Philo hingegen mit den beiden gattungsspezifisch unterschiedlichen Sinai- bzw. Horebtraditionen verbunden ist. Das in der Gesetzgebungsszene LAB 11,14 offenbar aus Ex 3,2 bezogene Motiv der Feuerflammen ist insofern als eine Vorstufe der Formulierung Act 2,3 anzusprechen, als LAB 11,14 einen frühjüdischen Beleg für Herkunft und Bedeutung des Flammenmotivs im Zusammenhang der Gesetzgebung darstellt.

3.10. Motive der Abschiedsrede des Paulus Act 20,18b–35

Die Rede[257] beginnt V. 18b mit ὑμεῖς ἐπίστασθε[258]. Von diesem Appell an das Wissen der Angeredeten ist der erste Teil der Rede VV. 18b–21 abhängig[259]. Sein Inhalt ist eine Zusammenfassung der rückhaltlosen Mühen des Apostels trotz aller Widrigkeiten bei der Bezeugung des Evangeliums gegenüber den Angeredeten.

Ähnlich, freilich imperativisch, ist im Zusammenhang der Abschiedsrede des Mose LAB 19,5 formuliert: *Vos autem scitote laborem meum quem laboravi vobiscum, ex quo ascendistis de terra Egipti.* Es handelt sich dabei um die Schlußformulierung der Abschiedsrede des Mose. Die Appellation an das

---

[257] Zu ihrer Bedeutung vgl. HALL, Histories 203 Anm. 1: »The speech is important for Luke. It asserts Paul's innocence before the trial scenes: Paul has done exactly what God wanted. It reveals that Paul's imprisonment soon to come is God's will. It shows that Paul has completed, or nearly completed, his mission to the gentiles. Luke thus uses it to put the events he will record in proper perspective.«

[258] Vgl. zu ἐπίσταμαι mit Pers.Pron. als Einleitungsformel einer Rede Act 10,28; 15,7; 22,19; dazu *in* einer Rede »als betonte Anrede« (MICHEL, Abschiedsrede 29): 19,25; vgl. o. S. 137 ff.

[259] Vgl. SCHNEIDER, Kommentar V/II 294; PESCH V/2 199 f. Zu den Schwierigkeiten der Gliederung der Miletrede vgl. HORN 50; HAENCHEN Komm 570 f. Eine sinnvolle Gliederung ergibt sich nur unter topologisch-textpragmatischen Gesichtspunkten.

Wissen der Angeredeten um die Mühe des Mose um sie seit[260] dem Auszug aus Ägypten hat deutlich verpflichtenden Charakter.

Eine weitere, freilich nicht im Zusammenhang einer Abschiedsrede, sondern eines Nachrufes erscheinende Formulierung ist LAB 29,1 zu beachten: *Ecce nunc scimus omnem laborem quem laboravit nobiscum Cenez in diebus vite sue.*[261] Dieser Hinweis auf das Wissen um die Mühe des Kenas in den Worten Zebuls, seines Nachfolgers, hat verpflichtenden Charakter, wie aus der Fortsetzung der Zebulrede (Nachfolgefrage, Versorgung der Töchter[262]) hervorgeht.

Vor dem Hintergrund dieses Befundes ist Act 20,18b–21 nicht als bloßer Rückblick[263] zu bewerten, sondern seiner Funktion nach über die Topologie der Abschiedsrede zu erfassen: Der Appell an das Wissen der Angeredeten um die Mühen des Scheidenden hat im Blick auf dessen Botschaft verpflichtenden Charakter.

Der nächste Abschnitt in der Paulusrede ist der Feststellung des bevorstehenden eigenen Geschicks gewidmet (VV. 22–24), wobei in aller Deutlichkeit das in der Perspektive der erzählten Situation zu erwartende Martyrium angesprochen wird[264]. Die in V. 25 festgestellte Endgültigkeit des Abschieds ist damit vorbereitet[265]. Sie hat in diesem Abschnitt (VV. 25–32; zur weiteren Unterteilung s.u.) die Funktion, die einzelnen pragmatischen Funktionsträger dieses Redeteils mit dem Vorzeichen der Endgültigkeit zu versehen und damit höchste Verbindlichkeit und Dringlichkeit für diese Topoi zu erreichen.

Der Abschnitt wird V. 25 mit καὶ νῦν[266] ἰδοὺ ἐγὼ οἶδα ὅτι eingeleitet; es handelt sich dabei innerhalb der Abschiedsrede um eine »stereotyped

---

[260] Vgl. das *ex quo* mit Act 20,18b ἀπὸ πρώτης ἡμέρας.

[261] Vgl. ferner LAB 28,4; es handelt sich hier um Gottes Hinweis auf seine eigene Mühe um sein Volk im Zusammenhang einer Abfallsankündigung – zugleich aber um die Wiedergabe der Abschiedsrede des Eleazar als einer Gottesrede, die Pinehas zitiert.

[262] Begründung für ihre Unversorgtheit ist das Motiv der Unbescholtenheit (Nichtbereicherung; vgl. Act 20,33; s.u.): *quoniam pater earum in vita sua contempsit dare eis, ne audiretur avarus et cupidus.*

[263] So PESCH V/2 199.

[264] V. 23 umschreibt die prophetische Rede, die die Gefangenschaft des Paulus ankündigt, als Aktivität des Heiligen Geistes (τὸ πνεῦμα τὸ ἅγιον ... διαμαρτύρεται ...); vgl. dazu LAB 31,9 *Benedictus Dominus, qui misit spiritum suum et dixit: In manum mulieris tradetur Sisara.* Daß Pseudo-Philo den Bezug der Prophetie zur Urheberschaft Gottes in besonderer Weise herausstellt, kommt 53,13 zum Ausdruck: *Sanctus quia prophetavit* (Subjekt Gott), *ego enim sub potestate eius sum.*

[265] Vgl. z.B. LAB 19,2 *Ecce ego dormio cum patribus meis, et eam ad populum meum*; 33,2: *Ecce ego proficiscor hodie viam totius carnis, quo venietis et vos* (vgl. Jos 23,14); ferner 29,4.

[266] Vgl. dazu BDR 442,1; vgl. den Gebrauch von *et nunc* z.B. LAB 2,10; 3,4; 6,9; 7,1; 9,2; 10,2; 11,14; 12,3; 21,5 (Gebetstext) u.ö. Auch im LAB hat der Gebrauch der Wendung überwiegend gliedernde Funktion; vgl. ähnlich 4 Esra 5,28; 6,57; dazu HARNISCH, Verhängnis 25. An beiden Stellen markiert *et nunc* den Übergang zu Neuem; vgl. dazu aaO. 29. Vgl.

introductory formula of a section that deals whith the future«[267]. Im LAB findet sich 19,2 (*Novi autem quia* – die Angeredeten werden künftig das Gesetz verlassen) eine analoge Formulierung[268]. Die Entlastung des Scheidenden unter Hinweis auf seine Warnung[269] VV. 26–27 zielt in einer feierlichen Formulierung darauf ab, Paulus als ›rein vom Blut aller‹ zu erweisen (V. 26b). Es geht damit um die mit dieser Abschiedsrede Angeredeten und ihr künftiges, u.d.h. eschatologisches Geschick[270].

Eine vergleichbare Aussage findet sich in der Mahnrede Elis an seine Söhne LAB 52,2–3, die ihrer Funktion und Kontextstellung nach als Abschiedsrede zu beurteilen ist. § 3fin stellt für die zu erwartende Möglichkeit, daß Eli vor dem eigenen Tod vom Straftod seiner Söhne hört, fest: *Sed et si hoc factum fuerit, vacabo culpa et, quamvis contrister ego, vos tamen perietis.* Damit wird die zuvor getroffene Formulierung § 3 wiederholend verstärkt: *Si autem nolueritis et permanseritis in iniquitatibus vestris, ego immunis ero*[271].

vgl. TSim 6,1: Ἰδοὺ προείρηκα ὑμῖν πάντα, ὅπως δικαιωθῶ ἀπὸ τῆς ἁμαρτίας τῶν ψυχῶν ὑμῶν .

TLev 10,1 f: Und nun bewahrt, was ich euch befehle, Kinder! Denn was ich von meinen Vätern gehört habe, habe ich euch kundgetan. (2) Unschuldig bin ich an jeder eurer Gottlosigkeit und Übertretung (ἀθῷός εἰμι ἀπὸ πάσης ἀσεβείας ὑμῶν καὶ παραβάσεως), die ihr am Ende der Zeiten üben werdet ...[272]

syrBar 84,7: Darum sei zum Zeugnis zwischen mir und euch denn dieser Brief, daß ihr an die Gebote des (All)mächtigen denkt und daß er zur Entschuldigung für mich auch diene gegenüber dem, der mich gesandt hat[273].

---

grundsätzlich BRONGERS, Bemerkungen passim. PLÜMACHER bewertet den Gebrauch von καὶ νῦν durch Lukas als LXX-Stil (Lukas 49; vgl. 43 sowie zusätzlich LXX 3 Reg 8,25; 4 Reg 19,19; 1 Chr 17,23 f; 2 Chr 1,9).

[267] HOLLANDER, Commentary 410; vgl. aaO. 169; TJos 20,1; TJud 17,2.6; TIss 6,1; TDan 5,4; TAss 7,2. Es finden sich auch analoge Einleitungen mit ἔγνων, ἀνέγνων sowie ἑώρακα (TSim 5,4; Berufung auf die Autorität Henochs). Vgl. ferner BERGER, Geschichte 68 Anm. 83 mit Hinweisen auf Jub 35,23; syrBar 14,2; äthHen 104,10.

[268] Vgl. ferner 12,4; Gottesrede (die Wendung trägt hier keine einleitende Funktion): *et ideo scio quia, si ingressi fuerint in terram ipsam, maiores iniquitates operabuntur*; ähnlich 13,10; Gottesrede: *Sciens autem scio quoniam corrumpent vias suas ...*

[269] Zutreffend stellt PESCH V/2 204 fest: » ... die Selbstentlastung ist in Abschiedsreden ein topisches Motiv, wenn eingeschärft werden soll, daß der Scheidende den Hinterbliebenen alles Notwendige anvertraut hat.« Der Hinweis (ebd.) auf MICHEL, Abschiedsrede 51 f hilft freilich nicht weiter, weil die hier summarisch zusammengestellten frühjüdischen Belege einer Nachprüfung im Blick auf den vorliegenden Topos bis auf wenige Ausnahmen (es handelt sich um TSim 6,1; TLev 10,1 f; syrBar 84,7; s.u.) nicht standhalten. Zur Kritik an MICHEL vgl. BURCHARD, Paulus 889 und passim.

[270] Vgl. PESCH V/2 204; es handelt sich um eine Feststellung im Blick auf alle, »die ihm anvertraut waren, daß er an ihrem eschatologischen Verderben nicht schuldig ist«.

[271] Vgl. TLev 14,2 ὁ πατὴρ ἡμῶν Ἰσραὴλ καθαρὸς ἔσται.

[272] Übersetzung BECKER JSHRZ 54.

[273] Übersetzung KLIJN JSHRZ 181.

Act 20,26 f ist folglich auf den Topos in Abschiedsreden zurückzuführen, der die Schuldlosigkeit des Warners an künftigem Unglück im Blick auf die Rechtzeitigkeit und v.a. Vollständigkeit seines Zeugnisses herausstellt.

Vgl. noch Act 18,6b; es handelt sich um das Schlußwort eines einzelnen (Paulus) nach der gescheiterten Predigt in Korinth[274]. Das Schlußwort besteht aus diesem Element und ›euer Blut komme über euch‹[275].

Der folgende Redeabschnitt rahmt mit προσέχετε V. 28 und διὸ γρηγορεῖτε V. 31a die Ansage künftigen Abfalls bzw. künftiger Spaltung in VV. 29 f. Die Topik dieser Redeelemente (Zukunftsansage und entsprechende Warnung) wurde bereits hinlänglich gewürdigt[276]; sie ist auch im LAB mehrfach nachzuweisen (vgl. 19,2 f; 24,4; 28,4.6–9). Dabei ist zu beachten, daß das prophetische ἐγὼ οἶδα V. 29a[277] offenbar integrierender Bestandteil dieses Topos ist:

LAB 19,2: *Novi autem quia surgentes relinquetis disposita vobis per me verba ...*

24,4: *Ecce iam video[278] oculis meis transgressionem populi huius in quo incipient prevariscari ...*

V. 28b spricht von der Kirche Gottes, ἣν περιεποιήσατο διὰ τοῦ αἵματος τοῦ ἰδίου[279].

---

[274] Es liegt also nicht die Situation einer Abschiedsrede am Lebensende vor.

[275] Vgl. dazu Act 5,28; 20,26 (sowie Mt 23,34 f; 27,25); LAB 6,11 *Sanguis tuus super caput tuum sit*; vgl. FELDMAN Prolegomenon LVI.

[276] Vgl. MICHEL 50 f.

[277] Vgl. zu dem μετὰ τὴν ἄφιξιν als Umschreibung für das Sterben die Wendung *post recessum* o.ä.; vgl. LAB 9,1; 21,1; 33,4 bzw. 28,2; 30,7; 64,1; (*discessum*); 28,4 (*obitum*); vgl. DIETZFELBINGER, Dissertation 210; zum Ausdruck bei Lukas HAENCHEN, Kommentar 568 Anm. 1.

[278] *video* ist Ausdruck prophetischer Wahrnehmung; vgl. die – mit dem Stichwort *video* verbunden und offenbar aus Num 24,17a entwickelte – dramatische Darstellung der prophetischen Fähigkeit Bileams 18,11 f *Ecce enim video hereditatem quam ostendit mihi Fortissimus in nocte; ... ecce nunc video salutem liberationis que futura est contingens eis; ... non possum dicere que video oculis meis ...* (§ 12) *Ecce adhuc video hereditatem dissolutionis populi huius.* 24,4 (Josua): *Ecce iam video oculis meis transgressionem populi huius ...;* 28,6–7 (Kenas): *Ecce nunc video que non sperabam, et considero que non cognoscebam; ... sicut commorantes in ea prophetaverunt ante me videntes horam hanc; ...* (§ 7) *Ecce nunc video flammas* (vgl. § 8in); *... Et cum oculus meus non sciat quid videat ...* ; vgl. ferner 31,1 (bis); 53,4; 56,2 und v.a. 56,4 (vgl. 59,2): *Ego sum qui video* (1 Sam 9,19; vgl. im vorlaufenden Kontext Kennzeichnung des Propheten durch Wiedergabe von VV. 18.9); vgl. für Lukas Act 8,23.

[279] Communis opinio ist, daß es sich hier nicht um eine patri-passianische Aussage handeln kann; zu ergänzen ist offenbar ›Sohnes‹ (vgl. PESCH V/2 204; WEISER 5/2 566.579). Vgl. die instruktive Diskussion bei CONZELMANN, Kommentar 128 f. Er stellt die Möglichkeiten heraus, ›Gott durch das Blut des Eigenen‹ (wie ὁ ἀγαπητός, μονογενής; vgl. auch Rm 8,31 f; dazu Gen 22,16) zu übersetzen, oder ἴδιος in Vertretung eines Possessiv-Pronomens zu interpretieren (vgl. Bauer s.v.). Wenig wahrscheinlich ist die Vermutung, »daß Lukas die formelhafte Wendung ›die Kirche Gottes‹ unverbunden neben eine traditionelle Formel stellte, die davon sprach, daß Christus die Seinen durch sein ›Blut‹, d.h. durch seine

Die Formulierung steht in auffallender Nähe zu LAB 18,5: *pro sanguine eius elegi istos*; sie dient an dieser Stelle der erwählungstheologischen Interpretation der Akeda (Gen 22,16). Subjekt ist in beiden Texten Gott. In beiden Fällen geht es um das durch das Blut Isaaks / Jesu konstituierte Verhältnis Gottes zur Erwählungsgemeinschaft. Es würde der vorliegenden Studie eine sachfremde Richtung geben, wenn an dieser Stelle die umfangreiche Diskussion um die Isaaktypologie im Neuen Testament aufgerollt und vermehrt würde[280]. Mir scheint jedoch LAB 18,5 ein wichtiger Beleg für den Sachverhalt zu sein, daß die formelhafte Wendung *pro sanguine eius*[281] und das damit verbundene (Erwählungs-) Handeln Gottes bereits frühjüdisch mit dem Opfer Isaaks verbunden war. Eben dieses Theologumenon wird der Bildung der traditionellen Formulierung[282] Act 20,38 zugrunde liegen.

In den VV. 28 f wird ganz unvorbereitet von der Gemeinde / Kirche als ποίμνιον gesprochen; das Bildwort wird nicht eingeführt, sondern als gültig vorausgesetzt. Dieser Umstand wird leicht übersehen, wenn nur der alttestamentliche Hintergrund des Bildes berücksichtigt wird. Im LAB wird Israel mehrfach in betonter Weise als *grex* angesprochen[283].

Die Anwendung des Bildes ist folglich nicht primär durch die christliche eigenständige Bibelinterpretation, sondern durch den lebendigen Gebrauch im zeitgenössischen Judentum (der sich natürlich der Exegese verdankt) vermittelt; vgl. z.B. noch CD 13,7–13.

Act 20,31 verbindet mit der Mahnung zur Wachsamkeit die Aufforderung, auch künftig des unermüdlichen Einsatzes des scheidenden Paulus eingedenk zu sein (μνημονεύοντες ὅτι …). Sachlich steht dieses Motiv in der Nähe des Topos, der auf das verpflichtende Wissen um die Mühe des Scheidenden abzielt (s.o.). Zu vergleichen ist die analoge Formulierung LAB 24,3 *Memores estote mei post mortem meam et Moysi amice Domini, et non recedant de vobis verba testamenti que disposuit ad vos per omnes dies*[284].

V. 32[285] beinhaltet in der Sache eine Segensformulierung; vgl. dazu LAB 19,5; besonders aber 21,10; 24,4.

---

sühnende Lebenshingabe erworben hat (vgl. 1.Petr. 1,19; Eph 1,7; Offb. 1,5), ohne den Subjektwechsel zu kennzeichnen.« (ROLOFF, Kommentar 306). Diese Vermutung setzt m.E. eine allzu mechanische Redaktionstätigkeit des Lukas voraus (vgl. unangemessen salopp SCHILLE 403: »In erbaulicher Rede passieren noch ganz andere Lapsi.« {sic}).

[280] Vgl. GUBLER, Deutungen 336–375; VERMES, Scripture 193–227; DALY, Significance; DAVIES / CHILTON, Aqedah.

[281] Bzw. ἐν τῷ αἵματι αὐτοῦ (in differierender Wortfolge) Rm 3,25; 5,9.

[282] Vgl. SCHNEIDER, Kommentar V/II 297.

[283] Vgl. dazu o. Anm. 70.

[284] Vgl. 35,3; 38,2; ferner 18,12; 32,17. Zum ›Gedenken‹ Gottes als Ausdruck seiner Treue im LAB vgl. DELLING, Morija 17.

[285] PESCH V/2 205 bezeichnet V.32 als »testamentarische Verabschiedung«; vgl. aaO. 200.

Die Formulierungen LAB 21,10; 24,4 sind mit *benedixit* eingeleitet; in direkter Rede heißt es 21,10: *Dabit Dominus ut permaneat in eo cor vestrum per omnes dies et non recedentes de nomine eius; perseveret testamentum Domini vobiscum et non corrumpatur ..., (sed ut edificetur in vobis habitaculum Dei, sicut locutus est cum misit vos in hereditatem suam cum incunditate et hilaritate)*; 24,4fin lautet: *Dominus Deus patrum vestrorum dirigat vias vestras et populi huius.*

Das Moment des ›Anbefehlens‹ (παρατίθημι)[286] ist in den LAB-Texten nicht vorhanden, wohl aber der Verweis auf das gnadenreiche Wirken Gottes, das für die Angeredeten erbeten wird.

V. 32b verheißt das eschatologische Erbe in der Gemeinschaft der Geheiligten: καὶ δοῦναι τὴν κληρονομίαν ἐν τοῖς ἡγιασμένοις πᾶσιν. Auch das Bildwort vom eschatologischen Erbe[287] ist alttestamentlich vorbereitet[288]; darüberhinaus zeigt aber der LAB seine lebendige zeitgenössische Verwendung[289].

Unvermittelt schließt sich an den Segenswunsch (V. 32) mit VV. 33–35 ein Schlußteil an, der mit einer apologetischen Formulierung beginnt und darauf abzielt, das persönliche Beispiel des Apostels, für sich und andere den Lebensunterhalt durch Handarbeit zu verdienen, den Angeredeten einzuschärfen[290].

---

[286] Vgl. noch in der summierenden Formulierung Act 14,23 (›beten, fasten, dem Herrn anbefehlen‹).

[287] Vgl. Act 26,18b τοῦ λαβεῖν αὐτούς ... κλῆρον ἐν τοῖς ἡγιασμένοις πίστει τῇ εἰς ἐμέ (vgl. Sap 5,5; Kol 1,12). ›Los‹ und ›Erbschaft‹ sind also promiscue gebraucht; vgl. den (in diesem Sinn einzigen) Gebrauch von *sors* LAB 23,13 *et erit autem et in finem uniuscuiusque omnium vestrum sors in vita eterna* (für *sors* vgl. auch den Abschnitt II 3.8).

[288] Israel als Gottes נחלה: Dt 4,20; 9,26.29; Ps 28,9; 78,62; 94,5.14; 106,40; Jes 47,6; Joel 2,17; Mi 7,14 (Verbindung der Motive ›Erbe‹ und ›Herde‹) u.ö.

[289] Alle *hereditas*-Belege, die sich nicht auf das Land als Erbe Israels beziehen (vgl. dazu 18,11 f; 21,10; 23,9 {vgl. Jos 24,4 f לרשת}; 24,3fin {vgl. Jos 24,28 נחלה}; Anwendung auf den Besitz des Landes durch Heiden 39,9 {vgl. dagegen § 7}; der Mensch als Erbe dieser Welt: *homo autem positus est in hereditatem seculi* 32,3 {vgl. im Kontrast die Verbalformulierung ›ewiges Leben erben‹ *veni et hereditare securam vitam et immensurabile tempus* § 3}), weisen auf die Frage nach Israels Bestand bzw. nach Gottes endgültigem Handeln mit seinem Volk hin; vgl. 12,9fin *non fiat in vanum labor tuus, nec in vilibus distrahatur hereditas tua;* 19,8 f; 21,2 (Plural; Gewährung des nicht-Sündigens zur Verhinderung des Zornes Gottes); 21,4; 27,7; 28,2; 30,4; 39,7; 49,6. Diese einseitige Akzentuierung ist auffallend; sie knüpft indessen an die des alttestamentlichen Sprachgebrauchs an; vgl. z.B. Dt 9,26 (sowie Ps 106,40; Joel 2,17) im Hintergrund des Parallelismus LAB 12,9fin. Vgl. ferner z.B. 4 Esra 8,15–18.45.

[290] Vgl. PESCH V/2 205: »Paulus hat in seinem Verzicht auf Unterhalt durch die Gemeinde ein Beispiel der Uneigennützigkeit der Amtsführung gegeben, das für die kirchlichen Amtsträger unbedingt verpflichtend ist.« Es ist freilich zu fragen, wieweit der Rezipient der Apostelgeschichte von der Haltung des historischen Paulus gewußt hat, bzw. was für ein Wissen Lukas an dieser Stelle tatsächlich voraussetzte. Act 18,3 berichtet in dieser Hinsicht ambitionslos von der Aufnahme einer Arbeit des Paulus in Korinth.

Wird der Abschnitt zunächst ohne unsere Kenntnis der paulinischen Haltung[291] wahrgenommen, so ist V. 33[292] als topisches Motiv zu bewerten, das sich ähnlich LAB 57,2 f nachweisen läßt.

Die Redeeinleitung § 2[293] parallelisiert ausdrücklich die gegenwärtige Situation mit der des Mose gegenüber der *synagoga Chore* und gibt zunächst mit wörtlichen Anklängen an Num 16,15 dessen Apologie wieder: *Scitis quia non accepi quicquam de vobis, nec nocui aliquem vestrum.* Die Samuelrede wird mit der Erinnerung an das damalige Falschzeugnis der Koraleute und an ihre anschließende Bestrafung fortgesetzt, bevor mit *et nunc vos* (§ 3) die Frage Samuels eingeleitet wird, ob etwa das Königsbegehren des Volkes auf die schlechte Behandlung durch Samuel zurückzuführen sei. Die Rede schließt mit einer auf den sich vollziehenden Willen Gottes bezogenen Unschuldsbeteuerung gegenüber dem gegenwärtigen Geschehen *Si autem iam verbum Domini completum est, ego excusatus sum et domus patris mei.* Damit ist im Blick auf den Wahrheitsgehalt der Samuel-Apologie zum Ausdruck gebracht, daß auch die Investitur Sauls Samuel nicht Lügen strafen kann (obwohl aus der Perspektive des Volkes eben diese Deutung nahe läge), weil Gottes Wille sich darin vollzieht[294].

Das Apologie-Motiv der Abschiedsrede bringt es mit sich, daß der ursprünglich an Gott gerichtete Satz des Mose Num 16,15, der hier der Begründung der Bitte dient, daß Gott sich dem Opfer Koras und seiner Gruppe nicht zuwenden soll, nun in direkter Ansprache an die Kontrahenten erscheint; seine Bezweiflung durch ihr in direkter Rede formuliertes Falschzeugnis[295] wird nun – entgegen dem biblischen Leittext – die Ursache ihres Untergangs.

Die Fortführung des Apologie-Motivs in VV. 34 f zeigt, daß Lukas durchaus Kenntnis von der handwerklichen Arbeit des Paulus hatte (vgl. 18,3); es ist indessen zu bezweifeln, daß er auch die spezielle paulinische Begründung kannte. Seiner eigenen Darstellung nach geht es um Fürsorge für die Seinen (Mitarbeiter V. 34) und für die Schwachen (V. 35a) unter dem als Leitwort

---

HORN, Glaube 51 stellt fest: »Damit ist Bezug genommen auf die von Pl in verschiedenen Zusammenhängen betonte materielle Independenz von der jeweiligen Gemeinde ... «. Über die Frage der Kenntnis der Paulusbriefe durch Lukas reflektiert HORN nicht, sondern stellt ebd. fest: »Lk verwendet also einen pl Topos ...« Richtiger ist zu sagen (s.u.): Lukas verwendet einen biblisch-frühjüdischen Topos, verbindet ihn mit seiner Paulus-Kenntnis und interpretiert das Ergebnis unter Herbeiziehung eines ›Jesuswortes‹ karitativ.

[291] Vgl. 1 Th 2,9; 1 Kor 4,12; 9,6–14.15–18; 2 Kor 11,7–12; 12,13 f; für eine Relativierung des so entstehenden Bildes vgl. Phil 2,25; 4,16; 2 Kor 11,8 f.

[292] Zu den Übereinstimmungen mit 1 Sam 12,1–3 vgl. PLÜMACHER, Lukas 49 f.

[293] WADSWORTH, Dissertation 1,2 443: »It is almost a farewell speech, even though Samuel appears again in the narrative, and it ends with the people's confirmation of Samuel's right to be prophet.« Biblischer Leittext ist 1 Sam 12,1–17.20–25.

[294] Er vollzieht sich nach der 56,3 angekündigten Logik.

[295] *Et quoniam mentiti sunt tunc et dixerunt: Accepisti, deglutivit illos terra.*

gebrauchten apokryphen Jesuswort V. 35b. Beide Motive sind im argumentativen Zusammenhang mit dem Verzicht auf das Unterhaltsrecht in den
paulinischen Briefen nicht nachweisbar. Es ist folglich davon auszugehen,
daß Lukas ein Element seines Paulusbildes über den traditionellen Topos der
Nicht-Bereicherungs-Beteuerung in die Paulusrede integrieren konnte.

Der Vergleich mit Sprache und Motivik des LAB kann wichtige Komponenten der Abschiedsrede des Paulus Act 20 besser verständlich machen. Die
Gestaltung der Rede muß vor dem Hintergrund der Anwendung entsprechender frühjüdischer Topoi interpretiert werden[296]. Im einzelnen zeigte sich, daß
der von ὑμεῖς ἐπίστασθε (V. 18b) abhängige erste Redeteil (VV. 18b–21) als
verpflichtender Appell an das Wissen der Angeredeten um die Mühe des
Scheidenden (vgl. LAB 19,5; 29,1), VV. 26 f als Selbstentlastung des Scheidenden unter Hinweis auf seine Warnung (vgl. LAB 52,2–3), VV. 29 f als
Zukunftsansage unter Hinweis auf das prophetische Wissen des Scheidenden
(vgl. LAB 19,2; 24,4) zu verstehen sind. Der apologetische Schlußteil VV.
33–35 ist vor dem in LAB 57,2 f manifesten Topos der Nicht-Bereicherungs-
Beteuerung zu interpretieren.

Ferner wurde u.a. deutlich, daß die Formulierung des Erwählungshandelns
Gottes an der Kirche durch das Blut Christi (V. 28b) einer Wendung in LAB
18,5 entspricht, die die Akeda im Zusammenhang des Erwählungshandelns
Gottes an Israel interpretiert. Auch im Blick auf die Paulusrede Act 20 zeigte
der Vergleich mit dem LAB, daß für die Interpretation des lukanischen Erzählwerks der zeitgenössische frühjüdische Hintergrund, wie er durch den
LAB in prominenter Weise repräsentiert wird, in noch stärkerem Maße herangezogen werden muß.

---

[296] Es ist dann ausgeschlossen, eine »betonte Verherrlichung und Verteidigung des Paulus« durch Lukas zu monieren (so RADL, Paulus 129; vgl. MICHEL, Abschiedsrede 16: »Be-
fremdlich geradezu wirkt das betonte Herausstreichen der eigenen Person.«); zum anderen
wird die These TALBERTS unwahrscheinlich, es handle sich mit Act 20,17–35 um eine Anwendung des hellenistischen imitatio-magistri-Motivs (Patterns 96; vgl. zur antiken Be-
liebtheit dieses Motivs aaO. 89 ff).

4. Zum Schriftbezug im LAB und bei Lukas

4.1. Einführende Überlegungen

Im Teil I dieser Studie wurde mehrfach deutlich, daß der Schriftbezug für die Textkonstitution des LAB essentielle Bedeutung hat. Es wurde beobachtet, daß Pseudo-Philo auf biblische Erzählinhalte verweist, ohne sie selber zu erzählen[1], daß er biblische Erzählinhalte summierend wiedergibt[2] und daß er Schriftzitate als nicht eigens gekennzeichnete Bestandteile des eigenen Erzähltextes verwenden kann. Es ist nun zu behaupten, daß im LAB auch gekennzeichnete Schriftzitate aufzuweisen sind[3]. Zu diesem Zweck werden nachfolgend entsprechende Wendungen[4] mit *dicens*[5] aufgelistet[6]:

9,3 *testamentum, quod disponens Deus locutus est ad Abraham dicens* (Gen 15,13)

9,8 *pro eo cogitavi* (sc. Gott über Mose) *in antiquis diebus dicens* (Gen 6,3)

10,2 *testamenta que disposuit patribus nostris dicens* (Gen 12,7)

15,4 *verba, que locutus est nobis Deus dicens* (Ex 3,8)

15,5 *Ecce hoc est semen cui locutus sum dicens* (Gen 15,13–14)

---

[1] S. o. Abschnitt I 2.3.3.

[2] S. o. Abschnitt I 2.4.2.

[3] D.-A. Koch hat diesen Sachverhalt bestritten, als er im Blick auf GenAp, Jub, Tempelrolle und LAB feststellte:»Theologie vollzieht sich hier ... als Neuformulierung der alten Überlieferung. Dies macht verständlich, warum hier einerseits intensiv die Schrift benutzt werden kann, andererseits eine ausdrückliche Schriftanführung nirgends begegnet. Das grundsätzliche Fehlen jeglicher Zitateinleitungen markiert den prinzipiellen Unterschied zur Schriftverwendung in den paulinischen Briefen.« (Schrift, 193).

[4] Dabei sind bewußt alle Möglichkeiten der Einführung von Schriftzitaten, die formal dem narrativen Kontext angepaßt sind, außer acht gelassen.

[5] Nicht berücksichtigt sind Texte, an denen *dicens* sich nicht auf ein Wort der Schrift bezieht (z.B. das Prophetenwort der Mirjam 9,10; vgl. auch 28,6 {Einleitung des Prophetenspruchs *cepit prophetare dicens;* darin § 8fin die Wendung *Et ecce vox dicens ...* }) sowie die Stellen, an denen *dicens* Bestandteil eines Schriftzitates ist; vgl. 1,20; 3,11; 8,3; 13,2 *locutus est ei* (sc. Mose) *Deus de tabernaculo dicens* (*dicens* leitet als Bestandteil eines Schriftzitats {Lev 1,1} ein summierendes, unter Verwendung von Lev 1,14 gestaltetes Zitat ein) u.ö., bzw. wo *dicens* zwar ein Zitat einleitet, die Wendung aber nicht vom narrativen Kontext abgehoben ist, wie etwa 9,5 (Tamar zitiert Gen 38, 25).

[6] Jeweils in Klammern ist die anschließend zitierte Schriftstelle angegeben.

16,2 *Ego autem expuli Cain et maledixi terre et locutus sum Sion*[7] *dicens: Non adicias ut deglutias sanguinem* (es handelt sich um ein freies, offenbar aus Gen 4,11b.12a erschlossenes Zitat)

19,11 *et similabitur* (sc. der Stab des Mose) *arcui in quo disposui testamentum ad Noe cum exiret de arca dicens* (Gen 9,13)

21,9 *Ecce complevit Dominus noster que locutus est patribus nostris dicens* (Kombination Gen 12,7; Dt 11,9)

32,13 *Non est oblitus Fortissimus sponsionum minima quas disposuit vobis dicens: Multa faciam miracula cum filiis vestris* (freies Zitat)

38,2 *Ecce nos memores preceptorum sumus, que preceperunt nobis precessores nostri et Debbora mater nostra dicens* (Jos 1,7–8; Dt 5,32)

49,6 *dispositiones quas disposuisti patribus nostris dicens* (Gen 16,10)

51,6 *pro filio tuo prophetavit Asaph in heremo dicens* (Ps 99,6)

53,10 *verbum quod mandavi Moysi famulo meo dicens* (Dt 22,6)

56,1 *verbum quod dixit Moyses patribus nostris in heremo dicens* (Dt 17,15)

58,1 *verba que locutus est Moyses famulus meus dicens* (Dt 25,19); die Fortsetzung *que locutus sum sub zelo meo*[8] weist das Schriftzitat als Gotteswort aus.

Diese Auflistung weist hinlänglich nach, daß im LAB Schriftzitate mit der Zitationsformel *dicens*[9] eingeführt werden können. Diese Wendung begegnet auch da, wo ein Schriftzitat argumentierend mit *nonne*[10] eingeleitet wird:

18,5 *Nonne de hoc populo locutus sum Abrahe in visu dicens?* (Gen 22,17)

20,2 *Nonne pro te locutus sum Moysi servo mei dicens: Iste ducet populum meum post te et in manum eius tradam reges Amorreorum?* (›freies‹ Zitat: vgl. Jos 1,1–3; 1 Sam 10,6; Dt 3,28)

---

[7] GINZBERG VI 102 weist daraufhin, daß die Anrede *et locutus sum Sion* (π om) ein Mißverständnis darstellt: »In view of the rare occurrence of the word ציון the translator may be forgiven for misreading it as ציון«. Als ursprüngliches Objekt der Gottesrede ist also die Erde vorauszusetzen.

[8] π formuliert in der 3.Pers.Sing., bezieht die Näherbestimmung also auf Mose.

[9] Sie ist zweifellos die Wiedergabe von Zitationsformeln, die mit λέγειν oder φησί o.ä. bzw. אמר oder דבר gebildet wurden; vgl. zur Technik der Zitateinleitungen im jüdischen (und außerjüdischen) Bereich KOCH, Schrift 25 ff.

[10] Mit *nonne* kann auf biblische, haggadische bzw. theologische Erzählinhalte oder Sachverhalte hingewiesen werden; vgl. z.B. 18,11 (die Plagen); 21,3 (Josuas Selbstzitat); 30,4 (*Et nunc quis nobis fecit hec omnia? Nonne iniquitates nostre, quoniam dereliquimus Dominum patrum nostrorum, et in his ambulavimus que non proderant nobis?* vgl. Jer 2,8); 31,5 (*Quando dividebas omnem tribum vel generationum terre, nonne elegisti solum Israel et non assimilasti …*); 50,4 (*Nonne tu Domine inspeculatus es cor omnium generationum, antequam plasmares seculum?*); 61,6 (*Nonne sorores erant due mulieres unde natus es tu et ego?*); 62,2 (*Nonne tu et filius tuus simul moriemini?* vgl. 1 Sam 31,6; die Begebenheit wird im LAB nicht erzählt); vgl. ferner die mit *nonne* eingeleiteten autoreferentiellen Verweise 9,14; 61,2.

21,5 *Nonne pro eo dixit pater noster Iacob dicens?* (Gen 49,10)
22,2 *Nonne ista sunt verba que locutus est ad vos Moyses in heremo dicens: Videte ne ingredientes ...?* (es handelt sich um ein ›freies‹ Zitat)
25,5 *Nonne de istis dixit Moyses amicus Domini dicens?* (Dt 29,17)

Wir können folglich begründet davon ausgehen, daß im LAB explizite, gekennzeichnete Schriftzitate Bestandteil des Erzähltextes sind. Diese Beobachtung ist deshalb von besonderer Wichtigkeit, weil sie zeigt, daß der Schriftbezug Pseudo-Philos keineswegs als ein ›freier‹, lediglich narrativer hinreichend erfaßt ist. Damit ist eine Voraussetzung für einen Vergleich mit dem Schriftbezug des Lukas hergestellt. Beide Autoren stimmen überdies darin überein, daß für sie das Wort Gottes primär gesprochenes Wort ist[11].

Beobachtet man nun den Schriftgebrauch und -bezug des Lukas[12], so fallen einige Übereinstimmungen mit dem LAB ins Auge.

---

[11] Vgl. JERVELL, Mitte 80 f: »Die Schrift ist für Lukas vor allem ein mündliches, ein geredetes Wort. Auch das geht aus den Zitationsformen deutlich hervor ... Natürlich kann Lukas in der Apg seine Zitate und Hinweise mit der Formel ›es steht geschrieben‹ anführen, 1,20; 7,42; 13,33; 15,15. Sehr oft kommt das aber nicht vor. Hingegen spricht Lukas 22mal von dem, was da geredet, gesagt, geboten, verkündigt etc. worden ist.«; vgl. ferner das Fazit BOVONS im Blick auf Act 28,25 (Jesaja 232): »Der Geist hat nicht geschrieben, sondern gesprochen (wie für die jüdische Tradition ist auch für Lukas die Eingebung des Geistes in ihrer menschlichen Gestalt wichtiger als in der schriftlichen).« Das Schriftwort ist auch für Pseudo-Philo zugleich das lebendige Gotteswort; vgl. als hervorstechendes Beispiel LAB 58,1: Dt 25,19 wird mit der Zitateinleitung *verba que locutus est Moyses famulus meus dicens* ... eingeführt; die Formulierung im Anschluß an das Zitat lautet: *que locutus sum sub zelo meo* (Subjekt Gott). Das zitierte Bibelwort ist im LAB regelmäßig das gesprochene Gotteswort (vgl 9,3; 12,3; 14,2; 15,4–5; 21,9; 25,5 {Mose}; 40,4; 51,6 {Asaph}; 56,1 {Mose}.6 {Jeremia}).

[12] Vgl. zu diesem Sachkomplex RESE, Motive 11–42, bes. 35 ff, mit instruktiven Hinweisen auf die Forschungsgeschichte. RESE möchte zwischen Schriftbeweis und ›hermeneutischer Schriftverwendung‹ unterscheiden (aaO. 38 f); mit letzterer ist etwa die Funktion des Joelzitates Act 2,17–21 gemeint. Vgl. zur Diskussion auch SCHILLE, Kommentar 108–110 (Exkurs »Alttestamentliche Zitate in der Apostelgeschichte«). Für RESE ist die ›hermeneutische Schriftverwendung‹ an Wendungen wie ›Dieses ist es, wovon gesagt ist‹ o.ä. (Act 2,16; Mt 11,10 // Lk 7,27) gebunden, und »ziemlich sicher auch schon vorchristlich geübt« (aaO. 40; ebd. Hinweise auf CD 1,13; 10,16; 16,15). Auch im LAB läßt sich diese Form des Schriftbezuges nachweisen. Der ›einfache Schriftbeweis‹ (aaO. 41) rekurriert nicht auf das Schema Weissagung – Erfüllung, sondern konstatiert die Beweiskraft eines Schriftzitates. Davon zu unterscheiden ist der »Schriftbeweis im Schema von Erfüllung und Weissagung« (aaO. 41 f; zur ›typologischen Schriftdeutung‹, für die es bei Lukas »nur Ansätze ..., etwa in der Stephanusrede« gibt, vgl. aaO. 40 Anm. 25). Nach JERVELL ist Lukas »der Schrifttheologe par excellence« (Verständnis 79); »Wir haben zur lukanischen Schriftverwendung in der Apg im Neuen Testament keine Parallele.« (ebd.). JERVELL unterscheidet ebd. zwischen direkten Zitaten, summarischen Hinweisen auf das Ganze der Schrift und Nacherzählungen bzw. indirekten Zitaten »in den zwei Geschichtsdarstellungen – oder Résumés – von Apg 7 und 13,17–25«, die »als Zitate nicht gekennzeichnet« sind (ebd. Anm. 8). Es wird zu zeigen sein, daß diese letzte Verwendung nicht auf die beiden ›geschichtlichen‹ Abschnitte beschränkt ist, s.u.

Dies wird sofort deutlich, wenn man den Gebrauch von biblischen Anspielungen und Zitaten in Act 7 betrachtet[13]. Wir haben gesehen, daß im LAB, gerade dort, wo auf der narrativen Ebene biblische Inhalte zusammenfassend wiedergegeben werden, analog verfahren wird: Freie, selbständige Formulierungen sind mit biblischen Anspielungen, Teilzitaten und Zitaten so verbunden, daß diese als integrierende Elemente des Erzähltextes erscheinen und durch keine Signale vom Erzähltext abgehoben sind.

Eine kurze Durchsicht des Textes der Stephanusrede Act 7 unter diesem Blickwinkel kann diesen Sachverhalt bestätigen. Überdies zeigt eine Durchsicht des Textes große Ähnlichkeit zu den im LAB beobachteten[14] Techniken des narrativen und argumentierenden Schriftbezugs.

V. 4a ist Ausführungsnotiz zur Weisung Gottes, die in V. 3 zitiert wird (Gen 12,1)[15].

Der Erzählinhalt VV. 4b–5[16] wird durch das Schriftzitat[17] VV. 6–7 (Gen 15,13 f; Ex 2,22) nachträglich als durch Gottes Weisung veranlaßt definiert[18].

VV. 27b.28 bieten das Zitat Ex 2,14 als direkte Rede eines Handlungsträgers.

In der Dornbuschszene sind in VV. 32–34 die Schriftzitate in der Reihenfolge vertauscht: Nach Ex 3,6 in V. 32a[19] folgt in V. 32b eine summierende Wiedergabe der Reaktion des Mose[20]; angeschlossen ist in V. 33 die Wiedergabe von Ex 3,5 und in V. 34 die von Ex 3,7–8.10[21]. V. 35 charakterisiert Mose als den Verleugneten, indem in direkter Rede Ex 2,14 wiederholt wird (vgl. V. 27b); dem wird die Bestimmung Gottes für Mose gegenübergestellt. Die beiden Begriffe ἄρχων, λυτρωτής sind sichtlich als Opposita den beiden aus Ex 2,14 bezogenen Begriffen ἄρχων, δικαστής gegenübergestellt und offenbar aus diesen abgeleitet[22].

---

[13] Vgl. HOLTZ, Beobachtungen 107: »Würden ... die Textausgaben die ›Zitate‹ nicht durch den Druck als solche markieren und wäre einem Leser der Text der betreffenden Partien des Alten Testaments unbekannt, so würde er schwerlich auf den Gedanken verfallen, daß ein großer Teil des Erzählten in wörtlicher Anlehnung an einen heiligen Text berichtet wird.« Wir werden unten Belege zusammenstellen, an denen diese »Freiheit von formaler Bindung an die Schrift« (ebd.) auch außerhalb von Act 7 sichtbar wird.

[14] S. o. Abschnitt I 2.2.

[15] Vgl. PESCH, Kommentar V/1 248: »Korrespondenz von Befehl und Ausführungsschilderung«; vgl. zu den Ausführungs- bzw. Vollzugsnotizen im LAB o. S. 117.

[16] In ihm wird Gen 48,4 narrativ in indirekter Rede verwendet; vgl. die narrative Verwendung von Ex 1,8 in V. 18; ferner BARRETT, Scripture 238.

[17] Vgl. BARRETT, Scripture 238: »ὁ θεὸς εἶπεν is partly citation formula, partly narrative, similarly V.37 (Deut 18:15), with Μωυσῆς ... ὁ εἴπας.«

[18] Vgl. zu den nachträglichen Begründungen von Erzählinhalten in der Weisung Gottes o. S.153 und Abschnitt I 2.3.1.

[19] Zur Zitatform vgl. BARRETT, History 58.

[20] Vgl. LAB 53,2; s. o. S.194 f.

[21] Ex 3,9 erscheint nicht; vgl. BARRETT, History 59.

[22] Damit ist frühjüdische Tradition wiedergegeben: vgl. LAB 9,10 (Gottesrede über Mose) *et faciam per eum signa et salvabo populum meum, et ipse ducatum eius aget sem-*

In V. 37 wird das Schriftzitat Dt 18,15 identifizierend auf Mose bezogen (οὗτός ἐστιν ὁ Μωυσῆς ὁ εἴπας ...)[23].

V. 40 bietet wiederum ein Schriftzitat in direkter Rede der Handlungsträger (Ex 32,1 bzw. 23). V. 41 fungiert als Vollzugsnotiz zur Absichtserklärung V. 40; V. 42a schildert die Strafreaktion Gottes, die nach dem Talioprinzip ergeht. Sie wird mit dem Schriftzitat Am 5,25–27 in VV. 42b–43 begründet[24]. Das Schriftzitat entstammt nicht dem biblischen Leittext des Erzählinhalts (Ex 32), sondern wird kommentierend herangezogen[25].

Die Zitation von Jes 66,1 f in VV. 49–50 dient der Bestätigung der Sentenz V. 48: οὐχ ὁ ὕψιστος ἐν χειροποιήτοις κατοικεῖ.

7,52 führt die bereits V. 51b intendierte Gleichsetzung des Verhaltens der Angeredeten mit dem der Väter (ὡς οἱ πατέρες ὑμῶν καὶ ὑμεῖς) aus, indem die Übereinstimmung zwischen den Prophetenmorden und dem Mord an Christus (φονεῖς ἐγένεσθε) herausgestellt wird. Die Analogisierung des Verhaltens dient der Identifikation (der Schuld) der Angeredeten.

Im lukanischen Doppelwerk sind solche Realisierungen des Schriftbezugs keineswegs auf Act 7 beschränkt. Die ungekennzeichnete, also nicht durch Einführungsformeln hervorgehobene Verwendung von biblischen Zitaten ist deutlich[26] an folgenden Stellen wahrzunehmen:

Lk 1,15: Num 6,3; Lev 10,9. Die Wiedergabe ist als Bestandteil der Engelrede an Zacharias mit selbständigen Elementen verbunden.

Lk 7,22: Jes 26,19; 29,18; 42,18; verbunden mit selbständigen Formulierungen.

Lk 9,54: 2 Kön 1,10.12; direkte Rede der Jünger.

---

per; vgl. STEMBERGER, Stephanusrede 242. Ergänzend ist auf EzTrag hinzuweisen: In Z. 51 f ist Ex 2,14 zitiert; in Z. 86 verheißt sein Schwiegervater Raguel (vgl. dazu JACOBSON, Exagoge 12), Mose werde »selbst als Richter walten und Menschen (an)führen« (καὶ αὐτὸς βραβεύσεις καὶ καθηγήσῃ βροτῶν, Übers. nach VOGT, JSHRZ IV 125).

[23] Es steht ebf. im Hintergrund der Formulierung *quis dabit nobis pastorem unum sicut Moyses aut iudicem talem filiis Israel* ... LAB 19,3; vgl. dazu DELLING, Zeit 320 mit Anm. 7.

[24] Zu der Ersetzung von ›Damaskus‹ durch ›Babylon‹ in Amos 5,27 innerhalb des Zitates Am 5,25–27 in Act 7,43 (vgl. dazu BARRETT, History 60) vgl. den analogen Vorgang LAB 6,1 im Zitat Gen 11,2; in ihm ist die Ortsangabe Schinear durch Babylon ersetzt. Der Ersetzungsvorgang trägt in beiden Texten analogen Sinn; ›Babylon‹ wird als geschichtstheologische Chiffre verwendet. Es ist nicht anzunehmen, daß Pseudo-Philo mit der Ersetzung von ›Schinear‹ durch ›Babylon‹ (hap.leg. im LAB) versteckt auf Rom anspielen will, wie das etwa in 4 Esra zu beobachten ist. Vgl. zusammenfassend zu Rom in 4 Esra STEMBERGER, Herrschaft 26 ff (mit Literaturhinweisen).

[25] Es setzt inhaltliche Momente voraus, die dem Kontext nicht angehören, und dient – analog zu dem entsprechenden Rückgriff auf Nichterzähltes im LAB – der Interpretation des Erzählinhalts.

[26] Biblische Anspielungen, die nicht eindeutig als Übernahme biblischer Texteinheiten identifiziert werden können, sondern dem ›biblischen Stil‹ des Lukas zugesprochen werden können, sind in dieser Übersicht bewußt ausgeklammert.

Lk 12,35: Ex 12,11; mit selbständigem Element im Parallelismus.

Lk 12,53: Mi 7,6; verbunden mit selbständiger Formulierung.

Lk 13,19: Ps LXX 103,12; Verwendung auf der narrativen Ebene des Gleichnisses.

Lk 13,27: Ps LXX 6,9; 1 Makk 3,6; als eschatologische direkte Rede verwendet[27].

Lk 13,35: Ps LXX 117,26; verwendet als eschatologische direkte Rede; vgl. die nicht gekennzeichnete Wiedergabe derselben Schriftstelle in Lk 19,38, hier verbunden mit selbständigen Elementen.

Lk 21,27: Dan 7,13 f; Bestandteil eschatologischer Rede (vgl. Jes 34,4 in V. 26).

Lk 23,30: Hos 10,8; eschatologische direkte Rede.

Lk 23,34b: Ps LXX 21,19 in narrativer Verwendung (Verteilung und Verlosung der Kleider Jesu).

Lk 23,46: Ps LXX 30,6; Jesu letztes Wort.

Act 3,13: Ex 3,6 (vgl. Lk 20,37; hier als gekennzeichnetes Zitat).

Act 4,24; 14,15: Ps LXX 145,6; Ex 20,11 und weitere Schriftstellen.

Act 5,30; 10,39: Dt 21,22 (vgl. Gal 3,13).

Act 13,47: Jes 49,6 wird als aktueller Auftrag Gottes verwendet.

Diese Belege zeigen, daß der Schriftbezug des Lukas keineswegs nur über die Analyse der gekennzeichneten Zitate zu erheben ist. Lukas kennt[28] vielmehr einen Schriftgebrauch, der das Bibelwort selbständig[29] und ohne Hervorhebung dem eigenen Erzähltext integriert[30].

Diese Beobachtung wird gestützt durch solche Schriftbezüge im lukanischen Doppelwerk, an denen Lukas dieselbe Schriftstelle einmal als gekennzeichnetes, einmal als nicht gekennzeichnetes Zitat verwendet.

---

[27] Vgl. dazu HOLTZ, Untersuchungen 158 ff.

[28] Auf die Frage, wieweit ihm der gezeigte Schriftgebrauch durch aufgenommene Tradition zugekommen ist, wurde bewußt verzichtet.

[29] Act 13,22b formuliert überdies in direkter Rede einen Spruch Gottes über David, der nicht biblisch realisierbar ist; vgl. dazu HOLTZ, Untersuchungen 140 ff; PLÜMACHER, Lukas 45.

[30] Daß biblische Anspielungen tatsächlich als solche zu bewerten sind, zeigen Lk 1,31 (anspielende Wiedergabe von Jes 7,14 in der Engelankündigung; vgl. das Zitat Mt 1,23); Lk 1,76 (Anspielung auf Jes 40,3; vgl. das Zitat Mk 1,3 {Mt 3,3}). In diesem Zusammenhang ist auch auf die Verwendung von Dt 29,17 in Act 8,23; LAB 25,5 hinzuweisen: Act 8,23 ist formuliert: εἰς γὰρ χολὴν πικρίας καὶ σύνδεσμον ἀδικίας ὁρῶ (vgl. dazu das prophetisch gebrauchte *video* LAB 18,11 f(quater); 24,4; 28,6(tris); 31,1(bis); 53,4; 56,2.4; 59,2. *video* wird im LAB ausschließlich in dieser Bedeutung gebraucht; vgl. o. S. 206 Anm. 278) σε ὄντα. Der erste Teil der Formulierung ist Anspielung auf Dt 29,17; die zweite Hälfte spielt auf Jes 58,6.9 an (vgl. PESCH, Kommentar V/1 277; ähnlich SCHILLE, Kommentar 207; CONZELMANN, Kommentar 62 f; ROLOFF, Kommentar 136). LAB 25,5 bietet in einem analogen Zusammenhang – es handelt sich um den Beginn der Kenasrede an die durch Loswurf überführten Sünder aus Israels Stämmen – eine Wieder-

So wird Ex 3,6 in Lk 20,37 unter explizitem Hinweis auf die Schrift (ἐπὶ τῆς βάτου,[31] ὡς λέγει κτλ.) eingeführt, Act 3,13 indessen als nicht gekennzeichneter Bestandteil der Petrusrede verwendet[32].

Ps LXX 117,22 wird Lk 20,17[33] mit Zitationsformel, Act 4,11 indessen ohne besondere Kennzeichnung verwendet[34].

Jes 61,1 erscheint Lk 4,18 als Zitat, Lk 7,22 in nicht gekennzeichneter Verwendung[35].

Jes 6,9 f wird Act 28,25 als Zitat eingeleitet, Lk 8,10 aber ohne solche Einleitung verwendet (an dieser Stelle überdies im Unterschied zu Mk 4,12 {Mt 13,14 f})[36].

Lukas kombiniert bekanntlich Schriftstellen[37]; es verdient Beachtung, daß in diesen Kombinationen die Zusammenstellung so erfolgen kann, daß nicht erkennbar ist, daß es sich um eine andere Schriftstelle als die eben zitierte handelt: Die andere Schriftstelle wird nicht eigens eingeführt, sondern als integrierender Bestandteil des Schriftzitates verwendet:

Lk 4,18: Jes 61,1 f; 58,6[38]

Lk 7,22: Es handelt sich weniger um eine Kombination, als vielmehr um die komprimierte Wiedergabe von Jes 29,18; 42,18; 26,19 (ohne Zitatein-

---

gabe von Dt 29,17: *Ne forte sit* (so die gebotene Textform I 196; sie wurde nach Dt 29,17 aus *fortis est* {so alle HSS} korrigiert; vgl. ebd. App.) *in vobis radix germinans fel et amaritudinem?* Die Wendung wird ausdrücklich als Zitat eingeleitet: *Nonne de istis dixit Moyses amicus Domini dicens* ... Wir haben den Fall vor uns, daß beide Autoren sich auf dieselbe Schriftstelle beziehen; Pseudo-Philo kennzeichnet sie als Zitat, Lukas hingegen nicht.

[31] Vgl. zur Form des Hinweises auf die Schrift KOET, Studies 59.

[32] Vgl. noch Act 7,32 als direkte Rede Gottes in der gerafften Dornbuschszene.

[33] Es handelt sich um ein Interpretationswort, mit dem der Sinn des Erzählinhaltes in komprimierter, z.T. verschlüsselter Form zusammengefaßt wird; Interpretationsworte erscheinen regelmäßig in direkter Rede. Sie sind meist gebildet nach den Regeln der Stichwortidentität, der Analogie bzw. Talio. In Lk 20,17 f erscheint zunächst das Zitat Ps LXX 117,22, eingeleitet durch die Frage τί οὖν ἐστιν τὸ γεγραμμένον τοῦτο, es folgt das Interpretationswort πᾶς ὁ πεσὼν ἐπ᾽ ἐκεῖνον τὸν λίθον συνθλασθήσεται· ἐφ᾽ ὃν δ᾽ ἂν πέσῃ, λικμήσει αὐτόν. Vgl. LAB 18,12fin (Bileamrede): *ego cum maledixi perii, benedixi autem et non sum benedictus* (vgl. ferner 9,10 *Ecce quod nascetur de vobis in aquam proicietur, quomodo per eum aqua siccabitur*; 14,2fin: *In numero ingredientur in terram, et in modico tempore sine numero efficientur*; 56,3: *Mittam enim illis regem qui eos exterminabit, et ipse postea exterminabitur*). Bes. LAB 18,12 läßt daran denken, daß Interpretationsworte als metanarrativer Extrakt eines Erzählinhalts die Brücke zu seiner theologischen Interpretation bildeten. Dieser Text stimmt mit Lk 20,17 f weiter darin überein, daß beide Interpretationsworte im expliziten Kontext der aktuellen Schriftinterpretation stehen (vgl. § 12: *Et sapientes et intelligentes verba mea memorabuntur ...*).

[34] Vgl. dazu HOLTZ, Untersuchungen 162; vgl. BARRETT, Scripture 233 »clearly alluded«.

[35] Vgl. dazu ALBERTZ, Antrittspredigt 200.

[36] Vgl. dazu BOVON, Jesaja 229.

[37] Vgl. für den LAB z.B. 38,2: Jos 1,7–8 + Dt 5,32; 21,9: Gen 12,7 + Dt 11,9.

[38] Vgl. dazu ALBERTZ, Antrittspredigt passim.

leitung); vgl. ähnlich: Lk 13,27 (Ps 6,9; 1 Makk 3,6); Lk 1,15 (Num 6,3; Lev 10,9).

Lk 10,27: Dt 6,5 (Jos 22,5 LXX); Lev 19,18

Lk 19,46: Jes 56,7; Jer 7,11 (mit selbständigem Redeelement, das die Verwendung von Jer 7,11 nicht als Zitat erkennen läßt)

Lk 21,26 f: Jes 34,4; Dan 7,13 f (ohne Zitateinleitung)

Act 1,20: Ps 69,26; 109,8 (die beiden Zitate sind durch καί verbunden. Diese Konjunktion ist aber nicht als Einführung eines weiteren Zitates anzusehen).

Act 3,22 f: Dt 18,15–20; Lev 23,29

Act 15,16–18: Jer 12,15; Am 9,11 f; Jes 45,21

Darüber hinaus verbindet Lukas mit Pseudo-Philo die Technik, den Bibeltext für die Deutung des aktuellen Erzählinhalts in Anspruch zu nehmen[39]. Wir vergegenwärtigen uns exemplarisch Act 4,24–31 und vergleichen diesen Text mit LAB 21,2–5.

Gliederung Act 4,24–31[40]:

V. 24a Einleitung

VV. 24b–28 Anrede Gottes (Zitat Ps 2,1 f)[41]

VV. 29–30 Bitte um die Hilfe Gottes

V. 31 Antwort Gottes in der Gewährung eines Zeichens[42]

Gliederung LAB 21,2–5

§ 2: Anrede Gottes (drei durch *tu scis* gerahmte Verbalprädikationen: *investigasti – numerasti – constituisti*)

erste Bitte (eingeleitet mit *et nunc, Domine,* mit finaler Aussage der Folge des Erbetenen *et erit cum dabis …*)

---

[39] Zur Zitateinführung durch οὗτος ἐστιν κτλ. (vgl. Act 4,11; 10,42; ferner 2,16; 7,36–38) vgl. LAB 15,5 (*Ecce hoc est semen cui locutus sum dicens;* es folgt das Zitat Gen 15,13 f); 25,5 (*nonne de istis dixit Moyses …;* es folgt das Zitat Dt 29,17).

[40] DIETZFELBINGER, Dissertation 230 ff hat Act 4,24–31 mit LAB 12,8–10; 21,1–6 verglichen und vermutet, diese drei Texte gingen »zurück auf ein Gebetsformular, das die Elemente eines Gebets um Rettung aus der Not enthält, wobei die einzelnen Aussagen von der jeweiligen Situation her inhaltlich gefüllt werden.« (aaO. 232). Ein eingehender Vergleich zeigt freilich tiefgreifende Unterschiede zwischen den genannten Texten, so daß die Suche nach einem für diese Texte gemeinsam vorauszusetzenden Formular kaum überzeugen kann. Zu den gleichwohl wichtigen Beobachtungen gehört freilich der Hinweis (ebd.) auf das mit *et nunc* LAB 21,2 übereinstimmende καὶ τὰ νῦν Act 4,29. Hinzu kommt § 4fin ein zweites *et nunc*, das ebenfalls den eigentlichen Inhalt der Bitte einleitet. Eine letzte konkrete Bitte wird § 5fin mit denselben Worten eingeleitet; vgl. übereinstimmend die Einleitung der konkreten Bitte LAB 12,9fin.

[41] Es ist zu beachten, daß mit VV. 26 f ein Beispiel für die Technik vorliegt, Stichworte aus dem Zitatwortlaut im nachlaufenden Kontext der eigenen Interpretation einzubinden; im LAB wurde Vergleichbares mehrfach sichtbar (vgl. z.B. *proicere* in Kap. 9).

[42] Vgl. für den Zusammenhang von Gebet und gewährtem Zeichen LAB 10,4 f (unter Verwendung von Ex 3,13 f; vgl. Ex 14,15); 27,7–10; 32,5–7; 36,6–7; 61,3.7–9.

§ 3: begründende Reflexion bzw. erinnernde Selbstzitation (mit Situationsangabe): eingeleitet mit *nonne* wird ein (im vorlaufenden Kontext nichterzähltes) Selbstzitat Josuas unter teilweiser Verwendung von Jos 7,7 in § 3fin geboten. § 4 bis *et nunc* reflektiert den damit angesprochenen soteriologischtheologischen Sachverhalt.

zweite Bitte (eingeleitet mit *et nunc*)

§ 5: erinnernde Zitation (eingeleitet mit *nonne*, ›unser Vater Jakob‹[43], Zitat Gen 49,10. Vgl. in LAB 12,8–10 *magis quod a te predictum est ... fiat* (ohne ausdrückliches Zitat; es handelt sich um den pauschalen Hinweis auf die in der Schrift gegebenen Zusagen Gottes[44]).

dritte Bitte (eingeleitet mit *et nunc*; finale Erkenntnisformel)[45]

Bereits diese Gliederung kann verdeutlichen, daß der eigentliche, rezipientenbezogene Akzent dieses Textes in der theologischen Botschaft seines Mittelteils liegt; uns muß indessen primär die formale Übereinstimmung im argumentierenden Schriftgebrauch in beiden Texten interessieren.

Ps 2,1 f dient in Act 4,25 f dazu, das Geschehen, in dessen Kontinuität die gegenwärtige Gebetssituation zu begreifen ist, sachgemäß zu erfassen. Dabei dient für die Übertragung[46] der biblischen Prophezeiung[47] die bestätigende Wiederholung[48] des συνήχθησαν (γὰρ ἐπ' ἀληθείας ...)[49] aus Ps 2,2 (Act 4,26b) sowie die die letzte Zeile aufnehmende Umschreibung Jesu Christi und die durch den Wortlaut des Psalms (ἔθνη καὶ λαοί V. 25b) ermöglichte Deutung auf Heiden und Israel in V. 27b[50].

---

[43] Vgl. Act 4,25 ›unser Vater David‹; vgl. dazu PESCH, Kommentar V/1 176: »indem die Gemeinde David als ›Vater‹ beansprucht, beansprucht sie auch die ihm gegebenen Zusagen.« Das gilt analog für LAB 21,5.

[44] Die Formulierung ist folglich mit der Gruppe von Bezugnahmen auf den Sinn der Schrift im Ganzen (vgl. Lk 24,25.27.44–47; Act 3,18.21.24; 10,43; 17,3; 18,28; 24,14; 26,23) zu vergleichen.

[45] Vgl. ähnlich Jes 37,20b; sie bildet dort ebf. den Gebetsschluß. Zu den Bezügen zu Jes 37 vgl. DIETZFELBINGER, Dissertation 231 f; für das Gemeindegebet Act 4: HAENCHEN, Kommentar 223. Für beide Texte gilt indessen, daß dieser Vergleich nur ein ganz allgemeiner sein kann; er trägt jedenfalls nichts für die Erstellung eines Gebetsformulars aus.

[46] Daß diese Übertragung mit der erzählten Passionsgeschichte des Lukas nicht kongruiert, hat RESE, Christologie 95 gesehen. Er folgert zutreffend: »Die Schilderung der Passion Jesu in A(ct) 4,27 ist also völlig durch das Zitat bestimmt und ihm angeglichen.« (ebd.).

[47] Als eine solche wird das Psalmzitat sichtlich verwendet.

[48] Vgl. ähnlich in Act 2,31b die teilweise Aufnahme des Wortlauts aus V.27 (Ps 15,10).

[49] Sprachlich ist zu beachten, daß ἐπ' ἀληθείας (so nur bei Lukas: Lk 4,25; 22,59; Act {4,27}; 10,34; anders nur noch Mk 12,32; Mk 12,14 // Lk 20,21; ähnlich an der Parallelstelle Mt 22,16) in diesem Sinne als *in veritate* LAB 39,9 erscheint; vgl. DIETZFELBINGER, Dissertation 214.

[50] Der Plural λαοί in Verbindung mit Israel erscheint nur hier; er ist durch die aktualisierende Auslegung von Ps 2,1 veranlaßt (vgl. HOLTZ, Untersuchungen 55 f). Daß damit indessen keine interpretatorische Gewaltsamkeit vorliegt, beweist der Sprachgebrauch von *populus* im Plural für Israel im LAB (vgl. dazu o. S. 134 Anm. 21).

Beim Vergleich beider Texte ist folglich neben der übereinstimmenden Einleitung der konkreten Bitte mit ›und jetzt‹ der argumentierende Schriftbezug
zu beachten, mit dem die erzählte Situation reflektiert und interpretiert wird[51].
Für den Schriftbezug des Lukas bedeutet das, daß er frühjüdische Konventionen aktualisierender Schriftauslegung kennt, wie sie vom LAB repräsentiert
werden. Es wäre verfehlt, wollte man sich die exegetische Arbeit des Lukas
als individuelle Einzelleistung eines Hellenisten vorstellen, der einerseits mit
einer knappen Auswahl von Schriftrollen selbständig arbeitete, andererseits
Auslegungstraditionen ohne Kenntnis ihrer biblischen Bezüge verarbeitete.
Der exemplarisch vorgeführte Schriftbezug des Lukas zeigt nicht nur die
konstitutive Bedeutung der Schrift für sein Doppelwerk, sondern zugleich die
Bedeutung frühjüdischer Auslegungstradition für eben diesen lebendigen
Schriftbezug.

Die voranstehenden Beobachtungen konnten zeigen, daß Lukas mit
Pseudo-Philo eine bemerkenswerte ›Freiheit‹ im Umgang mit dem Gotteswort verbindet. Freilich kann damit nicht Willkür oder eigenes Ermessen im
Blick auf den Schriftgebrauch gemeint sein. R.G. Hall hat jüngst eine weit-
reichende These vorgelegt, mit der er m.E. in dieser Hinsicht die richtige Antwort sucht[52]. Er formuliert im Blick auf das lukanische Doppelwerk: »Luke
bases his understanding of Jesus and God's plan in history on the Holy
Spirit's activity in the past and present. The Holy Spirit revealed the plan of
God in the scriptures, carried it out in the ministry of Jesus and proclaimed it
in the witness of the early church.« (aaO. 171). Eben diese Kontinuität der
Aktivität des Geistes garantiert die ἀσφάλεια Lk 1,4[53]. Ausgangsthese (172):

---

[51] Diese Beobachtung läßt sich z.B. an folgenden Texten wiederholen und bestätigen
(ausgenommen sind die Belege aus Act 7; vgl. dazu o. S. 214 ff): Act 2,16 ff (Joel 3,1–5,
eingeleitet mit τοῦτό ἐστιν τὸ εἰρημένον κτλ.); 13,47 (Jes 49,6 begründet als ein unmittelbarer Befehl Gottes die Wendung zu den Heiden {vgl. ähnlich BARRETT, Scripture 240}; zu
beachten sind die formalen Analogien LAB 56,1; 58,1); 15,15–18 (Jes 12,15; Am 9,11 f; Jes
45,21: Zum Bericht des Petrus {V.14} stimmen die Prophetenworte und begründen die
praktische Schlußfolgerung {V.19–21}); 28,25–30 (Jes 6,9 f; V. 28 zieht die aktuelle
Schlußfolgerung, ihre momentane Wirkung wird bereits V. 25a beschrieben {vgl. zum Text
BOVON, Jesaja passim}). Auch der aus Q stammende heilsgeschichtliche Vergleich (vgl.
dazu v. LIPS, Weisheit 208) ist in diesem Zusammenhang zu beachten; die entsprechenden
Texte (Lk 11,30.31 f; 17,26–30.32 mit ihren Parallelen bei Matthäus {ausgenommen ist Lk
17,28 f}) bilden freilich in ihrer Eigenart als »eschatological correlative« (vgl. dazu SATO,
Q 278 ff) einen Sonderfall.

[52] Es kann an dieser Stelle freilich nicht darum gehen, den Gesamtentwurf von HALL darzustellen oder zu würdigen.

[53] Vgl. ähnlich BUSSE, Evangelium 176 f: Lk verwendet das Wort »auch (Apg 2:36) für
den aus den Schriften gewonnenen sicheren Erweis, daß Gott Ostern Jesus zum Herrn und
Messias inthronisiert habe. Er wird nämlich in der Pfingstrede des Petrus (Apg 2:14–36) mit
drei Schriftstellen (Joel 3; Ps 16 und 110) und der aus ihnen allein abgeleiteten Argumentation gewonnen. Die ›Sicherheit‹ soll eben nicht nur quasi ›historisch‹, sondern vor allem
aus der Schrift gewonnen und mit ihr kongruent sein. Deshalb wird die Schrift nicht nur im

»If we can show that Luke portrays persons inspired to understand the past and can also show that Luke-Acts shares the message and task of these inspired persons, we can infer that the author writes a chronicle based on revelation. I think he does: like his contemporary Josephus, Luke writes an interpretive prophetic history.« Nun müssen freilich Fragen, die das Selbstverständnis des Lukas bzw. das Pseudo-Philos zum Inhalt haben, eigenen Untersuchungen vorbehalten bleiben. Wir können indessen immerhin voraussetzen, daß aufgrund der gravierenden Übereinstimmungen beider Autoren im Schriftbezug ein übereinstimmendes, theologisch begründetes Verhältnis zur Schrift zu erwarten ist. Die beobachteten Indizien deuten tatsächlich darauf hin, daß das Schriftverhältnis beider Autoren in ihrem jeweiligen Verhältnis zum Geist begründet ist[54].

4.2. Erfüllte Schrift – erfüllte Zeit

4.2.1. complere *als Worterfüllung im LAB*

Der Sprachgebrauch von *complere*[55] bildet den Ausgangspunkt der folgenden Beobachtungen. *Complere* wird häufig in Verbindung mit *tempus* gebraucht[56]. Diesem Sachverhalt wendet sich der zweite Abschnitt zu. Ein ebenso breiter Bereich der Verwendung dieses Wortes ist durch die Verbindung mit Verheißungen bzw. Ankündigungen, die ausdrücklich zitiert werden kön-

---

traditionell vorgegebenen Schema von Verheißung und Erfüllung, sondern auch als in biblischen Geschichten hermeneutisch umgesetzte Realisation ihrer Hoffnungsdimension für die anbrechende End- und Heilszeit durch Lukas aktualisiert. Insofern ist auch ›das, was sich unter uns erfüllt hat‹, biblisch abgesichert.«

[54] Dabei ist vorauszusetzen, daß nicht erst das Bewußtsein, in der Endzeit zu leben, einen derartigen Schriftbezug ermöglicht; anders HOLTZ, Interpretation passim. HOLTZ weist betont auf die urchristliche Geisterfahrung als unabdingbare Voraussetzung für die Deutung der eigenen Geschichte vor dem Hintergrund der Schrift hin (vgl. bes. aaO. 88), bewertet aber die Geisterfahrung exklusiv als eine eschatologische (passim). Nun ist freilich das Verhältnis der beiden Autoren Pseudo-Philo und Lukas zur Eschatologie in der Hinsicht analog, als beide Naherwartungstexte (neben Texten ›individueller‹ Eschatologie) ihren Erzählwerken integriert haben und zugleich beide nicht als von aktueller Naherwartung geprägt erscheinen. Vgl. dazu REINMUTH, Ps.-Philo 31 ff.

[55] Vgl. daneben *adimplere* 14,2; *implere* 9,3. Andere Worte, die nicht als Äquivalente von πληρόω zu werten sind, werden im jeweiligen Zusammenhang genannt.

[56] LAB 3,9–10; 19,15; 23,13; 28,9; im Blick auf innergeschichtliche Zeiten 9,5.6 (Schwangerschaft); 19,8 (bis); 29,4 (Lebenszeit); 59,1 (vgl. 56,2; 58,4); 62,2 (Königtum).

Vgl. ferner in der Bedeutung des Vollendens 13,1 (Ex 40,33 יכל, συνετέλεσεν: Kultgegenstände); 24,6 (Trauergesang; vgl. Lk 7,1); 36,1; 47,9 (Sündenmaß; ähnlich 3,3 *adimplere;* 26,13 *implere;* 41,1 *replere;* vgl. ferner z.B. Mt 23,32; 1 Th 2,16; vgl. zu Gen 15,16 und seiner Wirkungsgeschichte STUHLMANN, Maß 94–98; bes. 96 f). DIETZFELBINGER, Dissertation 199 stellt Belege zur ›Erfüllung der Zeit‹ in nicht geschichtstheologischer Verwendung in Lk / Act und LAB zusammen.

nen, bezeichnet. Es kann sich um rückblick- oder vorblickartige Verbindungen handeln:

mit Zitat, als rückblickender Kommentar zu bereits Erzähltem: 12,3–4; 15,4–6; 21,9; 25,5; 51,6; 65,4.

mit Zitat, auf künftige Ereignisse vorblickend: 9,3–4; 14,2; 56,1; 58,1; 61,3.

ohne Zitat, aber mit impliziter Bezugnahme: 13,6; 20,6.10; 23,11; 40,4; 46,1; 57,3.

4.2.1.1. Implizite Erfüllungszitate

Wir nehmen zunächst summarische Erfüllungsaussagen zur Kenntnis. Die Herbeiziehung von Erfüllungsaussagen, die nicht ausdrücklich auf Schriftstellen rekurrieren, ist dabei sachlich unerläßlich[57].

Es geht im folgenden um diese Stellen: 13,6; 20,6.10; 23,11; 40,4; 46,1; 57,3.

13,6: *Per ieiunium misericordie ieiunabitis enim mihi pro animabus vestris, ut compleantur sponsiones patrum vestrorum.* Die Satzstruktur macht die Realisierung der Väterverheißungen abhängig von der über das Fasten erwirkten Barmherzigkeit Gottes. In der Sache geht es offensichtlich um das Versöhnungsfest[58]; es wird mit dem Ausdruck ›Fasten der Barmherzigkeit‹ umschrieben[59].

23,11: *Et complevi* (Subjekt: Gott) *testamentum meum quod dixi patribus vestris.* Die Formulierung schließt zusammenfassend die Aufzählung der Taten Gottes an Israel im vorlaufenden Kontext ab, bezieht sich aber näherhin auf die § 11in festgestellte Landnahme. Diese wird § 5 – am Beginn des Rückblicks auf das Erwählungshandeln Gottes – mit dem Zitat der Verheißung Gen 12,7 als das eigentliche Ziel der Rede deutlich. Es wird ab § 12 paränetisch angewendet. Die Formulierung *complevi testamentum meum quod*

---

[57] Es geht sachgemäß nur um solche Formulierungen, die direkt oder indirekt (pass. div.) von Gott als dem erfüllenden sprechen. Übergangen werden Texte, die von einer Erfüllung des Gotteswortes durch Menschen sprechen; vgl. z.B. 20,6.10; beide Stellen insistieren in direkter Rede Josuas bzw. Kalebs darauf, daß nur diese beiden Kundschafter bei ihrer Rückkehr (vgl. LAB 15) das Wort des Herrn erfüllten und eben deshalb im Gegensatz zum Schicksal jener Generation (vgl. 20,1) heute leben; vgl. Num 14,38. ›Das Wort Gottes erfüllen‹ steht für ›den Willen Gottes erfüllen‹ Jos 14,8b.

[58] Vgl. Dietzfelbinger, Übersetzung 138 Anm. 6 f; Harrington, Translation 321 Anm. g; vgl. Lev 23,26–32. Anders Wadsworth, Dissertation 1,1 139: »It is more likely, however, that the ›ieiunium‹ refers to the ›ten days of penitence‹ between Rosh Ha⁻Shana, the New Year, and Yom Kippur, the Day of Atonement.«

[59] Ein biblisches Beispiel für die Überzeugung, durch bundesgerechtes Verhalten zur Realisierung der göttlichen Zusagen beizutragen, ist 1 Kön 23,3.24 (Handeln, um die Worte des Bundesbuches sich erfüllen zu lassen).

dixi patribus vestris bezieht sich folglich auf die geschehene Verwirklichung der biblischen Verheißung Gen 12,7.

40,4: *Ecce nunc conclusi linguam sapientium populi mei in generationem istam, ut non possent respondere filie Iepte ad verbum eius, ut compleretur verbum meum, nec destrueretur consilium meum quod cogitaveram.* In der Sache wird betont, daß das Versagen der Weisen zur Verwirklichung der Absicht Gottes gehört, Seilas Tod als sinnvoll und seinem Willen entsprechend zu erweisen. Das wird verdeutlicht durch die Anspielung auf Ps 116,15 im unmittelbar anschließenden Kontext: *Et nunc detur anima eius in petitione eius, et erit mors eius preciose ante conspectum meum omni tempore ...* Die Anwendung dieses Bibelwortes auf Seila interpretiert ihren Tod und bedingt zugleich das Handeln Gottes an den Weisen.

46,1: *Ipse autem* (sc. Gott) *seduxit eos, ut compleret verba sua.* Die im unmittelbar vorlaufenden Kontext erzählte Gottesbefragung führt zu der im Zitat Ri 20,27 f wiedergegebenen Aufforderung zum Kampf. Diese Bibelstelle wird damit als Inhalt des strafenden Verführungshandelns Gottes gekennzeichnet, das zu den Niederlagen gegen die Benjaminiten §§ 2fin.3fin führt und Teil der Gesamtlogik der Kap. 44–47 ist[60]. Das Gotteswort, auf das § 1 sich bezieht, findet sich 45,6. Aus der Relation der Ereignisse Kap. 44.45 und des Verhaltens Israels zu ihnen wird nach dem Kal-wachomer-Schluß das Strafhandeln Gottes gefolgert, das Kap. 46–47 geschildert und 47,4–7 umfassend gedeutet wird. Ähnlich wie in 40,4 bezieht sich die bezeichnete Wendung in 46,1 nicht auf ein konkretes Bibelwort, sondern auf die exegetisch erschlossene Absicht Gottes.

57,3: *Si autem iam verbum Domini completum est, ego* (Subjekt: Samuel) *excusatus sum et domus patris mei.* Auch an dieser Stelle bleibt undeutlich, auf welches Wort diese Formulierung anspielt[61]. Sie zielt darauf ab, daß Samuel an dem von Gott inszenierten Vorgang, der in der Einsetzung Sauls zum König mündet (§ 4), durch seinen subjektiven Widerstand (vgl. 56,2) und seine Unbescholtenheit (vgl. §§ 2–3) keinen Anteil hat; er ist als der, der Saul zum König macht, Gottes Plan gehorsam. Dieser Plan Gottes kommt 56,3 zu komprimiertem Ausdruck: *Mittam enim illis regem qui eos exterminabit, et ipse postea exterminabitur.* Dieses nach dem Talio-Prinzip gestaltete Interpretationswort faßt das Strafhandeln Gottes gegenüber dem unzeitigen Königswunsch seines Volkes (vgl. §§ 1–2) zusammen. 57,3fin bezieht sich darauf, daß diese Ankündigung aus 56,3 sich jetzt unweigerlich vollzieht. Es handelt sich folglich wiederum um den Bezug nicht auf ein Bibelwort, sondern auf den exegetisch erschlossenen Willen Gottes.

---

[60] Vgl. die Analyse o. S. 80 ff.
[61] Vgl. ähnlich DIETZFELBINGER, Übersetzung 250 Anm. 3d: »Es bleibt im Dunkel, an welches Wort gedacht ist.«

4.2.1.2 Vorausblickende Erfüllungszitate

9,3: *Et erit cum impletum fuerit testamentum, quod disponens Deus locutus est ad Abraham dicens: Habitando habitabunt nati tui in terra non sua, et in servitutem redigentur et affligentur annis CCCC* (Gen 15,13). Amram nimmt für sein Handeln im Widerstand gegen den Beschluß der Ältesten (vgl. § 2) das Bibelwort in Anspruch, das die Knechtschaft in Ägypten ankündigt und zeitlich begrenzt. Das im Bibelwort verbürgte Zeitmaß legitimiert Amrams Handeln[62], das in der Gottesrede § 7 ausdrücklich bestätigt wird. Auch die zeitlich begrenzte Knechtschaft in Ägypten ist Teil des Bundesschlusses mit Abraham. Die Verbürgtheit seiner Erfüllung legitimiert das in Amrams Entschluß als vorbildlich gezeigte menschliche Handeln, das allein der Unverbrüchlichkeit des Abrahambundes vertraut.

14,2: *Dum insisteris eos et cum inspexeris, scribe numerum eorum, donec adimpleam omnia que locutus sum patribus eorum, et donec constituam eos in terra sua confidenter; quia nullum verbum de quibus locutus sum patribus eorum minueram ex his que dixi eis: Semen vestrum tamquam stelle celi erit in multitudine* (Gen 22,17). *In numero ingredientur in terram, et in modico tempore sine numero efficientur.* Der abschließende Deutesatz wurde mitzitiert, weil er die Tendenz des Abschnitts zusammenfaßt und insbesondere das Zitat Gen 22,17 im Zusammenhang des vorliegenden Kontextes (Zählung des Mose) auf das Wohnen im verheißenen Land hin interpretiert. Die Musterung Israels ist ein Teil des Handelns Gottes, mit dem er die Bundesverheißung an die Väter erfüllt.

56,1: *Et nunc constitue super nos regem qui nos diiudicet* (1 Sam 8,4 f), *quoniam completum*[63] *est verbum quod dixit Moyses patribus nostris in heremo dicens: Constituendo constitue de fratribus tuis super te principem* (Dt 17,15). Das unzeitige Königsbegehren des Volkes (vgl. § 2: *ante tempus*[64]) verursacht seine falsche Interpretation von Dt 17,15. Es entspricht der Tendenz Pseudo-Philos, das scheinbar eigenverantwortliche Handeln Israels als in Wahrheit gegen den Willen Gottes gerichtet zu tadeln[65]. Konkret verfehlt das Königsbegehren die von Gott festgesetzte Zeit; vgl. 59,1[66]. Die Herbeiziehung des Bibelwortes zur Legitimierung des eigenen Willens entfernt Israel vom Willen Gottes und führt zu den tragischen Vorgängen um Saul (vgl. § 3).

58,1: Auftragswort Gottes durch Samuel an Saul: *Missus es ut disperdas Amalech, ut compleantur verba que locutus est Moyses ... dicens ...;* vgl. o. S. 97.

---

[62] Zur Kombination der Zeitangaben vgl. Dietzfelbinger, Übersetzung 123 Anm. i.

[63] π bietet die leichtere LA *complendum.*

[64] Vgl. dazu u. S. 230 ff.

[65] Vgl. z.B. die Rolle der Ältesten in Kap. 9; der Tadel an der selbstmächtigen Führerwahl 49,2–3; die Ereignisse um die Herbeiholung der Lade Kap. 54.

[66] Vgl. dazu u. S. 230 ff.

61,3: *Si hoc est tempus quod dixit Deus ad me* (sc. David)*: Tradam in manus tuas in lapidibus inimicum populi mei?* Vgl. dazu die Ankündigung 59,5fin[67]. In der Sache handelt es sich um die Frage nach der Anwendbarkeit des Zeichens unter dem Aspekt der erfüllten Zeit.

4.2.1.3. Kommentierende Erfüllungszitate

12,3–4: *Et hec loquente eo non obaudierunt ei, ut compleretur verbum quod dictum est in tempore quo peccavit populus edificans turrim, cum dixit Deus: Et nunc nisi prohibeam eos, omne quod previderint sibi facere presument deterius* (Gen 11,6). Die Beschwichtigungen Aarons (§ 2) nützen nicht, der Ungehorsam des Volkes führt zur Anfertigung des Götzenbildes (§ 3). Das Ereignis wird als Erfüllung der Befürchtung und Ankündigung Gottes Gen 11,6 interpretiert. Die Verschärfung gegenüber dem Tun der Turmbauer, die mit *deterius* zum Ausdruck kommt, ist dem Zitat zugefügt. Es geht dem Autor darum, die Anfertigung des Goldenen Kalbs in überbietende Relation zum Turmbau zu setzen und in dieser Funktion die jetzige Erfüllung des damals Angekündigten festzustellen.

In § 4 wird dem erfüllten Bibelwort das noch nicht erfüllte gegenübergestellt: *Quid si complete fuissent sponsiones quas spopondi patribus vestris, quando dixi eis: Semini vestro dabo terram hanc* (Gen 12,7) *in qua habitatis?* Die auf diesen Gedanken bauende Argumentation verfolgt im Anschluß die gegenläufige Tendenz, für den Aufenthalt im verheißenen Land noch größere Sünden anzukündigen (*maiores iniquitates operabuntur*) und aus diesem Sachverhalt geschichtstheologische Folgerungen zu ziehen. Der zitierte Gedanke betont indessen in sachlicher Relation zum Erfüllungszitat § 3, daß der geschehene Götzendienst nicht unter der Voraussetzung geschah, die mit der Erfüllung der Landverheißung gegeben gewesen wäre.

15,4–5. Auch an dieser Stelle haben wir es mit einer Entgegensetzung von Schriftzitaten zu tun. In Reaktion auf die Nachrichten der zurückgekehrten Kundschafter konfrontiert das Volk die vermeintliche Lage mit der Landverheißung Gottes, die ausdrücklich zitiert wird: *Numquid hec sunt verba, que locutus est nobis Deus dicens: Inducam vos in terram fluentem lacte et melle* (Ex 3,8)[68]. Das biblische Murren des Volkes wird im vorliegenden Kontext als Zweifel an Gottes Verheißungstreue interpretiert, der sich mit der scheinbaren Inkongruenz zwischen biblischem Verheißungswort und erfahrener Wirklichkeit legitimiert[69].

---

[67] Vgl. dazu o. S. 90 f.

[68] Vgl. Num 14,8. Der Text wird mit einer teilweisen Wiedergabe des biblischen Leittextes Num 14,3 in Frageform fortgesetzt, so daß Verheißung und erfahrene Wirklichkeit durch das Bibelwort repräsentiert werden.

[69] Vgl. 25,6med; s. dazu S. 98 f.

In der Antwort Gottes (§ 5) erfolgt eine Identifikation des zweifelnden Volkes über das Zitat Gen 15,13 f: *Ecce hoc est semen cui locutus sum dicens: Advena erit[70] semen vestrum in terra non sua, et gentem cui servierit ego iudicabo. Et complevi verba mea ...* – es folgt ein Rückblick auf die Exodusgeschehnisse, der in die Strafankündigung gegenüber Israel (§ 6fin) mündet. Die Kennzeichnung Israels über das Zitat Gen 15,13 f dient folglich dazu, die Kongruenz zwischen Verheißung und Erfüllung in der bisherigen Geschichte des Exodus zu erweisen. Ex 15,13 f dient als Erfüllungszitat für die Exodusereignisse, so daß die tatsächliche Kongruenz zwischen Bibelwort und Geschichte die behauptete Inkongruenz als Zweifel an Gott entlarvt[71].

21,9: *Ecce complevit Dominus noster que locutus est patribus nostris dicens: Semini vestro dabo terram in qua inhabitetis, terram fluentem lacte et melle* (Gen 12,7; Dt 11,9) *... Ecce fecit Dominus omnia que locutus est ad nos, et vere modo cognovimus quoniam statuit Deus omne verbum legis sue quod locutus est ad nos in Oreb.* Im Gegensatz zu 15,4 wird an dieser Stelle ausdrücklich die Erfüllung der Landverheißung durch das Volk festgestellt. Dabei fällt ein aufschlußreiches Licht auf die theologische Wertung der Gesetzgebung: Ihre Unverbrüchlichkeit wird durch die festgestellte Erfüllung der Landverheißung Gottes bestätigt. Dabei ist offenbar vorausgesetzt, daß das Gesetz nicht nur als ethische Weisung, sondern in seinem Verheißungs- (und Straf-) Charakter, also in seiner Bedeutung für den Verlauf der Erwählungsgeschichte Israels, erfaßt ist[72].

Im Blick auf das Erfüllungszitat ist wiederum zu betonen, daß es nicht lediglich feststellend auf den Inhalt der Erfüllung verweist, sondern unter Zuhilfenahme einer entsprechenden Schriftstelle formuliert ist. Pseudo-Philo geht es um die theologische Interpretation des Bibelwortes, und über diese um ein Verstehen Gottes und seines Handelns an Israel.

25,5. Die aus allen Stämmen überführten Sünder werden in der Rede des Kenas über ein Schriftwort gekennzeichnet: *Nonne de istis dixit Moyses amicus Domini dicens: Ne forte sit[73] in vobis radix germinans fel et amaritudinem?* Es handelt sich hier um ein Erfüllungszitat, das die Realität der Schriftstelle Dt 29,17 am gegenwärtigen Geschehen aufweist. Die Sünder, die gefunden wurden, sind die ›Wurzel, aus der Galle und Bitterkeit sprießen‹, die im Bibelwort angekündigt ist. Wieder erweist sich der Schriftbezug als das in erster Linie Intendierte.

51,6: *Hymniza super signa Domini, quoniam pro filio tuo prophetavit Asaph in heremo dicens: Moyses et Aaron in sacerdotibus eius et Samuel inter*

---

[70] Konjiziert nach Gen 15,13; zu den v.l. vgl. HARRINGTON I 142 App.
[71] Vgl. das Fazit vor der Strafankündigung § 6 *increduli facti sunt verborum meorum.*
[72] Vgl. den anschließenden Schlußsatz *Et si custodiat cor nostrum vias eius, bene nobis erit et filiis nostris post nos.*
[73] Korr. nach Dt 29,17; die HSS lesen *fortis est*; vgl. HARRINGTON I 196 App.

eos[74] (Ps 99,6). *Ecce perfectum est verbum, et convenit prophetia.* Es wird ausdrücklich festgestellt, daß Asaphs Prophezeiung[75] mit der Geburt Samuels erfüllt ist. Ps 99,6 wird zum Erfüllungszitat, mit dem das Geschehen zugleich in der Weise interpretiert wird, daß Samuel gleichrangig an die Seite von Mose und Aaron tritt. Konstitutiv für diese Aussage ist der im Erfüllungszitat realisierte Schriftbezug.

65,4. An letzter Stelle soll ein autoreferentielles Erfüllungszitat gesichtet werden. Saul spricht bei seinem durch den Sohn Agags herbeigeführten Tod: *Ecce nunc venerunt super me verba Samuelis, quoniam dixit: Qui natus fuerit de Agag, erit tibi in scandalum*[76]. Diese Prophezeiung hat kein biblisches Pendant, sondern ist aus dem Bibeltext unter Anwendung des Talioprinzips erschlossen. Das Erfüllungszitat 65,4 bezieht sich folglich nicht auf ein biblisches, sondern auf ein exegetisch erschlossenes Zitat.

Im Blick auf Pseudo-Philos Schriftbezug konnte die vorangehende Übersicht deutlich machen, daß dieser für den Text des LAB und seine theologischen Implikationen elementare Bedeutung hat[77]. Das Werk Pseudo-Philos kann in dieser Hinsicht als Schriftinterpretation in Anwendung auf die Geschichte Israels von den Anfängen bis an die Schwelle des David-Königtums bezeichnet werden. Vor diesem Hintergrund wird die Schrift bzw. ihre Auslegung im Zusammenhang der Erfüllungszitate geradezu diskutiert. Dabei ist von hoher Bedeutung, daß der aus der Schrift erschlossene Sinn die narrative Gestaltung beeinflussen kann, wie z.B. an der Erzählung von Sauls Tod und dem dort ausdrücklich bescheinigten Eintreffen der Samuelprophetie deutlich wurde.

---

[74] Die vier letzte Worte nicht in π (-S).

[75] Vgl. dazu WADSWORTH, Dissertation 1,2 410 f.

[76] Vgl. die Prophezeiung Samuels 58,4: *qui nascetur ab eo erit tibi in scandalum.*

[77] Die Erfüllungszitate im LAB haben biblische Vorbilder (vgl. allgemein zum Schriftbezug innerhalb der geschichtlichen Bücher des AT, freilich unter anderer Fragestellung H. G. M. WILLIAMSON, Old Testament passim). Wir finden Formulierungen, die die Erfüllung des Gotteswortes feststellen, mit oder ohne Zitat sowie in rückblickender oder antizipierender Funktion.

Mit Zitat: 1 Kön 2,3 f (למען יקים יהוה את־דברו; LXX: ἵνα στήσῃ κύριος τὸν λόγον αὐτοῦ, vgl. 2 Sam 7,11–16; ähnlich Jer 33,14 ff); 1 Kön 8,15.24 // 2 Chron 6,4.15 (vgl. ebf. 2 Sam 7).

Ohne ausdrückliches Zitat: 1 Kön 2,27 (impliziter Hinweis auf 2 Sam 2,30–36); Jer 29,10 (impliziter Hinweis auf Jer 25,11); Klgl 2,17 (zu denken ist an Dt 28,15).

Besonders auffällig sind die Formulierungen am Schluß des zweiten Chronikbuches bzw. Anfang des Esra-Buches: 2 Chr 36,21.23 f (// Esr 1,1–3a. Inhaltlich geht es an diesen Stellen um den Bezug auf Jer 25,11; 29,10). Das Besondere an 2 Chr 36,21 (mit Esr 1,1) ist, daß das Gotteswort als Prophetenwort und damit in diesem Falle als Schriftwort ›durch den Mund Jeremias‹ kenntlich gemacht ist. Es geht um die ausdrückliche Feststellung der Erfüllung der Jeremia-Prophetie im erzählten Ereignis des Auftretens des Kyros und seiner Erlaubnis zu Rückkehr und Tempelbau. Der vorliegende Passus ist folglich als Erfüllungszitat im engeren Sinne zu bezeichnen, wenngleich der zitierte Text sich in unserem

Die bisherigen Ergebnisse hatten die Beobachtung zur Voraussetzung, daß die Rede von der Erfüllung des Gotteswortes[78] dieses implizit voraussetzen oder explizit zitieren kann, daß dies unter dem Aspekt zukünftiger oder bereits geschehener Erfüllung erfolgen kann und daß das Gotteswort nicht nur als Bibelwort, sondern auch als Zusammenfassung der biblischen Verheißungen oder als aus diesen erschlossene Ankündigung vorausgesetzt wird (vgl. für letzteres 46,1; 57,3; 61,3; 65,4).

Es zeigte sich, daß die erzählte Geschichte als Erfüllung des Gotteswortes gestaltet wird; vgl. bes. 40,4; 46,1; 61,3; 65,4; ferner 9,3. Darüberhinaus dient das Gotteswort explizit der Deutung des Erzählten – wobei wieder keineswegs immer der Erzählinhalt mit dem Gehalt eines biblischen Leittextes identisch sein muß: 12,3; 15,5; 25,5; 51,6; 61,3[79].

Diese Beobachtungen bestätigen den flexiblen und in gewisser Hinsicht souveränen Schriftbezug Pseudo-Philos. Ganz offensichtlich ist sein Schriftbezug substantiell theologisch determiniert. So, wie der Autor die Erwählungsgeschichte nicht einfach nachschreibt oder nacherzählt, sondern unter seinen in Auseinandersetzung mit der Schrift gewonnenen theologischen Einsichten ›rekonstruiert‹, ist auch die Gestaltung und Verwendung des Gotteswortes zur Deutung eben dieser Geschichte auf die theologische Einsicht des Autors in das Handeln Gottes bezogen[80].

Zu dieser Einsicht gehört auch das Wissen um die Zeit Gottes, das Wissen darum, daß die Erfüllung seines Wortes geschichtlich, u.d.h. in Verbindung

---

Jeremiatext nicht nachweisen läßt. Er ist als Kombination aus den genannten Jeremiastellen und Lev 26,34 f zu bewerten; wir erblicken darin eine Praxis, die wir auch im LAB beobachteten. Vgl. zur innerbiblischen Auslegung von Jer 25, 11 FISHBANE 479 ff.

1 Kön 2,3 f enthält die Mahnung Davids auf seinem Sterbelager an Salomo, in Gottes Geboten zu wandeln, damit seine Verheißung gegenüber David (2 Sam 7,11–16) sich erfüllen kann. Wir beobachteten im LAB mehrfach den Topos, daß das bundesgemäße Verhalten Bedingung für die Erfüllung der Verheißungen Gottes ist. Vgl. o. Anm. 57.

1 Kön 8,15.20.24 (vgl. 2 Chr 6) stellt in der Salomo-Rede nach Fertigstellung des Tempels fest, daß Gott seine diesbezügliche Verheißung (an David; 2 Sam 7) erfüllt hat. Damit wird in feierlicher Form unter dem Gedanken der Entsprechung von Verheißung und Erfüllung erzähltes Geschehen gedeutet. Auch dieser Topos konnte im LAB beobachtet werden; vgl. z.B. 14,2; 21,9; 23,11. Ähnlich verhält es sich mit der Erfüllung des Drohwortes gegen Ebjatar 1 Kön 2,27 (vgl. 2 Sam 2,30–36); vgl. LAB 65,4.

[78] Ein knapper Hinweis zur vorliegenden Problematik findet sich bei DIETZFELBINGER, Dissertation 199; dort auch der für sich richtige Hinweis »Die Konstruktion ‹ut compleretur verbum‹ hat Ps-Philo nur 12,3.«

[79] 15,4; 56,1 setzen erzählerisch einen Mißbrauch des Gotteswortes voraus; 12,4 seine (Noch-) Nichterfülltheit.

[80] BAUCKHAM, Midrash 59 f betont das Interesse Pseudo-Philos am Thema ›Prophetie und Erfüllung‹ und deutet dieses zutreffend: »The prominence of this theme in his work is a means of emphasizing the providential control of history by God.« Er erwähnt – freilich ohne Nachweise – die große Zahl nicht-biblischer Prophetien, u.zw. »post eventum prophecies of historical events« und »eschatological prophecies«.

mit je vollendeter bzw. zu ihrem geschichtlichen Ziel gelangender Zeit zu denken ist.

Wir besprechen im nächsten Abschnitt einige Stellen, die von der eschatologischen Erfüllung der Zeit reden, und wenden uns dann solchen zu, die eine innergeschichtliche Erfüllung der Zeit voraussetzen.

4.2.2. complere *als Zeiterfüllung*

4.2.2.1 Eschatologische Zeiterfüllung

3,9–10: *Quousque rememorabor qui habitant terram, donec compleantur tempora.* (10) *Cum autem completi fuerint anni secula, tunc* ... Die Formulierungen setzen eine Begrenzung der irdischen Zeit durch den eschatologischen Zeitpunkt, an dem die irdische Zeit ›erfüllt‹ ist, voraus. Die irdische Zeit wird von einer übergreifenden Zeit begrenzt bzw. gerahmt, die als die Zeit Gottes zu verstehen ist. Die Füllung des Zeitmaßes ist unabhängig vom Handeln der Menschen, nicht aber unabhängig von Gott[81].

19,15. Auf die Bitte des Mose § 14fin *ostende mihi quanta quantitas temporis transiit et quanta remansit* erfolgt § 15 die rätselhafte Offenbarung[82] mit dem Kommentar *et omnia complebit*[83] *tempus*, gefolgt von der Angabe, daß bereits viereinhalb Zeiten vorüber seien, zweieinhalb aber noch ausstünden. Die Formulierung ist von der Voraussetzung her gestaltet, daß die irdische Zeit das von Gott festgesetzte und offenbarte Zeitmaß ausfüllen werde; die Quantität der irdischen Zeit ist identisch mit dem von Gott verfügten Maß.

23,13: *Erit autem et in finem uniuscuiusque omnium vestrum sors in vita eterna vobis et semini vestro, et accipiam animas vestros et reponam eas in pace quousque compleatur tempus seculi.* Gott wird die Seelen der Frommen aufbewahren bis zum Eschaton; dieses ist wieder umschrieben als der Zeitpunkt, an dem die Zeit der Welt erfüllt ist.

28,9fin: *Et erit cum peccaverit mihi, et completum fuerit tempus, extinguetur scintilla et pausabit vena, et sic mutabuntur.* Voraussetzung dieser Formulierung ist die gleiche Überzeugung wie in 3,9–10; 23,13; vgl. ebenso implizit 33,3in: *mensura et tempus et anni reddiderunt depositum suum.*

Die bisher gesichteten Stellen konnten deutlich machen, daß die Weltzeit begrenzt ist durch das von Gott gesetzte Maß, und daß diese Grenze den Umschlag in die eschatologische Zeit Gottes markiert[84]. Die Theologie Pseudo-

---

[81] Vgl. dazu 19,13.

[82] Vgl. dazu o. S. 23 mit Anm. 108.

[83] Konjektur nach HARRINGTON I 164 App. gegenüber dem *complevit* der HSS.

[84] Vgl. zu diesem Themenkomplex STUHLMANN, Maß 8–45.

Philos ist freilich zudem von der Überzeugung geleitet, daß auch innerhalb der begrenzten Weltzeit das Zeitmaß Gottes wirkt[85].

4.2.2.2 Geschichtliche Zeiterfüllung

56,2. Das Königsbegehren des Volkes, das sich auf Dt 17,15 beruft (§ 1), erfolgt vor der Zeit, die Gott für die Herrschaft eines Königs über Israel vorgesehen hat, also vor der Zeit Davids. Das wird deutlich in der direkten inneren Rede, mit der Samuel auf den Wunsch des Volkes reagiert: *Ecce nunc video, quoniam non est adhuc tempus regnandi nobis in sempiterno et edificare domum Domini Dei nostri, petentibus regem ante tempus.* Der Satz impliziert, daß die Erwartung eines legitimen Königtums mit der Erwartung priesterlicher Herrschaft verbunden ist. Die von Gott verfügte Zeit ewiger Herrschaft ist noch nicht da; der Königswunsch des Volkes ist daher ein unzeitiges Begehren, das sich zu Unrecht auf Dt 17,15 beruft.

58,4. Das soeben aufgewiesene Verständnis wird durch die Strafrede Samuels gegenüber Saul bestätigt, in der die Schuld Israels deutlich von der Schuld Sauls abgesetzt wird: *Quam nocuit Israel, quoniam antequam veniret tempus ut regnaret rex super eum, postulavit te sibi in regem[86]. Et tu … transgressus est.* Nicht eine jede Königsherrschaft wird über Israel abgelehnt, sondern die Sauls, weil sie zur Unzeit realisiert wurde.

59,1. Das Auftragswort Gottes an Samuel zur Salbung Davids enthält die Begründung *quoniam completum est tempus in quo advenerit regnum eius.* Die erfüllte Zeit, die Davids Königtum datiert, ist zugleich der Zeitpunkt des Untergangs Sauls, wie in der anschließenden Rückfrage Samuels und der Antwort Gottes deulich wird: *Ecce nunc delebis regnum Saul? Et dixit: deleo[87].* Der noch nicht erfüllten Zeit des Königtums Sauls steht die erfüllte Zeit für das Kommen Davids gegenüber[88]. Entsprechend ist die Rede des Heiligen Geistes, der aus Saul spricht, formuliert (62,2): *Completum est tempus regni tui … Tu enim morieris, et David regnabit.* Das Zeitmaß der Regierung Sauls ist durch das von Gott verfügte Datum des Königtums Davids definitiv begrenzt.

---

[85] Vgl. zur diesbezüglichen alttestamentlich-frühjüdischen Tradition STUHLMANN, Maß 91–98.

[86] Die Formulierung setzt voraus, daß Israel *Saul* als König forderte; die Erzählung Kap. 56 schildert, auf welche Weise Gott Saul zum König machte (vgl. v.a. 56,3). Vgl. den analogen Fall 25,1 ff: Die Deutung bzw. Tendenz der Erzählung wird ihr als narratives Element integriert.

[87] Auch die Ankündigung *qui nascetur ab eo erit tibi in scandalum* 58,4fin, die ja nicht Bibelwort, sondern aus dem Bibelwort erschlossene Prophezeiung ist, hat – vermittelt über 59,1 – das ›jetzt‹ ihrer Erfüllung: *Ecce nunc venerunt super me verba Samuelis* (65,4).

[88] Die stärkste Bewertung des Königtums Davids im LAB findet sich in der Rede Jonathans 62,9fin: *Tuum est enim regnum in hoc seculo, et ex te erit initium regni advenientis in tempore.*

Davids Weg zur Königswürde wird ebenfalls durch dieses Interpretament gedeutet; vgl. 61,3: *Si hoc est tempus quod dixit Deus ad me: Tradam in manus tuas in lapidibus inimicum populi mei?* (vgl. 59,5). Die Frage Davids vor seinem Kampf mit Goliat ist unter der Voraussetzung formuliert, daß die Erfüllung der Verheißung 59,5 ihre eigene Zeit im Zeitplan Gottes hat und jetzt in der Tat eintritt[89].

Bei der voranstehenden Übersicht konnte deutlich werden, daß für Pseudo-Philo die Erfüllung des Gotteswortes mit der Erfüllung der Zeit koordiniert ist. Es wurde als Voraussetzung seines Denkens sichtbar, daß das geschichtliche Handeln Gottes planvoll ist[90]. Schuldhaftes Handeln verfehlt den Zeitplan Gottes und kommt an ihm zu tragischem Scheitern, erfüllt aber auch im Scheitern unwissentlich Gottes Plan.

---

[89] Ihr Datum bezieht sich im Kontext auf die 40 Tage der Beschimpfung Israels durch Goliat, die ihrerseits durch die ausdrückliche Analogie zu den 40 Festtagen bei der Gesetzgebung eine blasphemische Bedeutung tragen (§ 2–3); vgl. dazu S. 107 f.

[90] Eine Vielzahl textinterner Signale macht im LAB deutlich, wie sich der von Gott beschlossene Ratschluß planvoll verwirklicht; wir verweisen auf folgende Texte:
3,2: 9,8; 19,8; 48,1; vgl. 13,8
9,7–8: §§ 9 ff sowie der Mose-Komplex bis Kap. 19
14,2: §§ 1.3–5
18,3–6: §§ 7–14
20,2fin (Amoriter): § 9
25,1: §§ 2–13; 27,15 (vgl. § 2)
27,7: §§ 8–14
30,2med: §§ 3 ff
31,1 (vgl. 30,7): §§ 2 ff (darin §§ 5–6)
34,5 deutet rückwärts 34,1–4 und vorwärts die Knechtschaft unter Midian (35,1–36,2)
35,4–7 (Beauftragung Gideons): 36,1–2
39,8–9: § 10; 40,1in
39,11: Kap. 40, bes. § 4 (Gottes Plan {vgl. *consilium* noch 18,3} und Wort). Für Jephtas Richteramt vgl. die Vermutung des Volkes 39,3 (*Quis enim scit si propterea servatus es in dies istos, aut proptera liberatus es de manibus fratrum tuorum, ut principeris in tempore hoc populo tuo?*).
43,6: Simson kündigte sein Schicksal selber an, nämlich im nicht zitierten, prophetisch interpetierten Bibelwort.
47,7–8: deutet rückblickend den Fehlschlag gegen Benjamin (Kap. 46) im Zusammenhang mit dem Versagen gegenüber Michas Götzendienst (Kap. 44) und ermöglicht den sofortigen Vollzug der Strafe an Benjamin sowie an Micha und seiner Mutter (§ 9–12; die spezielle Strafankündigung: 44,8–9)
49,8: Kap. 50 ff (Samuel); 49,8 deutet zugleich rückblickend das anfängliche Mißlingen des Losvorgangs 49,1 ff.
53,9–10: 54,5–6 (sowie § 3fin: Tod des Hophni und Pinchas)
54,2: §§ 3–4 (Israel wird durch die Lade bestraft); 55,5–8 (die Philister werden durch die Lade bestraft)
55,2: §§ 3–10 (Rache an den Philistern wegen der Lade)
vgl. LAB 56,3 (59,1); 58,4 (65,4); 64,1 (§§ 2–9). In allen drei Fällen ist Samuel (sowie Autor und Rezipienten) der einzig um Gottes Plan Wissende.
59,5: 61,3 ff (Gottes Verheißung über Davids Steine).

Die explizite Anwendung des Deutemusters der von Gott her determinierten Verhältnisbestimmung ›Unzeit versus erfüllte Zeit‹ ist im LAB auf den Saul-David-Komplex beschränkt. Pseudo-Philo bewältigt mit diesem Interpretationsmittel die theologische Problematik, die ihm mit der Saul-David-Geschichte aufgegeben ist, und er rationalisiert sie auf diese Weise.

4.2.3 Gottes Wort und Zeit bei Lukas

Indizien für einen entsprechenden Zeitbegriff finden sich im Neuen Testament insbesondere bei Lukas. Sie sind hier am breitesten variiert und deshalb am ehesten mit dem LAB vergleichbar[91]: Lk 1,20; 4,21; 9,51; 12,56; 18,30; 19,44; 21,8.24[92]; Act 1,7; 3,20; 17,30. Diese Texte lassen die lukanische Voraussetzung erkennen, daß die geschichtliche Zeit durch das Wort und Handeln Gottes determiniert ist[93], und daß menschliches Handeln dieser determinierten Zeit entsprechen oder sie verfehlen kann.

Lk 1,20 (Worte des Engels): οἵτινες πλησθήσονται εἰς τὸν καιρὸν αὐτῶν. Die Formulierung setzt voraus, daß die Ankündigung der Geburt des Täufers – entgegen[94] dem Unglauben des Zacharias – zu der von Gott verfügten Zeit[95] erfüllt werden wird[96].

Lk 4,21. Das σήμερον, mit dem das Datum der Erfüllung von Jes 61,1 f an Jesus markiert wird, trägt theologisches Gewicht. Die Zeit der Erfüllung des Prophetenwortes, das als Verheißung aufgenommen wird, ist die Zeit Jesu,

---

Vgl. ferner die nicht allgemein-eschatologischen Prophezeiungen Gottes, die nicht zu Erzählsequenzen führen: 7,2–4; 8,3; 10,5 f; 15,6fin (vgl. 20,1); 16,2–3 (vgl. § 6); 36,4; 38,4. Zu beachten sind auch die Stellen, an denen explizit auf Gottes in Entsprechung zu seinem im Voraus festgesetzten Plan erfolgenden Handeln hingewiesen wird: 7,4 (Gottesrede über Abraham) *adducam in terram quam respexit oculus meus ab initio. Cum peccaverunt ante conspectum meum omnes inhabitantes terram et adduxi aquam diluvii, et non exterminavi eam sed conservavi illam. Non enim dirupti sunt in illa fontes ire mee, neque descendit in ea aqua consummationis mee. Ibi enim faciam inhabitare puerum meum Abram ...;* 9,4fin (Rückbezug auf die Berechenbarkeit des Endes der Sklaverei in Ägypten § 3): *et cum adhuc non essemus de his tamen locutus est Deus*; 18,3; 27,12; 28,6; 32,7.13; 40,4. Für die künftige Gültigkeit des in Abhängigkeit vom Verhalten Israels erfolgenden Handelns Gottes (›deuteronomistisches Geschichtsbild‹) vgl. 12,4; 13,10; 19,6; 21,1. MURPHY, Plan passim stellt knapp LAB 6; 9; 10,1 ff; 44–45 vor und findet das übereinstimmende Schema Evil plans, Counterplan, Dissent, God's action.

[91] Von alltäglichen Wendungen wie Lk 1,23.57; 2,6.21 f; Act 2,1 u.ö. abgesehen.
[92] Vgl. zu dieser Stelle STUHLMANN, Maß 52 f.
[93] In einem auf die Ordnung der Schöpfung bezogenen Sinn gilt diese Feststellung auch für Act 17,26.
[94] Vgl. zu diesem Topos z.B. Act 11,17.
[95] Vgl. noch Act 7,17 καθὼς δὲ ἤγγιζεν ὁ χρόνος τῆς ἐπαγγελίας, ›die Gott dem Abraham zugeschworen hatte‹.
[96] Der Kommentar BOVONS EKK III/1 59 kann unter Berücksichtigung des LAB so nicht aufrecht erhalten werden:»Das alles ist lukanisch, wie auch die Überzeugung, daß der Plan Gottes nicht nur seine Chronologie, sondern auch seine Kairologie besitzt.«

das ›Jetzt‹ bzw. ›Heute‹ seines Wirkens. Bovon weist für Lukas zu recht darauf hin, »daß die Erfüllung der Schrift bei ihm zugleich die Erfüllung der Zeit einschließt«[97].
Lk 9,51: ἐν τῷ συμπληροῦσθαι τὰς ἡμέρας τῆς ἀναλήμψεως αὐτοῦ. Die Formulierung macht deutlich, daß die Zeit der Hinaufnahme Jesu nicht eigenbestimmte, sondern verfügte Zeit ist. Die von Gott gesetzte Zeit bis zu diesem Datum hat sich erfüllt, das Datum für den Zug nach Jerusalem ist damit gegeben.
Lk 12,56b: τὸν καιρὸν δὲ τοῦτον πῶς οὐκ οἴδατε δοκιμάζειν ... Die Formulierung setzt voraus, daß die besprochene Gegenwart eine in besonderer Weise, nämlich christologisch qualifizierte Zeit ist. In ihr datiert das ›Heute‹ aus 4,21, sie ist der καιρὸς τῆς ἐπισκοπῆς[98], dessen Nichterkenntnis die Vergeltung des Untergangs Jerusalems nach sich zieht (19,44). Der καιρὸς τῆς ἐπισκοπῆς war die von Gott angebotene besondere Zeit, die durch das Wirken Jesu als die Zeit der alles wendenden Nähe Gottes qualifiziert war, und damit zugleich die Zeit, in der glaubendes Handeln ungeahnte Vergeltung erfährt (vgl. Lk 18,29 f).
21,24[99]. Auch die Strafzeit für Jerusalem ist von Gott begrenzt, wie aus der Formulierung ἄχρι οὗ πληρωθῶσιν καιροὶ ἐθνῶν hervorgeht. Die Zeiten der triumphierenden Heiden sind von Gott verfügt und begrenzt. Das zugrundeliegende Schema ist auch im LAB sichtbar geworden: Der Vollzieher von Gottes Strafe an Israel wird später selber der Strafe Gottes anheimfallen[100].
Act 1,7. Die Antwort auf die Frage 1,6 εἰ ἐν τῷ χρόνῳ τούτῳ ἀποκαθιστάνεις τὴν βασιλείαν τῷ Ἰσραηλ;[101] steht in V. 7 in sachlichem Zusammenhang[102] mit der Lk 21,24 manifesten geschichtstheologischen Optik: οὐχ ὑμῶν ἐστιν γνῶναι χρόνους ἢ καιροὺς οὓς ὁ πατὴρ ἔθετο ἐν τῇ ἰδίᾳ ἐξουσίᾳ schließt ein, daß es nicht nur um den eschatologischen Kairos[103], sondern auch um die auf ihn hinführenden Akte und Zeiten geht[104]. »Sowohl

---

[97] Kommentar III/1 213.
[98] Vgl. Lk 1,68 (ὅτι ἐπεσκέψατο κτλ.). 78; 7,16; Act 15,14; vgl. dazu BOVON, Kommentar (ad Lk 1,68) 104: »Der Ausdruck (Verb oder Substantiv) ist im damaligen Judentum wie hier auch im absoluten Gebrauch belegt; er bezeichnet den eschatologischen ›Besuch‹ (Weish 3,7; PsSal 3,11; 10,4; 11,6; 15,12).« Ergänzend ist auf den durchgehend eschatologischen Sprachgebrauch von *visitare* in LAB 1,20; 13,8; 19,12.13; 26,13 hinzuweisen.
[99] Vgl. den Hinweis auf diese Stelle und LAB 3,9 bei HARRINGTON, Outside 9; PERROT II 88.
[100] Vgl. z.B. LAB 56,3; vgl. auch syrBar 5,3 (4,1; 13,5–12).
[101] Zu beachten ist die formale Analogie zu LAB 61,3fin: *Si hoc est tempus quod dixit Deus ad me: Tradam in manus tuas in lapidibus inimicum populi mei?* (vgl. 59,5fin).
[102] Vgl. Lk 19,11; 24,21.
[103] Vgl. z.B. Lk 21,8, dazu die Abweisung V. 9.
[104] Zum ›überbietenden‹ Inhalt der Antwort in V. 8 vgl. PESCH, Kommentar V/1 68 f: »Die Frage, die das Heil auf Israel zu beschränken scheint, ist nur dazu da, die Antwort zu provozieren, die das Heil für die Heiden in den Blick bringt.« (68).

die Zeit der Wiederherstellung Israels wie die ›Fristen der Heiden‹ (Lk 21,24) setzt Gott fest, der den Plan der Heilsgeschichte lenkt und nicht gehindert werden kann (Apg 11,17).«[105] Act 3,19–21. In diesem Abschnitt der Petrusrede wird besonders deutlich, daß diese – letzten[106] – Tage zwischen Himmelfahrt und Parusie[107], die von den Propheten angekündigt wurden (V. 24), eschatologisch qualifizierte Zeit sind, die der Umkehr dienen muß, ὅπως ἂν ἔλθωσιν καιροί[108] ἀναψύξεως ἀπὸ προσώπου τοῦ κυρίου (V. 20). Die Zeiten der Erquickung können durch die jetzt in besonderer Weise gebotene Möglichkeit der Umkehr erwirkt werden[109]. Sie sind die reale, von Gott verbürgte Möglichkeit, die dieser geschichtlichen Zeit unwiederbringlich gegeben ist[110]; vgl. ähnlich 17,30 f[111].

Diese Beispieltexte weisen übereinstimmend auf eine mit dem LAB gemeinsame Voraussetzung hin: Das menschliche Handeln, das Gegenstand der erzählten Geschichte beider Autoren ist, kann über seine Relation zur durch das Wort und Handeln Gottes determinierten Zeit erfaßt werden.

Beide Autoren stimmen weiter darin überein, daß diese Determination der Zeit Ausdruck des von Anfang an feststehenden Planes Gottes ist[112], der auch das Handeln seiner Feinde einschließt.

---

[105] PESCH aaO. 69.

[106] Vgl. Act 2,17.

[107] Ihr Datum sind die χρόνοι ἀποκαταστάσεως πάντων ὧν ἐλάλησεν ὁ θεὸς διὰ στόματος τῶν ἁγίων ἀπ᾽ αἰῶνος αὐτοῦ προφητῶν V.21; vgl. dazu PESCH, aaO. 156; HOLTZ, Interpretation 85 f.

[108] Vgl. LAB 49,6 *ubi est locus pausationis et requietionis nostre?* DIETZFELBINGER, Dissertation 206 macht darauf aufmerksam, daß *locus* bzw. τόπος im Sinne von ›Gelegenheit, Möglichkeit‹ verstanden werden kann (vgl. BAUER, s.v. 2c); vgl. Act 25,16; Rm 12,19; Eph 4,27; Hb 12,17. Die καιροί, von denen Lukas spricht, und der *locus* Pseudo-Philos stehen folglich sachlich nahe beieinander.

[109] Vgl. PESCH, aaO. 155 f; SCHNEIDER, Kommentar I 326.

[110] Vgl. PESCH, aaO. 156. »Daß sie ›vom Angesicht des Herrn her‹ kommen, ruft die Vorstellung vom Bereitliegen der eschatologischen Heilsgüter im Himmel in Erinnerung.«

[111] Vgl. dazu PESCH, aaO. 140. Vgl. noch Act 7,17.

[112] W. RADL, Paulus und Jesus, hat im Blick auf Lukas (vgl. aaO. 268 ff »Der Plan Gottes«) zutreffend geurteilt: »Die ganze Apg schildert die Verwirklichung eines göttlichen Plans.« (268). Das werde sichtbar an der Durchführung des 1,8 »aufgestellten Programms«, aber auch an der »Verwirklichung dieses Planes« (269) durch Christus (9,3–6 {22,6–10; 26,13–18}.10–16; 18,9 f {Christus in nächtlicher Erscheinung}; 22,17–21 {Verzückung im Tempel}; 23,11 {Zeuge in Rom}), durch den Geist (1,4.8; 2,4; 4,31; 8,29.39; 10,19–20 {Wiederholung 11,12}; 13,2.4; 16,6 f; 20,22 f; 21,4.11); durch Engel (5,19 f; 8,26 {vgl. V. 29: Geist}; 10,3–6 {V. 22 vgl. V. 19: Geist; 11,13 f; vgl. V. 12: Geist}; 12,7–11; 27,23 f); durch Visionen (9,10–16; 10,3–6.10–16.19 {11,5–10}; 16,9; 18,9 f; 22,17–21). RADL weist ebd. auf die vielen Komposita mit προ– hin (προεῖδον 2,31; προεῖπον 1,16; προκαταγγέλλω 3,18; 7,52; προκηρύσσω 13,24; προορίζω 4,28; προφητεύω 2,17 f; 19,6; 21,9 (keine Bedeutung für den Erzählinhalt); προχειρίζομαι 3,20; 22,14; 26,16; προχειροτονέω 10,41). Gottes βουλή (2,23; 4,28; 5,38; 13,36; 20,27), πρόγνωσις (2,23), θέλημα (13,22; 21,14; 22,14; vgl. 18,21) haben den Ablauf der Dinge bestimmt (vgl. ferner den Gebrauch von ἵστημι 17,31; ὁρίζω 2,23; 10,42; 17,26.31; τάσσω 13,48; 22,10; προστάσσω 10,33; 17,26; τίθημι 1,7;

Wir blicken noch einmal[113] auf den Interpretationsvorgang, der im Gemeindegebet Act 4,24–30 vollzogen ist. V. 28 lautet: ποιῆσαι ὅσα ἡ χείρ σου καὶ ἡ βουλή [σου] προώρισεν γενέσθαι. V. 29 bezieht deutlich die beschriebene Situation der Feindschaft gegen Jesus (V. 27 f) auf die Gegenwart der Gemeinde (ἔπιδε ἐπὶ τὰς ἀπειλὰς αὐτῶν) und versteht diese folglich in ungebrochener Kontinuität zur Situation Jesu. Damit ist der Sinn der reflektierenden Schriftinterpretation VV. 25–26.27–28 deutlich: Sie hat die Funktion, die gegenwärtige Not vor dem Handeln Gottes zu reflektieren. Diesem Ziel dient sichtlich die Übertragung der Elemente des Psalms auf die Passion Jesu.

Die Wiedergabe von Ps 2,1 in Act 4,25 macht in der Kommentierung V. 28 die Überzeugung deutlich, daß Gottes Plan durch das Handeln seiner Feinde gerade nicht zerstört[114], sondern tatsächlich erfüllt wird.

Die gleiche Voraussetzung zeigt die Formulierung Act 2,23 τοῦτον τῇ ὡρισμένῃ βουλῇ καὶ προγνώσει τοῦ θεοῦ ἔκδοτον διὰ χειρὸς ἀνόμων προσπήξαντες ἀνείλατε. Sie spricht von einem Zusammenspiel der Actio Gottes und der Juden und Gesetzlosen. Diese erfüllen nur die von Gott vorherbestimmte Auslieferung[115].

Auch auf Act 3,17 f ist hinzuweisen: V. 17 stellt fest, daß die Kreuzigung Jesu κατὰ ἄγνοιαν geschah; V. 18 fährt fort: ὁ δὲ θεός, ἃ προκατήγγειλεν διὰ στόματος πάντων τῶν προφητῶν παθεῖν τὸν Χριστὸν αὐτοῦ, ἐπλήρωσεν οὕτως. Gott erfüllte seine Ankündigungen gerade durch das unwissend seinem Plan entsprechende Handeln derer, die den Anführer des Lebens töteten (V. 15)[116].

Abschließend seien ausgewählte Einzelbeobachtungen, die den vorliegenden Zusammenhang weiter verdeutlichen können, notiert.

Das προχειρίζομαι 22,14 zeigt, daß die Erwählung des Paulus zum Zeugen Gottes eine Zuvor-Erwählung des Gottes unserer Väter war[117]. Dieses Voraus-Erwählen gilt Paulus wie Jesus (3,20)[118]; vgl. auch 10,41: Auch die Gemeinschaft der Auferstehungszeugen ist von Gott vorherbestimmt[119].

13,47; u.v.a. δεῖ 1,16.21; 3,21; 4,12; 9,6.16; 14,22; 17,3; 19,21; 23,11; 27,24.26). Vgl. ferner z.B. DE JONGE, Sonship 350 f; VAN DER MINDE, Denken 345.

[113] S. o. S. 219 ff.

[114] Das Handeln der Feinde Gottes erweist sich gegenüber seinem Handeln als vergeblich; vgl. LAB 6,9; 15,5 (*evanuit sensus eorum*); 45,6; 49,3.

[115] Es ist zu beachten, daß die Formulierungsweise sich mit der im LAB im Gebrauch von *tradere* nachweisbaren deckt. Gott liefert aus; Menschen realisieren in ihrem Handeln diese Auslieferung. S. o. S. 195 f.

[116] Vgl. auch 13,27 (›weil sie Jesus nicht erkannten, haben sie die Worte der Propheten an ihm erfüllt‹).

[117] Vgl. dasselbe Verb 26,16; am besten ist hier zu paraphrasieren: ›meine Voraus-Erwählung an Dir zu realisieren, bin ich dir jetzt erschienen‹.

[118] Vgl. dazu PESCH, Kommentar V/2 235.

[119] S. dazu u. S. 238.

Die Logik des Gamaliel 5,38 f geht von der alternativen Möglichkeit aus, diese βουλή bzw. dieses ἔργον als von Menschen oder von Gott inauguriert zu deuten und von ihrem Scheitern oder Erfolg das Verhalten abhängig zu machen, weil Scheitern oder Erfolg der βουλή unzweifelhaft auf ihren Autor schließen läßt[120].

13,46–48: Die Wendung zu den Heiden gründet im Schriftwort Jes 49,6; dieses ist den Boten aufgetragen[121]. Die Zuerst-Verkündigung an Juden war notwendig (ἀναγκαῖον)[122]; ihre Ablehnung[123], die in dem eigenmächtigen Ermessen gründet, des ewigen Lebens nicht würdig zu sein[124], führt zur Wendung zu den Heiden. Eben dieser gilt das Wort Jes 49,6[125], bestätigt durch die Reaktion der Heiden, die sie als zum Heil bestimmt[126] erweist[127].

δεῖ[128] wird Act 1,16 gebraucht, um das an Judas vollzogene Strafgeschick als Ausdruck des im Schriftwort manifesten Gotteswillens zu identifizieren. Das δεῖ V. 21, mit dem die notwendig gewordene Nachwahl des Matthias begründet wird, gründet in dem Gericht Gottes, das sich an Judas unausweichlich vollzogen hat. Act 17,3 setzt mit dem Gebrauch von δεῖ voraus, daß sich in der Christusgeschichte die Schrift erfüllte[129] – daß also der in den Schriften manifeste Plan Gottes dieses Geschehen determinierte. Gleiches läßt sich im Blick auf Lk 24,26 f sagen[130].

Abgesehen von der mit anderen frühjüdischen Schriften gemeinsamen Überzeugung, daß die irdische Zeit durch den von Gott festgesetzten Zeitpunkt begrenzt ist, teilen Pseudo-Philo und Lukas die Voraussetzung, daß Gottes Geschichtsplan Zeiten verfügt und qualifiziert. Im LAB konnte diese theologische Voraussetzung am Saul-David-Komplex aufgewiesen werden.

---

[120] Das entspricht Logik und Sprachgebrauch im LAB; vgl. besonders 6,9: *Scio enim quia non permanebit consilium iniquitatis quod consiliati sunt facere, quoniam vana est cogitatio eorum.* Für das *consilium* von Menschen vgl. noch 5,2; 6.4.9.13; 9,1.5 (bis); 10,3; 16,4; 18,11; 45,6; 63,2. Mit βουλή und πρᾶξις wird Lk 23,51 (diff Mk 15,43) der Tötungsbeschluß gegen Jesus und seine Durchführung bezeichnet.

[121] 20,27 wird die Verkündigung des Paulus πᾶσα ἡ βουλὴ τοῦ θεοῦ genannt.

[122] Auch sie entspricht der Schrift; vgl. V. 40 f sowie PESCH, Kommentar V/2 46.

[123] Vgl. die Sachbegründung 3,25 f!

[124] Vgl. dazu o. S. 119 mit Anm. 367.

[125] Diese Schriftstelle wurde nach PESCH, aaO. 46 bereits 1,8 verwendet; vgl. auch 2,32 (Mission Jesu).

[126] ›Für das ewige Leben bestimmt‹ ist jüdische Wendung; vgl. PESCH aaO. 46 sowie CD 3,20.

[127] Vgl. Act 28,25–28; dazu BOVON, Jesaja passim.

[128] RADL, aaO. 270 stellt zutreffend fest, daß »die Erfüllung und Bejahung des δεῖ weithin und zunächst Schrifterfüllung« ist.

[129] Vgl. für den Sachzusammenhang bei Lukas DILLON, Eye-Witnesses 45 f.

[130] Vgl. dazu DILLON, Eye-Witnesses 132–145 mit ausführlicher Diskussion der Sekundärliteratur; vgl. auch Act 26,22 f; s. dazu u. S. 238.

Beide Autoren teilen die Überzeugung, daß die Erfüllung der Schrift mit der Erfüllung der Zeit verbunden ist, sowie die entsprechende negative Konsequenz, daß die Verfehlung der Zeit die Strafreaktion Gottes hervorruft.

Beide Autoren stimmen nicht nur in der theologischen Voraussetzung überein, daß die Erfüllung der Zeit mit der Erfüllung des Gotteswortes kongruiert. Auch für Lukas wird die Gestaltung seiner erzählten Geschichte durch das Gotteswort determiniert bzw. erfährt die erzählte Geschichte ihre sachgemäße Interpretation als Erfüllung des Gotteswortes.

Auch für Lukas ist das Gotteswort nicht nur Bibelwort, sondern kann – vermittelt durch den Auferstandenen, Geist, Visionen oder Engel – das erzählte Geschehen prädeterminieren[131]. Das erzählte Geschehen kann dann zugleich Erfüllung des Bibelwortes sein (vgl. Act 13,47; 28,26 f).

Auch Lukas kann summierend die Erfüllung des Gotteswortes in der erzählten Geschichte reklamieren, ohne das im einzelnen explizit zu realisieren.

Überblickt man die Texte, so ist festzustellen:

Die erzählte Geschichte vollzieht sich in Erfüllung des zuvor gefaßten Planes Gottes. Sie bezieht Heiden und Juden, Fromme und Götzendiener ein. Wissendes, vertrauendes, aber auch unwissendes[132] Handeln sind integrierende Bestandteile des sich erfüllenden Planes Gottes; ihm dient auch Feindschaft und Ungehorsam.

Auch die Funktion der beobachteten Übereinstimmung zwischen beiden Autoren ist analog. Der Hinweis auf die Determiniertheit der Zeit durch Gottes Wort und Handeln wird in die jeweiligen Erzähltexte so eingebracht, daß damit der jeweilige Erzählinhalt gedeutet wird. Pseudo-Philo und Lukas teilen eine gemeinsame theologische Voraussetzung, die sie als narratives Deutemuster verwenden.

4.3. Beobachtungen zum Zeugenbegriff

Im Zusammenhang mit Beobachtungen zu gemeinsamen Voraussetzungen des Schriftbezugs beider Autoren ist es sinnvoll, auf Gemeinsamkeiten im Zeugenbegriff hinzuweisen. Dabei kann es nicht darum gehen, das gesamte Bedeutungsspektrum des lukanischen Wortfeldes zu analysieren[133], sondern

---

[131] Vgl. o. Anm. 112.

[132] Die Zeit der Unwissenheit ist freilich durch die Offenbarung und ihre Verkündigung beendet; vgl. z.B. Act 17,30.

[133] Vgl. dafür z.B. NELLESSEN, Zeugnis. NELLESSEN formuliert als Zielstellung seiner Arbeit, »die Aussage der Apg über Zeuge und Zeugnis im jeweiligen Zusammenhang zu erklären und ihre Bedeutung im lukanischen Gesamtwerk zu bestimmen. Dabei wird grundsätzlich die gesamte Wortgruppe herangezogen.« (aaO. 42). Bei NELLESSEN »liegt das Schwergewicht notwendig auf der redaktionsgeschichtlichen Fragestellung« (ebd.); er

es sollen zwei für den theologisch qualifizierten Sprachgebrauch des Lukas bedeutsame Voraussetzungen herausgestellt werden, die sachlich miteinander verbunden sind[134].

Act 26,22 ist in der Paulusrede formuliert, daß sein Zeugendienst sich inhaltlich auf nichts anderes beziehe als das, was von den Propheten und Mose vorausgesagt worden war[135]. V. 23 verdeutlicht, daß damit inhaltlich das Christusgeschick und seine Verkündigung gemeint ist. Paulus bezeugt folglich in seiner Verkündigung ›lediglich‹[136] das Handeln Gottes im Christusgeschick als dem in der Schrift manifesten Gotteswort entsprechendes.

Act 10,37 ff: Mit ὑμεῖς οἴδατε (V. 37) wird in betonter Weise das Wissen der Angeredeten zur Voraussetzung der auf diese Weise eingeführten Schlußfolgerung gemacht[137]. Diese besteht im Hinweis auf den Zeugendienst, der die Bedeutung der VV. 37–38 genannten Tatsachen vor dem ›Volk‹ (VV. 41.42) zu verkünden hat. Der Zeugendienst bezieht sich inhaltlich auf das Handeln Gottes an und durch Jesus (VV. 37–38) bzw. in seiner Auferstehung (VV. 40–41) und die Bedeutung dieses Geschehens in der Bestimmung Jesu zum eschatologischen Richter (V. 42). Das Zeugnis der Propheten (V. 43) bezieht sich nicht auf einen Ausschnitt der geschilderten Sachverhalte, sondern auf ihre Bedeutung im ganzen für alle Glaubenden. Implizit kongruiert das Schriftzeugnis mit dem der von Gott vorher bestimmten Zeugen (V. 41)[138]; beider Zeugnis gründet im vorausliegenden Plan Gottes.

übergeht indessen methodisch die Frage nach einem eventuellen frühjüdischen Hintergrund des lukanischen Zeugenbegriffes und erweckt auf dieser Grundlage den Eindruck, erst Lukas habe diesen geschaffen; vgl. die zusammenfassenden Formulierungen aaO. 279 f: »Anknüpfungspunkte für seine Zeugenanschauung fand Lukas teils in der synoptischen Tradition, teils in der paulinischen, teils auch im AT, besonders bei Deutero-Jesaja. Des weiteren wird die apokalyptische Vorstellung der Identifizierung der Auferstandenen für die lukanische Konzeption als Vorbild gedient haben. Das alles aber diente nur als Material für die umfassende Konzeption des Lukas, die als seine ureigene Schöpfung anzusehen ist.«

[134] Zur Eigenart des lukanischen Zeugenbegriffs vgl. z.B. STRATHMANN, ThWNT V 495 ff (»Der besondere lukanische Gebrauch {Verbindung von Tatsachenzeugen und Zeugen im Sinn des werbenden Bekenntnisses}«). STRATHMANN akzentuiert freilich den lukanischen Zeugenbegriff, wie bereits der Wortlaut der Überschrift andeutet, in ganz anderer Weise, als das im folgenden geschehen soll; vgl. ähnlich SCHNEIDER, Kommentar I 221–232 sowie das Gesamtergebnis von NELLESSEN, Zeugnis. Vgl. dagegen BEUTLER, EWNT II 970: »Lukas entwickelt einen Sprachgebrauch, in dem die Apostel nicht nur für das äußere Geschehen um Jesu Leben, Tod und Auferstehung, sondern auch für dessen Heilsbedeutung nach der Schrift ›Zeugen‹ sind.« Zum Zeugenbegriff bei Lukas vgl. ferner DILLON, Eye-Witnesses 279–290 und passim.

[135] Vgl. PESCH, Kommentar V/2 278 f: »Zum ersten Mal spricht Paulus in seinem Prozeß in seiner letzten Rede deutlich sein Zeugnis aus, in dem er nichts anderes vorträgt, als was die Propheten und auch Mose … als zukünftige Ereignisse angekündigt haben …«.

[136] Vgl. V. 22 οὐδὲν ἐκτός.

[137] Vgl. dazu o. S. 167 ff.

[138] Vgl. ähnlich Act 28,23: Paulus erklärte und bezeugte ihnen das Reich Gottes und predigte ihnen aus dem Gesetz des Mose und aus den Propheten … ἐξετίθετο διαμαρτυρόμενος

Im Hintergrund der lukanischen Kongruenz von Schriftzeugnis und Christuszeugnis, d.h. der Bezeugung des Handelns Gottes durch Menschen und durch die Schrift, steht die Überzeugung, daß Gott sein eigenes, aktuelles Handeln in der Schrift bezeugt hat. In diesem Zusammenhang sind Formulierungen im LAB hervorzuheben, die die entsprechende Voraussetzung des Lukas erhellen können.

LAB 21,2 (Gottesrede an Josua): *derelinquam eos sicut testatus sum in sermone meo ad Moysen. Sed tu testare eis*[139] *antequam moriaris*[140]. Es handelt sich um eine Formulierung im Anschluß an das Zitat aus Dt 31,16 im vorlaufenden Kontext § 1: *et seducentur post deos alienos;* die Formulierung *et derelinquam eos* nimmt V. 17 חים ועזב auf. Die Bezeugung dieser in der Schrift enthaltenen Warnung wird Josuas Abschiedsparänese (*antequam moriaris*) aufgetragen.

Die Formulierung setzt voraus, daß Gott sein Handeln im Bibelwort, näherhin im Gesetz, bezeugt hat. Sein aktuelles Handeln entspricht dem im Gesetz als gültig bezeugten Grundsatz. Die Schriftgemäßheit des aktuellen Strafhandelns Gottes entspricht formal[141] dem Hinweis auf die das aktuelle Handeln Gottes in der Christusgeschichte und ihrer Verkündigung bezeugenden Schriften Act 10,43; 26,22[142].

Zugleich formuliert LAB 21,1, wie die Selbstbezeugung Gottes in der Schrift (sc. dem Gesetz) auf Menschen (sc. den Nachfolger des Mose) übertragen werden kann. Diese Verbindung ist im Hintergrund der lukanischen Formulierungen zu sehen.

τὴν βασιλείαν τοῦ θεοῦ, πείθων τε αὐτοὺς περὶ τοῦ Ἰησοῦ ἀπό τε τοῦ νόμου Μωυσέως καὶ τῶν προφητῶν κτλ.

[139] Die Aufforderung *sed tu testare eis* ist ohne ergänzenden Akkusativ der Sache formuliert; der analoge Sprachgebrauch findet sich Act 2,40; 15,8; 23,11. Lukas wie Pseudo-Philo gebrauchen folglich das Verb als terminus technicus ohne ergänzenden Akkusativ der Sache.

[140] Vgl. 19,2 (Moserede): ihr werdet Gott verlassen – er wird euch verlassen; §§ 6–7: Gottesrede.

[141] Vgl. für das *testatus sum* Gottes Act 13,22. Ähnlich wie LAB 21,1 steht an dieser Stelle nicht der Zitatwortlaut im Vordergrund. Act 13,22 ist nicht als echtes Zitat zu bewerten, sondern als ein »aus mehreren Schriftstellen zusammengefügte(s) David-Wort, das die Vorbildlichkeit des Idealkönigs aussagte« (HOLTZ, Untersuchungen 141; als solches bildete es nach HOLTZ ebd. den Anfang eines Testimoniums, auf das der Text der Paulusrede VV. 33–35 zurückgreife.); sein Inhalt ist Bestandteil der Schrift. Anders NELLESSEN, Zeugnis 260; er interpretiert »im Sinne eines guten Zeugnisses, das jemandem ausgestellt wird bzw. des guten Leumunds, den er hat«, fährt freilich fort: »Dem Gebrauch des Wortes Apg 10,43 steht der an unserer Stelle insofern nahe, als mit μαρτυρεῖν eine Offenbarung in der Schrift bezeichnet ist, vgl. Hebr 7,8.17.«

[142] Vgl. zum Sachzusammenhang beider Verse auch DILLON, Eye-Witnesses 208.

Dabei muß freilich der Unterschied beachtet werden, daß die Selbstbezeugung Gottes in der Schrift sich im LAB sachlich überwiegend[143] auf die Entsprechung des aktuellen Strafhandelns Gottes zum Gesetz bezieht[144].

Dieser Zusammenhang wird weiter an folgenden Stellen deutlich:

---

[143] Die Propheten als Zeugen für Gottes Handeln werden 23,7 genannt: Die Vision, die Gott dem Abraham aufgrund seiner Frage nach der Bewahrheitung der Verheißung Gen 12,7, die in § 5 wiedergegeben wird, gewährt (§ 6), wird in der Gottesrede § 7 interpretiert: *Hec erunt in testimonio inter me et te, quoniam de conclusa tibi dabo semen.* In § 7 wird in der Form der Verheißung der Zeichengehalt der Opfertiere (§ 6in; vgl. Gen 15,9–10) im Blick auf die künftigen Realitäten ausgeführt (Jerusalem; Propheten; Weise; Volk; Mütter). Diese Verheißung wird mit der Formulierung *et ipsi prophete et nox hec erunt in testimonium inter nos, quoniam non transgrediar verba mea* (§ 7fin) abgeschlossen. Diese Nacht der von Gott gewährten Vision sowie die in ihr verheißenen Propheten werden künftig die Zeugenfunktion dafür ausüben, daß Gott das Versprechen ausführen wird. Es ist zu beachten, daß neben dem Gesetz (vgl. 11,2) nun auch die Propheten in Zeugenfunktion erscheinen. Diese Zeugenfunktion von Gesetz und Propheten stimmt mit der diesbezüglichen Voraussetzung des Lukas überein.

In diesem Zusammenhang ist auch die künftige Zeugenfunktion von Heilsereignissen bzw. ihren Attributen hinzuweisen: vgl. z.B. 32,9: *Et cum moreretur* (sc. Mose), *disposuit* (Subj. Gott) *ei firmamentum, et ostendit ei tunc quos nunc habemus testes dicens: Sit testis inter me et te et populum meum celum in quo ingressus es, et terra in qua ambulasti usque nunc. Ministri enim erant vobis sol et luna et astra.* Der Verweis auf die Hilfe der Gestirne (vgl. 31,2; dazu Ri 5,20) begründet und bestätigt ihre Zeugenschaft. Sie sind zu Zeugen geworden, indem sie Israel halfen und damit Gottes rettendes Handeln an Israel realisierten. Diese Interpretation bestätigt § 14:

Ex hac hora si incidat Israel in pressuram, invocet testes istos una cum ministris, et legatione fungentur ad Altissimum, et memor erit istius diei et mittet liberationem testamenti sui. Die Zeugenschaft der Sterne hat die künftige Funktion, eine dem geschichtlichen Ereignis analoge Realisierung der Barmherzigkeit Gottes zu erwirken.

§ 17: Am Abschluß des Deboraliedes wird eine Analogie zwischen dem ›jetzt‹ gesungenen und dem eschatologisch gesungenen Lobpreis Deboras hergestellt. *Hymnizabo enim ei* (sc. das Deboralied) *in innovatione creature, et populus memor erit salvationis huius, et erit ei in testimonium. Et mare testis sit cum abysso suo, quoniam non solum siccavit eum Deus ante conspectum patrum nostrorum, sed et astra dispositionibus suis evertit et expugnavit inimicos nostros.* Wenn Debora ihren Lobgesang im Eschaton wieder anstimmen wird, wird das der Erinnerung des Volkes an die ›jetzige‹ Befreiung dienen, und eben diese wird dann als Zeugnis fungieren. Die Zeugnisfunktion des geschichtlich Erfahrenen wird eschatologisch die Realisierung entsprechenden Heils an Israel bewirken. Darüberhinaus wird ausdrücklich die Analogie zum Meer-Durchzug hergestellt. Nicht nur die – für Israel kämpfenden – Sterne, sondern auch das – für Israel ausgetrocknete – Meer werden eschatologische Zeugen des Rettungs- und Befreiungshandelns Gottes sein und so seine eschatologische Barmherzigkeit bewirken. Das individuelle Schlußwort § 18 stellt einen solchen Zusammenhang ausdrücklich her, indem Debora beim Schall der Posaunen spricht: *Erit hoc in testimonium psalphingum inter astra et Dominum eorum.*

19,11: *Et nunc virga tua, in qua facta sunt signa, erit in testimonium inter me et populum meum, et cum peccaverint irascar eis, et memorabor virge tue, et parcam eis iuxta misericordiam meam.* Der Text fährt damit fort, den Stab als immerwährende *commemoratio* Gottes zu bezeichnen und in seiner Wertigkeit und Bedeutung mit dem Noa-Bogen zu vergleichen. Die Bedeutung der zitierten Formulierung liegt darin, daß der Mosestab ausdrücklich im Hinblick auf die durch ihn geschehenen Zeichen erwähnt wird; er repräsentiert

Gott als Zeuge 22,6 (Josuarede): *docete legem filios vestros et erunt meditantes eam die ac nocte* (vgl. Jos 1,8), *ut fiat eis per omnes dies vite eorum Dominus in testimonium et iudicem. Erit Deus testis et iudex inter me et vos et inter cor meum et cor vestrum quia si in astucia fecistis hanc rem, vindicabitur in vobis propter quod voluistis disperdere fratres vestros; si autem in ignorantia fecistis sicut dicitis propter filios vestros, misericors erit vobis Deus.* Die Zeugenschaft Gottes bezieht sich auf die jeweils unabdingbare Konsequenz, die sich aus dem gegenwärtigen Verhalten ergibt. Die angeredeten zweieinhalb Stämme, die das Sonderheiligtum errichteten, können mit der Barmherzigkeit Gottes rechnen, wenn ihr Vorgehen tatsächlich aus Unwissenheit geschah; im anderen Falle wird Gott sie bestrafen. Das Gesetzesstudium führt dazu, daß Gott selbst für die Angeredeten zum Zeugnis und Richter wird. Ihr künftiges Ergehen ist über das Gesetz definiert, weil Gottes Verhalten über das Gesetz definiert ist. Das Gesetz ist nicht nur Verhaltenskodex für die Menschen, sondern auch vollgültiger Bund Gottes und somit das Gesetz dessen, was sich geschichtlich realisiert. Aufgrund dieser Voraussetzung kann die alternative Konsequenz aufgewiesen werden, die mit dem gegenwärtigen Verhalten determiniert ist. Der Zeugenbegriff steht für die Bewahrheitung dieses Zusammenhangs und damit für die im Gesetz verbürgte Entsprechung von Verhalten und geschichtlicher Realität.

Im Blick auf den lukanischen Sprachgebrauch bleibt festzuhalten: Lukas teilt die frühjüdische Voraussetzung, daß Gott sein eigenes Handeln in der Schrift im Voraus bezeugt hat.

Act 14,3 stellt fest, daß Gott[145] das Wort seiner Gnade bezeugte, indem er durch Paulus und Barnabas Zeichen und Wunder geschehen ließ. Die Formu-

---

gleichsam das rettende Handeln Gottes im Zusammenhang mit dem Exodus. Als solcher wird er künftig Zeugenfunktion gegenüber Gott besitzen, indem er seine Barmherzigkeit da erwirkt, wo Gottes Zorn die adäquate Antwort wäre.

[144] Vgl. grundlegend 11,2 (das Gesetz als künftiges Zeugnis; Gottesrede an Mose: *Et postea ascendes ad me, et dabo verba mea in ore tuo, et illuminabis populum meum in eo quod dedi in manus tuas legem sempiternam, et in hac omnem orbem iudicabo. Erit enim hec in testimonium. Si enim dixerint homines: Non scivimus te, et ideo non servivimus tibi, propterea hoc vindicabo in eis, quoniam non cognoverunt legem meam* {vgl. 22,6 *ut fiat eis per omnes dies vite eorum Dominus in testimonium et iudicem*}. Das Gesetz wird der Maßstab des künftigen Gerichtes Gottes sein. Diese Überzeugung wird über die vorausgesetzte Identität Mose-Gesetz deutlich gemacht. Die Zeugnisfunktion des Gesetzes realisiert sich in der künftigen Strafe an den Ungehorsamen.). Vgl. auch 29,4 (Abschiedsrede des Zebul): *Ecce nunc ego proficiscor mori, videte testimonia que testati sunt precessores nostri et non sit cor vestrum simile fluctibus maris ... cor vestrum nihil aliud cogitet nisi ea tantum que sunt legis.* Der Hinweis auf die Zeugnisse, die von den Vorfahren bezeugt wurden, meint in der Sache den Gehorsam gegenüber dem Gesetz; ihre Zeugenschaft beinhaltet den mit ihrem Wandel bezeugten Gesetzesgehorsam.

[145] So z.B. PESCH, Kommentar 2 51; SCHNEIDER, Kommentar II 151 Anm. 19; anders ROLOFF, Kommentar 211: »Gemeint ist Jesus (vgl. 3,6; 9,17)«.

lierung setzt nicht nur voraus, daß Gott derselbe Handelnde hinter der Verkündigung wie hinter den Wundern[146] ist, sondern auch, daß Gott sein eigenes
Handeln durch Zeichen und Wunder bezeugt[147].

Act 15,8 stellt fest, daß Gott durch die Gabe des Geistes sein Handeln bezeugt[148].

In beiden Formulierungen[149] realisiert sich die frühjüdische Voraussetzung,
daß zwischen der Selbstbezeugung Gottes, der Gewährung wunderhafter Zeichen und der Ermächtigung von Menschen durch den Geist Gottes ein Zusammenhang besteht.

Die Bestätigung der Führerschaft des Josua LAB 20,5 durch das Volk geschieht auf seine geisterfüllte Rede in §§ 3–4 hin. Das wird durch die Einleitung der direkten Rede des Volkes mit Hilfe der abgeleiteten Erkenntnisformel[150] *ecce nos scimus hodie ...* deutlich. Der Erweis des Geistes bestätigt
die Führerschaft Josuas als schriftgemäß[151] und damit implizit als von Gott
selber bezeugt. Das entspricht in der Sache der Aussage in Act 15,8, daß Gott
durch die Gabe des Geistes sein Tun bezeugt.

Das in LAB 27 erzählte Wunder des Kenas[152] ist ausdrücklich als geist-
gewirkt ausgewiesen (vgl. §§ 9in.10)[153]: Kenas ist vom Geist bekleidet[154].

Damit ist der Hintergrund der Formulierungen, die davon sprechen, daß
Gott sein Handeln in der Gabe seines Geistes (Act 15,8) bzw. in der Gewährung von Zeichen und Wundern (Act 14,3)[155] bezeugt, erhellt.

Lukas und Pseudo-Philo kongruieren in zwei wichtigen Voraussetzungen
eines theologisch qualifizierten Zeugenbegriffs. Beider Zeugenbegriff be-

---

[146] Vgl. die partiell wörtliche Übereinstimmung mit Act 5,12 (dazu HAENCHEN, Kommentar 404); freilich ohne Erwähnung des in den Zeichen und Wundern handelnden Gottes;
ferner Act 2,22.43.

[147] Vgl. NELLESSEN, Zeugnis 263: »Διδόντι ist μαρτυροῦντι nicht etwa nebengeordnet,
sondern drückt zusammen mit dem A.c.I. die Art und Weise aus, wie Gott Zeugnis gibt.«

[148] Anders HAENCHEN, Kommentar 428: Gott »hat den Heiden ein gutes Zeugnis ausgestellt, indem er ihnen den Geist verliehen hat ...«

[149] Vgl. in diesem Zusammenhang ferner Act 5,32; 20,23.

[150] S. dazu o. S. 138 ff.

[151] Zu Eldat und Modat vgl. o. S. 139.

[152] Vgl. die Gebetsformulierung in § 7: *Et nunc unum de mirabilibus tuis mitte servo
tuo ...*

[153] S. dazu o. S. 180 f.

[154] Analog vollzieht das geistgewirkte Strafwunder Gideons an den Midianitern 36,2 den
Strafauftrag Gottes 35,4–5, der im theologischen Zusammenhang des Erwählungshandelns
Gottes begründet ist. Implizit ›bezeugt‹ das geistgewirkte Wunder das vorgängig beschlossene Heilshandeln Gottes; vgl. § 4: *Et si Israel non est iustus, tamen quia Madianites
peccatores sunt, propter hoc cognoscens iniquitatem populi mei remittam illis, et arguam
eos postea eo quod inique gesserint. In Madianitas autem in presenti faciam vindictam.* Zu
dem hier vorausgesetzten theologischen Grundgedanken (Israels Sünde in Relation zur Sünde der Völker) vgl. 4 Esra 3,28–36; vgl. dazu MURPHY, Covenant 52.

[155] Vgl. in diesem Zusammenhang Act 4,33; die Apostel gaben Zeugnis δυνάμει μεγάλη.

zieht sich auf das die Schrift auslegende und bewahrheitende Handeln Gottes. In ihrem zentralen Verständnis des Zeugenbegriffs stimmen Lukas und Pseudo-Philo formal überein, insofern für beide der Zeuge durch Offenbarung konstituiert wird[156]. Der profilierte Zeugenbegriff des Lukas bezieht sich auf die Identität der Jesusgeschichte mit dem in den Schriften manifesten Plan Gottes.

Dieser Sachverhalt liegt Lk 24,48 zugrunde: ὑμεῖς μάρτυρες τούτων. Lk 24,48 bezieht sich auf die Übereinstimmung[157] zwischen dem Schriftinhalt und der Christusgeschichte. Zugleich stimmt diese Auftragsbestimmung mit Act 1,8 καὶ ἔσεσθέ μου μάρτυρες[158] überein; hier ist die Formulierung parallelisiert mit der Zusage der Gewährung des Geistes. Beide Aspekte sind unabdingbare Komponenten des theologisch qualifizierten Zeugenbegriffs bei Lukas; sie erweisen sich als Voraussetzungen, die Lukas mit Pseudo-Philo teilt.

Gott hat sein eigenes, aktuelles Handeln in der Schrift bezeugt; LAB 21,1 zeigt darüberhinaus, daß das von Gott handelnd Bezeugte auf menschliche Handlungsträger (sc. den ›Nachfolger‹ Josua) übertragen werden kann; sie

---

[156] Für Lukas hat HALL im Blick auf Kap. 24 bündig formuliert: »... Jesus reveals the plan of God to the disciples, making them his witnesses.« (172). Zum Zeugenbegriff 180: »Because human observation cannot penetrate to ›was eigentlich gewesen ist‹ (im Orig. deutsch), the disciples are commissioned as witnesses not merely of what they have perceived about the earthly Jesus as human observers, but also of the interpretation of those events as Christ revealed it to them. Several qualifications equip such witnesses: (1) They should have seen the raw data of the events summarized in Lk. 24.18–24 or Act 1.21–22. (2) They must have received revelation from the risen Christ as to the significance of these events in the counsel of God. In Luke 24 this revelation takes the form of inspired memory and inspired interpretation, primarily of the scriptures but also of Jesus' own words. (3) They must be empowered by the Spirit. Since Paul, who lacks the first of these, is nevertheless called to witness to what he has seen and heard just as are the apostles (Acts 22.15; 26.16), the inspired understanding of the past events takes precedence over the experience of the events themselves.« Lk selbst ist solch ein Zeuge; sein ganzes Werk versteht sich als Realisierung von Lk 24,46–47.

[157] Vgl. dazu DILLON, Eye-Witnesses 169: »In ὑμεῖς μάρτυρες τούτων (v.48) the risen Christ's self-disclosure *through interpretation of the scriptures* becomes a mandated ›ministry of the word‹ for his disciples, and his Easter instruction of them become the crucial fundament of their μαρτυρία. It precedes their endowment with the Spirit's δύναμις (v.49) in Luke's sequence ...« DILLON versteht auch Lk 21,13 vor diesem Hintergrund: »In fact, Lk 21,13 in its context makes much the same affirmation as we found in Lk 24,48, ὑμεῖς μάρτυρες τούτων, with the demonstrative pronoun referring to the whole christological testimony of the scriptures (24,46–47): *witness to Jesus meant the total reenactment of his ›journey‹* (Acts 10,39!), not just a vouching for the tradition about him.« (Eye-Witnesses 281). Ein implizit vorausgesetzter Schriftbezug ist auch hinter Act 18,5 zu vermuten: διαμαρτυρόμενος τοῖς Ἰουδαίοις εἶναι τὸν χριστὸν Ἰησοῦν.

[158] Vgl. dazu Act 1,22; 2,32; 3,15; 5,32; 10,39.41; 13,31 (vgl. dazu den Hinweis auf die an ›uns‹ in Erfüllung gehende Väterverheißung VV. 32 f; vgl. Jes 43,10.12; 44,8. Act 1,6–8 legt diese Bezugsstelle aus, verbunden mit Jes 49,6 in V. 6b; vgl. PESCH, Kommentar 1 69).

werden so zu Zeugen. Der Zeugendienst des Verkündigers verdankt sich dem Auftrag, das von Gott bezeugte Handeln bekannt zu machen.

Zeichen und Wunder bezeugen wie die Gabe des Geistes das aktuelle Handeln Gottes. Durch die Gabe des Geistes bezeugt Gott selbst sein in Übereinstimmung mit der Schrift sich realisierendes Tun bzw. ermächtigt Menschen zu solchem Zeugnis.

5. Abschluß

Die vorliegenden Studien nahmen ihren Ausgangspunkt bei der Feststellung, daß die Bedeutung des LAB für die Erschließung des frühjüdischen Hintergrundes des Neuen Testaments bisher nicht hinreichend erfaßt wurde. Sie verstehen sich in dieser Hinsicht als eine Vorarbeit; ihnen war das Ziel gesetzt, den LAB als frühjüdisches Erzählwerk zu würdigen (Teil I), sowie exemplarisch seine Bedeutung für die Interpretation des lukanischen Doppelwerkes aufzuweisen (Teil II).

Die Geschichtserzählung Pseudo-Philos wurde im ersten Teil unter erzähltextanalytischen Gesichtspunkten analysiert. Dabei stand neben der Untersuchung der narrativen Struktur der Teiltexte die Beobachtung der Technik und Funktion des Schriftbezugs im Vordergrund. Bereits beim Versuch der Gliederung des umfangreichen Makrotextes fällt auf, daß die Verknüpfungen der Erzählkomplexe den Eindruck der Lückenlosigkeit, Geschlossenheit und Folgerichtigkeit der erzählten Geschichte bewirken. Diese Beobachtung bestätigte sich bei der Einzelanalyse der Teiltexte. Ihre Eröffnungs- und Schließungsverfahren sind unter Anwendung biblischer Erzählkonventionen so gestaltet, daß der Eindruck eines konsistenten geschichtlichen Verlaufs bewirkt wird.

Der Erzähltext des LAB weist unterschiedliche Detaillierungsgrade auf. Neben einer kondensierten narrativen Basis stehen detaillierte Erzählteile, die v.a. durch ausführliche direkte Reden gekennzeichnet sind. Die Verwendung metanarrativer Elemente (Kommentierungen, direkte Evaluationen usw.) ist auf allen Ebenen des Erzähltextes zu beobachten.

Die narrative Organisation der Teiltexte weist die regelmäßige Struktur von Exposition (kondensierte Erzählabschnitte der narrativen Basis; Basisschilderung), Mittelteil (gekennzeichnet durch umfangreiche direkte Reden) und Schlußteil (überwiegend gefüllt durch Elemente der narrativen Basis) auf. Die Expositionen werden regelmäßig durch die summierende Wiedergabe eines biblischen Leittextes gebildet. Eine Vielzahl von Teiltextabschlüssen besteht aus narrativ zusammenfassenden Wendungen, die deutlich topologisch geprägt sind (Basisnotizen). Diese Erzählelemente dienen dem Zweck, die für den betreffenden Teiltext eröffnete Handlung so abzuschließen, daß der Grundzustand der narrativen Basis erreicht ist. Fast die Hälfte aller Teiltexte ist durch die Struktur A–B–A' (Exposition – Mittelteil – Coda) gekennzeichnet; in diesen Fällen sind zumeist explizite Beziehungen zwischen Exposition und Coda aufweisbar.

Das Erzählinteresse Pseudo-Philos liegt offensichtlich in der evaluativen Aussageabsicht der detaillierten Mittelteile, vornehmlich ihrer direkten Reden. Sie sind in erster Linie der durch den aktuellen Erzählinhalt veranlaßten theologischen Erörterung gewidmet. Die pragmatische Funktion der Rahmenteile ist diesem Erzählinteresse zugeordnet. Die primäre Absicht des Autors besteht nicht darin, vergangene Geschichte lediglich paraphrasierend neu zu erzählen, sondern sie neu zu interpretieren und zu bewerten.

Als ein wichtiges Kompositionsprinzip wurde die Bezugnahme auf Erzählinhalte, die im vorlaufenden Kontext nicht berichtet wurden, erkannt. Es handelt sich dabei überwiegend um biblische Erzählinhalte bzw. solche, die aus dem Bibeltext erschlossen wurden. Der Rückgriff auf Nichterzähltes wird in narrativer und metanarrativer Funktion verwendet. Der Rückbezug auf eine vorangehend nicht erzählte Weisung Gottes sichert den Erzählinhalt als folgerichtig ab und autorisiert ihn als Manifestation des Willens Gottes. Der Rückgriff auf nicht berichtete Erzählinhalte dient in narrativer Funktion modifizierend und verdeutlichend der Unterstützung des jeweiligen Erzählziels. Die metanarrativen Bezugnahmen auf Nichterzähltes zur Herstellung von Analogien zum aktuellen Erzählinhalt dienen vornehmlich seiner theologischen Interpretation. Der Rückbezug auf Nichterzähltes unterstreicht die essentielle Bedeutung des Schriftbezugs für die Konstitution des Erzähltextes. Zugleich wird der Sachverhalt verdeutlicht, daß Aussagen der Tradition bzw. Schriftinterpretation zusammen mit dem Bibeltext gleichrangige Komponenten der Textkonstitution des LAB sind. Die gleichrangige Verwendung von biblischen und außerbiblischen Erzählinhalten durch Pseudo-Philo zeigt, daß sein Erzählgegenstand als nicht lediglich mit dem Bibeltext identisch, sondern vielmehr als in diesem und in außerbiblischen Kenntnissen dokumentierte Geschichte der Adressatengemeinschaft erfaßt ist.

Der Schrift- und Traditionsbezug ist für die Gestaltung der narrativen Basis, der direkten Reden und der metanarrativen Elemente konstitutiv. Dieser heteroreferentielle Bezug trägt größeres Gewicht als die gelegentlichen autoreferentiellen Bezugnahmen. Er macht zugleich in besonderer Weise die hermeneutischen Voraussetzungen Pseudo-Philos sichtbar. Als wichtige Gestaltungsmittel sind in diesem Zusammenhang das Talio- und das Korrelationsprinzip zu nennen. Beide gehören zu den hermeneutisch-theologischen Voraussetzungen Pseudo-Philos, unter denen die erzählte Geschichte deutend wiedergegeben wird.

Die Frage nach der Bedeutung des LAB für die Interpretation des lukanischen Doppelwerks hat zur Voraussetzung, daß Übereinstimmungen und Unterschiede zwischen beiden Erzählwerken sorgsam unterschieden werden. Zu den Übereinstimmungen, von denen die Arbeitsschritte in Teil II ausgingen, gehört der Sachverhalt, daß der Erzählgegenstand beider Autoren der grundlegende Abschnitt der Geschichte ihrer intendierten Adressaten ist. Beide haben das Ziel, diese Geschichte reflektierend zu vergegenwärtigen und zu interpretieren; beiden geht es implizit um die Identität des intendierten Adressatenkollektivs.

Im Blick auf die übereinstimmende Bewertung des Verhältnisses zwischen Israel und den Völkern, die sich bis in sprachlich signifikante Parallelen hinein realisiert, ist festzustellen, daß beide Autoren in ihrer auf einer differierenden Problemlage basierenden unterschiedlichen inhaltlichen Abzielung übereinstimmend erwählungstheologische Voraussetzungen realisieren. Anhand der Übereinstimmungen zwischen Lukas und Pseudo-Philo im Blick auf das theologisch begründete Verhältnis zwischen Israel und den Völkern sowie der Verwendung der Erkenntnisformel und ihren Derivaten durch beide Autoren wurde deutlich, daß Lukas wichtige Voraussetzungen mit dem Frühjudentum teilt, deren Kenntnis für eine sachgerechte Interpretation seines Werkes unabdingbar ist. Der LAB erschließt in hervorragender Weise diesen Hintergrund. Obwohl der Erzählstil beider Autoren durch den Grad der Plastizität und Detailliertheit unterschieden ist, stimmen beide in der Erzählabsicht überein, Geschichte interpretierend darzustellen. Dabei bedienen beide Autoren sich der Technik, ihre Teiltexte mit analogen Gestaltungsmitteln so zu verknüpfen, daß der Eindruck eines konsistenten geschichtlichen Verlaufs erzielt wird. Lukas verwendet wie Pseudo-Philo Basisschilderungen sowie topologisch geprägte Basisnotizen, die vornehmlich der Schließung des Erzählfadens dienen. Er bedient sich ebenfalls des Rückgriffs auf Erzählinhalte, die im vorlaufenden Kontext nicht berichtet wurden. Diese hier exemplarisch genannten Übereinstimmungen der kompositorischen und redaktionellen Tätigkeit des Lukas mit derjenigen Pseudo-Philos erlauben den Rückschluß, daß der Autor Lukas keineswegs nur über hellenistische Erzählkonventionen (einschließlich der LXX-Mimesis) zu erfassen ist. Die Bedeutung frühjüdischer, der Schrift verpflichteter Erzählkunst ist für die Konstitution des lukanischen Erzählwerks vielmehr sehr hoch zu veranschlagen.

Zum anderen schließt dieses Ergebnis in methodischer Hinsicht aus, die Bedeutung des LAB etwa nur auf die dem Lukas zugekommenen Traditionen zu beschränken. Aus diesem Grunde wurde eine entsprechende Differenzierung in der vorliegenden Untersuchung überwiegend umgangen. Wenn zutrifft, daß theologische Überzeugungen und gestalterische Arbeit des Autors Lukas vor dem frühjüdischen Hintergrund, wie ihn der LAB exemplarisch repräsentiert, sachgerecht erfaßt werden können, wird es in dieser Hinsicht methodisch überflüssig, von diesem Autor diejenigen Traditionen zu abstrahieren, die er seinem Erzählwerk bearbeitend integriert.

Unter dieser Voraussetzung ist v.a. die Sammlung von sprachlichen und motivischen Analogien im LAB und lukanischen Doppelwerk zu bewerten.

Es wurden sprachliche und motivische Übereinstimmungen sichtbar, die neues Licht auf die narrativen und hermeneutischen Voraussetzungen des Autors
Lukas werfen. Sie konnten insbesondere an den Kindheitsgeschichten (Lk 1–
2), der Berufung des Petrus (Lk 5,1–11), am Motiv der schlafenden Jünger in
Gethsemane (Lk 22,45), an der Gestaltung der Emmausgeschichte (Lk 24),
der Geistbegabung (Lk 24,49) und Zurechtweisung der Nachfolger (Act 1,11)
sowie Elementen des nachlaufenden Kontextes (Basisschilderung Act 1,12–
14; Judasgeschick VV.15–20; Nachwahl des Matthias vv21–26), der Stephanusrede (Act 7) sowie der Abschiedsrede des Paulus (Act 20) gezeigt werden. Die Teilergebnisse des Abschnitts II 3, die an dieser Stelle nicht einzeln
vorzuführen sind, bestätigen übereinstimmend, daß der LAB als Dokument
des frühjüdischen Hintergrundes für die Interpretation des lukanischen Erzählwerkes von herausragender Bedeutung ist. Mit seiner Hilfe können neue
Einblicke in die theologischen, hermeneutischen und erzähltechnischen Voraussetzungen des Lukas gewonnen werden. Lukas partizipiert substantiell an
der frühjüdischen Schriftauslegung, indem er diese als Gestaltungsmittel seiner Darstellung verwendet.

Wichtige theologische Übereinstimmungen zwischen beiden Autoren wurden anhand ihres Schriftbezugs aufgewiesen. Für Lukas und Pseudo-Philo ist
das Schriftwort in erster Linie gesprochenes Wort. Beide verwenden es zur
Gestaltung ihrer Erzähltexte, u.zw. sowohl in nicht gekennzeichneter Weise
oder in Form der Anspielung; beide verwenden ebenso die explizite Zitation.
Die Analyse des Schriftbezugs Pseudo-Philos unterstreicht die Aufgabe, den
Schriftbezug des Lukas nicht lediglich unter Bezug auf seine gekennzeichneten Zitate zu untersuchen. Lukas verwendet wie Pseudo-Philo die Technik,
den Bibeltext für die Deutung des aktuellen Erzählinhalts in Anspruch zu
nehmen. Beider Erzählwerk kann in pointierter Weise als Schriftinterpretation in Anwendung auf die zu erzählende Geschichte bezeichnet werden.
Pseudo-Philo behandelt freilich einen – auch als Erzählgegenstand überwiegend biblisch manifesten – grundlegenden Abschnitt der Geschichte Israels.
Lukas erzählt indessen den grundlegenden Abschnitt der gegenüber dem
Bibelwort neuen Geschichte seiner Adressatengemeinschaft. Sie ist im Blick
auf ihren Erzählgegenstand in Traditionen und Kenntnissen, nicht aber als
solche im Bibelwort präsent.

Lukas und Pseudo-Philo teilen die Überzeugung, daß die geschichtliche
Zeit durch Gottes Wort und Handeln determiniert ist. Gott handelt planvoll;
die Schrift ist die zu interpretierende Manifestation dieses Plans, die zu erzählende Geschichte seine Realisierung. Der Zeugenbegriff beider Autoren gründet theologisch in dieser Voraussetzung. Weil Gott sich selbst in Übereinstimmung mit der Schrift handelnd bezeugt, kann er Menschen mit solchem
Zeugnis beauftragen. Der Zeuge wird durch Offenbarung des die Schrift aus-
legenden und bewahrheitenden Handelns Gottes konstituiert; sein Auftrag ist,

das von Gott bezeugte Handeln bekannt zu machen. Zeichen und Wunder bezeugen wie die Gabe des Geistes das aktuelle, sich in Übereinstimmung mit der Schrift realisierende Handeln Gottes und autorisieren das Zeugnis der Beauftragten. Die Übereinstimmungen im Schriftbezug beider Autoren deuten darauf hin, daß beider Schrift- und Selbstverständnis grundlegende Analogien aufweist.

Am Ende dieser exemplarischen Durchsicht der Ergebnisse und des Gedankengangs der vorliegenden Arbeit bleibt festzustellen, daß Lukas nicht als ›Hellenist‹ oder gar ›Heidenchrist‹ zutreffend erfaßt ist; seine Wurzeln sind vielmehr im Frühjudentum zu suchen. Erst wenn diese zentrale – freilich näher zu bestimmende – Voraussetzung für die Herkunft des Lukas veranschlagt wird, können auch die zweifellos hellenistischen Elemente seines Erzählwerkes eine sachgemäße Zuordnung und Bewertung erfahren.

Literaturverzeichnis

Wo Stichworte nach dem Verfassernamen gebraucht werden, die nicht mit dem ersten Titelwort identisch sind, erscheinen diese hier in Klammern. Sperrungen in Zitaten befinden sich immer im Original. Verweise auf die kritische Edition des LAB in den SC 229 / 230 erfolgen mit Nennung des Namens des Bearbeiters, Band- und Seitenzahl. Rezensionen sowie Artikel in den gängigen Lexika (ThWNT, ThWAT, THAT, EWNT, TRE, KP, RE u.ä.) sind in das Literaturverzeichnis nicht aufgenommen, werden aber in den Anmerkungen mit Verfassernamen zitiert. Die Abkürzungen folgen dem Abkürzungsverzeichnis zur Theologischen Realenzyklopädie, zusammengestellt von SIEGFRIED SCHWERTNER, Berlin / New York 1976; zusätzliche Abkürzungen richten sich nach dem EWNT (Exegetisches Wörterbuch zum Neuen Testament, Hg. H. BALZ, G. SCHNEIDER, 3 Bde., Stuttgart u.a. 1980.1981.1983, XII ff.). Darüberhinaus bedeuten JSP – Journal for the Study of the Pseudepigrapha, Sheffield 1987 ff; BDR – REHKOPF (Blaß / Debrunner), Grammatik (s. dort).

1. Quellen

Novum Testamentum Graece post EBERHARD NESTLE et ERWIN NESTLE communiter ediderunt K. ALAND u.a., apparatum criticum recensuerunt et editionem novis curis elaboraverunt K. ALAND et B. ALAND una cum Instituto studiorum textus Novi Testamenti Monasteriensi (Westphalia), Stuttgart ²⁶1979

Biblia Hebraica Stuttgartensia, Hg. K. ELLIGER, W. RUDOLPH, Stuttgart ²1983 (Editio minor 1984)

Septuaginta. Id est Vetus Testamentum graece iuxta LXX interpretes edidit ALFRED RAHLFS, Stuttgart 1979 (Editio minor)

Pseudo-Philon, Les Antiquités Bibliques, I: Introduction et texte critiques par D. J. HARRINGTON, traduction par J. CAZEAUX, revue par C. PERROT et P.-M. BOGAERT. II: Introduction littéraire, commentaire et index par C. PERROT et P.-M. BOGAERT avec la collaboration de D. J. HARRINGTON, SC 229 / 230, Paris 1976, ²1979

Flavii Iosephi Opera edidit et apparatu critico instruxit BENEDICTUS NIESE, 7 Bde., Berlin 1885–1895

Flavius Josephus, De Bello Judaico / Der Jüdische Krieg. Griechisch und Deutsch, Hg. O. MICHEL, O. BAUERNFEIND, 3 Bde., Darmstadt ³1982

Des Flavius Josephus Jüdische Altertümer. Übersetzt und mit Einleitung und Anmerkungen versehen von HEINRICH CLEMENTZ, 2 Bde., Berlin / Wien 1923, Nachdruck Wiesbaden ⁶1985

Philonis Alexandrini Opera quae supersunt, Hg. LEOPOLD COHN, PAUL WENDLAND, 7 Bde., Berlin 1896–1930

Die Werke Philos von Alexandrien in deutscher Übersetzung, Hg. LEOPOLD COHN, ISAAK HEINEMANN u.a., 7 Bde., Breslau / Berlin 1909–1964

Die Texte aus Qumran. Hebräisch und Deutsch. Mit masoretischer Punktation, Übersetzung, Einführung und Anmerkungen, Hg. EDUARD LOHSE, München ²1971

Apocalypsis Henochi Graece edidit M. BLACK. Fragmenta Pseudepigraphorum quae supersunt Graeca una cum Historicorum et Auctorum Judaeorum Hellenistarum Fragmentis collegit et ordinavit ALBERT-MARIE DENIS, PVTG 3, Leiden 1970

The Testaments of the Twelve Patriarchs. A Critical Edition of the Greek Text, Hg. H. W. HOLLANDER, H. J. DE JONGE, TH. KORTEWEG, PVTG 1,2, Leiden 1978

Jüdische Schriften aus hellenistisch-römischer Zeit (JSHRZ), Hg. WERNER GEORG KÜMMEL u.a., 5 Bde. (Einzellieferungen), Gütersloh 1973 ff.

2. Hilfsmittel

Konkordanz zum Hebräischen Alten Testament nach dem von PAUL KAHLE in der Biblia Hebraica edidit RUDOLF KITTEL besorgten Masoretischen Text. Unter verantwortlicher Mitwirkung von LEONHARD ROST ausgearbeitet und geschrieben von GERHARD LISOWSKY, Stuttgart ²1958

Vollständige Konkordanz zum Griechischen Neuen Testament. Unter Zugrundelegung aller modernen kritischen Textausgaben und des textus receptus in Verbindung mit H. RIESENFELD u.a. neu zusammengestellt unter der Leitung von K. ALAND, Bd. I, 2 Teile (ANTT 4,1), Berlin / New York 1983

WILLIAM F. MOULTON, ALFRED S. GEDEN, HAROLD K. MOULTON, A Concordance to the Greek Testament, Edinburgh ⁵1978

A Concordance to the Septuagint and the other Greek Versions of the Old Testament (including the Apocryphal Books), Hg. EDWIN HATCH, HENRY A. REDPATH, 2 Bde., Oxford 1897, Nachdruck Graz 1954

DENIS, ALBERT-MARIE: Concordance grecque des Pseudépigraphes d'Ancien Testament. Concordance, Corpus des Textes, Indices, Louvain-la-Neuve 1987

LECHNER-SCHMIDT, WILFRIED: Wortindex der lateinisch erhaltenen Pseudepigraphen zum Alten Testament, TANZ 3, Tübingen 1990

GESENIUS, WILHELM: Hebräisches und aramäisches Handwörterbuch, Nachdruck der 17. Aufl. (1915), Berlin / Göttingen / Heidelberg 1962

BAUER, WALTER: Griechisch-deutsches Wörterbuch zu den Schriften des Neuen Testaments und der frühchristlichen Literatur, 6., völlig neu bearb. Aufl., Hg. K. ALAND, B. ALAND, Berlin / New York 1988

LIDDELL, HENRY GEORGE / SCOTT, ROBERT: A Greek-English Lexicon. Revised and augmented throughout by H. S. JONES, R. MCKENZIE. With a Supplement 1968, Reprint Oxford 1985

GEORGES, HEINRICH: Lateinisch-deutsches Handwörterbuch, 2 Bde., Leipzig (1879 / 1880) ⁷1989

Synopsis Quattuor Evangeliorum. Locis parallelis evangeliorum apocryphorum et patrum adhibitis edidit KURT ALAND, Stuttgart ⁹1976

GERHARD DELLING, Bibliographie zur jüdisch-hellenistischen und intertestamentarischen Literatur 1900–1970, TU 106, Berlin ²1975

FRANS VAN SEGBROECK, The Gospel of Luke. A Cumulative Bibliography 1973–1988, BETL 88, Leuven 1989

WATSON E. MILLS, A Bibliography of the Periodical Literature on the Acts of the Apostles 1962–1984, NTSupp 58, Leiden 1986

3. Sekundärliteratur

ALBERTZ, R.: Die Antrittspredigt Jesu im Lukasevangelium auf ihrem alttestamentlichen Hintergrund, ZNW 74 1983, 182–206

ALEXANDER, P. S.: Retelling the Old Testament, in: It is written: Scripture citing Scripture. Essays in Honour of BARNABAS LINDARS (Hg. D. A. CARSON, H. G. M. WILLIAMSON), Cambridge 1988, 99–121

ALY, W.: Volksmärchen, Sage und Novelle bei Herodot und seinen Zeitgenossen. Eine Untersuchung über die volkstümlichen Elemente der altgriechischen Prosaerzählung, Göttingen 1921

AULD, A. G.: Judges I and History: A Reconsideration, VT 25 1975, 261–285

AUS, R. D.: Die Weihnachtsgeschichte im Lichte jüdischer Traditionen vom Mose-Kind und Hirten-Messias, in: ders., Weihnachtsgeschichte – Barmherziger Samariter – Verlorener Sohn. Studien zu ihrem jüdischen Hintergrund, ANTZ 2, Berlin 1988, 11–58

BARNARD, W. J., VAN'T RIET, P.: Lukas de Jood. Een joodse inleiding op het Evangelie van Lukas en de Handelingen der Apostelen, Kampen 1984

BARRETT, C. K., OT History According to Stephen and Paul, in: Studien zu Text und Ethik des Neuen Testaments, FS H. GREEVEN, Berlin 1986, 57–69

BARRETT, C. K. (Scripture): Luke / Acts, in: It is written. Scripture citing Scripture. FS B. LINDARS, Hg. D. A. CARSON, H. G. M. WILLIAMSON, Cambridge 1988, 231–244

BARTELMUS, R.: Forschung zum Richterbuch seit Martin Noth, ThR 56 1991, 221–259

BAUCKHAM, R. J.: The Liber Antiquitatum Biblicarum of Pseudo-Philo and the Gospels as >Midrash<, in: Gospel Perspectives. Studies in Midrash and Historiography, Vol. III, Ed. by R. T. FRANCE, D. VENHAM, Sheffield 1983, 33–76

BAUER, J. B. (Aspekt): Καρδιογνώστης, ein unbeachteter Aspekt (Apg 1,24; 15,8), BZ 32 1988, 114–117

BAUERNFEIND, O.: Kommentar und Studien zur Apostelgeschichte. Mit einer Einleitung von Martin Hengel herausgegeben von VOLKER METELMANN, WUNT 22, Tübingen 1980

BECKER, J.: Die Testamente der zwölf Patriarchen, JSHRZ III / 1, Gütersloh 1974, 15–163

BERGER, K.: Das Buch der Jubiläen, JSHRZ II / 3, Gütersloh 1981, 273–575

BERGER, K.: Exegese des Neuen Testaments, UTB 658, Heidelberg ²1984

BERGER, K.: Formgeschichte des Neuen Testaments, Heidelberg 1984

BERGER, K.: Hellenistische Gattungen im Neuen Testament, in: ANRW II.25.2, Berlin / New York 1984, 1031–1432.1831–1885

BERGER, K.: Zur Geschichte der Einleitungformel >Amen, ich sage euch<, ZNW 63 1972, 45–75

BILLERBECK, P. / STRACK, H. L.: Kommentar zum Neuen Testament aus Talmud und Midrasch, Bde. I–IV, München 1922–1928, Reprint ⁸1982

BLANK, J.: Frauen in den Jesusüberlieferungen, in: Die Frau im Urchristentum, Hg. G. DAUTZENBERG, H. MERKLEIN, K. MÜLLER, QD 95, Freiburg / Basel / Wien 1983, 9–91

BOGAERT, P. M. (lumière): Les Antiquités Bibliques du Pseudo-Philon à la lumière des découvertes de Qumrân. Observations sur l'hymnologie et particulièrement sur le chapitre 60, in: Qumrân. Sa piété, sa théologie et son milieu, Ed. M. DELCOR, BETL 46, Paris / Leuven 1978, 313–331

BOVON, F. (Jesaja): >Schön hat der Heilige Geist durch den Propheten Jesaja zu euren Vätern gesprochen< (Act 28 25), ZNW 75 1984, 226–232

254   *Literaturverzeichnis*

BOVON, F.: Das Evangelium nach Lukas (Lk 1,1–9,50), EKK III / 1, Zürich / Neukirchen-Vluyn 1989

BRACKERT, H., LÄMMERT, E. (Hg.): Funkkolleg Literatur Bd.I, Frankfurt a.M. 1977

BRONGERS, H. A.: Bemerkungen zum Gebrauch des adverbialen we' attah, VT 15 1965, 289–299

BURCHARD, C.: Paulus in der Apostelgeschichte, ThLZ 100 1975, 881–895

BUSSE, U.: Das »Evangelium« des Lukas. Die Funktion der Vorgeschichte im lukanischen Doppelwerk, in: Der Treue Gottes trauen. Beiträge zum Werk des Lukas, FS G. SCHNEIDER, Hg. C. BUSSMANN, W. RADL, Freiburg / Basel / Wien 1991, 161–177

BUSSE, U.: Nachfolge auf dem Weg Jesu. Ursprung und Verhältnis von Nachfolge und Berufung im Neuen Testament, in: Vom Urchristentum zu Jesus. FS J. GNILKA, Hg. H. FRANKEMÖLLE, K. KERTELGE, Freiburg / Basel / Wien 1989, 68–81

COHN, L.: An Apocryphal Work Ascribed to Philo of Alexandria, JQR 10 1897 / 98, 277–332

CONZELMANN, H.: Die Apostelgeschichte, HNT 7, Tübingen ²1972

CONZELMANN, H.: Die Mitte der Zeit. Studien zur Theologie des Lukas, BHTh 17, Tübingen ⁶1977

CONZELMANN, H.; LINDEMANN, A.: Arbeitsbuch zum Neuen Testament, Tübingen ⁹1988

DALY, ROBERT J.: The Soteriological Significance of the Sacrifice of Isaac, CBQ 39 1977, 45–75

DAUBE, D.: The Duty of Procreation, in: Christentum und antike Gesellschaft (Hg. J. MARTIN, B. QUINT), WdF 649, Darmstadt 1990, 241–269

DAUER, A.: ›Ergänzungen‹ und ›Variationen‹ in den Reden der Apostelgeschichte gegenüber vorausgegangenen Erzählungen. Beobachtungen zur literarischen Arbeitsweise des Lukas, in: Vom Urchristentum zu Jesus. FS J. GNILKA, Hg. H. FRANKEMÖLLE, K. KERTELGE, Freiburg / Basel / Wien 1989, 307–324.

DAUER, A.: Beobachtungen zur literarischen Arbeitstechnik des Lukas, BBB 79, Frankfurt a.M. 1990

DAVIES, P. R., CHILTON, B. D.: The Aqedah: A Revised Tradition History, CBQ 40 1978, 514–546

DAWSEY, J. M.: Characteristics of Folk-Epic in Acts, in: SBL Seminar Papers 28, Atlanta 1989, 317–325

DELLING, G.: Die Weise, von der Zeit zu reden im Liber Antiquitatum Biblicarum, NT 13 1971, 305–321

DELLING, G.: Von Morija zum Sinai (Pseudo-Philo Liber Antiquitatum Biblicarum 32,1–10), JSJ 2 1972, 1–18

DENIS, A.-M.: Introduction aux pseudépigraphes grecs d'Ancien Testament, SVTP 1, Leiden 1970

DIBELIUS, M.: Stilkritisches zur Apostelgeschichte, in: ders., Aufsätze zur Apostelgeschichte, Hg. H. GREEVEN, FRLANT 60, Göttingen ⁴1961

DIÉTERLÉ, C.: Le livre des Antiquités Bibliques: regard sur quelques textes, Foi et Vie 89 1990, 49–60

DIETZFELBINGER, C. (Übersetzung): Pseudo-Philo: Antiquitates Biblicae (Liber Antiquitatum Biblicarum), JSHRZ II / 2, Gütersloh 1979², 91–271

DIETZFELBINGER, C. (Dissertation): Pseudo-Philo, Liber Antiquitatum Biblicarum, Diss. masch. Göttingen 1964

DILLON, R. J.: From Eye-Witnesses to Ministers of the Word. Tradition and Composition in Luke 24, AnBib 82, Rom 1978

EISSFELDT, O.: Zur Kompositionstechnik des pseudo-philonischen Liber Antiquitatum Biblicarum, in: ders., Kleine Schriften, Bd. III (Hg. R. SELLHEIM, F. MAAS), Tübingen 1966, 340–353

ELLIS, E. E.: Midrash, Targum, and New Testament Quotations, in: Neotestamentica et Semitica. FS M. BLACK (Hg. E. E. ELLIS), Edinburgh 1969, 61–69

FELDMAN, LOUIS H.: Epilegomenon to Pseudo-Philo's Liber Antiquitatum Biblicarum, JJS 25 1974, 305–312

FELDMAN, LOUIS H.: Prolegomenon, in: JAMES (s.dort), VII–CLXIX

FISHBANE, M.: Biblical Interpretation in Ancient Israel, Oxford 1985

FLENDER, H.: Heil und Geschichte in der Theologie des Lukas, BevTheol 41, München ²1968

GEORGI, D.: Weisheit Salomos, JSHRZ III / 4, Gütersloh 1980, 389–478

GINZBERG, L.: The Legends of the Jews, 7 Bde., Philadelphia 1909–1938

GNILKA, J.: Das Evangelium nach Markus, EKK II / 1.2, Leipzig 1980 (Lizenzausgabe)

GUBLER, M.-L.: Die frühesten Deutungen des Todes Jesu. Eine motivgeschichtliche Darstellung aufgrund der neueren exegetischen Forschung, OBO 15, Freiburg / Göttingen 1977

GÜLICH, E.: Ansätze zu einer kommunikationsorientierten Erzähltextanalyse (am Beispiel mündlicher und schriftlicher Erzähltexte), in: W. HAUBRICHS (Hg.), Erzählforschung 1. Theorien, Modelle und Methoden der Narrativik. Zeitschrift für Literaturwissenschaft und Linguistik, Beiheft 4, Göttingen 1976, 22–256

GÜLICH, E.: Konventionelle Muster und kommunikative Funktionen von Alltagserzählungen, in: K. EHLICH (Hg.), Erzählen im Alltag, Frankfurt a.M. 1980, 335–384

GÜLICH, E.; HEGER, K.; RAIBLE, W.: Linguistische Textanalyse. Überlegungen zur Gliederung von Texten, Papiere zur Textlinguistik 8, Hamburg 1979²

HAENCHEN, E.: Der Weg Jesu. Eine Erklärung des Markus-Evangeliums und der kanonischen Parallelen, Berlin ²1968

HAENCHEN, E.: Die Apostelgeschichte, KEK III, Göttingen ⁷1977

HALL, R. G.: Revealed Histories. Techniques for Ancient Jewish and Christian Historiography, JSP SuppSer 6, Sheffield 1991

HARDMEIER, C.: Prophetie im Streit vor dem Untergang Judas. Erzählkommunikative Studien zur Entstehungssituation der Jesaja- und Jeremiaerzählungen in II Reg 18–20 und Jer 37–40, BZAW 187, Berlin / New York 1990

HARNISCH, W.: Verhängnis und Verheißung der Geschichte. Untersuchungen zum Zeit- und Geschichtsverständnis im 4. Buch Esra und in der syrischen Baruchapokalypse, FRLANT 97, Göttingen 1969

HARRINGTON, D. J. (Dissertation): Text and Biblical Text in Pseudo-Philo's Liber Antiquitatum Biblicarum, Diss. masch. Harvard 1969

HARRINGTON, D. J. (Translation): Pseudo-Philo, in: The Old Testament Pseudepigrapha Vol.II, Ed. J. H. CHARLESWORTH, New York 1985, 297–377

HARRINGTON, D. J.: A Decade of Research on Pseudo-Philo's Biblical Antiquities, JSP 2 1988, 3–12

HARRINGTON, D. J.: Biblical Geography in Pseudo-Philo's Liber Antiquitatum Biblicarum, BASOR 220 1975, 67–71

HARRINGTON, D. J.: Birth Narratives in Pseudo-Philo's Biblical Antiquities and the Gospels, in: To Touch the Text, FS J. A. FITZMYER (Ed. M. P. HORGAN, P. KOBELSKI), New York 1988, 316–324

HARRINGTON, D. J.: Palestinian Adaptions of Biblical Narratives and Prophecies. I. The Bible Rewritten, in: Early Judaism and its Modern Interpreters, Ed. R. A. KRAFT, G. W. E. NICKELSBURG, Atlanta / Philadelphia 1986, 239–247. 253–258

HARRINGTON, D. J. (Outside): Pseudo-Philo, Liber Antiquitatum Biblicarum, in: Outside the Old Testament, Ed. M. DE JONGE, Cambridge / London / New York 1985, 6–25

HARRINGTON, D. J.: The Bible Rewritten (Narratives), in: Early Judaism and its modern Interpreters, ed. by R. A. KRAFT, G. W. E. NICKELSBURG, SBL CP 2, Philadelphia / Atlanta 1986, 239–247

HAUBRICHS, W. (Hg.): Erzählforschung 1–3, Zeitschrift für Literaturwissenschaft und Linguistik, Beiheft 4.6.8, Göttingen 1976–1978

HAYWARD, C. T. R.: The Figure of Adam in Pseudo-Philo's Biblical Antiquities, JSJ 23 1992, 1–20

HOLLANDER, H. W., DE JONGE, M. (Commentary): The Testaments of the Twelve Patriarchs. A Commentary, SVTP 8, Leiden 1985

HOLTZ, T.: ›Euer Glaube an Gott‹. Zu Form und Inhalt von 1.Thess 1,9 f., in: ders., Ges. Aufs. 270–296

HOLTZ, T.: Beobachtungen zur Stephanusrede Acta 7, in: ders., Geschichte und Theologie des Urchristentums. Gesammelte Aufsätze, Hg. E. REINMUTH, C. WOLFF, WUNT 57, Tübingen 1991

HOLTZ, T.: Untersuchungen über die alttestamentlichen Zitate bei Lukas, TU 104, Berlin 1968

HOLTZ, T.: Zur Interpretation des Alten Testaments im Neuen Testament, in: Ges. Aufs., 75–91

HORN, F. W.: Glaube und Handeln in der Theologie des Lukas, GTA 26, Göttingen 1983

HORST, P. W. VAN DER: The Sentences of Pseudo-Phocylides. With Introduction and Commentary, SVTP 4, Leiden 1978

HORST, P. W. VAN DER: Biblical Women in Pseudo-Philo's Liber Antiquitatum Biblicarum, in: ders., Essays on the Jewish World of Early Christianity, NTOA 14, Freiburg / Göttingen 1990, 111–122

HORST, P. W. VAN DER: Deborah and Seila in Ps-Philo's Liber Antiquitatum Biblicarum, in: Messiah and Christos. Studies in the Jewish Origins of Christianity, FS DAVID FLUSSER, Hg. I. GRUENWALD, S. SHAKED, G. G. STROUMSA, TSAJ 32, Tübingen 1992, 111–117

JACOBSON, H.: Biblical Quotation and Editorial Function in Pseudo-Philo's Liber Antiquitatum Biblicarum, JSP 5 1989, 47–64

JACOBSON, H.: The Exagoge of Ezekiel, Cambridge 1983

JAMES, M. R.: The Biblical Antiquities of Philo, Now First Translated from the Old Latin Version, London 1917, Reprint with a Prolegomenon by L. H. FELDMAN, New York 1971

JAUSS, H. R.: Der Gebrauch der Fiktion in Formen der Anschauung und Darstellung der Geschichte, in: Formen der Geschichtsschreibung, Hg. R. KOSELLECK, H. LUTZ, J. RÜSEN, Beiträge zur Historik Bd. 4, München 1982, 415–451

JEREMIAS, J.: Die Sprache des Lukasevangeliums. Redaktion und Tradition im Nicht-Markusstoff des dritten Evangeliums, KEK Sonderband, Göttingen 1980

JEREMIAS, J.: Untersuchungen zum Quellenproblem der Apostelgeschichte, in: ders., Abba. Studien zu neutestamentlichen Theologie und Zeitgeschichte, Göttingen 1966, 238–255

JERVELL, J.: Der Sohn des Volkes, in: Anfänge der Christologie. FS FERDINAND HAHN, Hg. C. BREYTENBACH, H. PAULSEN, Göttingen 1991, 245–254

JERVELL, J.: Gottes Treue zum untreuen Volk, in: Der Treue Gottes trauen. Beiträge zum Werk des Lukas. FS G. SCHNEIDER, Hg. C. BUSSMANN, W. RADL, Freiburg / Basel / Wien 1991, 15–27

JERVELL, J.: Zum lukanischen Verständnis des Alten Testaments, in.: Die Mitte des Neuen Testaments. Einheit und Vielfalt neutestamentlicher Theologie, FS E. SCHWEIZER, Hg. U. LUZ, H. WEDER, Göttingen 1983, 79–96

JONGE, H. J. DE: Sonship, Wisdom, Infancy: Lk 2,41–51a, NTS 24 1978, 317–354

KAHRMANN, C.; REISS, G.; SCHLUCHTER, M.: Erzähltextanalyse. Eine Einführung in Grundlagen und Verfahren, 2 Bde., Kronberg 1977

KANY, R.: Der lukanische Bericht von Tod und Auferstehung Jesu aus der Sicht eines hellenistischen Romanlesers, NT 28 1986, 75–90.

KAUT, T.: Befreier und befreites Volk. Traditions- und redaktionsgeschichtliche Untersuchung zu Magnifikat und Benediktus im Kontext der vorlukanischen Kindheitsgeschichte, BBB 77, Frankfurt a.M. 1990

KISCH, G.: Pseudo-Philo's Liber Antiquitatum Biblicarum, Publications in Mediaeval Studies X, Notre Dame, Indiana 1949

KLIJN, A. F. J.: Die syrische Baruch-Apokalypse, JSHRZ V/2, Gütersloh 1976, 103–191

KOCH, D. -A.: Die Schrift als Zeuge des Evangeliums. Untersuchungen zur Verwendung und zum Verständnis der Schrift bei Paulus, BHTh 69, Tübingen 1986

KOET, B. J.: Five Studies on Interpretation of Scripture in Luke-Acts, SNTA 14, Leuven 1989

KÜMMEL, W. G.: Einleitung in das Neue Testament, Heidelberg [21]1983

LAUDE, I.: Formelhafte Wendungen der Umgangssprache im Alten Testament, Leiden 1949

LINDBLOM, J.: Lot-casting in the Old Testament, VT 12 1962, 164–178

LINK, H.: Rezeptionsforschung. Eine Einführung in Methoden und Probleme, Stuttgart 1976

LIPS, H. VON: Weisheitliche Traditionen im Neuen Testament, WMANT 64, Neukirchen-Vluyn 1990

LOHFINK, G.: Christologie und Geschichtsbild in Apg 3,19–21, in: ders., Studien zum Neuen Testament, SBA 5, Stuttgart 1989, 223–243

LOHFINK, G.: Der Losvorgang in Apg 1,26, in: ders., Studien 169–171

LOHFINK, G.: Die Himmelfahrt Jesu. Untersuchungen zu den Himmelfahrts- und Erhöhungstexten bei Lukas, StANT 26, München 1971

LOHSE, E.: Die Entstehung des Neuen Testaments, Berlin 1976

LUX, R.: »Ich, Kohelet, bin König …«. Die Fiktion als Schlüssel zur Wirklichkeit in Kohelet 1,12–2,26, EvTheol 50 1990, 331–342

LUZ, U.: Das Evangelium nach Matthäus, EKK I / 1.2, Zürich / Einsiedeln / Köln, Neukirchen-Vluyn 1985.1990

MARROU, H.-I.: Über die historische Erkenntnis. Welches ist der richtige Gebrauch der Vernunft, wenn sie sich historisch betätigt?, Freiburg / München 1973.

METZGER, B. M.: A Textual Commentary on the Greek New Testament, Stuttgart [3]1984

MICHEL, H.-J.: Die Abschiedsrede des Paulus an die Kirche, StANT 35, München 1973

MILLER, M. P.: Targum, Midrash and the Use of the Old Testament in the New Testament, JSJ 2 1971, 29–82

MINDE, H.-J. VAN DER: Geschichtliches Denken und theologische Implikationen bei Lukas und in den Damaskusschriften, in: Der Treue Gottes trauen. Beiträge zum Werk des Lukas, FS G. SCHNEIDER (Hg. C. BUSSMANN, W. RADL), Freiburg / Basel / Wien 1991, 343–360

MOESSNER, D. P.: ›The Christ must suffer‹: New light on the Jesus-Peter, Stephen, Paul Parallels in Luke-Acts, NT 28 1986, 220–256

MUHLACK, G.: Die Parallelen von Lukas-Evangelium und Apostelgeschichte, Theologie und Wirklichkeit 8, Frankfurt a.M. / Bern / Las Vegas 1979

MURPHY, F. J.: Divine Plan, Human Plan: A Structuring Theme in Pseudo-Philo, JQR 77 1986, 5–14

MURPHY, F. J.: God in Pseudo-Philo, JSJ 19 1988, 1–18

MURPHY, F. J.: Retelling the Bible: Idolatry in Pseudo-Philo, JBL 107 1988, 275–287

MURPHY, F. J.: The Eternal Covenant in Pseudo-Philo, JSP 3 1988, 43–57

NELLESSEN, E.: Zeugnis für Jesus und das Wort. Exegetische Untersuchungen zum lukanischen Zeugnisbegriff, BBB 43, Köln 1976

NEUSNER, J.: Ancient Judaism and Modern Category-Formation. »Judaism«, »Midrash«, »Mesianism«, and Canon in the Past Quarter-Century, Studies in Judaism 1, Lanham / New York / London 1986

NICKELSBURG, G. W. E.: Good and bad leaders in Pseudo-Philo's *Liber Antiquitatum Biblicarum*, in: J. J. COLLINS, G. W. E. NICKELSBURG (Hg.): Ideal Figures in Ancient Judaism: Profiles and Paradigms. Septuagint and Cognate Studies 12, Chico 1980, 49–65

NIEBUHR, K.-W.: Gesetz und Paränese. Katechismusartige Weisungsreihen in der frühjüdischen Literatur, WUNT II 28, Tübingen 1987

NILSSON, M. P.: Geschichte der griechischen Religion, 2 Bde., München ³1976.1974

O'TOOLE, R.: The Parallels between Jesus and Moses, BTB 20 1990, 22–29

OEMING, M.: Bedeutung und Funktionen von »Fiktionen« in der alttestamentlichen Geschichtsschreibung, EvTheol 44 1984, 254–266

OLYAN, S. M.: The Israelites Debate their Options at the Sea of Reeds: LAB 10:3, its Parallels, and Pseudo-Philos's Ideology and Background, JBL 110 1991, 75–91

OSTEN-SACKEN, P. VON DER: Lukas der Judenchrist. Der Autor des Evangeliums, Entschluß 39 1984, 8–9

PATTE, D.: Early Jewish Hermeneutic in Palestine, SBL Diss. Ser. 22, Missoula 1975

PERROT, C.: Les Récits d'enfance dans la Haggada antérieure au IIᵉ siécle de notre ère, RSR 55 1967, 481–518

PERVO, R. I.: Profit with Delight. The literary Genre of the Acts of the Apostles, Philadelphia 1987

PESCH, R.: Das Weihnachtsevangelium (Lk 2,1–21). Literarische Kunst – Politische Implikationen, in: Zur Theologie der Kindheitsgeschichten. Der heutige Stand der Exegese, Hg. R. PESCH, München / Zürich 1981, 97–118

PESCH, R.: Die Apostelgeschichte, 2 Bde., EKK V / 1.2 Zürich / Einsiedeln / Köln, Neukirchen-Vluyn 1986

PETIT, F.: L'Ancienne Version Latine des Questions sur la Genèse de Philon d'Alexandrie, Bd.I Édition Critique, TU 113, Berlin 1973

PLÜMACHER, E.: Lukas als hellenistischer Schriftsteller. Studien zur Apostelgeschichte, StUNT 9, Göttingen 1972

POPKES, W.: Christus Traditus. Eine Untersuchung zum Begriff der Dahingabe im Neuen Testament, AThANT 49, Zürich / Stuttgart 1967

PORTON, G.: Midrash: Palestinian Jews and the Hebrew Bible in the Greco-Roman Period, in: ANRW II 19.2, Berlin / New York 1979, 103–138

RADL, W.: Paulus und Jesus im lukanischen Doppelwerk. Untersuchungen zu Parallelmotiven im Lukasevangelium und der Apostelgeschichte. EHS.T 49, Bern / Frankfurt a.M. / Las Vegas 1975

REHKOPF, F. (F. BLASS, A. DEBRUNNER): Grammatik des neutestamentlichen Griechisch, Göttingen ¹⁴1976

REINMUTH, E.: Geist und Gesetz. Studien zu Voraussetzungen und Inhalt der paulinischen Paränese, ThA 44, Berlin 1985

REINMUTH, E.: Ps.-Philo, Liber Antiquitatum Biblicarum 33,1–5 und die Auslegung der Parabel Lk 16:19–31, NT 31 1989, 16–38

REINMUTH, E.: Beobachtungen zum Verständnis des Gesetzes im Liber Antiquitatum Biblicarum (Pseudo-Philo), JSJ 20 1989 151–170

REINMUTH, E.: ›Nicht vergeblich‹ bei Paulus und Pseudo-Philo, Liber Antiquitatum Biblicarum, NT 33 1991, 97–123

RESE, M.: Alttestamentliche Motive in der Christologie des Lukas, StNT 1, Gütersloh 1969

ROLOFF, J.: Die Apostelgeschichte, NTD 5, Berlin 1988

ROLOFF, J.: Konflikte und Konfliktlösungen in der Apostelgeschichte, in: Der Treue Gottes trauen. Beiträge zum Werk des Lukas, FS G. SCHNEIDER, Hg. C. BUSSMANN, W. RADL, Freiburg / Basel / Wien 1991, 111–126

SAITO, T.: Die Mosevorstellungen im Neuen Testament, EHS.T 100, Bern / Frankfurt a.M. / Las Vegas 1977

SALMON, M.: Insider or Outsider? Luke's Relationship with Judaism, in: Luke-Acts and the Jewish People. Eight Critical Perspectives, Hg. J. B. TYSON, Minneapolis 1988, 76–82

SATO, M.: Q und Prophetie. Studien zur Gattungs- und Traditionsgeschichte der Quelle Q, WUNT II 29, Tübingen 1988

SCHÄFER-LICHTENBERGER, C.: ›Josua‹ und ›Elischa‹ – eine biblische Argumentation zur Begründung der Autorität und Legitimität des Nachfolgers, ZAW 101 1989, 198–222

SCHALLER, B.: Zur Überlieferungsgeschichte des Ps.-Philonischen Liber Antiquitatum Biblicarum im Mittelalter, JSJ 10 1979, 64–73

SCHENK, W.: Der Passionsbericht nach Markus. Untersuchungen zur Überlieferungsgeschichte der Passionstraditionen, Berlin 1974

SCHILLE, G.: Die Apostelgeschichte des Lukas, ThHK V, Berlin ²1984

SCHMIDT, S. J.: Texttheorie, München ²1976

SCHNEIDER, G.: Die Apostelgeschichte, HThK V / 1.2, Freiburg / Basel / Wien 1980. 1982

SCHNEIDER, G.: Engel und Blutschweiß (Lk 22,43–44). ›Redaktionsgeschichte‹ im Dienste der Textkritik, in: ders., Lukas, Theologe der Heilsgeschichte. Aufsätze zum lukanischen Doppelwerk, BBB 59, Königstein/Ts. – Bonn 1985, 153–157

SCHNEIDER, G.: Neuere Literatur zum dritten Evangelium (1987–1989), ThRv 86 1990, 353–360

SCHULZ, S.: Gottes Vorsehung bei Lukas, ZNW 54 1963, 104–116

SCHÜRER, E.: The History of the Jewish People in the Age of Jesus Christ (175 B.C.–A.D. 135). A New English Version revised and edited by G. VERMES, F. MILLAR, M. BLACK, III / 1, Edinburgh 1986

SCHÜRMANN, H.: Das Lukasevangelium. Erster Teil (1,1–9,50), Leipzig 1970

SEELIGMANN, I. L.: Voraussetzungen der Midraschexegese, in: Congress Volume Copenhagen 1953, VT.S I, Leiden 1953, 150–181

SELLIN, G.: Studien zu den großen Gleichniserzählungen des Lukas-Sonderguts. Die ἄνθρωπός-τις-Erzählungen des Lukas-Sonderguts – besonders am Beispiel von Lk 10,25–37 und 16,14–31 untersucht, Diss.masch. Münster 1973 / 74

SMITS, E. R.: A Contribution to the History of Pseudo-Philo's *Liber Antiquitatum Biblicarum* in the Middle Ages, JSJ 23 1992, 197–216

SPIRO, A.: Samaritans, Tobiads, and Judahits in Pseudo-Philo. Use and Abuse of the Bible by Polemicists and Doctrinaires, PAAJR 20 1951, 119–137

STAMMERJOHANN, H.: Handbuch der Linguistik. Allgemeine und angewandte Sprachwissenschaft, München 1975

STEMBERGER, G. (/ HERMANN L. STRACK): Einleitung in Talmud und Midrasch. 7., völlig neu bearb. Aufl., München 1982

STEMBERGER, G.: Die Römische Herrschaft im Urteil der Juden, EdF 195, Darmstadt
1983
STEMBERGER, G.: Die Stephanusrede (Apg 7) und die jüdische Tradition, in: ders.,
Studien zum rabbinischen Judentum, SBA 10, Stuttgart 1990, 229–250.
STEMBERGER, G.: Midrasch. Vom Umgang der Rabbinen mit der Bibel. Einführung –
Texte – Erläuterungen, München 1989
STENGER, W. / SCHNIDER, F.: Beobachtungen zur Struktur der Emmausperikope (Lk
24,13–35), in: STENGER, W: Strukturale Beobachtungen zum Neuen Testament,
NTTS 12, Leiden 1990, 72–92
STERLING, G. E.: Historiography and Self-Definition, NTSupp 64, Leiden / New
York / Köln 1992
STIERLE, K.: Der Gebrauch der Negation in fiktionalen Texten, in: ders., Text als
Handlung. Perspektiven einer systematischen Literaturwissenschaft, München
1975, 98–130
STOEBE, H. J.: Das erste Buch Samuelis, Berlin 1976
STUHLMANN, R.: Das eschatologische Maß im Neuen Testament, FRLANT 132, Göttingen 1983
TALBERT, C. H.: Literary Patterns, Theological Themes, and the Genre of Luke-Acts,
SBLMS 20, Missoula 1974
THORNTON, C.-J., Der Zeuge des Zeugen. Lukas als Historiker der Paulusreisen,
WUNT 56, Tübingen 1991
TURNER, M.: The Spirit and the Power of Jesus' Miracles in the Lucan Conception,
NT 33 1991, 124–152
VERMES, G.: Bible and Midrash: Early Old Testament Exegesis, in: ders., Post-Biblical Jewish Studies, SJLA 8, Leiden 1975, 59–91
VERMES, G.: Scripture and Tradition in Judaism. Haggadic Studies, Studia Post-Biblica 4, Leiden ²1973
VOGT, E.: Tragiker Ezechiel, in: JSHRZ IV / 3, Gütersloh 1983, 113–133
WADSWORTH, M. P. (Dissertation): The »Liber Antiquitatum Biblicarum« of Pseudo-
Philo: doctrine and scriptural exegesis in a Jewish midrash of the first century
A.D., Diss.masch. Oxford 1976, 3 Bde.
WADSWORTH, M. P.: The Death of Moses and the Riddle of the End of Time in Pseudo-Philo, JJS 28 1977, 12–19
WADSWORTH, M. P.: A New Pseudo-Philo, JJS 29 1978, 186–191
WADSWORTH, M. P.: Making and Interpreting Scripture, in: Ways of Reading the Bible, Ed. by M. WADSWORTH, Brighton / Totowa 1981, 7–22.
WEISER, A.: Die Apostelgeschichte, ÖTK 5 / 1.2, Gütersloh / Würzburg 1981.1985
WIEFEL, W.: Das Evangelium nach Lukas, ThHK III, Berlin 1987
WILLIAMSON, H. G. M.: The Old Testament in the Old Testament: History, in: CARSON, D. A., WILLIAMSON, H. G. M. (Hg.), It is written: Scripture citing Scripture.
Essays in Honour of BARNABAS LINDARS, Cambridge 1988, 25–38
WINTER, P.: The Proto-Source of Luke I, NT 1 1956, 184–199
ZELLER, D.: Die Ankündigung der Geburt – Wandlungen einer Gattung, in: R. PESCH,
Hg., Zur Theologie der Kindheitsgeschichten. Der heutige Stand der Exegese,
München / Zürich 1981, 27–48
ZERON, A.: Erwägungen zu Pseudo-Philos Quellen und Zeit, JSJ 11 1980, 38–52
ZERON, A.: The Swansong of Edom, JJS 31 1980, 190–198
ZIMMERMANN, H.: Die Sammelberichte der Apostelgeschichte, BZ 5 1961, 71–82
ZIMMERMANN, H.: Neutestamentliche Methodenlehre. Darstellung der Historisch-
Kritischen Methode, Leipzig o.J. (1967)

Stellenregister

I. Altes Testament

Gen

1,9	185	10,33	39
4	35. 36. 44 A	11,1	39. 40
4,1–6	34 A. 35 A	11,1f	40 A
4,3	115 A	11,1–9	43
4,11b.12a	212	11,2	40. 215 A
4,12.14	34 A	11,2–4	42. 113. 125
4,15	36	11,3	166. 166 A
4,16	34. 34 A. 35 A	11,4	113
4,17	35 A	11,4b	41 A
4,19–21	35	11,5–6	102
4,23	35 A	11,6	43. 53. 53 A. 102. 123. 134 A. 225
4,23–24	35	11,7	44. 104
4,24	35. 36	11,8f	44
5	33. 36. 44 A	12–46	45
5,4	33	12,1	214
5,6f	33	12,3	53 A
5,24	34	12,4f	45. 113
5,29	34	12,7	49. 159 A. 211. 212. 217 A. 222. 223. 225. 226
6,1–2	36. 37. 113		
6,2	37	15	42 A
6,3	36. 37. 194 A. 211	15,5–6	55
6,5.7	37	15,7	42
6,6	37	15,9–10	240 A
6,7	37	15,13	50 A. 214. 224. 226 A
6,8	37	15,13f	56. 211. 214. 218 A. 226
6,18	37 A		
7,5	94 A	15,14	134 A
9,1.3–4.6–7	37	15,16	221 A
9,6	37. 119	16,1.15	113
9,6–7	119	16,10	212
9,9–12.14.16	37. 38 A	17,10ff	193
9,13	212	19	105. 105 A
9,13.15	104	19,1–11	124 A
9,18	38. 113 A	19,5	105
9,28f	39. 62 A	19,9	105
10	40 A	19,10f	105
10,5	40 A	21,15	198 A
10,8f	38 A	21,22	115 A
10,31	39	22	93 A
10,31f	39. 40 A. 133 A	22,16	206 A. 207

22,17	54. 54 A. 55. 59. 212. 224	3,2.6b	194 A
25,12.16	113	3,5	170 A. 214
30	103	3,5–6	170 A
30,23 LXX	159	3,6	195. 214. 216. 217
30,25ff	106	3,6b	170 A
30,25–43	57. 103. 123	3,7–8.10	214
30,37	103 A	3,8	56. 211. 225
30,37–39	103	3,9	214 A
37,19	166 A	3,12	164
38	47 A. 100	3,13	218
38,1	115 A	3,13f	50. 218 A
38,24	100	3,16.18	46 A
38,25	211 A	4,4–20	104. 123 A
39	105 A	6,20	46 A
41,43b	193	7,7	194 A
41,44–53	194	7,9–20	104. 123 A
41,54	194	7,14–13,16	48. 113
42,7ff	101	9,22–25	104. 123 A
42,8	101. 102. 178	10,12–15	104. 123 A
42,21	166 A	12,7	49
42,21.28	166 A	12,11	216
42,28	166 A	13,18	54
45	101 A	13,21	48
45,3f	178	14,8f	50 A
48,4	214 A	14,8–11	48
49,10	85. 213. 219	14,8.17	50 A
		14,11f	49. 50
Ex		14,12	50
1,6f	45	14,15	50 A. 218 A
1,6–10.22	114	14,15f	48. 49 A. 123 A
1,7f	194	14,15–29	104. 123 A
1,8	49. 214 A	14,17	50 A
1,13f	47	14,22	48
1,16	197 A	14,23	48
1,22	45. 46. 125. 197. 198. 203	15,13f	226
2,1–10	167 A	15,20	47 A
2,2c	198	15,25	191 A
2,3	197. 198. 203	16,13–17,6	48
2,4–9	198	16,15	166 A
2,5	96	17,1–7.9–13	104. 123 A
2,7	35 A	17,11f	67 A. 171 A
2,9f	47	17,14	89 A. 97. 114
2,10	194	18,4 LXX	138
2,10b	198	18,7	166 A
2,11	115 A	19–20	51 A
2,11ff	195	19,1	22. 51. 114. 200 A. 201
2,14	214. 215 A	19,14.17	134 A
2,22	214	19,16	52
2,23	49	19.16f	202
2,23–24	48. 113	20,11	216
3,1	167. 169. 200	20,18–21	52
3,1b	199	20,19	52. 139
3,1–6	169. 201	20,20	52
3,2	201. 202. 202 A. 203	20,21	52

20,22ff	52	12,8	52 A
20,25	95	12,19	59
22,17	65 A	13	124
24,16.18	22	13,1–14,19	55
25,8	52	13,1–2	55
25,9	191 A	13,1ff	55. 94. 94 A
25,9.40	196. 199	13,1–3.21.25.20	113
32	51 A. 215	13,28	55 A
32,1.23	215	14,3	56. 225 A
32,2ff	124 A	14,8	225 A
32,15	100	14,11f	55
32,20	120	14,13–19	55
33,11	52 A	14,26	54
33,16	141	14,32	119 A
34	177 A.	14,38	222 A
34,1	53	15,37–40	56 A
34,29b	178	15,37–16,3	113
34,29ff	51 A. 101	16,3	58. 106. 107
34,29–35	52. 100. 101. 177	16,3.10	154
34,30	177	16,15	97. 107. 209
34,30b	102	16,26	56. 135 A
35–40	51 A	16,26f	57
35,29c	102	17	106
40,33	221 A	17,17ff	103 A
		17,17–23	57
Lev		17,17.19–20	114
1,1	211 A	17,17.19–20.	
1,1.10.14	51 A	22–23	103 A
1,14	211 A	17,19f	58. 106
10,9	215.218	17,22f	58
14,2–6	51 A. 94	17,23	103 A
14,7–32	94	20,7–13	104. 123 A
16,8	191	21	58
16,9f	190	21,16f	48
19,18	218	22	75 A
19,26.31	65 A	22–24	61
23	51 A	22,5	58 A. 60 A
23,26–32	222 A	22,5f.17	58. 60
23,29	218	22,6	62 A
26,34f	228 A	22,8	59
		22,9	59. 60 A
Num		22,13–15	59
1	54	22,17	58 A
1,1–3	54	22,20	59
1,2	135 A	22,21	59
1,16.18	134 A	23	59. 59 A
1,46–49	54	24,9	121 A
1,48f	94	24,10–11	60
2,33	94	24,17a	206 A
5,11–31	120	24,25	58.60 A
5,17	120	25	60 A
6,3	215. 218	25,1	58
11,26ff	100 A	25,1f	70 A
11,26-30	139	25,1ff	113

25,6–18.31	75 A	34,5f	62
26,11	57 A	34,7	194 A
27,1–11	69 A	34,9	182 A
27,12	95	34,10	52 A
31,15	60 A		
31,16	113	*Jos*	
33,54	190	1,1–3	212
36,1–13	69 A	1,1–9	63
		1,7–8	77 A. 95. 212. 217 A
Dt		1,8	95
1,6	200	2	63. 104. 124
1,22f	55 A. 94 A	5,1.13	115 A
3,28	212	5,11.12	63
4,10	200	6	63
4,10.15	200	7,7	219
4,20	208 A	7,9	19 A
5,2	200	7,14	191 A
5,24	52. 52 A. 139	7,14–18	190
5,27	97. 98	7,16–18	191 A
5,32	95. 212. 217 A	8,26	171 A
6,5	218	8,30f	95
9,8	200. 200 A	8,30–35	63
9,10	200	10,13	109.109 A. 110 A
9,26	208 A	11,23b	31 A
9,26.29	208 A	12,7–24	63
10,1	115 A	13,1	63. 64. 114
11,9	212. 217 A. 226	13,16	63
13,1–3	75 A	13,22	58 A
13,1–6	75 A	14,1f	189 A
13,6	75 A	14,1ff	63
13,18–21	75 A	14,2–5	95
17,15	113. 212. 224. 230	14,6.8–9	63
18,15	169 A. 214 A. 215	14,8	55. 55 A. 113
18,15–20	218	14,8b	222 A
18,16	200	14,9–11	104
21,9	217 A	14,13	63
21,22	216	14,15b	31 A
22,6	88 A. 121. 212	16,1	190
22,6f	88 A	18,8.10	190 A
25,19	89 A. 97. 177 A. 212. 213 A	18,11	190
		22,1	64 A
27,5f	95	22,2	64 A
28,15	227 A	22,3	64 A
28,62	54 A	22,5 LXX	218
28,69	200	22,9ff	98
29,17	213. 216 A. 217 A. 218 A. 226. 226 A	22,10–12	64. 113
		22,12	64 A. 98. 134 A
29,27	198 A	22,23.26.28f	64 A
31	63	22,24f	64 A
31,16	63	22,31	140
31,23	113	23	64
32,17	75 A	23f	74. 125
32,49	95. 95 A	23,2; 24	114
34,1	191 A	24	64

24,3	46 A	10	188
24,4f	208 A	10,3–5	77. 100 A
24,4ff	168 A	10,3–6	114
24,24	64	10,6ff	78. 168
24,28	208 A	10,9.17–18	113
		10,18	166 A
Ri		11,29–31	78 A
1,1	65 A. 113	11,30f	78
1,7	118 A	11,32f	78
2,17	70 A	11,35	78
3,11	65 A	11,38	78
3,11.30	31 A	11,40	78
3,29	115 A	12,7	78
4	71. 104. 124 A	12,11	79 A
4–5	69	12,13f	79 A
4,2–3	70	13	114
4,6	71	13,1	79 A
4,9	71. 71 A. 72 A	13,2ff	184
4,9b	72. 122 A.	13,2–14	167 A
4,15	71 A	13,4–5.13	158 A
4,15–18	71	13,9b	184
4,17ff	71	13,12	161
4,19	73	13,13–14	158 A
5,1	73	13,20	79
5,7b	77 A	13,24	79. 113
5,20	55 A. 72. 72 A. 240 A	14,1f	79. 113
5,28	72. 72 A	14,5f	109
5,30	72 A	15,4ff.9ff.15ff	109
5,31b	31 A	15,6	79. 113
6	113	16,4ff	109
6–8	75 A	16,4c.18c	186
6,1	75. 75 A	16,5	186
6,13	176. 195 A	16,5.18	186
6,13–14	179 A	16,6.19	181 A
6,19ff	109	16,17b	96
6,21c	179 A	16,19	96
6,34	180	16,29–31	80
6,36–40	109 A	17	80. 142 A
7	172 A	17–18	82 A
7,7–8	67 A	17,2	186
7,11f	67 A	17,6	32 A. 80. 113
7,16	67 A	17,13	140 A
7,19	75	18,19	80 A
8,24ff	124 A	19	81. 82 A. 105. 105 A.
9	76 A		114. 124 A
9,1ff	76 A	19,11ff	124 A
9,1.18	113	19,22	105
9,2	76	20,11	134 A
9,5	76. 113	20,27f	223
9,6	76 A	20,43	19 A
9,7ff	76	21,17–19.23	82
9,15ff	76	21,25	80
9,28ff	69 A		
9,53	77		

1.Sam

1	97
1,1–18	83
1,2.4.6	114
1,3	86 A
1,3.7	151 A
1,20	97
1,20.23f	113. 162
1,25f	160
2,1ff	116 A
2,10	163
2,11–12	113
2,11.12ff	87
2,12–17	188
2,12–4,22	87
2,22	88 A
2,26	194 A
2,34	164
3,1.7	113
3,4–9	195 A
4	106. 107
4,1–3	113
4,5	106. 106 A
4,19–22	88
4,21f	160
6,7–10	142 A
7,17	114
8,4–5	113. 224
8,5	89 A. 110
8,6	110
9,19	206 A
10,1	110
10,1ff	99. 110
10,6	212
10,7	110
10,9	99. 110
10,10	110
10,11	166 A
10,20f	189 A. 190. 191 A
12	107
12,1–3	96
12,3	107
14,6	172 A
14,24ff	91
14,41	190. 191 A
14,45	99
15	114. 188 A
15,3	97
15,5	97
15,27	108
15,28	108
16,7	192 A
16,11	90 A
16,14	90

16,14.19.23	113
17,4	90
17,15	91. 113
17,16	108
17,34	124 A. 164
17,34–37	90
17,49	124 A
17,51	91
17,55–58	91
18,3	113
19,18–22	113
20	110
20,41	91
21f	110
21,1	91
21,2	105 A
22,18	99. 99 A
22,18–19	114
25,1	92. 110
28	110
28,3	92. 110. 114
28,14	108
29f	110
31	110
31,1.3	114
31,6	185 A. 212 A

2.Sam

1	29
1,18	109 A
2,30–36	227 A. 228 A
3,25	188
5,15	140 A
6,6f	107 A
7	227 A. 228 A
7,11–16	227 A. 228 A
11,11	67 A
23,10	67 A. 121

1.Kö

2,3f	227 A. 228 A
2,27	227 A. 228 A.
3,25	35 A
5,10b	199 A
5,11a	199 A
8,9	200
8,15.20.24	228 A
8,15.24	227 A
8,25 LXX	205 A
8,39	192 A
11,41	109
14,19	109 A
15,31	109
16,5.14.20.27	109. 109 A

19,19	182 A
19,19–21	170 A
22,17f	169 A
23,3.24	222 A

2.Kö

1,10.12	215
2,9.13–14	182 A
3,25	19 A
5,15	140
7,6	166 A
8,21	19 A
13,8.12	109 A
14,15.28	109 A
15,11	109 A
19,19 LXX	205 A
19,29	164
19,35	172 A
25,3	19

1.Chr

2,42f	63 A
12,19	180. 180 A
14,2	140 A
17,23	205 A
24,31	190 A
25,9	190
28,9	120 A. 192 A

2.Chr

1,9	205 A
5,10	200
6	228 A
6,4.15	227 A
18,16	169 A
24,20	180. 180 A
36,21	227 A
36,21.23f	227 A

Esr

1,1	227 A
1,1–3a	227 A

Neh

6,16	140 A
9,12	48

Ps

2,1	134 A. 219 A. 235
2,1f	218. 219
2,2	185. 219
6,9 LXX	216. 218
7,10	192 A
15,10	219 A

16	220 A
17,3	192 A
18,10	200. 201
19,7	140 A
21,19 LXX	216
26,2	192 A
28,7 LXX	202 A
28,9	208 A
29,7	202 A
30,6 LXX	216
33,16f	172 A
33,16–19	139. 139 A
44 LXX	195
44,12	195
44,22	192 A
69,26	185. 218
78,24	48
78,62	208 A
82,15 LXX	202 A
83,15b	202 A
87,9	195
94,5.14	208 A
99,6	227
103,12 LXX	216
104,21 LXX	193
105,21	193 A
106,19	200 A
106,40	208 A
109,8	185. 218
110	220 A
116,15	223
117,22 LXX	217. 217 A
117,26 LXX	216
128,3	114
139,1f.23	192 A
145,6 LXX	216
148,3	102 A

Prov

5,22a	190
15,11	192 A
24,12	192 A

Jes

5,24	202 A
6,5ff	170 A
6,9f	217. 220 A
7,14	113. 216
12,15	220 A
19,21	141
23,7	195
26,19	215. 217
29,16	57 A
29,18	215. 217

29,22	42 A
33,1.6	195
34,4	216. 218
37,20b	219 A
37,30	164
38,13	195
40,3	216 A
40,15	53. 53 A. 134 A
42,18	215. 217
45,21	218. 220 A
47,6	208 A
49,6	216. 220 A
51,4	134 A. 162
53,6	196
53,6.12	195
53,7	57 A
53,7–8 LXX	179 A
53,13	57 A
56,3	114
56,7	218
58,6	217
58,6.9	216 A
61,1	217
61,1f	164 A. 217. 232
64,6	195
66,1f	215
66,8f	57 A

Jer

1,4ff	170 A
2,8	212 A
2,10	57 A
7,11	218
11,20	192 A
17,10	192 A
18,13	57 A
18,14	57 A
25,11	227 A. 228 A
29,10	227 A
30,6	57 A
33,14ff	227 A
52,6	19

Thr

2,1	198 A
2,17	227 A

Ez

10,2	158 A

14,8	60 A
16	165 A
16,4	165 A
16,5	198 A
19,1–9	82 A
34,5.13.31	169 A
36,32	141

Dan

3	42 A
3,18 θ	141 A
3,34	195
3,95 θ	138
6,23 θ	138
7,13b	216
7,13f	218
8,15f	158 A
9,21	158 A
11,6 θ	195
12,7	23 A

Hos

10,8	214

Jo

2,17	208 A
3	220 A
3,1–5	220 A

Am

5,25–27	215. 215 A
5,27	215 A
9,11f	218.220 A

Jon

1,7	190 A. 191
1,7–10	190 A

Mi

7,6	216
7,14	208 A

Sach

4,6b	172 A
8,19	21. 22
13,7	169 A

Mal

3,22	200

II. Zusätzliche Schriften der Septuaginta

1.Esr		5,5	208 A
2,18	141	7,29	102 A
6,8	141	11,14	197
		11,16	118 A
2.Esr		11,23	87 A
4,12.13	141	12,4f	197 A
5,8	141	12,10	87 A
		12,19	87 A
Jdt		16,28	141
9,11a	172 A	18,5	197. 197 A
11,19	169 A		
12,15	73 A	*Sir*	
13,4	72 A. 73 A	13,28	102 A
13,9	73	17,30	102 A
16,17	187 A	48,7	200
		49,15	193
1. Makk			
1,31.45.54.56	22	*PsSal*	
3,6	216. 218	3,11	233 A
3,19	172 A	10,4	233 A
		11,6	233 A
2. Makk		15,12	233 A
9,9	187 A		
12,13	19 A	*Bar*	
		6,60	102 A
SapSal			
3,7	233 A		

III. Pseudepigraphen des AT

äthHen		35,23	205 A
46,6	187 A	40,6	193 A
80,2ff	75 A	48,2	199 A
85–90	82 A	50,4	23 A
104,10	205 A		
		syrBar	
AssMos			18. 18 A
1,2	23 A	4,1	233 A
10,11	23 A	5,3	233 A
		6,9	195 A
4Esr		13,5–12	233 A
	18. 18 A. 215 A	14,2	140 A. 205 A
3,28–36	242 A	67,2.6	195 A
4,44–50	23 A	80,1–3	195 A
5,28	204 A	84,7	205. 205 A
6,57	204 A		
8,15–18.45	208 A	*TestXIIPatr*	
		TSim 5,4	205 A
Jub		6,1	205. 205 A
	211 A	TLev 10,1f	205. 205 A

14,2	205 A	TDan 5,4	205 A
TJud 17,2.6	205 A	TAss 7,2	205 A
TIss 6,1	205 A	TJos 20,1	205 A

IV. Qumranschriften

CD		10,16	213 A
1,1–12	136 A. 137 A	13,7–13	207
1,4	137 A	16,15	213 A
1,13	213 A		
3,20	236 A	*IQS*	
		10,13	188

V. Schriftsteller

Josephus

ant		*Hypothetica*	
2,228	197 A	7,7	197 A
3,85–87	177 A		
4,46–50	107 A	*Vita Mosis*	
4,303	23 A	1,11	169 A
5,33–44	188 A	1,11.21.23	199 A
5,339f	88	1,20ff	199 A
7,68	19 A. 23 A	1,61	169 A
8,61	19 A		
8,61f	23 A	PsPhok	
10,147	19 A		
12,264	199 A	149	65 A
19,346.348.350	187 A	184f	197 A
20,230	23 A	196	65 A
bell		Plato	
6,94	20 A. 21. 22	*Crito*	
		54 a	199 A
cAp			
2,19	23 A	TragEz	
2,202	197 A		
		15	197 A
Philo		15f	197 A
		36–38	199 A
De Iosepho		51f	215 A
1	169 A	86	215 A
2	169 A		

VI. Rabbinica

bSanh 34a	16 A	T.b.Taanit 28b	22
Seder Olam Rabbah 11	19 A	T.b.Yoma 77a	158 A
M. Taanit 4,6	19. 20. 21. 22 A		

VII. Neues Testament

Matt

1–2	167 A
1,23	216 A
3,3	216 A
5,14.36	57 A
7,1	120 A
7,9f	57 A
7,18.16	57 A
10,20	164
11,10	213 A
12,33c	57 A
13,14f	217
15,14	57 A
17,1	173 A
17,2	173
17,8	174
22,16	219 A
22,34	185 A
23,32	221 A
23,34f	206 A
26,4	174
26,36b.38	173
26,37	173 A
26,39b	173
26,39.42.44	173
26,40b.45	175
26,41	175
26,43	174 A
26,46	175
26,51–54	175
26,52f	175
27,5	187 A
27,25	206 A

Mark

1,3	216 A
1,14f	148 A
1,16–20	170 A
1,17	170
1,28	147 A
2,13	170 A
2,19parr	57 A
3,7.9	170 A
4,1–2	170 A
4,12	217
9,2	173. 173 A
9,6	174
9,8	174
12,14	219 A
12,32	219 A
13,11	164

14,32.34	172
14,35.39	173
14,36	173
14,37	174
14,37b.41b	175
14,38b	175
14,40	171 A. 174 A
14,40b	174
14,42	175
14,47	175
15,43	236 A
16,5-7	183 A

Luk

1	167 A
1–2	150 A. 155. 155 A. 248
1,4	220
1,4.8	234 A
1,5	144 A
1,5.7	156
1,5–7	144. 156. 157
1,5–25	144. 166 A
1,5–2,52	143 A
1,6	156
1,7	158
1,8	164
1,8–22	144
1,9	157
1,10	157. 157 A
1,13	157 A
1,13b	158 A
1,13–17	144 A. 157
1,15	158 A. 215. 218
1,15–17	158
1,17.35	180 A
1,18	159
1,18ff	159
1,19	158 A
1,20	232
1,21–22	157
1,22	144 A
1,23–25	144
1,23.38.56	151 A
1,23.57	232 A
1,24	160
1,24–25	159
1,25	159 A
1,26	158 A. 161
1,26ff	158
1,26–29	144
1,26–38	144. 145 A

1,28–38	153 A	2,26–38	145 A
1,30–37	144	2,27–38	145
1,31	145 A. 216 A	2,31	134 A
1,35	161 A	2,39–40	145
1,35c	161	2,40	147 A. 148 A. 163. 163 A
1,36	161	2,40.52	163
1,38	144. 161	2,41	145. 151 A
1,38b	144 A	2,41–52	145
1,39–40	144	2,42–50	145
1,39–56	144	2,47	163
1,41f.67	162	2,51a	151 A
1,41–55	144	2,51f	117 A. 145
1,42–45	153 A	2,52	147 A. 163. 163 A. 164.
1,45	153		194 A
1,48b	162	3,1–6	70 A
1,49	162	3,15.19.20	147 A
1,56	144. 161	3,21	150 A. 158 A
1,57	162	3,22	163 A
1,57–58	144	3,23–28	33 A
1,57–80	144	4,14	180 A
1,59	166 A	4,14.18	164 A
1,59–64	166	4,15.31f.44	150 A
1,59–65a	144	4,16	198 A
1,64	166 A	4,16ff	164 A
1,65–66	166 A	4,18	164 A. 217
1,65b.66	144	4,21	232. 233
1,66b	162	4,22	164 A
1,67	163	4,25	219 A
1,67–79	145	4,25–28	150 A
1,68.78	233 A	4,29	164 A
1,69	163	4,36	166 A
1,72f	163	4,38	153. 169 A
1,76	216 A	4,38f	169 A
1,80	70 A. 145. 147 A. 163.	5,1ff	170 A
	163 A	5,1–11	169. 169 A. 170. 170 A.
2,1–5	145		248
2,1–20	165 A	5,5b	169 A
2,1–21	145	5,8	170 A
2,1–21b	145 A	5,8–9	170 A
2,6	162	5,16	150 A
2,6–20	145	5,17	150 A
2,6.21	232 A	6,6	150 A
2,7.12.16	165	6,10	151 A
2,12	164	6,11	166 A
2,15	114 A. 166	6,12	150 A
2,17–18	145 A	6,37	120 A
2,20.39	151 A	6,39	57 A
2,21	145	6,43f	57 A
2,21c	145 A. 166	7,1	221 A
2,22f	166	7,1–17.36–50	150 A
2,22–26	145	7,5	134 A
2,22–40	145	7,16	233 A
2,26f	153	7,22	215. 217
2,26–28	162	7,27	213 A

7,30	119 A	19,11	233 A
8,1–3	147 A	19,28	150 A
8,1.4	150 A	19,37	181 A
8,2f	150 A	19,43	19 A
8,10	217	19,44	232. 233
8,25	166 A	19,46	218
8,29.30b	153	20,14	166 A
9,7	183	20,17	217
9,9	147 A	20,17f	217 A
9,18.28	150 A	20,21	219 A
9,22	183	20,37	216. 217
9,28	158 A. 173 A	21,8	233 A
9,28–32	174 A	21,8.24	232
9,29	173	21,9	233 A
9,30	174	21,13	243 A
9,31	171	21,15	164. 164 A
9,31a	171 A	21,20.24	19 A
9,32	170. 174	21,24	233. 234
9,32b	171 A. 174	21,26	181 A
9,33	174	21,26f	218
9,45	171 A	21,27	216
9,51	150 A. 232. 233	21,37.38	147 A
9,54	215	22,25.27.44–47	219 A
10,13	181 A	22,28–38	173 A
10,27	218	22,36	175
10,38	150 A	22,36b	175
11,1	150 A	22,38	175
11,11f	57 A	22,38.49–51	175
11,30.31f	220 A	22,39ff	170. 171
11,52	156 A	22,40	173
12,8	151 A	22,41	173
12,35	216	22,42	173
12,53	216	22,43f	174. 174 A
12,56	232	22,44	158 A. 174
12,56b	233	22,45	174
13,1.4	153	22,46	175
13,18–21	150 A	22,49b	175
13,19	216	22,49–51	175
13,22	150 A	22,50	175
13,27	187 A. 216	22,51a	175
14,25	150 A	22,59	219 A
15,4–10	150 A	23,2	134 A
16,8f	187 A	23,4–24,35	150 A
16,15	192 A	23,12b	153
17,11	150 A	23,27–31.55	150 A
17,26–30.32	220 A	23,30	216
17,28f	220 A	23,34b	216
17,34f	150 A	23,46	216
17,35	185	23,51	236 A
18,1–14	150 A	24	154. 154 A. 176. 243 A. 248
18,6	187 A	24,4	174
18,29f	233	24,4f	181 A
18,30	232	24,4–7	183 A
18,35	150 A		

24,4–9	183. 183 A
24,5	183. 183 A
24,5b	182
24,5–7	183
24,5–8	181
24,9	183
24,12	152. 183
24,13–27.28–32	179
24,14.17.32	166 A
24,16	174 A. 178
24,16.31	179 A
24,17	176
24,18–24	243 A
24,19	176
24,19b–20	176
24,21	176. 233 A
24,21b–24	176
24,22–24	178
24,24	152 A
24,25f	176. 178
24,25.27.32	179 A
24,25–27.44–47	219 A
24,26f	236
24,27	156 A. 176. 178
24,28	177
24,28–35	177
24,30–32	178
24,31	178
24,31b	179 A
24,33–35	179
24,33f.36–43	154 A
24,35	179
24,46–47	243 A
24,47–48	154 A
24,48	243. 243 A
24,49	154 A. 180. 182. 243 A. 248
24,49a	179
24,49b	179
24,51f	154 A
24,52	183

Joh

3,4	57 A
7,4	57 A
16,30	138 A
20,11ff	179 A
21,12f	179 A

Act

1	154 A. 182
1,2–12	154
1,3	154 A
1,4	154 A

1,4f.8	182
1,6	233
1,6b	243 A
1,6–8	243 A
1,7	232. 233. 234 A
1,8	180 A. 181. 234 A. 236 A. 243
1,8b	154 A
1,8.22	181
1,9	141 A. 183
1,9.12	154 A
1,10	183
1,10a	182
1,10f	181. 183. 183 A
1,10–12	183
1,11	182. 248
1,11b	181
1,12	151. 183
1,12a	181
1,12–14	184. 248
1,13	184
1,13–14	147 A
1,14	150 A. 184
1,15	151. 185
1,15–20	185. 248
1,16	234 A. 236
1,16.21	235 A
1,18	187 A
1,18a	187
1,19b	187
1,20	185. 213 A
1,20a	187
1,21	188. 236
1,21–22	243 A
1,21–26	188. 248
1,22	243 A
1,23a	191
1,23–26	191
1,24	191 A. 192
1,24–25	191
1,26	191
1,26a	151
2,1	146. 152. 232 A
2,1ff	181
2,1–4.5–13	147 A
2,1.44.47	185
2,3	201. 202. 203
2,4	234 A
2,14	140. 140 A. 141. 141 A
2,14–36	147 A. 220 A
2,16	213 A. 218 A
2,16ff	220 A
2,17	234 A
2,17f	234 A

2,17–21	213 A	4,26	185
2,22	181 A	4,26b	219
2,22c	168 A	4,26f	218 A
2,23	195 A. 234 A. 235	4,27	219 A
2,29	118 A	4,27b	219. 219 A
2,31	234 A	4,27f	235
2,31b	219 A	4,28	234 A. 235
2,32	181. 236 A. 243 A	4,29	218 A. 235
2,32f	243 A	4,29–30	218
2,33	179 A	4,31	218. 234 A
2,36	220 A	4,31b	151
2,37ff	168 A	4,32ff	163 A
2,37–41.42–47	147 A	4,32–35	147. 148
2,40	117 A. 239 A	4,32–37	147 A
2,40b	152	4,33	242 A
2,41	151	5,1–11	150 A. 188
2,42–47	147. 148	5,1–11.12–16	147 A
2,46	154	5,1.34	151
3,1	152	5,12	242 A
3,2	151 A	5,12–16	147. 148
3,6	152. 241 A	5,14	150 A
3,11	152 A	5,17	152 A
3,13	216. 217	5,19f	234 A
3,15	235. 243 A	5,28	206 A
3,17	235	5,29	152 A
3,17f	235	5,30	216
3,18	234 A. 235	5,31	87 A
3,18.21.24	219 A	5,32	242 A. 243 A
3,19–21	234	5,38	234 A
3,20	232. 234. 234 A. 235	5,38f	236
3,21	235 A	5,42	147 A. 151
3,22	169 A	6,1	151
3,22f	218	6,1–7	147 A
3,24	234	6,3.10	164
3,25f	236 A	6,7	147 A. 151
4	219 A	6,8	152. 180 A
4,1	152 A	6,8–15	147 A
4,4	147 A. 151	6,10	164 A
4,5	151	6,11	152
4,8	162 A	7	136 A. 147 A. 164 A. 193.
4,10	140. 141		193 A. 202. 213 A. 214.
4,11	217. 218 A		214 A. 215. 220 A. 248
4,12	235 A	7,2–53	193
4,15	166 A	7,3	214
4,22	153 A	7,4a	214
4,23	152 A	7,4b–5	214
4,24	216	7,6–7	214
4,24 a	218	7,7	134 A
4,24b–28	218	7,8	193
4,24–30	235	7,10	193 A
4,24–31	218. 218 A	7,10b	193. 194
4,25	219. 235	7,11	194
4,25–26.27–28	235	7,17	232 A. 234 A
4,25.27	134 A	7,17b.18	194

7,18	194. 214 A	8,32ff	179 A
7,19	198 A	8,39f	151
7,19.21	196. 198. 203	8,39.40a	179 A
7,20	194. 198	9,1	152
7,21	194. 198	9,1–2	147 A
7,22	199 A	9,1–19	154
7,22a	199	9,1–31	149 A
7,23	194. 195	9,2.36–42	150 A
7,25	195	9,3–19a.19b–22	147 A
7,27b	214	9,6.16	235 A
7,27b–28	214	9,10–16	234 A
7,30	194. 199. 202 A	9,10.36	151
7,30.38	199	9,12	153. 158 A
7,32	170 A. 217 A	9,17	241 A
7,32a	214	9,18b	151
7,32b	195. 214	9,20.22b	152
7,32–34	214	9,23	152
7,33	214	9,30	151
7,34	214	9,30f.42f	151
7,35	214	9,31	31 A. 147 A
7,36–38	218 A	9,32	151
7,37	169 A. 214 A. 215	9,34	152
7,38	135 A. 200	9,35	151
7,40	215	9,38	189 A
7,41	215	9,39f	184 A
7,42	195. 195 A. 196. 213 A.	9,42	141 A
	215	9,43	151
7,42b.43	215	10,1	151
7,43	215 A	10,1–11,18	149 A
7,44	196	10,3–6	234 A
7,48	215	10,3–6.10–	
7,49–50	215	16.19	234 A
7,51b	215	10,9f	158 A
7,52	215. 234 A	10,19	234 A
7,58	150 A. 164 A	10,19–20	234 A
8,1b	151	10,22	134. 234 A
8,1.3	150 A	10,28	192 A. 203 A
8,1–8	147 A	10,30–33	137
8,4	152 A	10,33	234 A
8,9	151	10,34	137. 138 A. 219 A
8,9–13	147 A	10,34f	137. 139
8,10	152	10,34–43	137
8,11.16	153	10,37	114 A. 168 A. 238
8,13	181 A	10,37–38	168 A. 238
8,14	152 A	10,37ff	238
8,14–25	147 A	10,38	180 A
8,18–24	188	10,39	168 A. 243 A
8,23	187 A. 206 A. 216 A	10,39.41	243 A
8,25	147 A	10,40–41	238
8,25.40	151	10,41	234 A. 235. 238
8,26	152 A. 234 A	10,41–42	238
8,26–39	179 A	10,42	218 A. 234 A. 238
8,29	234 A	10,43	219 A. 238. 239. 239 A
8,29.39	234 A	10,44–46	137

10,48	151	14,8	151
11,1.19	152 A	14,8–18	147 A
11,5–10	234 A	14,10	152
11,12	234 A	14,11	152
11,13f	234 A	14,16	133 A. 135. 136
11,16	152 A	14,17	135
11,17	232 A. 234	14,22	235 A
11,18	87 A. 117 A. 151	14,22b	152
11,19–26	147 A	14,23	208 A
11,20	151	14,28	151
11,27	151	15,1	152 A
11,27–30	147 A	15,1–4	147 A
11,30	151	15,5–21	147 A
12,1	151	15,7	203 A
12,1–3	147 A	15,8	239 A. 242
12,4–5.6–19a.		15,14	220 A. 233 A
19b–25	147 A	15,15	213 A
12,6–10	138	15,15–18	220 A
12,7–11	234 A	15,16–18	218
12,11	138. 138 A	15,19–21	220 A
12,12–15	150 A	15,33f	151
12,12–17	138	15,33.40f	151
12,17c.25	151	15,35	151
12,22	152	15,36	151. 152
12,23	187 A	16,1.14	151
12,24	147 A. 151	16,3b	153
13,1	152 A	16,5	147 A. 151
13,2	152	16,6f	234 A
13,2.4	234 A	16,9	152. 234 A
13,3	151	16,14	174 A
13,12	151	16,14f	150 A
13,13	152	16,16	146. 151
13,17	136 A	16,18	151 A
13,17–25	213 A	16,28	153
13,22	234 A. 239 A	16,40	151
13,22b	216 A	17,1	152 A
13,24	234 A	17,3	152. 219 A. 235 A. 236
13,27	235 A	17,5	153. 153 A
13,31	243 A	17,5.7	153. 153 A
13,32f	243 A	17,7.23b	153
13,33	213 A	17,15	151
13,33–35	239 A	17,16	153 A
13,36	234 A	17,17	151 A
13,38	140. 141	17,26	134 A. 232 A. 234 A
13,40f	236 A	17,26.31	234 A
13,46	119 A	17,30	232. 237 A
13,46–48	236	17,30f	234
13,47	216. 220 A. 237	17,31	234 A
13,48	234 A	17,33f	151
13,48f.51f	151	17,34	150 A
13,50	150 A	18,1	151. 152 A
14,1	151	18,2	150 A
14,1–7	147 A	18,2b	153
14,3	241. 242	18,3	208 A

18,6	152	20,34f	209
18,6b	206	20,35	152 A
18,9f	152. 234 A	20,35a	209
18,11	151	20,35b	210
18,12	152 A	20,38	207
18,13	152	21,4.11	234 A
18,21	234 A	21,5.9	150 A
18,24	151	21,9	234 A
18,28	219 A	21,14	117 A. 151. 234 A
19,1	151	21,15	151
19,6	234 A	21,19	153
19,10	151	21,20	153
19,11	181 A	21,28	152
19,11–13.17–19	147 A	21,38	153
19,17	141 A	22,1–21	154
19,19	65 A	22,3	199 A
19,20	147 A	22,6–10	234 A
19,21	152. 235 A	22,10	234 A
19,23	146. 151	22,14	234 A. 235
19,24	151	22,15	243 A
19,25	203 A	22,17–21	234 A
19,26	152	22,19	203 A
19,28.34	152	22,21	152
19,32.39.41	135 A	23,11	152. 234 A. 235 A.
20	210. 248		239 A
20,6	151	23,16	153
20,7	152	24,2.10.17	134 A
20,8	184 A	24,14	219 A
20,10	152	24,24	150 A
20,13	152	24,26	153 A
20,13b.16	153	25,13	150 A
20,17–35	210 A	25,16	234 A
20,18b	203. 204 A. 210	26,4	134 A
20,18b–21	203. 204. 210	26,4–23	154
20,18b–35	203	26,13–18	234 A
20,22f	234 A	26,16	234 A. 235 A. 243 A
20,22–24	204	26,22	118 A. 238. 238 A. 239
20,23	204 A. 242 A	26,22f	236 A
20,25	204	26,23	219 A. 238
20,25–32	204	26,31	166 A
20,26	206 A	26,32	151
20,26b	205	27,7	158 A
20,26f	205. 206. 210	27,23f	153. 234 A
20,27	234 A. 236 A	27,24.26	235 A
20,28	206. 210	28,4	152
20,28f	207	28,23	238 A
20,29a	206	28,25	166 A. 213 A
20,29f	206. 210	28,25a	220 A
20,31	207	28,25–28	236 A
20,31a	206	28,25–30	220 A
20,32	207. 207 A. 208	28,26f	237
20,33	204 A. 209	28,28	140. 141. 220 A
20,33–35	188. 208. 210		
20,34	209		

Rö

1,24.26.28	196
3,25	207 A
5,9	207 A
6,16	168 A
8,27	192 A
12,19	234 A
13,14	180 A
15,6	184 A

1.Kor

3,16	168 A
4,12	209 A
5,6	168 A
6,2	168 A
9,6–14.15–18	209 A
10,11	54 A
10,11–13	54 A
10,13	54 A
10,20	75 A

2.Kor

11,7–12	209 A
11,8f	209 A
12,13f	209 A

Gal

3,13	216
3,27	180 A

Eph

1,7	207 A
4,27	234 A
5,5	140 A

Phil

2,25	209 A
4,16	209 A

Kol

1,12	208 A

1.Thess

2,9	209 A
2,16	221 A

2.Tim

3,1	140 A

1.Petr

1,19	207 A

2.Petr

1,20	140 A
3,3	140 A

Hebr

7,8.17	239 A
11,23	194 A
12,17	234 A

Jak

3,15.17	164 A

Apc

1,5	207 A
9,20	75 A

Sachregister

Abfall, Abfallsprophetie 56. 63. 68. 204 A
   261. 206
Absichtserklärung 32. 41. 44. 50 A 90.
   51. 56. 64. 67. 68. 70 A 172. 72. 72 A
   181.182. 76. 77. 83. 87. 92. 111. 113.
   122. 125. 152. 215
Adressaten (–gemeinschaft) 5 A 16.
   6ff. 9. 12. 81. 86. 111. 137 A 33.
   246 ff
Ägypten 27. 28. 30. 45. 47. 49. 54. 97.
   113. 125. 134 A 20. 168. 193 A
   208.211. 199. 204. 224. 232 A 90
Akeda 59. 150 A 48. 154. 162. 207. 210
Auslieferung 195f. 235. 235 A 115
Aussetzung (von Kindern) 196f. 197 A
   236–238
Autor 3 A 6. 4ff. 4 A 9. 9ff. 33 A 23. 37 A
   36. 52. 84. 93 A 263. 94. 95. 142. 143.
   145. 147 A 32. 148 A 41. 150 A 48.
   152. 153 A 60. 155. 157 A 11. 167. 213.
   217 A 30. 221 A 54. 228. 231 A 90.
   234. 237. 247f

Barmherzigkeit Gottes 53. 56. 84. 123.
   222. 240 A 143. 241
Befreiung (Befreiungshandeln, -wun-
   der) 50. 99. 104. 119 A 369. 124. 138.
   138 A 41. 240 A 143
Beschneidung 193
Bund (Bundesschluß) 27 A 2. 28. 37. 38 A
   41. 40f. 49. 50 A 85. 64. 68. 124. 135.
   136 A 33. 193. 201. 222 A 59. 224. 228
   A 77. 241

Dekalog 28. 52. 120. 201
Dornbusch 76. 169f. 170 A 76. 194. 195
   A 219. 199–203. 214

Engel 27. 28. 47. 48. 59. 61. 67. 67 A
   161. 70. 72. 75. 79. 105 A 312. 121.
   138. 144 A 6. 145 A 20. 152 A 58. 153
   A 66. 157. 158. 158 A 16.22. 159. 161.
   169 A 71. 171. 171 A 83. 174. 174 A
   98. 175. 175 A 107. 176. 178. 181. 181

A 134. 182. 183. 183 A 142. 184. 191.
   215. 216 A 30. 232. 234 A 112. 237
Erbe 208. 208 A 287–289
Erwählung (Erwählungsgmeinschaft,
   -geschichte, -handeln, -theologie) 7.
   44f. 48. 50. 51. 58. 59. 73. 86. 97ff.
   104. 119 A 369. 133f. 136. 136 A 33.
   138 A 39. 168. 191. 207. 210. 222. 226.
   228. 235. 235 A 117. 242 A 154. 247
Erzählabsicht (-interesse, -ziel) 34 A 28.
   43. 44. 47 A 72. 66. 94. 103. 112. 126.
   143. 163. 170 A 76. 175 A 107. 177.
   246
Erzählbasis 76 A 198. 116. 147ff. 150
Eschaton, eschatologisch 24 A 116. 38. 41
   A 51. 49 A 83. 53. 54 A 105. 81 A 219.
   99. 119. 189 A 176. 205. 205 A 270.
   208. 216. 220 A 51. 221 A 54. 228 A
   80. 229. 232 A 90. 233 A 98. 234 A
   110. 240 A 143
Evaluation, evaluativ 11. 11 A 47. 12.
   43. 46f. 60. 61. 62. 84. 89. 115 A 343.
   245f
Exodus 23 A 108. 46 A 68. 48. 60. 98.
   100 A 283. 169. 169 A 70. 226. 240 A
   143

Fürbitte 55. 56 A 116. 167

Gebet 28. 29. 49. 64. 72. 73. 78. 79. 86.
   93 A 203. 157. 157 A 15. 158. 158 A
   22. 159. 160. 168. 171. 172. 173. 173 A
   90.92. 184. 184 A 144. 191. 192. 204 A
   266. 218 A 40.42. 219. 219 A 45. 235.
   242 A 152.
Geist (-begabung, -verheißung) 78 A 205.
   92 A 258. 116 A 353. 162ff. 162 A
   36.38. 163 A 42. 164 A 48. 179ff. 179
   A 118. 180 A 120.126. 181ff. 182 A
   137. 185. 188. 204 A 264. 213 A 11.
   220f. 221 A 54. 230. 234 A 112. 242ff.
   242 A 148.154. 249
Genealogien, genealogisch 27. 30. 33–36.
   33 A 23. 38. 45 A 65

Geschichte, Geschichtserzählung 4ff. 5 A
14.16. 9. 23 A 108. 33 A 23. 37. 123.
126. 132 A 9. 133 A 12. 136 A 33.
146f. 146 A 27.32. 213 A 12. 226f.
230ff. 237. 240. 245ff
Gesetz (-gebung, -offenbarung) 23 A 108.
24 A 115. 48. 51ff. 51 A 93. 95. 98 A
277. 101f. 101 A 292. 139. 169. 177f.
199ff. 226. 231 A 89. 238 A 138. 239ff.
240 A 143. 241 A 144
Glaube, Glaubensbekenntnis,
-gemeinschaft 42f. 42 A 56. 48. 55.
138. 233. 238
Götzendienst, Idolatrie 26 A 123. 36. 38.
40 A 48. 42. 43 A 62.63. 44. 60 A 128.
65 A 152. 75 A194. 76. 79f. 82 A 222.
90 A 251. 99 A 278. 108. 120. 122 A
376. 124 A 382. 126. 134f. 168. 177.
187f. 187 A 166. 231 A 90

Heiden (-völker) 45 A 67. 53. 97. 100 A
284. 132 A 9. 133ff. 133 A 12. 134 A
20.22. 136 A 32. 137 A 35.38. 208 A
289. 220 A 51. 233f. 233 A 104. 236f.
242 A 148
Heiligtum 56. 64. 98. 241
Herde (Israel) 73. 73 A 186. 103. 123f.
169f. 169 A 70.73. 208 A 288

Identifikation, identifizieren 14. 35 A 30.
53. 67. 82 A 222. 146 A 26. 158 A 16.
159. 167 A 64. 178. 186. 199. 200. 201.
215. 215 A 26. 226. 236. 237 A 133
Interpretationswort, Deutewort 47. 54. 61.
62. 73. 121. 217 A 33. 223
Iterationssignal 79 A 211.212. 80. 86.
86 A 233. 87 A 237. 145 A 24. 151 A
53

kal-wachomer-Schluß 53. 99. 223
Kinderlosigkeit 29. 79. 157. 157 A 15.
159. 159 A 27
Klage (-lied, -notiz, -wort, -zeit) 31. 49.
65. 68. 74. 78. 85. 100 A 283. 109 A
328. 115. 116. 117. 184
König, Königtum 33 A 23. 64 A 145. 88f.
89 A 243. 92 A 259. 107f. 141 A 57.
165 A 52. 193 A 211. 209. 221 A 56.
223f. 230ff. 230 A 86.88. 239 A 141
Kommentar (narrativ), Kommentarebene 34. 36. 37 A 36. 47. 59ff. 60 A
130. 78. 81. 84. 86. 138. 160. 187. 222.
229. 235

Kult (-ort, -gesetzgebung, -gegen-
stände) 24. 24 A 115. 51 A 92. 53. 64.
196. 221 A 56

Los, erlosen 65. 83f. 83 A 225. 85 A 230.
157. 157 A 11. 188ff. 189 A 176.178.
190 A 180. 208 A 287. 216 A 30. 231 A
90

Martyrium 42f. 133 A 17. 204

Opfer (Opfertod, Opferdienst, Opfertiere,
Brandopfer, opfern, Opferung) 20. 24.
24 A 115.116. 59. 59 A 127. 64 A 145.
77. 78. 79. 89. 93 A 263. 120. 121. 122.
126. 150 A 48. 157. 157 A 11. 158 A
22. 207. 209. 240 A 143

Perspektive (perspektivieren, perspektivisch, Erzählperspektive)) 5. 5 A 16. 7.
10. 25. 37. 40. 45. 58. 60. 62. 62 A 141.
63. 65. 66. 72. 93. 110. 116. 133. 150 A
49. 151. 152. 179. 179 A 119. 204. 209
Priester (-stamm, -polemik, priester-
lich) 24. 24 A 114. 28. 58. 82. 86. 86 A
234. 88 A 240. 91. 92. 103. 123. 158 A
22. 230
Prophet, Prophetie, prophetisch 39. 60.
68. 91. 97. 110. 116. 139. 180f. 180 A
126. 192. 204 A 264. 206. 210. 219.
227f. 227 A 77. 234. 240 A 143

Rationalisierung 48f. 50 A 90. 71 A 176.
96. 174 A 103. 232
Renominalisierung 34 A 28. 41. 41 A 52.
57. 57 A 119. 71. 87. 88. 91. 92. 116.
144 A 10.13. 151. 152
Rezipienten, rezipientenbezogen 7 A 26.
17. 23 A 108. 34 A 29. 43. 47. 52. 58.
64. 65 A 150. 68. 93. 118. 138. 141.
149 A 48. 151. 171 A 78. 176. 186. 219.
231 A 90
Rückblende 35 A 30. 47. 52. 58. 60. 63.
77. 81. 89. 94. 177 A 113

Schöpfung (Weltschöpfung, Schöpfungsmächte) 4. 7. 30. 38. 44. 45. 202. 232
A 93
Schweigen (Schweigenotiz) 60. 60 A 130.
61. 123. 159. 159 A 27. 160
Sinai (-gesetzgebung) 98. 108. 199. 199 A
247. 200. 201. 202 A 252.256. 203
Sterben für eigene Sünden 42. 85. 157.
173

Strafankündigung (-beschluß) 29. 44. 56f.
70. 72. 72 A 181. 74. 76. 81. 87ff. 88 A
240. 89. 91. 92. 105. 122. 122 A 377.
186. 201. 226. 226 A 71. 231 A 90. 242
A 154
Strafhandeln 137 A 38. 195. 196. 223.
239. 240
Substitution 12 A 47. 31. 40. 41 A 52.
46. 49. 57 A 119. 58. 63. 78. 80. 90.
115
Suizid, (kollektive) Selbsttötung 50. 85.
92

Tempel (-bau, -zerstörung) 19ff. 19 A
86.92. 21 A 99. 22. 22 A 103. 23 A 108.
24. 24 A 116.117. 52. 64. 64 A 145. 158
A 22. 163. 227 A 77. 234 A 112
Trauer (-gesang, -lied, -notiz) 54. 55. 56.
68. 74. 74 A 190. 78. 92. 115 A 345.
116 A 347. 117. 125. 184. 185. 221 A
56
Traum 47. 58. 60. 96. 123. 153. 198 A
241
Turmbau (Turmbauer, -geschlecht) 27. 39.
40 A 50. 42. 44. 45. 53. 53 A 100. 102.
104. 113. 122. 123. 133. 134 A 20. 225
Typologie, typologisch 53. 57f. 171 A 77.
188. 207. 213 A 12

Unglaube 42. 47. 54. 79. 98f. 159. 232
Unterwelt 49 A 83. 72 A 182. 92
Unwissenheit, unwissentliches Han-
deln 231. 235. 237. 237 A 132. 241

Verheißung (Bundes-, Land-, Väterverheißung) 38 A 41. 43 A 63. 45f. 49f. 50
A 85. 53 A 98. 54f. 55 A 106. 56 A 111.
63 A 144. 67 A 161. 85. 136 A 33. 139.
164 A 48. 179 A 118. 220 A 53. 222ff.
225f. 225 A 68. 227 A 77. 228. 231.
231 A 90. 240 A 143. 243 A 158
Vermischung, Verunreinigung (geschlechtlich) 45 A 67. 46. 71. 100 A 284. 104.
105
Volk 7. 27 A 2. 33 A 23. 46 A 68. 49ff.
53. 53 A 97. 55f. 55 A 108. 65. 70. 77f.
81. 83 A 225. 84ff. 84 A 228. 89 A 243.
91. 98. 98 A 277. 99 A 278. 106 A 316.
119 A 369. 132. 134 A 20.23. 136 A 33.
137 A 35.38. 157. 157 A 12. 158 A 22.
171 A 81. 204 A 261. 208 A 289. 224ff.
231 A 90. 240 A 143

Weisheit 102 A 293. 118 A 363. 163. 163
A 42.43. 164. 164 A 48. 180 A 122.
182. 182 A 137. 183. 199 A 246
Wüste (Wüstenjahre, Wüstenzeit) 23 A
108. 28. 49. 51. 54. 55. 56. 106. 125.
182. 199. 199 A 247

Zauberer, Zauberei 28. 29. 75 A 194. 92
Zeichen, zeichenhaft 60 A 128. 73. 75. 75
A 194. 90. 108f. 109 A 328. 142 A 63.
164f. 165 A 51.52. 171. 176. 218. 218
A 42. 225. 240 A 143. 241–244. 242 A
146. 249
Zweifel 50. 50 A 86. 85. 225

Ausgewählte lateinische Worte

adimplere 221 A 55.56
anteciminus 81
arca 107
autem 115. 115 A 339. 116

brachia 171 A 83

circumdare 19 A 87
cognoscere 101. 139 A 47. 177
columna Baal 77 A 200
comprehendere 190. 190 A 179
congregatio 135 A 25
consilium 39. 231 A 90. 236 A 120
cornu 163
cum 114f. 117. 151 A 53

derelinquare 239
dicere 166. 211ff. 211 A 5
diplois 108. 108 A 323
dispositiones 85 A 232
disrupere 108. 108 A 324
dominus 161. 162
dum 114

ecce hoc 218 A 39
et nunc 204 A 266. 209. 218f. 218 A 40.
    242 A 152
exaudita est oratio 158
ex quo 204 A 260

factum est 114f. 117. 151 A 54
forsitan 83. 87. 125

gens 134 A 18.23
gentes 134. 134 A 18. 19
grex 73 A 186. 103. 207

hereditas 208 A 289
hodie scimus 52. 52 A 94
hominum genus 53. 134 A 18
hymnus 73. 116

immunis 205. 205 A 271
immutari 173

implere 221 A 55.56
induere 180. 180 A 122
ingrediare/exire 188f
iniqua operari 36
initio mundi 30. 133
in tempore illo 34. 35 A 31. 88f. 91. 114f.
    117. 125 A 386
intendere 105
intonere 106. 106 A 314
in unum 185
in vanum 84
invenire 191 A 196
in veritate 219 A 49

lampas 202
liberare 83. 125
locus 20 A 95. 234 A 108

mane 151 A 54
mater 77 A 201
memorare 102
memoria 135. 135 A 26
mirabilia 162. 176
mundus 133 A 13

nationes 134 A 21
nonne 108ff. 212 A 10
nutrire 198f. 198 A 242. 199 A 243. 246

obdurare 50 A 90
os ad os 52. 52 A 95
ostendere 191 A 196. 196 A 229

pastor 169 A 71
planctus 116
plebs 135 A 25
populus 134. 134 A 18.20.21. 219 A 50
post 114f. 117
postea 115. 117
post recessum, discessum, obitum 206 A
    277
proicere 196ff. 198 A 239. 218 A 41
proximus 166
psalmus 116

puer 161

quod nascetur 161

replere 221 A 56
requiem dabit 34
rex 89 A 243

sanguis 206 A 275. 207. 207 A 281
scire 52 A 94. 138ff. 140 A 51. 142 A 63.
168. 168 A 65–68
seniores 46. 46 A 68
si 57 A 121. 233 A 101
signum 164
simul 185 A 149
solarium 184
sors 85 A 230. 189ff. 189 A 176. 208 A
287
spiritus 162. 180
supervolare 85 A 230. 190 A 180
synagoga 57. 135 A 25. 209

tempus parturitionis 144 A 13. 162
terra 133 A 13–15.135
testamentum 37 A 38
testare 239 A 139.141

testimonium 135. 135 A 27
thibis 165
timens Deum 156
tradere 173. 195f. 195 A 221. 235 A 115
transmutatus 173
tremens 34
trenus 116. 116 A 346
tribus orbis 134 A 19
tunc 35 A 31. 40. 73. 109 A 331. 113 A
336. 117

unanimes/unanimiter 184f. 184 A 146
unusquisque 166
usque in hodiernum diem 118
ut 114. 117
ut quid 183

verba 110 A 332. 114. 114 A 338
vero 115 A 339. 117
vestire 180 A 122
via 136. 136 A 29
videre 59. 72. 72 A 184. 191 A 196. 206 A
278. 216 A 30
virga 103f. 103 A 298
virtus 180f. 181 A 127.128
visitare 233 A 98

Wissenschaftliche Untersuchungen zum Neuen Testament

Alphabetisches Verzeichnis
der ersten und zweiten Reihe

APPOLD, MARK L.: The Oneness Motif in the Fourth Gospel. 1976. *Band II/1.*
BACHMANN, MICHAEL: Sünder oder Übertreter. 1991. *Band 59.*
BAMMEL, ERNST: Judaica. 1986. *Band 37.*
BAUERNFEIND, OTTO: Kommentar und Studien zur Apostelgeschichte. 1980. *Band 22.*
BAYER, HANS FRIEDRICH: Jesus' Predictions of Vindication and Resurrection. 1986.
Band II/20.
BETZ, OTTO: Jesus, der Messias Israels. 1987. *Band 42.*
– Jesus, der Herr der Kirche. 1990. *Band 52.*
BEYSCHLAG, KARLMANN: Simon Magnus und die christliche Gnosis. 1974. *Band 16.*
BITTNER, WOLFGANG J.: Jesu Zeichen im Johannesevangelium. 1987. *Band II/26.*
BJERKELUND, CARL J.: Tauta Egeneto. 1987. *Band 40.*
BLACKBURN, BARRY LEE: 'Theios Anēr' and the Markan Miracle Traditions. 1991.
Band II/40.
BOCKMUEHL, MARKUS N. A.: Revelation and Mystery in Ancient Judaism and
Pauline Christianity. 1990. *Band II/36.*
BÖHLIG, ALEXANDER: Gnosis und Synkretismus. Teil 1 1989. *Band 47* – Teil 2 1989.
Band 48.
BÖTTRICH, CHRISTFRIED: Weltweisheit – Menschheitsethik – Urkult. 1992. *Band II/50.*
BÜCHLI, JÖRG: Der Poimandres – ein paganisiertes Evangelium. 1987. *Band II/27.*
BÜHNER, JAN A.: Der Gesandte und sein Weg im 4. Evangelium. 1977. *Band II/2.*
BURCHARD, CHRISTOPH: Untersuchungen zu Joseph und Aseneth. 1965. *Band 8.*
CANCIK, HUBERT (Hrsg.): Markus-Philologie. 1984. *Band 33.*
CAPES, DAVID B.: Old Testament Yaweh Texts in Paul's Christology. 1992. *Band II/47.*
CARAGOUNIS, CHRYS C.: The Son of Man. 1986. *Band 38.*
CRUMP, DAVID: Jesus the Intercessor. 1992. *Band II/49.*
DEINES, ROLAND: Jüdische Steingefäße und pharisäische Frömmigkeit. 1993. *Band II/52.*
DOBBELER, AXEL VON: Glaube als Teilhabe. 1987. *Band II/22.*
DUNN, JAMES D. G. (Hrsg.): Jews and Christians. 1992. *Band 66.*
EBERTZ, MICHAEL N.: Das Charisma des Gekreuzigten. 1987. *Band 45.*
ECKSTEIN, HANS-JOACHIM: Der Begriff der Syneidesis bei Paulus. 1983. *Band II/10.*
EGO, BEATE: Im Himmel wie auf Erden. 1989. *Band II/34.*
ELLIS, E. EARLE: Prophecy and Hermeneutic in Early Christianity. 1978. *Band 18.*
– The Old Testament in Early Christianity. 1991. *Band 54.*
Feldmeier, Reinhard: Die Krisis des Gottessohnes. 1987. *Band II/21.*
– Die Christen als Fremde. 1992. *Band 64.*
FELDMEIER, REINHARD und ULRICH HECKEL (Hrsg.): Die Heiden. 1994. *Band 70.*
FOSSUM, JARL E.: The Name of God and the Angel of the Lord. 1985. *Band 36.*
GARLINGTON, DON B.: The Obedience of Faith. 1991. *Band II/38.*
GARNET, PAUL: Salvation and Atonement in the Qumran Scrolls. 1977. *Band II/3.*
GRÄSSER, ERICH: Der Alte Bund im Neuen. 1985. *Band 35.*
GREEN, JOEL B.: The Death of Jesus. 1988. *Band II/33.*
GUNDRY VOLF, JUDITH M.: Paul and Perseverance. 1990. *Band II/37.*
HAFEMANN, SCOTT J.: Suffering and the Spirit. 1986. *Band II/19.*
HECKEL, THEO K.: Der Innere Mensch. 1993. *Band II/53.*

HECKEL, ULRICH: Kraft in Schwachheit. 1993. *Band II/56.*
– siehe FELDMEIER.
– siehe HENGEL.
HEILIGENTHAL, ROMAN: Werke als Zeichen. 1983. *Band II/9.*
HEMER, COLIN J.: The Book of Acts in the Setting of Hellenistic History. 1989. *Band 49.*
HENGEL, MARTIN: Judentum und Hellenismus. 1969, ³1988. *Band 10.*
– Die johanneische Frage. 1993. *Band 67.*
HENGEL, MARTIN und ULRICH HECKEL (Hrsg.): Paulus und das antike Judentum. 1991. *Band 58.*
HENGEL, MARTIN und ANNA MARIA SCHWEMER (Hrsg.): Königsherrschaft Gottes und himmlischer Kult. 1991. *Band 55.*
– Die Septuaginta. 1994. *Band 72.*
HERRENBRÜCK, FRITZ: Jesus und die Zöllner. 1990. *Band II/41.*
HOFIUS, OTFRIED: Katapausis. 1970. *Band 11.*
– Der Vorhang vor dem Thron Gottes. 1972. *Band 14.*
– Der Christushymnus Philipper 2,6–11. 1976, ²1991. *Band 17.*
– Paulusstudien. 1989. *Band 51.*
HOLTZ, TRAUGOTT: Geschichte und Theologie des Urchristentums. Hrsg. von Eckart Reinmuth und Christian Wolff. 1991. *Band 57.*
HOMMEL, HILDEBRECHT: Sebasmata. Band 1. 1983. *Band 31.* – Band 2. 1984. *Band 32.*
KAMLAH, EHRHARD: Die Form der katalogischen Paränese im Neuen Testament. 1964. *Band 7.*
KIM, SEYOON: The Origin of Paul's Gospel. 1981. ²1984. *Band II/4.*
– »The ›Son of Man‹« as the Son of God. 1983. *Band 30.*
KLEINKNECHT, KARL TH.: Der leidende Gerechtfertigte. 1984, ²1988. *Band II/13.*
KLINGHARDT, MATTHIAS: Gesetz und Volk Gottes. 1988. *Band II/32.*
KÖHLER, WOLF-DIETRICH: Rezeption des Matthäusevangeliums in der Zeit vor Irenäus. 1987. *Band II/24.*
KORN, MANFRED: Die Geschichte Jesu in veränderter Zeit. 1993. *Band II/51.*
KUHN, KARL G.: Achtzehngebet und Vaterunser und der Reim. 1950. *Band 1.*
LAMPE, PETER: Die stadtrömischen Christen in den ersten beiden Jahrhunderten. 1987, ²1989. *Band II/18.*
LIEU, SAMUEL N. C.: Manichaeism in the Later Roman Empire and Medieval China. 1992. *Band 63.*
MAIER, GERHARD: Mensch und freier Wille. 1971. *Band 12.*
– Die Johannesoffenbarung und die Kirche. 1981. *Band 25.*
MARKSCHIES, CHRISTOPH: Valentinus Gnosticus? 1992. *Band 65.*
MARSHALL, PETER: Enmity in Corinth: Social Conventions in Paul's Relations with the Corinthians. 1987. *Band II/23.*
MEADE, DAVID G.: Pseudonymity and Canon. 1986. *Band 39.*
MENGEL, BERTHOLD: Studien zum Philipperbrief. 1982. *Band II/8.*
MERKEL, HELMUT: Die Widersprüche zwischen den Evangelien. 1971. *Band 13.*
MERKLEIN, HELMUT: Studien zu Jesus und Paulus. 1987. *Band 43.*
METZLER, KARIN: Der griechische Begriff des Verzeihens. 1991. *Band II/44.*
NIEBUHR, KARL-WILHELM: Gesetz und Paränese. 1987. *Band II/28.*
– Heidenapostel aus Israel. 1992. *Band 63.*
NISSEN, ANDREAS: Gott und der Nächste im antiken Judentum. 1974. *Band 15.*
OKURE, TERESA: The Johannine Approach to Mission. 1988. *Band II/31.*
PHILONENKO, MARC (Hrsg.): Le Trône de Dieu. 1993. *Band 69.*
PILHOFER, PETER: Presbyteron Kreitton. 1990. *Band II/39.*
PÖHLMANN, WOLFGANG: Der Verlorene Sohn und das Haus. 1993. *Band 68.*

PROBST, HERMANN: Paulus und der Brief. 1991. *Band II/45.*

RÄISÄNEN, HEIKKI: Paul and the Law. 1983, ²1987. *Band 29.*

REHKOPF, FRIEDRICH: Die lukanische Sonderquelle. 1959. *Band 5.*

REINMUTH, ECKHART: Pseudo-Philo und Lukas. 1994. *Band 74.*

– siehe HOLTZ.

REISER, MARIUS: Syntax und Stil des Markusevangeliums. 1984. *Band II/11.*

RICHARDS, E. RANDOLPH: The Secretary in the Letters of Paul. 1991. *Band II/42.*

RIESNER, RAINER: Jesus als Lehrer. 1981, ³1988. *Band II/7.*

– Die Frühzeit des Apostels Paulus. 1994. *Band 71.*

RISSI, MATHIAS: Die Theologie des Hebräerbriefs. 1987. *Band 41.*

RÖHSER, GÜNTER: Metaphorik und Personifikation der Sünde. 1987. *Band II/25.*

ROSE, CHRISTIAN: Die Wolke der Zeugen. 1994. *Band II/60.*

RÜGER, HANS PETER: Die Weisheitsschrift aus der Kairoer Geniza. 1991. B*and 53.*

SALZMANN, JORG CHRISTIAN: Lehren und Ermahnen. 1994. *Band II/59.*

SÄNGER, DIETER: Antikes Judentum und die Mysterien. 1980. *Band II/5.*

SANDNES, KARL OLAV: Paul – One of the Prophets? 1991. *Band II/43.*

SATO, MIGAKU: Q und Prophetie. 1988. *Band II/29.*

SCHIMANOWSKI, GOTTFRIED: Weisheit und Messias. 1985. *Band II/17.*

SCHLICHTING, GÜNTER: Ein jüdisches Leben Jesu. 1982. *Band 24.*

SCHNABEL, ECKHARD J.: Law and Wisdom from Ben Sira to Paul. 1985. *Band II/16.*

SCHUTTER, WILLIAM L.: Hermeneutic and Composition in I Peter. 1989. *Band II/30.*

SCHWARTZ, DANIEL R.: Studies in the Jewish Background of Christianity. 1992. *Band 60.*

SCHWEMER, A. M.: siehe HENGEL.

SCOTT, JAMES M.: Adoption as Sons of God. 1992. *Band II/48.*

SIEGERT, FOLKER: Drei hellenistisch-jüdische Predigten. Teil 1 1980. *Band 20.* – Teil 2 1992. *Band 61.*

– Nag-Hammadi-Register. 1982. *Band 26.*

– Argumentation bei Paulus. 1985. *Band 34.*

– Philon von Alexandrien. 1988. *Band 46.*

SIMON, MARCEL: Le christianisme antique et son contexte religieux I/II. 1981. *Band 23.*

SNODGRASS, KLYNE: The Parable of the Wicked Tenants. 1983. *Band 27.*

SOMMER, URS: Die Passionsgeschichte des Markusevangeliums. 1993. *Band II/58.*

SPANGENBERG, VOLKER: Herrlichkeit des Neuen Bundes. 1993. *Band II/55.*

SPEYER, WOLFGANG: Frühes Christentum im antiken Strahlungsfeld. 1989. *Band 50.*

STADELMANN, HELGE: Ben Sira als Schriftgelehrter. 1980. *Band II/6.*

STROBEL, AUGUST: Die Stunde der Wahrheit. 1980. *Band 21.*

STUHLMACHER, PETER (Hrsg.): Das Evangelium und die Evangelien. 1983. *Band 28.*

SUNG, CHONG-HYON: Vergebung der Sünden. 1993. *Band II/57.*

TAJRA, HARRY W.: The Trial of St. Paul. 1989. *Band II/35.*

THEISSEN, GERD: Studien zur Soziologie des Urchristentums. 1979, ³1989. *Band 19.*

THORNTON, CLAUS-JÜRGEN: Der Zeuge des Zeugen. 1991. *Band 56.*

TWELFTREE, GRAHAM: Jesus the Exorcist. 1993. *Band II/54.*

WEDDERBURN, A. J. M.: Baptism and Resurrection. 1987. *Band 44.*

WEGNER, UWE: Der Hauptmann von Kafarnaum. 1985. *Band II/14.*

WILSON, WALTER T.: Love without Pretense. 1991. *Band II/46.*

WOLFF, CHRISTIAN: siehe HOLTZ.

ZIMMERMANN, ALFRED E.: Die urchristlichen Lehrer. 1984, ²1988. *Band II/12.*

Einen Gesamtkatalog erhalten Sie von
J.C.B. Mohr (Paul Siebeck), Postfach 2040, D-72010 Tübingen

DATE DUE

			Printed in USA